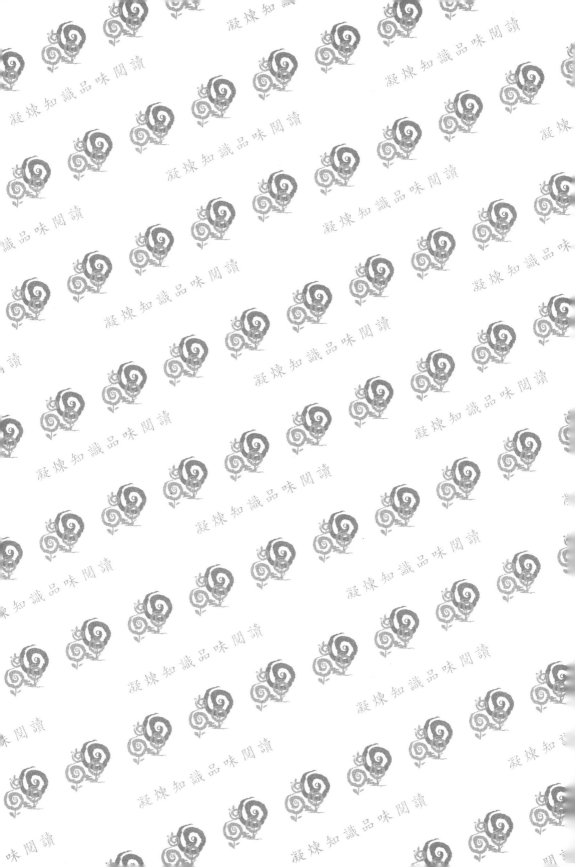

孟子與莊子的
生命價值哲學

—— 黎惟東 — 著

五南當代學術叢刊

五南圖書出版公司 印行

序論

　　孟子和莊子身處於瞬息萬變的戰國時代中，雖然分屬不同的學派，但兩者皆在崩壞的時代背景中回應生命憂患的問題，同時表現出生命價值的沉重課題，兩者皆深切地感受到戰爭的殘酷、人民生離死別的痛苦及對人的不尊重，認為當時瀰漫濃厚的急功近利的歪風；對於當時政治的黑暗與君王的墮落，具有甚深刻的體驗，故起而大力加以批判，並提出許多突破性的建議，希望通過其學說，能衝破世局的限制和人生的險阻，引領時代邁進理想的正軌，轉向內心，回復到自身，重現人生的真正價值。無論如何，國家、社會需要道德，個人需要自由，孟莊皆是推進國家和社會進步的主要菁英分子，他們對時代的感受、現象的觀察、事理的批判、生命價值的提升、人類的終極關懷，往往有最敏感、最銳利的表現，他們外在知識和內在反省所淬鍊出來對自我的肯定、對生命的熱愛、對人類的關懷、對文化的憂慮，自然是照耀各時代、溫暖社會的熱源。這是本書在拙作《莊子「保形存神」思想探究》[1]出版後撰寫本書的目的之一。

　　一位破腦刳心、一位逍遙自得的作家及其作品，在對生命更深闊遠大的認知中，會從所棲身的香木展翅，化作兩隻不斷超越平庸和限定的火鳳凰。這該是命運對某些被遴選的崇高作家的最高獎賞，亦是對荒謬存在的解咒。總之，偉大的哲學家孟子和莊子帶給當時的思想界新的契機，他們以其獨具魅力的文字風格，使人在精神淪喪時，重新綻放出繽紛的色彩。兩者就像一座里程碑，標誌著人類精神本體自主獨立所臻於的高度。他們把深刻的生命價值變為日常生活哲理，開創了人生的新題材；以清高的個性，率真的品格，對人生進行了全面哲學性的思考，既有濟世的理想，又有人生抉擇的痛苦與矛盾，大大地衝擊了後代士人努力追求自身生命價值的意義，使廣為詠歎的生命主題演繹出無窮的新意。兩者的生命價值哲學

---

[1]　拙作於2017年由五南圖書出版公司出版，由於莊子的生命價值哲學有一些部分與拙作有重疊之處，故本書的一些章節加以援用，不另加註，特此說明。

之所以具有如此永恆的魅力、歷久彌新和令人心醉神迷之處，這正是本書所欲突顯的要點之一。

很顯然地，《孟子》和《莊子》這樣的經典，並不是博物館裡躺在手術檯上的木乃伊，等待後代讀者操持其時代所給予他們的手術刀加以解剖。事實上，它們所潛藏的各種思想或概念，也會在時代背景的刺激之下被顯題化，而從經典遙遠但深邃的世界裡，對後代讀者發出有力的呼喚，撞擊後代讀者的心靈，刺激後代讀者重新思考經典中的問題的新涵義。後代讀者出新解於陳編，從經典中所創造的新涵義，也對於他們所處的時代造成衝擊。它們所扮演的角色，可以充分說明：在閱讀這兩部經典時，其中字字句句敲扣著、撞擊著、激盪著後人的心靈，令其低迴不已。我們閱讀經典的目的在於透過理解他者而得到他所追求的自我理解的成長，那麼這將是一條永遠敞開的路，它通往遠方，卻永遠不會有一個完成的終點。故經典有某種程度的主體性，可以因應後代讀者的問題；在經過重新詮釋之後，可以提供許多可貴的思想資源，幫助我們去面對現代社會的種種難題，它絕沒有時間的問題，這也是本書的目的之一。

孟莊不僅各自有其不同的人生理念及魅力，但兩者可以藉由雙方的對話而使自己的思想更趨完善，這種在儒道互補的人生模式中，中國知識分子在順境中多以儒家為指導：建功立業、銳意進取、成己成物、立人達人；在困境和逆境中則多以道家為調適：淡泊名利、潔身自好、超然通達、安時處順。儒道互補構成了一種完整的、藝術的人生觀，使得中國的知識分子剛柔並濟、能屈能伸、出處有道、進退自如、無過不及，心態上和行為上都具有良好的分寸感和平衡感。自古及今，中國人基本上都是在這兩種不同的文化傳統中選擇自己的人生道路，從而具體地運用在人生的每個問題上，他們都習慣或是以儒家的方式來處理，或是以道家的方式來應對。從中，我們可演繹一種人生態度：在處事為人方面，方法要如儒家，心態要如道家，同理，事前應如儒家，事後應如道家。孟莊之所以能在個體的生活實踐當中呈現互補性，正在於他們從不同的維度揭示了人的存在不同的維度，及生命價值兩種可能的表現方式和其實現方式，從而為

生命存在本身的統一與完善及其價值世界的終極實現開闢了現實途徑。儒道兩家思想的這種互動互補的內在機制，使得中國傳統思想文化呈現出豐富、生動並趨於完善的面貌。離開了儒道互補，就難以把握和理解中國傳統思想文化的深層結構和特質，這也是本書撰寫的用心所在。

在經緯萬端的未來社會中，孟莊的生命價值哲學思當然不應成為世人唯一的道德觀念或標準，其他各家傳統學說的優良成分，西方倫理思想中的重要學理，以及其他許多與倫理思想可以相輔相成的各種學科，都可加以揀擇淬取，而共同成為未來人類足以適應新世紀，和改變社會體制及特徵的嶄新道德觀念、倫理價值，只是，兩者生命價值哲學中所蘊涵的精華成分，仍然是我們二十一世紀的倫理道德思想中的主導力量。生命的價值在任何時代都不是一個選擇的問題。人不曾設計過這種價值，也沒有人能力設計出來。事實上，人經由了解、探討而接受的生命價值，乃是文化演進的結果。本書亦旨在完整地呈現兩者的生命價值哲學，及其對中國文化的特徵所具有的關鍵意義，進而對他們的比較研究有更廣闊的視域和空間，且在領悟其生命價值哲學時，能有類似崇高的人生體驗。

CONTENTS
目錄

第一章
前言──生命的意義和價值

　　孟子說：「民有饑色，野有餓莩。」[1]莊子言：「終身役役而不見其成功，苶然疲役而不知其所歸。」[2]類似這些群體外在和個體內在的痛苦和不忍的情況，在現代人的生命中俯捨皆是，這是生命的哀曲之一[3]。也由於個體的「終身役役而不見其成功」所導致的「民有饑色，野有餓莩」相互交纏的人生關係和生存[4]處境，使人不期然地想到《易傳》所謂的「憂患意識」。有此意識，才能由悲痛的生存經歷或處境中悟出生命的道理，生命自然就會顯得更有意義和價值[5]。這種哲學首先是對人的生命存在或者生存問題的反思，同時確立人生命存在的價值，使人生變好，甚至

1　《孟子‧梁惠王上》。本書引用《十三經》的文字，皆根據《十三經引得》，臺北市：南嶽出版
　　社，1977年2月，只註明篇名，不另加註。

2　郭慶藩編輯，《莊子集釋》，（臺北市：大明王氏出版公司，1975年8月），〈齊物論〉，頁56。本
　　書引用《莊子》的文字，皆根據此版本，只註明篇名，不另加註。

3　叔本華（Arthur Schopenhauer）云：「人從來就是痛苦的，由於他的本質就是落在痛苦的手心裡的。
　　所以人生是在痛苦和無聊之間像鐘擺一樣的來回擺動著；事實上痛苦和無聊兩者也就是人生的兩種
　　最後成分。」「人生在整個根性上便已不可能有真正的幸福，人生在本質上就是一個形態繁多的痛
　　苦，是一個一貫不幸的狀況。」見其所著，石沖白譯，《作為意志和表象的世界》（The World as
　　Will and Representation），（北京：商務印書館，1997年2月），頁427、443。

4　所謂生存，尼采（Friedrich Wilhelm Nietzsche）云：「生存──它一直不斷地從我們身上排除任何會
　　趨向死亡的東西。生存──對我們自身變成病弱、衰老的一切是冷酷無情的，而且不祇是對我們自
　　身。生存──它的意思是對將死的人、可憐的人和老年的人毫不留情？也就是一種持續的謀害？」
　　見其所著，余鴻榮譯，《歡悅的智慧》（The Joyful Wisdom），（臺北市：志文出版社，1982年9
　　月），頁85。

5　赫舍爾（Abraham Joshua Heschel）云：「意義的向度（dimension）是做人所固有的，正像人佔有
　　空間位置一樣，他在可以被稱作意義的向度中也佔據位置。人甚至在尚未認識到意義之前就同意義
　　有牽連。他可能創造意義，也可能破壞意義；但他不能脫離意義而生存。人的存在要麼獲得意義，
　　要麼叛離意義。對意義的關注，即全部創造性活動的目的，不是自我輸入的；它是人的存在的必
　　然性。」見其所著，隗仁蓮譯，《人是誰》（Who is Man），（貴陽：貴州人民出版社，1994年4
　　月），頁52。艾溫‧辛格（Irving Singer）認為「意義」既是在認識論的層面上作出某種解釋，闡
　　明某種事情和某個事件的意義，而且大量地在價值論的層面上使用，即表達人的情感、願望和價值
　　取向，它揭示、表明人的最高價值，體現出人所懷抱和追求的人生理想，這理想是人行動的目標和
　　生活的依據。參閱其所著，郜元寶譯，《我們的迷惘》（Meaning in Life：the Creation of Value），
　　（桂林：廣西師範大學出版社，2001年1月），頁26-27。

把生命提升爲宇宙世界的本原和本質；要把握這種生命價值所最需要的不是純然的了悟，而是一種躬身的實踐。

「人是什麼」？這不是一個知識論或理論上的問題[6]，它是一個老生常談的難題，無關乎豐富的理論知識和深奧的抽象概念，也不能由客觀的論證加以了解。因爲人根本上是存在的、自明的[7]，但此問題是對人生存狀況的正視，從本根上對人之所以爲人的追問，它是人類在處境艱困、理智困窘，或是在經歷到不安、矛盾、衝突、荒謬時產生的，也是在人實踐的行動中被迫反省自身時才進入人的意識中。「人是什麼」與「如何做人」相關聯，「做人不只是與頭腦中的概念有關的一個術語，而是人這一特殊存在方式的一種處境，一系列條件、感覺能力或必要前提」[8]。這個問題指的是做人意味什麼，根據什麼來證明人有資格做人，這是人生存活動中的難題。而此難題起源於處境，現代人的疏忽正在於忘記了自己生存的艱難處境，忘記了自己是誰。因此，問題的癥結是對人的思考必須回到具體生存活動中的人。生命的存在是個體生存永恆的內在動力，但是充滿了難以言說的奧祕和困惑。它在無限廣袤的時空中雖然不過是一個「可有可無」、極其柔弱的匆匆過客而已，來自戰爭等形形色色的天災人禍，無時無刻都在威脅那可憐的有限存在——短暫而又脆弱的生命。但是正由於這些因素，人的生存才有尊嚴和意義[9]。

6　我們的整個生活及其利益的虛幻如曇花一現必然消失，成爲失而不再的過去的事實，——這一事實一遍又一遍地提醒每個人這個尚未解決的、被擱置一邊的人生的意義問題。這個問題不是『理論問題』，不是無聊的智力遊戲，而是生活本身的問題。」見С・謝・弗蘭克（Франк С.Л.）著，王永譯，《社會的精神基礎》（Духовные основы общества），（北京：生活・讀書・新知三聯書店，2003年1月），頁191。

7　費希特（Johann Gottlieb Fichte）云：「我是什麼，我知道，我之所以直接知道我是那樣，是由於我根本存在著，這裡不需要主體與客體的聯繫；我固有的本質就是這種聯繫。我既是主體，又是客體，而這種主客同一性，這種知識向自身的回歸，就是我用自我這個概念所表示的東西。」見其所著，梁志學等譯，《論學者的使命、人的使命》（The Vocation of the Scholar · The Vocation of Man），（北京：商務印書館，1984年10月），頁57。

8　赫舍爾著，隗仁蓮譯，《人是誰》，頁3。

9　彼得・斯坦（Peter Stein）等著，王獻平譯，《西方社會的法律價值》（Legal Values in Western Society），頁243云：「生命只不過是情感、關係、經驗等的生物載體，正是由於這些因素，人的生存才有尊嚴和意義。」北京：中國人民公安大學出版社，1990年12月。

關於生命的起源與進化、遺傳與病理，及其獨特性[10]，科學界一直眾說紛紜，這即昭示了生命的神祕。「我們覺得即使一切可能的科學問題都能解答，我們的生命問題還是仍然沒有觸及到」[11]。許多無法理解的生命之謎，既證明理性的侷限，同時為哲學家的思索打開了玄妙之門，人也可通過自己痛苦的親身體驗去叩問生命的奧祕及審視自己的生存狀況[12]。而在這個過程中，痛苦永遠伴隨人類，以保證生活的方向，叔本華云：「人們甚至可以這樣說，我們在任何時候，都需要一定數量的煩惱、憂傷、欲念，這就像船隻需要壓艙物一樣：這都是旨在保證正確的方向。」[13]「所有人都必然要這樣度過自己的一生：即，從生命開始的依賴階段到生命結束的依賴階段。如果足夠幸運，可以在這個過程中擁有一個階段的相對獨立，但它很多時候都不過是轉瞬即逝的榮幸」[14]。

其實，世上所有的事物皆呈現在一個「時間的過程」中，但時間不僅像叔本華所說是時鐘上的刻度，而是不斷變化事物的流動，即生命的流動，讓人通過此過程或流動，真切地理解人的特殊性。所有的事物雖然都存在時間規定的過程中，可是並非所有的事物都有歷史，動物便只有「過程」而沒有「歷史」，因為牠們是預成的、宿命的，封閉的，與其他東西沒有關係[15]，現在如此，未來亦然。動物只有單一的外在生活，而人卻具

---

10 齊格蒙特‧鮑曼（Zygmunt Bauman）認為，在當代社會，「個體性」是人類的一種普遍特性，「甚至可以說是人類諸多普遍特性中最具普遍性和決定意義的特性」。在他看來，「個體性作為一種價值，是對個體差異性和獨特性的強烈關注，也是一種同時成為『自我』和『擁有』自我的強烈經驗」。見其所著，楊光等譯，《自由》（Freedom），（長春：吉林人民出版社，2005年5月），頁47、52。

11 維特根斯坦著，郭英譯，《邏輯哲學論》（Tractatus Logico-philosophicus），（北京：商務印書館，1985年8月），頁97。

12 卡西爾（Ernst Cassirer）云：「人被宣稱為應當是不斷探究他自身的存在物——一個在他生存的每時每刻都必須查問和審視的生存狀況的存在物。人類生活的真正價值，恰恰就在於這種審視中，存在於這種對人類生活的批評態度之中。」見其所著，甘陽譯，《人論》（An Essay on Man），（上海：上海譯文出版社，2003年11月），頁10。

13 見其所著，李小兵譯，《意欲與人生之間的痛苦——叔本華隨筆和箴言集》（Arthur Schopenhauer：Essays and Aphorisms），（上海：上海三聯書店，1988年2月），頁4。

14 威爾‧金里卡（Will Kymlicka）著，劉莘譯，《當代政治哲學》（Contemporary Political Philosophy），共上下冊，（上海：上海三聯書店，2004年1月），冊下，頁748。

15 馬克思（Karl Marx）云：「動物不對什麼東西發生『關係』，而且根本沒有『關係』。」見其

第一章　前言——生命的意義和價值

003

有內在和外在的雙重生活。這不是說牠們沒有變化，即使有，也是自然和偶然地發生的，而非自我意識或精神活動的結果[16]。尤其是動物沒有價值感、價值活動，牠們不會有「價值有什麼價值」或「價值有什麼意義」的問題，因此，人不是動物，至少不只是動物[17]。人的本質在於有反思的理性，人的反思是自由的，這正是人不同於和高於動物的本質[18]。赫舍爾說得好：「在提出關於人的問題時，我們的難題並不是人具有不可否認的動物性這一事實，而是人的行為之謎，而不管其有沒有動物性或其動物性有多少。關於人的問題之所以產生，並不是因為我們同動物王國有什麼共同點，也不是由於人具有從其動物性中派生的機能。」「人是試圖認識自己的獨特性的一個獨特的存在。他試圖認識的不是他的動物性，而是其人性」[19]。黑格爾（Georg Wilhelm Friedrich Hegel）亦說：「作為人，我像擁有其他東西一樣擁有我的生命和身體，只要有我的意志在其中就行。……我是活著而且具有有機的肉體這一點是以生命的概念和作為靈魂的精神的概念為依據的，……只有在我願意要的時候，我才具有這四肢和生命，動物不能使自己成為殘廢，也不能自殺，只有人才能這樣做。」[20] 費爾巴哈（Ludwig Andreas Feuerbach）云：「正是因為人預見

所著，中共中央馬克思恩格斯列寧斯達林著作編譯局編譯，《馬克思恩格斯選集》（The Selected Works of Marx And Engels），共4卷，（北京：人民出版社，1975年3月），卷3，頁34。

[16] 馬克思著，中共中央馬克思恩格斯列寧斯達林著作編譯局編譯，《馬克思恩格斯全集》（Complete Works of Marx and Engels），共50卷，卷42，頁96云：「動物不把自己同自己的生命活動區別開來。它就是這種生命活動。人則使自己的生命活動本身變成自己的意志和意識的物件。他的生命活動是有意識的生命活動。」北京：人民出版社，2007年8月。

[17] 參閱柯志明著，〈有意義的自然及其價值〉，載於《應用倫理評論》，2017年10月，第63期，頁15。

[18] 西塞羅（Marcus Tullius Cicero）以為，人和動物間最顯著的區別是：後者只為感官所驅使，幾乎沒有什麼過去或未來的概念，只是使自己適應於現在此刻的情形，而前者卻可測知自己生命的全過程，並為營生作必要的準備，原因在於人有理性，憑藉理性人能領悟到一連串後果，看出事情的起因，了解因對果和果對因的關係，進行類比，並且把現在和將來聯繫起來。參閱其所著，徐奕春譯，《西塞羅三論：老年‧友誼‧責任》（On the Elder, Old Age, Friendship and Duties），（北京：商務印書館，1998年12月），頁94。

[19] 見其所著，隗仁蓮譯，《人是誰》，頁21、22。

[20] 見其所著，范揚等譯，《法哲學原理》（Principles of Legal Philosophy），（臺北市：里仁書局，1985年4月），頁65。動物之所以不能自殺，因為「每一種自殺都是某一種美德的誇張形式或變形」。見埃米爾‧迪爾凱姆（即涂爾幹）（Émile Durkheim）著，馮韻文譯，《自殺論：社會學研究》（Suicide：A Study in Sociology），（北京：商務印書館，1996年12月），頁253、406。

孟子與莊子的生命價值哲學

和預知他自己的死，所以，雖然他也像動物一樣地死去，但他與動物不同，甚至能夠把死提升為他意志的一個物件。我必然要死；但是，我不僅必然要死，而且，我也願意死。」[21] 只有人這種動物才能發現自己的生存是一個嚴重的問題，他不得不去解決人應該如何好好地活下去的問題[22]。「人類不同於一般動物，『食色』滿足之後，不是問題的結束，而是問題的開始」[23]。孟德斯鳩（Charles de Montesquieu）云：「人與動物的不同在於，人除開現實地關懷自己的當下境遇外，人也對自己的命運有某種終極眷顧。」[24]「人最終關切的，是自己的存在及其意義，……它超越了人的一切內外條件，限定著人存在的條件，……它超越了一切初級的必然和偶然，決定著人終極的命運」[25]。人的個性主體能動性及創造性，使這種「終極眷顧」成為人的價值追求中不可或缺的一部分，是人對未來的強烈關切，給人提供的是理想的精神家園。在精神領域中，人的個性與思想超越了現有社會條件的限制，就有了構造理想世界的能力，此形成的理念和理論指導和推動人的物質實踐活動，使「理想世界」轉變為「現實世界」，精神活動也使處於個性風險狀態下的人獲得某種意義上的人格的完整性以及個性的自由[26]。

---

[21] 見其所著，榮震華等譯，《費爾巴哈哲學著作選集》（The Selected Works of Feuerbach's Philosophic Works），共上下卷，（北京：生活・讀書・新知三聯書店，1962年6月），卷下，頁416。

[22] 佛洛姆著，蔡伸章譯，《人類之路：倫理心理學之探究》（Man For Himself：An Inquiry into the Psychology of Ethics），頁15云：「事實上，人類最真實的選擇，不是『生』或『死』，而是好的生活或是壞的生活。」臺北市：協志工業叢書出版公司，1970年6月。

[23] 同上，頁43。

[24] 見其所著，張雁深譯，《論法的精神》（The Spirit of Laws），共上下冊，（北京：商務印書館，1977年2月），冊上，頁312。

[25] 詹姆斯・利文斯文頓（James C.Livingston）著，何光瀘譯，共上下冊，《現代基督教思想》（Modern Christian Thought），（成都：四川人民出版社，1992年2月），冊下，頁697-698。

[26] 參閱張文喜著，《馬克思論「大寫的人」》，（北京：社會科學文獻出版社，2004年2月），頁93-94。所謂自由，約翰・密爾（John Stuart Mill）指出：「自由原則不能要求一個人有不要自由的自由。一個人被允許割讓他的自由，這不叫自由。」見其所著，許寶騤譯，《論自由》（On Liberty），（北京：商務印書館，2009年3月），頁123。他又云：「讓我有自由來認識、發抒己見、並根據良心作自由的討論，這才是一切自由中最重要的自由。」見其所著，吳之椿譯，《論出版自由》（Areopagitica：a Speech for the Liberty of Unlicensed Printing），北京：商務印書館，2009年3月。達爾伯格・阿克頓（Dalberg-Acton）云：「自由的本義——自我駕馭；自由的反面——駕

儘管人像動物一樣有自私、利己的欲望和追求[27]，但是人的欲望不同於動物的地方在於價值的追求，「如果價值沒有被他人認可，那麼欲望也就迷失了方向」[28]。況且，「人人都有一種天生的感覺，覺得不管我們的具體特徵和地位怎樣，我們都有同樣的內在價值」[29]。人人皆能保持自己的思想，有辨別，有選擇，從自己的個性著眼來考慮所有的建議，不會接受與他的發展無關的影響。故人能在一定的社會關係中規範這種追求。

　　人生存的條件就是消除限制他的條件，這種基於一定的社會關係的屬性，決定了人不可能像動物那樣草率地實現或隨意地表露自己的天性，而是依據一定的社會條件、規範和準則去實現或克制自己的各種欲望，以使社會趨向更和諧[30]。這些行為規範、準則內化為每個人內心的信念，便是生命的價值。

　　動物的過程是自然界過程的一部分。牠們有牠們的動物史，但不能改變其本身的歷史！與此不同的是，人的生命不是一成不變的「現成」之物，而是處在不斷的自我構造之中，我們可以把人的這種特性稱為人的「未完成性」，人永遠不會變成一個「成人」，他的生存就是一個永無止境的完善過程和學習過程。人性不是抽象的，這種「未完成性」同樣也不是抽象的，體現在人的生活之中。「人不僅擁有一個現實世界，而且擁有

驅他人。」「自由是防止自己被他人控制的保障之法」。見其所著，侯健等譯，《自由與權力》（Essays on Freedom and Power），（北京：商務印書館，2001年1月），頁308。

[27] 阿拉斯戴爾・麥金太爾（Alasdair MacIntyre）著，宋繼傑譯，《追尋美德：道德理論研究》（After Virtue：A Study in Moral Theory），頁290-291云：「人所共享的善（利益）的觀念乃是亞里斯多德式的幻想；每個人就其本性而言都力求滿足其自身的欲望。」南京：譯林出版社，2011年5月。

[28] 納塔莉・沙鷗（Nathalie Charraud）著，鄭天喆等譯，《欲望倫理學：拉康思想引論》（L'ehique du Desirb Une Introduction a La Pensee de Lacan），（桂林：漓江出版社，2013年2月），頁13。

[29] 羅伯特・福勒（Robert W. Fuller）著，張關林譯，《尊嚴的提升》（All Rise：Somebodies, Nobodies, and the Politics of Dignity），（上海：上海人民出版社，2008年4月），頁17。

[30] 佛洛姆云：「正因為是人，這些本能需要的滿足並不使人感到幸福，也不足於使人變得健全。」見其所著，歐陽謙譯，《健全的社會》（The Sane Society），（北京：中國文聯出版公司，1988年7月），頁23。他還說：「如果只使人的物質需要得到滿足，因而保證了他生理上的生存需要，但卻沒有滿足那些人類的特殊的需要和機能　如愛、溫柔、理性、喜悅等等，人的系統就無法正常地運行。」見其所著，黃頌杰主編，《佛洛姆著作精選──人性、社會、拯救》（Selected Works of Fromm：Human Nature, Society, Salvation），（上海：上海人民出版社，1989年8月），頁516。

一個可能的世界」[31]。換句話說，人不僅擁有現實的生活，而且擁有可能的生活。所謂可能的生活是人根據自己選定的價值理想在精神中建構的生活形式，這種生活形式產生於現實生活之中，又為現實的生活提供了目的和意義。現實的生活永遠是未完成的生活，對可能生活無盡的追求和創造中，生活和生命才獲得了意義。故人是一件未完成和待塑品[32]，他是宇宙中唯一能夠「既不能是可能的，也不能是不可能的」的自在存在[33]，「人是一個自我創造的過程，因為人所是的意識總是和他所經驗的東西保持一段距離」[34]。是以人的內心世界有無限而不可預料的發展能力，他們有主動的自由[35]，能改變歷史、創造歷史[36]，與歷史發生特殊的關係！人類所特有的生成性[37]，恰恰昭示出應然狀態對實然狀態的超越[38]。人只有回

31 魯潔著，《超越與創新》，（北京：人民教育出版社，2001年10月），頁404。

32 蘭德曼（Michael Landmann）云：「如單單從生理上看，人天生是軟弱的，自然沒有給予人更多適應環境的本能，人的各種器官沒有為了適應特定的環境和生活條件而被特定化，因而人在天性上是未完成的、不完善的和未確定的。而動物在天性上比人更完善，可以說，動物一出自然之手就達到了完善，只需要使大自然早已為它提供的東西現實化。人的非特定化是一種不完善，可以說大自然把尚未完成的人放到世界之中，它沒有對人作最後限定，在一定程度上留下了未確定性。」見其所著，閻嘉譯，《哲學人類學》（Philosophical Anthropology），（貴陽：貴州人民出版社，1998年6月），頁228。

33 薩特（Jean-Paul Sartre）著，陳宣良等譯，《存在與虛無》（Being and Nothingness），（北京：生活‧讀書‧新知三聯書店，1987年3月），頁26。

34 黑澤爾‧巴恩斯（Hazel Estella Barnes）著，萬俊人等譯，《冷卻的太陽──一種存在主義倫理學》（Existentialist Ethics），（北京：中央編譯出版社，1999年1月），頁15。

35 自由是人本質，是人類實踐的根本目的。故目的性的本質也是自由。人類的一切實踐，歸根結底都是為了實現作為人本質的自由。這個實現自由的過程，就是通過認識與實踐的統一達到主體與客體統一的過程。參閱王樹人著，〈論黑格爾實踐觀的合理內核〉，收錄於中國社會科學院哲學研究所編，《論康德黑格爾哲學記念文集》（Uber Die Philosophie Von Kant Und Hegel），（上海：上海人民出版社，1981年8月），頁317。

36 「人類愈是能夠積極地創造歷史就愈能把歷史朝著我們理想的方向上引導」。見烏爾里希‧貝克（Ulrich Beck）等著，趙文書譯，《自反性現代化──現代社會秩序中的政治、傳統與美學》（Reflexive Modernization：Politics,Tradition and Aesthetics in the Modern Social Order），（北京：商務印書館，2001年8月），頁74。

37 又尼釆云：「生成要理直氣壯，每時每刻無所不在（或者說，它不會貶值，因為一切現象都可歸結為一點）；為將來事著想，而為今天的事物辯解，這是不允許的；或者，為了今天的事物，而為過去的辯解，也是不允許的。生成，沒有存在狀態。生成，任何時候都是等值的。因為，生成的總額恆定不變；換句話說，生成根本無價值，原因在於無法衡量，在於缺少與『價值』一詞的意義有關的內容。」見其所著，張念東等譯，《權力意志──重估一切價值的嘗試》（The Will to Power：Attempt at a Revaluation of all Values），（北京：中央編譯出版社，2000年4月），頁285-286。人的

到自己的內心世界，才能在一個窮極的、展現出一切堅實內容的深處，獲得客觀世界中再也找不到的立腳點[39]。

這種應然狀態所內蘊的絕對超越指向，正是價值的最本質的規定。因此，作爲自由存在的生命個體就要進行積極的自我謀劃、自我選擇[40]、自我創造，不斷地進行自我昇華以提高生命的品質，從而塑造一個全新的自我。人必須「自我改變，改變自己獨特的存在，把自己的生活改變成一種具有審美價值和反映某種風格標準的作品」[41]。因爲「一個畫家，如果不因爲自己的作品而發生變化，那他爲什麼要工作呢」[42]？這樣的自我超越是所有生命和進化最非凡的、最重要的事實，對人尤其如此[43]。在這個過程中，人不僅實現了自我價值，而且也創造了社會價值。尼采就認爲：「生命是不斷的從自己拋棄將要死亡的東西，是歡愉的源泉，必須

存在不是現成的而是生成的，它總是向未來、向新的可能開放。「只有在新東西中才展現出自身基本的物件規定性」。見恩斯特‧布洛赫（Ernst Bloch）著，夢海譯，《希望的原理》（The Principle of Hope），（上海：上海譯文出版社，2012年12月），卷1，頁21。「只有尚未被意識到的東西才是未來更美好生活的前意識，才是新東西的心理出生地」。見同上，頁123。

[38] 尼采將人詮釋為一種自我生成、自我超越的無限開放的過程。人永遠是未完成的，他注定朝向未來「人類是應當被超越的」。此語見其所著，雷崧生譯，《查拉杜斯屈拉如是說》（Thus Spoke Zarathustra），（臺北市：臺灣中華書局，1971年11月），頁5、45、64等。尼采將人稱為「偉大的自我經歷者，永恆的不得滿足，和神祇、野獸競爭最後的優越性；人，今日已不可侵凌，仍然未全完體現」。見其所著，陳芳郁譯，《道德系譜學》（On the Genealogy of Morality），（臺北市：水牛圖書出版事業公司，1987年3月），頁99。

[39] 鄒進著，《現代德國文化教育學》，（太原：山西教育出版社，1992年6月），頁138。

[40] 人之有別於動物，最首要之處在於「不在於它擁有理性，也不在於發明了工具與方法，而在於能選擇，人在選擇時而不是被選擇時才成為自己；人是騎士而非馬匹；人是目的的尋求者（而不僅僅是手段），並以他自己的方式追求目的；可想而知，追求的方式愈多，人的生活就變得愈豐滿；個體間相互影響的領域愈廣，新的和預料之外的機會就愈多；他沿著新鮮而未被探索的方向改變其自身性格的可能性愈多，展示在每一個個體面前的道路也就愈多，他的行動和思想的自由就愈寬廣」。見伯林（Isaiah Berlin）著，胡傳勝譯，《自由論》（Liberty），（南京：譯林出版社，2003年12月），頁252。

[41] 福柯著，（Michel Foucault）著，佘碧平譯，《性經驗史》，（The History of Sexuality），（上海：上海人民出版社，2002年10月），頁125。

[42] 福柯著，嚴鋒譯，《權力的眼睛——福柯訪談錄》（The Eyes of Power：Interviews with Foucault），（上海：上海人民出版社，1997年1月），頁13。

[43] 參閱巴蒂斯塔‧莫迪恩（Battista Mondin）著，李樹琴等譯，《哲學人類學》（Philosophical Anthropology：Man：An Impossible Project），（哈爾濱：黑龍江人民出版社，2005年1月），頁159。

不斷的超越自我。」[44] 從這個角度來說，彰顯生命卓越的創造力，從而實現自我價值的眞正主角還是自己。人到底能成為什麼是無法設想的[45]。「非特定化」使人必須不斷追求開放和普遍性的發展，通過主體的創造努力不斷完善自我，從而超越各種被固定的關係[46]，打破預定的生活方向，表現對自我發展的開放性追求。生命個體從剛開始的未完成再到最後的完成和超越，完全取決於自我的抉擇和努力。人類通過不可能實現的夢想爲自己的人生樹碑立傳。換言之，大自然似乎沒有把人的生命鑄做成某一種特定物就將其放置在塵世中；大自然絲毫沒有做出最後的決定，而是在某種程度上讓他自己成爲不確定的東西[47]。因此，人必須獨自完善、成就他自己！人是自身行爲的結果！「每一個人對自己的一生是否成功負有主要責任」，「我們有責任有所成就，我們有責任過好的一生，而不是被人浪費的一生。說到底，任何人都不能替我們作出決定，這是我們自己的責任」[48]。

　　人的價值存在則使人打破肉體存在的桎梏，使生命存在的方式獲得了開放的、應然的和生成的性質，從而超越了自然事物的生存方式[49]。故生命比客觀生物個體存在的過程具有更多的內涵，它所具有的文化意蘊遠遠高於其生物學意義。科學對生命的研究大多停留在生物、物理等領域，生

[44] 見其所著，雷崧生譯，《查拉杜斯屈拉如是說》，頁125。

[45] 赫舍爾云：「人的存在之迷不在於他現在是什麼，而在於他能夠成為什麼。我們對人所能了解的，不過是人身上潛在要素中的一小部分。描述人類現在是什麼，是很容易做到的；但是我們無法設想人類能夠成為什麼。」見其所著，隗仁蓮譯，《人是誰》，頁40。

[46] 鄭曉江著，《穿透死亡》，頁133云：「死亡結束的是生命，不是關係。」南昌：江西教育出版社，2000年12月。

[47] 伊格爾頓（Terry Eagleton）所言：「我們至少可以肯定，意義總是愈挖愈多。邏輯上不可能有一個終極意義，一個終結所有闡釋的意義，因為它本身也需要闡釋。既然一個符號的意義來自於它與其他符號的關係，那麼，就不會有一個終極的符號，正如不會有一個終極數字，或終極之人。」見其所著，朱新偉譯，《人生的意義》（The Meaning of Life），（南京：譯林出版社，2012年11月），頁61。

[48] 羅奈爾得・德沃金（Ronald Dworkin）等著，許章潤主編，《認真對待人權》（Taking Rights Seriously），（桂林：廣西師範大學出版社，2003年12月），頁18、24。

[49] 包利民等著，《現代性價值辯證論——規範倫理的形態學及其資源》，頁113云：「人的價值不在於社會角色的實現，不在於『喜歡』道德律，而在於不顧個人喜好，自覺承擔宇宙神聖大序的使命。」上海：學林出版社，2000年10月。

命存在的意義和價值卻是科學不能闡釋的，但是這些問題乃人生的根本問題，它決定了人生的方向態度和幸福[50]，而且在展示生命本性的同時必然邏輯地突顯人類生命的優越地位，及人類精神的卓越之處。因此，對生命存在意義和價值的研究的重要性甚至超越了對生命的生理研究。恩格爾哈特（Hugo Tristram Engelhardt Jr.）云：「引起人們的主要道德興趣的東西絕不僅是生物學生命。一個只能發揮生物學功能而沒有內在精神生命的人體並不能支撐起一個道德主體。」[51] 人是一個過程，沒有終點。人類前進的腳步不會停止，只要人超越了現在的自己，那麼不管是不是達到了尼采所說的「超人」的境界就已成為「超人」了。只要人的薪火沒有熄滅，只要人的心中還充滿希望和愛，只要人還渴望幸福的生活，人就能不斷地超越自己，邁向新的未來[52]。「未來愈是擺在面前，期待意向本身就愈是強烈地、灼熱地『燃燒起來』」[53]。人生的價值，並非生命在寒來暑往的時光隧道中盲目地生息繁衍，凝視時間在手中的縫隙逐漸流失。實則，時間先如一首生機勃勃的進行曲，進而漸漸衰變為哀樂，從遠到近，由小到大地四方迴盪，然後戛然而止，人生的舞臺便謝下一道黑幕，人生被時間拋卻了，生命只在寒來暑往的時間隧道中生息繁衍，根本沒有一個終極的實在信念作為心靈的支點，人類注定只能在性與愛、自然與人文的矛盾傾斜中左衝右突[54]，這確是人生最大的悲苦。然而，生命真正的價值不是以當下的現在為核心的過去、現在、將來逐次相替的流逝過程，而是在這靜

50 拉美特利（Julien Offray de La Mettrie）著，顧壽觀等譯，《人是機器》（Man a Machine），頁9云：「有研究的興味的人是幸福的！能夠通過研究使自己的精神擺脫妄念並使自己擺脫虛榮心迫切的需要。」北京：商務印書館，1959年9月。

51 見其所著，范瑞平譯，《生物倫理學基礎》（The Foundations of Bioethics），（北京：北京大學出版社，2006年8月），頁242。

52 卡西爾著，甘陽譯，《人論》，頁68云：「思考著未來，生活在未來，這乃是人的本性的一個必要成分。」

53 恩斯特・布洛赫著，夢海譯，《希望的原理》，卷1，頁113。

54 人並非必然受益於自然，而是必須在自然中奮鬥才能得其利而避其害。誠然，人被命定存在於自然中，但是也被命定必須不斷對抗自然或逃避自然才能好好存活。因此，人與自然之間有個存在悖論（ontological paradox）：人必須在自然中努力逃避自然，以致能繼續存在於自然中。參閱柯志明著，〈有意義的自然及其價值〉，頁3。

止凝定的瞬間，讓價值之光燭照真正的人生，向人揭示生命的真諦。尼采云：「人必須時時刻刻相信他知道自己為什麼存在。若是沒有週期性的對生命產生信心、相信生命中的理性，則人類也不可能有如此繁盛」[55]。但「人的生命是一個由多重矛盾關係所構成的否定性統一體」[56]，其中的理性，常受制於情感；天使抵擋不住魔鬼的誘惑；天與人無休止的交戰，使人無法如實地在生命的舞臺上展現真正的自己。

有關人的這種二重化，布萊士‧帕斯卡爾（Blaise Pascal）指出：「使得我們無力認識事物的，就在於事物是單一的，而我們卻是由兩種相反的並且品類不同的本性，即靈魂和身體所構成的。」[57]歌德（Johann Goethe）云：「有兩個靈魂住在我的胸中，它們總是互相分道揚鑣；一個懷著一種強烈的情慾，以它的卷鬚緊緊攀附著現世；另一個卻拚命地要脫離世俗，高飛到崇高的先輩的居地。」[58]叔本華說：「對生活稍作考察就可以知道：痛苦和無聊是人類幸福的兩個死敵，關於這一點，我可以作一個補充：每當我們感到快活，在我們遠離上述的一個敵人的時候，我們也就接近了另一個敵人，反之亦然。所以說，我們的生活確實就是在這兩者當中或強或弱地搖擺」[59]。尼采說：「人類是一根繫在獸與超人間的軟索——一根懸在深谷上的軟索。」[60]盧梭云：「人是生而自由的，但卻無往不在枷鎖之中。自以為是其他一切的主人的人，反而比其他一切更是奴隸。」[61]雅斯貝爾斯（Karl Jaspers）則說：「由於人將自己分為靈與肉、理性與感性、心與物、責任與喜好、存有與現象、行動與思想、實際

55　見其所著，余鴻榮譯，《歡悅的智慧》，頁61。
56　高清海等著，《人的「類生命」與「類哲學」：走向未來的當代哲學精神》，（長春：吉林人民出版社，1998年10月），頁38。
57　見其所著，何兆武譯，《思想錄》（Pensées），（北京：商務印書館，1985年11月），頁35。
58　見其所著，郭沫若譯，《浮士德》（Faust），共上下冊，（北京：人民出版社，1959年9月），冊上，頁156。
59　見其所著，韋啟昌譯，《人生的智慧》（Wisdom of Life），（上海：上海人民出版社，2007年3月），頁21。
60　見其所著，雷崧生譯，《查拉杜斯屈拉如是說》，頁9。
61　見其所著，何兆武譯，《社會契約論》（The Social Contract），（北京：商務印書館，1997年2月），頁8。

所為與行事本意等，他的見解也跟著有不同的意義。關鍵在於人總是要和自己作對。人的存在不可能沒有這種人格上的分裂。但是他並不滿意這種分裂狀態。他克服這種分裂的方法、他超越這種分裂所有的方式，在於顯示出他對於自身的了解。」[62]

　　人生存的問題本身蘊涵了人解答這一問題的兩個方向：一是正視這一問題，發展自身的各種潛能，成為充分實現自我的人，從而在更高的層次上，而不是在一個被動的、自然的存在物的層面上重新找到與自然、他人以及自我的和諧。另一個方向是試圖克服自我意識，試圖重新以一個自然存在物的方式重新和自然、他人和諧一致[63]。前一種解答以人的特性被發揮為特徵，後一種解答以放棄人的特殊性，把自己變成「物」為特徵。具體的社會，既為人性的現實化提供條件，也給人性的現實化帶來侷限，因此，人對生存問題的解答都是暫時的。每一解答所帶來的矛盾的解決，都只是暫時克服了人與自然、他人、自我的分離，獲得短暫的平衡。每一平衡獲得後，在這一基礎上，新的分離和問題又再產生，促使人性向前往更高的層次運動，尋找一個新的答案。這一不斷向前的過程，就是人類歷史。人性的展開與人的自我實現是歷史的主題，人實現自身潛能的過程及人性的展開，也就是人類的歷史。人類的歷史最終是要實現人的自由而全面的發展，成為他可能是的那個樣子的人。這種「歷史實現了的生命價值」，往往使人感悟到一種「天地境界」。此境界能自行擴散蔓延，使人被一種絕對莊嚴的沉默所攝住。在「世界精神太忙碌於現實，太馳騖於外

---

[62] 見其所著，黃藿譯，《當代的精神處境》（Man in the Modern Age），（北京：生活・讀書・新知三聯書店，1992年5月），頁147。

[63] 恩格斯以為，人在獲取生活資源維繫個體存活的過程中，把自己從自然中超拔出來，從而反觀自然和自身，從而在人身上和自然上達到自我意識。參閱其所著，中共中央馬克思恩格斯列寧斯達林著作編譯局編譯，《馬克思恩格斯選集》，卷3，頁28。米蓋爾・杜夫海納（Mikel Dufrenne）著，孫非譯，《美學與哲學》（Esthetique et philosophie），頁3云：「審美經驗揭示了人類與世界的最深刻和最親密的關係。他需要美，是因為他需要感到自己存在於世界。而存在於世界，並不是成為萬物中之一物，而是在萬物中感到自己是在自己身上，為了具有意義，對象無限化，變成了一個獨特世界，它讓我們感覺的就是這世界。」北京：中國社會科學出版社，1985年5月。體現人與自然的和諧，乃人實現自我的最終歸宿。

界，而不遁回到內心，轉回自身，以徜徉自怡於自己原有的家園中」[64]，同時在一片死寂中喚醒對存在的思考，陶冶出一種不畏迷誤而邁向真理的生存態度。薩特贊同「如果上帝不存在，什麼事情都將是允許的」的觀點，認爲「人除了他自己外，別無立法者」[65]，也就爲我們避免苦難的重演開啟了希望的戶牖，正如荷爾德林（Friedrich Hölderlin）所歌唱的：「哪裡有危險，哪裡也生拯救。」[66] 既然人的犯錯並非由於命運的必然性。既然外在世界充滿了偶然性，既然犯錯是因生命自身的品質欠缺所致，那麼個體便有希望調整自身的在世性情、感覺偏好、認知結構來避免過失，使自己的人生更臻於完善[67]。

是以人生應由自己所抉擇扮演的角色而定[68]。生命本身沒有意義，人必須賦予它意義、編織意義，也只有人才急於編織意義。羅洛‧梅（Rollo May）認爲，「人對認同的渴求成了最重要的心理渴求：必須能夠肯定自己的存在，在世界中確認自己，且經由自我肯定的能力，爲這個世界賦予意義、創造意義」[69]。對於人類的生存而言不能不細加編織，

64　黑格爾著，賀麟譯，《小邏輯》（Shorter Logic），（北京：商務印書館，1997年2月），頁31。

65　見其所著，潘培慶等譯，《薩特哲學論文集》（The Selected Essays of Jean-Paul Sartre），（合肥：安徽文藝出版社，1998年4月），頁134。

66　馬丁‧海德格爾（Martin Heidegger）著，孫周興譯，《荷爾德林詩的闡釋》（A study of the Interpretation of Holderlin's Poetry），（北京：商務印書館，2009年3月），頁21。在1946年的演講「詩人何爲」中，海德格爾再一次指出技術性對世界統治的危險。他把荷爾德林這兩句話詮釋爲：危險本身迫使人沉思；沉思意謂對自身行動的目的和手段進行思考。

67　馬克思即以爲：成功的結果固然是一種幸福，奮鬥的過程同樣也是一種幸福，因爲奮鬥過程本身滿足了人的「發展和表現一切體力和智力的需要」。見其所著，中共中央馬克思恩格斯列寧斯達林著作編譯局編譯，《馬克思恩格斯全集》，卷1，頁349。故客觀「命」的限制雖然無法避免，但是關鍵在於「我們是否在創造地突破自己格局方面盡了最大的努力。」見林毓生著，《中國傳統的創造性轉化》，（北京：生活‧讀書‧新知三聯書店，1988年12月），頁248。「當我想到這些無窮變幻時，有時幾乎也要接受這種意見。然而我們的由意志不能完全消滅，我想命運誠然決定了我們的一半行動，但她還允許剩下的那一半左右的行動讓我們自己來決定」。見馬基雅維利（Niccolo Machiavelli）著，何欣譯，《君王論》，（臺北市：臺灣中華書局，1975年3月），頁106。人愈逃避自己的命運，也就愈被命運所困，成爲命運的祭品。

68　赫舍爾著，隗仁蓮譯，《人是誰》，頁37云：「人處在三叉路口，他就必須一次又一次地決定應當選擇什麼方向。因此，他的生命旅程是不可預料的；沒有人能夠事先寫出自傳來。」

69　見其所著，朱侃如譯，《權力與無知：探索暴力的來源》（Power and Innocence：A Search for the Sources of Violence），（新北市：立緒文化事業公司，2003年9月），頁4。弗雷德里克‧斯特倫（Frederick John Streng）著，金澤等譯，《人與神──宗教的理解》（Understand Religious Life），

不然只能走向死亡與毀滅。意義系統對於人生存來說是至關重要的，凡是恢弘事業都源於此，而其價值也必須透過一個終極的實在心靈的信念彰顯出來，超越性決定了人的存在總是超越的、自律的、絕對的、永遠處在不斷建構中的，因而在本質上是一種向未來敞開的可能性。雅斯貝爾斯指出：「生命像在非常嚴肅的場合的一場遊戲，在所有生命都必將終結的陰影下，它頑強地生長，渴望著超越。」[70] 人的悲劇[71] 就在於其無盡的超越，因為「崩潰和失敗表露出事物的真實本性。生命的真實沒有在失敗中喪失；相反，它使自己完整而真切地被感覺到。就像沒有抗爭就沒有悲劇一樣。沒有超越同樣沒有悲劇」[72]。即便在對神祇和命運的絕望抗爭中抵抗至死，也是超越的一種舉動。「它是朝向人類內在固有本質的運動在遭逢毀滅時他就會懂得這個本質是他與生俱來的」[73]。超越使人忘卻人生的痛苦而致力於展示人的潛在力量，以表示自己應享受更美好的生活。這種悲劇超越意識是人內在固有本質的自然運動。人類生命意識的悲劇，就是明知必死而求其生，明知生命有限而求其永生。這種自我本質表現為意識和精神活動、實踐活動不斷創造的意義世界，「也是再造文化和社

頁153云：「世界並非一個僅供觀察的事物；只要人們積極地參與生活，自發地創造每一時刻，並發掘自己天地中的意蘊，那麼世界也會變成一種催人轉變的力量。」上海：上海人民出版社，1991年11月。

[70] 見其所著，余靈靈等譯，《存在與超越——雅斯貝爾斯文集》（Reason and Anti-Reason in our Time），（上海：上海三聯書店，1998年9月），頁44。

[71] 雅斯貝爾斯強調，「悲劇與不幸、痛苦、毀滅、死亡或罪惡截然不同，它的不同取決於它的知識的本質，悲劇知識是探詢而不是接受，是控訴而不是悲悼。悲劇知識憑藉真理與災禍之間的緊密關係而更加清楚：當衝突的力量按比例增長，它們衝突的必然性不斷深化時，悲劇變得越來越強了」。見其所著，亦春譯，《悲劇的超越》（Tragedy Is Not Enough），（北京：中國工人出版社，1988年6月），頁31，即是說，悲劇發生在人對悲劇困境的抗拒、對真理的追求及對災難的控訴中。不幸本身並不一定是悲劇，若要使不幸轉變成悲劇，就「只有通過自己的行動，人才會進入必定要毀滅他的悲劇困境」。見同上，頁27，相反，若沒有行動，即沒有挑戰、沒有抗爭，就意味對悲慘現實的接受、忍受、哀歎，這是一種悲劇前的、尚未覺醒的知識文明。程孟輝著，《西方悲劇學說史》，頁545云：「悲劇是一種以極其嚴肅的態度探索人在現實世界生存鬥爭中的地位和命運的藝術。它以表現主人公與現實之間不可調和的矛盾衝突及其悲慘結局為基本特點。它較之別的任何一種藝術形態都要更突出地提出有關人的處境的種種問題。」北京：中國人民大學出版社，1996年12月。

[72] 雅斯貝爾斯著，亦春譯，《悲劇的超越》，頁25。

[73] 同上，頁26。

會秩序的途徑」[74]。「一切的最終含義就是超越實踐本身」[75]。精神的自由構造及其各種表現構成了歷史，充分顯示出生命價值的獨特規定和意義。「只有『超越』纔能使這個不可靠的人生成為『善』（good），使這個世界成為『美』（beautiful），使『存在』的本身便成為一種『成就』（fulfilment）」[76]。

人的世界「可以從他身上期待未曾預料的事情，他能夠完成不可能的任務」，「僅僅因為每個人都是獨特的，每個人的誕生都為世界帶來獨一無二的新東西」，「人自身就是一個開創者（beginner）」[77]。就人的獨特性和珍貴性而言，赫舍爾反覆強調云：「在世俗的眼裡，我是一個普通人，但在我內心，我不是一個普通人。我內心認為，我是個十分重要的人物。我面臨的挑戰是，如何使我的存在的隱蔽的重要性得以實現，得以具體化。在苦惱和焦慮的背後，是自我反思的最重要因素——我自身的實存的珍貴性。就我自己的內心而言，我的實存是獨特的、無先例的、無價的、極其重要的，我反對任何拋棄其意義的念頭。」[78]因為「人是具體的歷史、物質的存在，同時又是擁有道德自覺主體性的存在；人外在地受到歷史環境的影響，同時又內在地具有道德實踐能力」[79]。故康德云：「人能具有『自我』的觀念，這使人無限地提升到地球上一切其他有生命的存在物之上，因此，他是一個人。」[80]黑格爾也指出：「人能超出他的自然存在，即由於作為一個有自我意識的存在，區別於外部的自然界。」[81]人

---

[74] 王銘銘著，《西方人類學思潮十講》，（桂林：廣西師範大學出版社，2005年7月），頁104。

[75] 加達默爾（Hans-Georg Gadamer）著，夏鎮平譯，《讚美理論》（Praise of Theory：Speeches and Essays），（北京：生活‧讀書‧新知三聯書店，1988年9月），頁46。

[76] 雅斯貝爾斯著，周行之譯，《智慧之路》（Way To Wisdom），（臺北市：志文出版社，1972年9月），頁150。

[77] 漢娜‧阿倫特（Hannah Arendt）著，王寅麗譯，《人的境況》（The Human Condition），（上海：上海人民出版社，2009年1月），頁139。

[78] 見其所著，隗仁蓮譯，《人是誰》，頁35。

[79] 伊格爾頓著，方傑等譯，《甜蜜的暴力——悲劇的觀念》（Sweet Violence：The Idea of the Tragic），（江蘇：南京大學出版社，2007年9月），頁15。

[80] 見其所著，鄧曉芒譯，《實用人類學》（Anthropology in a Pragmatic View），（重慶：重慶出版社，1987年5月），頁1。

[81] 見其所著，賀麟譯，《小邏輯》，頁92。

是什麼，就只有人的歷史才能回答。反之，歷史是什麼，也就只有人才能回答！

　　既然生命往往在一個最不起眼的尋常日子就會悄悄而無預警下從人的面前消失得無影無蹤，總是讓人對生命的漠視而驚奇不已[82]。生命既不能預知的，又只在時間的過程中，則生命有何價值？實際上，人個體的生命即最基本的價值，每個人皆是世界上獨一無二的存在[83]；每個生命在四季的輪迴中，總渴望內心深處最隱祕的存在體驗能得到真切的印證，自我實現及把握生命活動的情感的生成。實際上，生命的本質不能被想像成一個結果，而是一個成長的過程，一個不斷地修正原始錯漏的過程，但是「只有在極端尊重自我、他人以及我們大家的自我的個性的條件下，有機的成長才是可能的」[84]。生命的存在包含了對世界無限的開放，這個世界充滿了人人皆可接觸的對象，一切充滿了可實現的意義。這生命價值的實現，使荒蕪的自然界呈現出勃勃生機，及精彩繽紛的畫面。巴蒂斯塔・莫迪恩也說：「人是一個包含截然相反的對立面於一身的奇蹟：人是一個墮落的或未實現的神；一種不成功的絕對價值或絕對性之空虛；一個無限的或尚未實現的可能。由於這個原因，我認為將人定義為一個『不可能的可能』是沒有錯誤的。」[85]這說明人能不斷自我超越、自我創造，而正是這種獨

82　艾溫・辛格云：「我們對生命的驚奇感，伴隨著愉悅，不限於偶然的奇遇或輝煌的事件。相反，僅僅活著，僅僅在我們能夠從中體會到我們的生命存在的當下即刻，我們就能感到一種歡樂和陶醉。」見其所著，郜元寶譯，《我們的迷惘》，頁97。「如果我們在真實存在的某個事物上面直覺到一種驚奇，那麼我們就會感覺到那種把我們和這個特定的實體聯繫起來的重要性。」同上，頁98。若人對生命感到驚奇，就會因而感到生命的可貴和無比重要，也就會產生珍惜保護生命、使生命得到充實與完善的願望，建構有價值的人生。

83　對於現代社會而言，必須承認每個人的存在都是絕無僅有的，每個人在與其他人的比較中都是一個特殊的個體。在這個意義上，每個人都是世間的「唯一」，都是不可複製的「絕版」。個人的獨特性當然為社會規範的確立帶來了難題，然而這也正是人文社會科學的特殊魅力所在：「在人文學者（humanists）之中最流行的觀念是強調人的獨特性、變異性，以及心情、觀點的不斷改變。」見殷克勒斯（Alex Inkeles）著，黃瑞祺譯，《社會學是什麼》（What is Sociology），（臺北市：巨流圖書公司，1985年10月），頁83。

84　佛洛姆著，陳學明譯，《逃避自由》（Escape From Freedom），（北京：中國工人出版社，1987年6月），頁341。

85　見其所著，李樹琴等譯，《哲學人類學》，頁13。

特性證實了人是生成的[86]。人類及每個個體存在價值的終極歸宿在於自我生成和完滿，及本質規定性的實現。

　　薩特在〈存在主義是一種人道主義〉中對「存在先於本質」這一命題作了詳細的說明：「我們說存在先於本質的意思指什麼呢？意思就是說首先有人，人碰上自己，在世界上湧現出來——然後才給自己下定義。如果人在存在主義者眼中是不能下定義的，那是因為在一開頭人是什麼都說不上的。他所以說得上是往後的事，那時候他就會是他認為的那種人了。所以人性是沒有的，因為沒有上帝提供一個人的概念。人就是人。這不僅說他是自己認為的那樣，而且也是他願意成為的那樣——是他（從無到有）從不存在到存在之後願意成為的那樣。」[87]這除了闡述人是自我塑造的，應該對自己負責等意義之外，更重要的就是指明人沒有先在的固定本質，其本質是在存在過程中生成的，是自我生成的。生成的人是創造者，是在物件化活動中創造物件，也改造自我的存在，是不斷超越自我的能在，「是在『虛無』的畫布上繡出『存在』的『花朵』的存在」[88]。

　　遺憾的是，人並沒有真正認識自己，並沒有認識到生命的精髓，故一生沒有幸福可言[89]。特別是進入現代工業社會以來，脆弱的生命更難以承受生活之重。在日常生活中，由於人缺乏對生命價值的關切，故常常對無數損害生命尊嚴的現象麻木不仁和反應遲鈍。人不知道該如何保護自己的生命尊嚴和生命權[90]。最終，生命變成了一堆生鏽的破銅爛鐵，只

86　每一個人的生命歷程都面臨和經歷其特殊的時間和機緣，這與其他生命個體都絕不相同，人必須學習不斷地去編織屬於自己的生命之網，「一張向後延伸到過去、向前延伸到未來的網，來取代一個已經成形的、統一的、當下的、自我完中的實體，一個可以被視為固定不移和完滿一體的東西」。見理查德・羅蒂著，徐文瑞譯，《偶然、反諷和團結》（Contingency, Irony, and Solidarity），（北京：商務印書店，2003年1月），頁61。

87　見其所著，周煦良等譯，《存在主義是一種人道主義》（Existentialism is a Humanism），（上海：上海譯文出版社，1988年4月），頁5-6。

88　參閱柏格森（Henri Bergson）著，王珍麗等譯，《創造進化論》（Creative Evolution），（長沙：湖南人民出版社，1989年5月），頁234。

89　佛洛姆著，陳學明譯，《逃避自由》，頁322云：「首先認識自身，這是為了使人們變得強大和幸福而向人類提出的一個基本要求。」

90　米爾恩（A. J. M. Milne）指出，「生命權是一個人之所以被當作人類夥伴所必須享有的權利」，「生命權，如果說有什麼權利算作人權的話，它就是。」見其所著，夏勇等譯，《人的權利與人

有在強烈的敲打下才能發出陣陣刺耳的雜音。人雖然活著，但是不知道生命為何物，不知道生命有何價值，不知道生命有何樂趣和真正所需為何[91]，或許就像尼采所言：「生命是無庸爭執的，因為其中也許原本就有錯誤。」[92]於是生命就成為一種與生活無關，甚至是截然對立的手段。但人把生命作為一種手段的同時，也應視生命為一個目的。在我們利用生命作為尋找與追求有客觀意義的目標之際，亦應尊重生命作為一個目的，故我們所追求的有客觀意義的目標時，這個目標亦能符合我們的主觀意願，能令我們不會浪費有限的生命，亦可對自己的生活充滿意識。當不可預測的死亡來臨時，至少，我們了無遺憾。在人生的過程中，人幾乎感覺不到生命的真實存在，而只感覺到自己平庸地活著。人的存在渺小、短暫、脆弱、有限，並曾因此而自卑過、恐懼過、焦慮過、絕望過，這又如何能回答生命最本真的一些問題？但人之所以是人，就在於他永遠不會甘於如此不堪的存在，他要戰勝死亡的恐懼[93]、情慾的擺動、生活的苦惱、人生的荒謬、存在的空虛等，更要獨自面對、抗爭、接受，竭盡全力使自己蛻變為偉大、堅強、無限、永恆，以實現他最本質的需要——超越有限的存在以達至無限的勝境，從而真正實現自我，超越自我，最大限度地達到永恆與不朽，而不枉過一生！故「人生最有價值的就是最好地發展人的最高能力和使較高的功能支配較低的功能。而那種受植物性或動物性功能支配、受感官慾望和盲目熱情支配的生命就只能被看作是一種較低級的和不正常的形式。人的完善的生命是一種心智在其中自由和充分地生長。各種精神力量在思維、想像和行動方面都達到最高完善的生命」[94]。當人處在未走

的多樣性：人權哲學》（Human Rights and Human Diversity：An Essay in the Philosophy of Human Rights），（北京：中國大百科全書出版社，1995年3月），頁11、158。

[91] 馬斯洛（Abraham Harold Maslow）著，許金聲譯，〈高級需要與低級需要〉（Motivation and Personality），頁202云：「能夠辨清自己的需要，即知道自己真正想要什麼，是一個重要的心理成就。」收錄於馬斯洛等著，林方主編，《人的潛能和價值——人本主義心理學譯文集》（Humanistic Psychology），北京：華夏出版社，1987年2月。

[92] 見其所著，余鴻榮譯，《歡悅的智慧》，頁155。

[93] 「死的恐懼在他的經驗中曾經浸透進他的內在靈魂」。見黑格爾著，賀麟等譯，《精神現象學》（Phenomenology of Spirit），共上下卷，（北京：商務印書館，1983年5月），卷上，頁130。

[94] 弗里德里希·包爾生著，何懷宏等譯，《倫理學體系》，（臺北市：淑馨出版社，1989年12月），

出動物界的原始狀態時，人也像動物一樣受自然界的絕對的統治，人類就是在對自然界的「必然王國」以及自身的「必然王國」有了一定認識和宰制之後，才走出動物界的。至今，人類還是處在認識和宰制這兩個「必然王國」的過程中，並且在這種不斷的認識和宰制中發展自己[95]。尼采云：「與動物不同，人在自己體內培植了繁多的彼此對立的欲望和衝動。借助這個綜合體，人成了地球的主人。」[96]

由於人生論是在目的論和價值論的視野下審視和評判人的生存活動的，這就使得「終極目的」在人的生命中有特殊的意義和價值。因爲它作爲康德所說的「一個目的王國裡立法的元首」所隱含「至善」的概念所指向的完善的境界是沒有止境的[97]，雖然人在行動中可以愈來愈接近它，但是永遠不可能完全達到，以致在追求這一理想目標時就好像永遠是在途中，但是「行動！行動！——這就是我們的生存目的」，「只有你的行動，才決定你的價值」[98]，尼采說：「貫徹和實現個人的理想，這是我們的首要任務。」[99] 馬克思說：「思想本身根本不能實現什麼東西。思想要得到實現，就要有使用實踐力量的人。」[100] 佛洛姆云：「自我保存本能的內驅力必須通過現實的、具體的手段得到滿足。」[101] 亞歷山大・科耶夫（Alexandre Kojève）認爲人的存在就是行動，不行動也許永遠無法企及眞理[102]。

無論如何，「行動決定興廢去留，在行動中，我們才有所揚

頁241-242。

95 參閱王樹人著，〈論黑格爾實踐觀的合理內核〉，頁317。

96 見其所著，張念東等譯，《權力意志——重估一切價值的嘗試》，頁4。

97 參閱其所著，韋卓民譯，《判斷力批判》（Critique of Judgment），共上下卷，（北京：商務印書館，1985年5月），卷下，頁111。

98 費希特著，梁志學等譯，《論學者的使命、人的使命》，頁58、79。

99 見其所著，張念東等譯，《權力意志——重估一切價值的嘗試》，頁16。

100 見其所著，中共中央馬克思恩格斯列寧斯達林著作編譯局編譯，《馬克思恩格斯全集》，卷2，頁152。

101 見其所著，黃頌杰主編，《佛洛姆著作精選——人性、社會、拯救》，頁33。

102 參閱其所著，姜志輝譯，《黑格爾導讀》（Alexandre Kojève, Introduction to the Reading of Hegel：Lectures on the Phenomenology of Spirit），（南京：譯林出版社，2005.年12月），頁537。

棄」[103]。它在讓人看到這一路途的艱難和險阻的同時，卻又如同春風雨露那樣滋潤人的心靈，所以又最能深入內心、融入人生，而成為人生旅途中的精神伴侶，時刻給人以慰藉和鼓舞，激勵人的意志和決心，讓人生生不息而奮鬥不止[104]。

作為一個偶然生成、短暫存在的個體，我們置身於特定的社會歷史文化環境之中，以自己的人生積澱面對自己每時每刻的人生，讓人生的每個片刻都變成是真正自己的。只有真正自己的人生，才不是異化的，才不是工具化的，也才可能擁有和享受人生。雅斯貝爾斯認為：「人永遠不能窮盡自身。人的本質不是不變的，而是一個過程；它不僅是一個現存的生命，在其發展過程中，他還有意志自由，能夠主宰自己的行動，這使他有可能按照自己的願望塑造自身。」[105] 這是對人能力的肯定，我們能夠自決、自塑，同時能實現自己的自由[106]，才是所謂的人。人活著總得要有生存的意識，也皆是人克服虛無、疏離和憂鬱的能力[107]。

人的出生雖然被注定，但我們是自由的，選擇權在自己手裡，自決就需自負其責。人是自由的，人唯一不能逃避的就是自由。既然選擇是自由的，便也就沒有所謂的標準，每個人都有自己的選擇，然而每個人都需要對他自己的選擇負責，也要對所有人負責！薩特曾說：「我有一個想法，從未放棄過並一直在深化：一個人最後總是要對自己所做的事情負責，他除了承擔這種責任外別無其他選擇。」[108] 又云：「如果存在真是先於本質的，人就要對自己是怎樣的人負責。所以存在主義的第一

---

[103] 尼采著，余鴻榮譯，《歡悅的智慧》，頁219。

[104] 參閱王元驤著，〈關於推進「人生論美學」研究的思考〉，載於《學術月刊》，2017年，第11期，頁104。

[105] 見其所著，余靈靈等譯，《存在與超越——雅斯貝爾斯文集》，頁209。

[106] 馬克思云：「自由不僅包括我靠什麼生存，而且包括我怎樣生存，不僅包括我實現自由，而且也包括我自由地實現自由。」見其所著，中共中央馬克思恩格斯列寧斯達林著作編譯局編譯，《馬克思恩格斯全集》，卷1，頁77。

[107] 康德著，沈叔平譯，《法的形而上學原理——權利的科學》（The Science of Right），頁2云：「一個人能夠按照自己的表述去行動的能力，就構成這個人的生命。」北京：商務印書館，2011年6月。

[108] 見其所著，黃忠晶等譯，《薩特自述》（Words），（鄭州：河南人民出版社，2000年6月），頁197。

個後果是使人人明白自己的面目，並且把自己存在的責任完全由自己擔負起來。」[109] 人若要活得像人，就必須使自己站起來，對每一個行爲負責[110]！只有運用他自己的力量，他才能使其生命富有意義。發展人的潛能與道德是同義的，成爲一個有道德的人是植根於人的本質需要的內在驅動力，在這驅動力的推動下，人必然要求在自我實現的過程中成就德性，並以此爲樂[111]。成爲一個有道德的人，或者是喪失人的特性，成爲一件「東西」，這是人無法逃避的宿命。

　　生命中難以忍受的不是存在，而是僅僅作爲自己而存在。因爲生命的重點不在「生」，而在「成」，「成己成物」乃生命的責任，由此開顯出其價值！現實中每個人的存在，每個人的發展，無論存在的狀況如何，發展的程度如何，相對於他的理想[112]和追求而言，都是有限的，都是「不完美」的。有「死」性和有限性是人人皆不可逃避的命運。人的命運雖然是有限的，但是人不屈從命運。明知生命要走向死亡，還要不停地奮鬥；明知生命不可能完美，還要持續地追求完美。在有限中營造永恆，在虛無中追求不朽。每個人雖然都希望成爲自己生活的頂尖建築師。可是只要生活在時間和歷史之中，人就不可避免地受到偶然性和不確定性的影響，「我們所有人都可以發揮我們的創造意志而成爲自己命運的建築師，但沒有一個建築師會免於偶然性，不受現存條件限制」[113]。在如此追求的過程中，明知最終肯定是「失望」，還要在「失望」中一次又一次地奮起振作、前仆後繼。故怎樣關切、善待生命、重新提高人生命的價值，並肯定

---

109 見其所著，潘培慶等譯，《薩特哲學論文集》，頁113。
110 彼得‧斯坦等著，王獻平譯，《西方社會的法律價值》，頁172云：「尊重個人的原則意味著個人應對自己行爲所造成的後果負責。」
111 居友（Jean-Marie Guyau）著，余湧譯，《無義務無制裁的道德概論》（A sketch of Morality Independent of Obligation or Sanction），頁206云：「生命通過自己行動的力量創造去行動的責任的同時，它也通過自己的行動創造了自己的制裁，因爲在行動中，它會以自己的能力爲樂。」北京：中國社會科學出版社，1994年5月。
112 恩斯特‧布洛赫說：「如果這一目標看上去不僅是願望價值或追求的價值，而且乾脆包含著某種完滿性的東西，那麼我們就稱其爲理想。」見其所著，夢海譯，《希望的原理》，卷1，頁188。
113 大衛‧哈威（David Harvey）著，胡大平譯，《希望的空間》（Spaces of Hope），（江蘇：南京大學出版社，2006年3月），頁232。

生命，使之更深化和內化，從而產生超越生命本身的能量和思想，進而造福人群、尊重和肯定生命，是解決當前生命問題的關鍵[114]。人必須在死前「雕刻出自己生命價值的浮雕」[115]。

　　本質上，對生命的關切當然並不是來源於對生命本身的神聖熱愛。對生命的關切僅僅是一種生命本身的特性，僅僅產生於自身。每個人活著都關切和要求自己的利益，在這些利益的要求中有些合理，有些則不合理。所謂合理或不合理，一方面是相對自身而言，這些要求與自身的切身利益、長遠利益、綜合利益是否相一致或相違背，另一方面是相對他人的同等要求的制約，不將自己的生命價值凌駕於他人的生命價值之上。基於對每個生命的同等尊重，才會產生最起碼、最基本的道德意識，才不會掉入道德的底線之下，才是真正意義上的尊重生命的價值。換言之，每個人都可在各式各樣的心物交感中體認生命的價值，把生命的價值與尊嚴作為文化的最高價值，是今天任何人所共同接受的；也可以作為指導人一切工作的共同價值原理[116]。故利用最能展現自我的部分對群體有貢獻，如此才能回復到最真實的自己，也能感受到生命的價值。佛洛姆亦云：「為了成為一個健全的人，人必須與別人發生關係，同別人聯繫起來。這種與別人保持一致的需求乃是人的最強烈的欲望，這一欲望甚至較性慾以及人的生存欲望更加強烈。」[117]羅素（Bertrand Russell）認為：「美好的人

---

[114] 史懷哲（Albert Schweitzer）著，梁祥美譯，《史懷哲自傳》（Out of My Life and Thought），頁179-180云：「生命的肯定就是不在迷迷糊糊過日子，那是一樁為提高生命真正的價值，而開始以敬畏之心為自己的生命獻身的精神事業。肯定生命就是去深化、內在化和提升生存意志。」臺北市：志文出版社，1992年9月。所謂的生存意志，史懷哲云：「生存意志就是一種本能的在於我們的內心對於生命的尊重。」見其所著，《文明的哲學》（The Philosophy of Civilization），（臺北市：志文出版社，1982年2月），頁95。

[115] 維克多·弗蘭克（Viktor Emil Frankl）著，游恆山譯，《生存的理由》（The Doctor and the Soul），（臺北市：遠流出版事業公司，1991年7月），頁87。

[116] 史蒂文·盧克斯（Steven Lukes）著，閻克文譯，《個人主義》（Individualism），頁48云：「關於個人尊嚴的思想，享有一種道德（或宗教）法則的當然地位，這種法則是根本的、終極的、壓倒一切的，它為判斷道德是非提供了一項當之無愧的普遍法則。」南京：江蘇人民出版社，2001年8月。人的尊嚴具有終極的意義，是人權保障的價值根源和基礎。

[117] 見其所著，張燕譯，《在幻想鎖鏈的彼岸：我所理解的馬克思和佛洛伊德》（Beyond the chains of illusion：My Encounter with Marx and Freud），（長沙：湖南人民出版社，1986年7月），頁132。

孟子與莊子的生命價值哲學

生應當能給自己和他人都帶來快樂。」[118] 只有將「個人的生命與人類生命激流深刻地交融在一起，才能歡暢地享受人生至高無上的快樂」[119]。「實現人的精神健全依賴於一種迫切的需要，即同他人結合起來的需要。」[120] 正因爲如此，群體才能以各種形態出現和存在，群體利益才能與個體利益始終以一種辯證而統一的關係共存[121]，相應於每個人個性的發展，每個人也變得對於自己更有價值，因而對於他人也能夠更有價值。既然發展了自己的個性，因而更具有主體性的人，在自己的存在上就有了更大程度的生命充實。職是之故，由個人組成的群體自然也就有了更多生命力。這裡所體現的是群體主體性對於個人主體性的依賴關係。無論如何，人作爲有意識的個體，摒棄讓自己被生活秩序所同化，這是在個人與群體的關係中個人主體性的重要特徵。個人主體拒絕群體對自身的異化，堅持了個人應有的主體性，而在個人主體性和群體主體性之間保持著必要的張力，也有利於群體的健康發展。這正是人類社會得以正常向前不斷發展進步的眞實寫照，這將繼續得以確證。

　　瑪律庫斯・奧勒留（Marcus Aurelius）對這議題作出清晰的表達：「不管宇宙是原子的集合，還是自然界是一個體系，我們首先要肯定，我是自然所統治的一部分；其次，我是在一種方式下和與我同種的其他部分密切關聯著。……因此，由於記住我是這種整體的一部分，我就會對一切發生的事情滿意。而由於我同與我自己同種的那些部分在一種方式中密切地關聯著，我就不會作不合乎人群的事情，而寧願使自己趨向與我自己的

---

118 見其所著，王正平等譯，《快樂哲學》（The Conquest of Happiness），（北京：中國工人出版社，1993年4月），頁68。

119 同上，頁160。

120 佛洛姆著，歐陽謙譯，《健全的社會》，頁28。

121 孔子說：「仁者，人也。」（《中庸》）「仁」指的是二人並立，即人與人之間的關係，人的存在是一種關係性存在。孔子又主張：仁者，愛人，只有人與人之間的相互關愛，結成一種正義的關係和維護，這種人人互愛的關係才有可能。每一個人相對於他人而言，都是一種獨特的存在。一切社會制度的構建，都必須以此作爲基礎，才能眞正造就出符合人的生存狀況的規則體系與組織模式。懂得這個世界上沒有「他人」，人人共處在一張神奇的生活之網中，「每一個人的行動都和旁人有千絲萬縷的糾葛和牽連」。見黑格爾著，朱光潛譯，《美學》，（Aesthetics：Lectures on Fine Art），共3卷4冊，（北京：商務印書館，1997年2月），卷1，頁240。

同類的東西，會把我的全部精力放到共同利益上面，而使它離開與共同利益相反的事情。那麼，如果這樣辦，生活就一定過得愉快。」[122] 馬克思指出：「人的本質不是單個人所固有的抽象物，在其現實性上，它是一切社會關係的總和。」[123] 達爾文（Charles Robert Darwin）提出：「人類進化出的慷慨不是個人而是群體的特性，這無疑具有現實性和合理性。因為一個部落中如果有很多總是願意互相幫助、為集體利益而犧牲自己的成員，這個部落就會戰勝其他部落。」[124] 鮑德里亞（Jean Baudrillard）強調，「恢復回饋」，才是「改變社會關係的形式」[125]，人與人之間，必須返歸到以雙向、互惠、互逆為原則的象徵交換，「以及人與人之間連續不斷無窮無盡的互惠過程」[126]，而且這兩方面是融為一體的，人類社會每一次向前發展，幾乎都是以「人」為標誌和契機的[127]。個人與社會的關係是人類文化永遠需要面對和解決的一個歷久不衰的問題，羅素也思考「我們如何才能把進步所必需的個人創造力與生存所必需的社會內聚力結合起來」[128]，康德也認為，人類有「天生的理性要求」，「它要求人類不是表現為惡，而是表現為一個從惡不斷地進步到善，在阻力之下奮力向上的理性生物的類。於是，人類的普遍意志是善的，但其實現卻困難重重，因為目的的達到不是由單個人的自由協調，而只有通過存在於世界主義地結合起來的類的系統之中，並走向這個系統的地球公民的進步組織，

孟子與莊子的生命價值哲學

024

---

[122] 北京大學哲學系外國哲學史教研室編譯，《西方哲學原著選讀》（Selected Original Works of Western Philosophy），共上下卷，（北京：商務印書館，1981年6月），卷上，頁449-450。

[123] 見其所著，中共中央馬克思恩格斯列寧斯達林著作編譯局編譯，《馬克思恩格斯選集》，卷1，頁60。

[124] 見其所著，潘光旦等譯，《人類的由來》（The Descent of Man and Selection in Relation to Sex），共上下冊，（北京：商務印書館，1997年4月），冊上，頁201。

[125] 見其所著，夏瑩譯，《符號政治經濟學批判》（For a Critique of the Political Economy of the Sign），（江蘇：南京大學出版社，2008年2月），頁213。

[126] Jean Baudrillard, The Mirror of Production, trans. Mark Poster ,New York：Telos Press, 1975, p.p.70-80.

[127] 尼采著，張念東等譯，《權力意志——重估一切價值的嘗試》，頁155云：「我們多於個體，因為，我們依然是整個鏈條，肩負著這個鏈條的未來的一切使命。」

[128] 羅素著，肖巍譯，《權威與個人》（Authority and the Individual），（北京：中國社會科學出版社，1990年12月），頁1。

才能夠有希望」[129]。

由於個人與社會的關係是貫穿人類文化的一個永恆的根源性的矛盾。所以愛德華・賽義德（Edward Wadie Said）認為：「迄今還沒有人發明一種方法，能使學者脫離生活環境，脫離他（有意或無意）參與的某一階級、某一信仰、某一社會立場的事實，或脫離作為某一社會的一個成員所從事的純粹活動。」[130] 哈貝馬斯的交往理論認為，「『對幸福的追求』在未來也許會意味著某些不同的東西——例如，不是要積累作為死人所有的物質對象，而是要造就某種社會關係，在這種社會關係中，相互共存將占據統治地位，滿足也不再意味著一個人在壓制他人需要基礎上的成功。」[131] 但是基於人的社會性本質，人之為人的生命意義和價值就在他的社會關係當中。因此，在個體化不斷加強的過程中，道德也須重新個人化。個體道德就是對他人負責，即「重新將他者作為鄰居、手、腦的親密之物接納回道德自我堅硬的中心，從計算出的利益廢墟上返回到它被逐出之地，……將他者作為至關重要的人物進行重新鑄造」[132]。他人可以是家庭成員、單位同事，也可以是社區居民、鄰居等，與此相應就各自要承擔其責任。其實對不同的人承擔責任的過程，也就是尋求和確定別的個體所隸屬的道德共同體的過程。針對不同的人打開自己的道德空間，也就是把自我融入不同的道德共同體，從而彼此擔當責任的過程中建立起信任，化解人與人之間的倫理問題[133]。

據上所述，可見每個人也無法迴避對他人經驗的接納而內化的心路歷

---

[129] 見其所著，鄧曉芒譯，《實用人類學》（Anthropolpgy in a Pragmatic View），（重慶：重慶出版社，1987年5月），頁246。

[130] 見其所著，謝少波等譯，《賽義德自選集》（The Selected Works of Edward Said），（北京：中國社會科學出版社，1999年8月），頁10。

[131] 見其所著，張博樹譯，《交往與社會進化》（Communication and the Evolution of Society），（重慶：重慶出版社，1989年3月），頁205-206。

[132] 齊格蒙特・鮑曼著，張成崗譯，《後現代倫理學》（Postmodern Ethics），（南京：江蘇人民出版社，2004年4月），頁98。

[133] 埃里克・尤斯拉納（Eric M. Uslaner）著，張敦敏譯，《信任的道德基礎》（The Moral Foundations of Trust），頁2云：「信任他人是基於一種基礎性的倫理建設，即他人與你共有一些基本價值。」北京：中國社會科學出版社，2006年12月。

程。「一個人只有在其他自我之中才是自我。在不參照他周圍的那些人的情況下，自我是無法得到描述的」。「我通過我從何處說話，根據家譜、社會空間、社會地位和功能的地勢、我所愛的與我關係密切的人，關鍵地還有在其中我最重要的規定關係得以出現的道德和精神方向感，來定義我是誰」[134]。胡塞爾（Edmund Husserl）指出：「正如他人的軀體身體存在於我的感知領域中一樣，我的身體也存在於他人感知領域中；而且一般地說，他人立即會把我經驗為他的他人，就像我把他經驗為我的他人。」「我和每一個人都可以作為他人中的一個人」[135]，「我的原初的自我通過共現的統覺——它從不要求也不允許通過呈現出來實現它的自身特性——構造出那個對我原初的自我而言的另一個自我，由此，那種在共實存中原初不相容的東西變得相容了」[136]。他的主體性理論已經轉而立足於人類的群體屬性自身，從最初的第一步，即認可自我對他人主體的確定，從單個的主體出發來實現對他人自我的構造，走向了將對自然事物的構造和對客觀世界的構造全部容納。「群體性意味著每一個自我都與對方形成一種相互性的存在，互相存在造成了我的此在與其他人的此在的同等客觀化。單子群體是為我地構造出來的，也是為他地構造出來的」[137]。魯道夫・克里斯托夫・奧伊肯（Rudolf Christoph Eucken）精闢地指出，「單個個體只有在和別人緊密聯繫的情況下才會發展進取：他不可能為自己創造幸福的同時不為他人帶來幸福。即使在『自然狀態』下，人也把他的家庭、民族、實際上乃至整個人類作為關注的物件」[138]。伊曼紐爾・勒維納斯（Emmanuel Lévinas）認為：「存在的目的就是存在本身。

[134] 查理斯・泰勒（Charles Taylor）著，韓震等譯，《自我的根源：現代認同的形成》（Sources of the Self：The Making of the Modern Identity），（南京：譯林出版社，2001年9月），頁49。

[135] 見其所著，克勞斯・黑爾德（Klaus Held）編，倪梁康等譯，《生活世界現象學》（The Life World of Phenomenology），（上海：上海譯文出版社，2002年6月），頁194。

[136] 見其所著，倪梁康選編，共上下冊，《胡塞爾選集》（Selected Works of Edmund Husserl），（上海：上海三聯書店，1997年11月），冊下，頁905。

[137] 王曉東著，《西方哲學主體間性理論批判——一種形態學視野》，（北京：中國社會科學出版社，2004年12月），頁79。

[138] 見其所著，張源等譯，《新人生哲學要義》（Life's Basis and Life's Ideal：The Fundamentals of a New Philosophy of Life），（北京：中國城市出版社，2002年1月），頁136。

然而，隨著人的出現——這是我的整個哲學——有某種東西比我的生命更重要，那就是他者的生命。這是沒有理由的。人是一種不講理由的動物。在大多數時間裡我的生命對我是更親近的，大多數時間人在照看他自己。但是，我們不能不仰慕神聖（saintliness），……即，一個人在他的存在中，其更多的是委身於他人的存在而非自己的存在。我相信正是在這種神聖性中誕生了人。」[139]

群體爲所有的主體都提供了一個平等的大環境，這是一個開放的場域，從而有助於每一個主體借助「統覺」將處於不同時空中的種種表象整合爲一個統一的物件，我的「此端」與他者的「彼端」之間並沒有差別。主體性在胡塞爾的理論中成就的不再是先驗的「我」，而是現實中的「我們」。「我」所要完成的工作是根據我的需求、立場和觀點，使得所有的外在客體都爲我所用，同時這種關係並不是一種單調的以我爲中心和核心的畫圓運動，而是一種更加開明的雙邊關係。馬丁・布伯（Martin Buber）云：「『你』與我相遇，我步入與『你』的直接關係裡。所以，關係既是被擇者又是選擇者，既是施動者又是受動者。因爲，人之純全眞性活動意味著中止一切有限活動、一切植根於此有限性上的感覺活動：就此而言，它不能不若受動者。人必以其純金眞性來傾述原初詞『我一你』。欲使人生匯融於此眞性，絕不能依靠我但又絕不可脫離我。我實現『我』而接近『你』；在實現『我』的過程中我講出了『你』。」[140] 這一從「我」走向「我們」的稱謂轉換，讓所有的主體都成爲交互重疊的主體，來源於先驗的「我」的新稱呼「我們」不僅僅適用於自然界，更適用於豐富多元的人類社會。他闡明了主體之間的交互性理論原則，也使得西方哲學界對有可能擺脫自工業社會以來冰冷的人與人交往模式露出曙光，人不再是和機器化的他者交往，而是以血肉之軀互相靠近、取暖。馬丁・

139 見其所著，孫向晨等譯，〈道德的悖論：與萊維納斯的一次訪談〉，載於童慶炳主編，《文化與詩學》（Culture and Poetics），第1輯，（上海：上海人民出版社，2004年2月），頁202-203。

140 見其所著，陳維剛譯，《我與你》（I and Thou），（北京：生活・讀書・新知三聯書店，1986年12月），頁26-27。

布伯理論中的主體間性關係成爲了一種「情同手足」式的關係，以「讓發自本心的意志和慈悲情懷主宰自己」[141]，給冷漠的人與人、人與自然、人與社會的關係多增加一點暖意和熱源。因此，在這種轉化中，新奇的事物能夠和傳統一起匯入一個共同認識自己、共同分享、共同擁有的世界，形成新的傳統[142]，它包容過去和現在，並在人與人的對話中獲得其語言表達，在互動的主體之間形成一個統一的、多元的群體存在。

阿爾弗雷德・舒茨（Alfred Schütz）從現象學社會學的視角剖析了社會世界的意義，他認爲，社會關係由彼此之間「朝向的態度」所決定，「我們」的世界是我們共同的、互爲主體的世界[143]。不同的社會和文化背景，形成了各自不同的文化精神特質，反映了生命價值取向的多元性以及多元化趨向。無疑，每一個人在各種生命價值取向中都有基於自身的偏好進行選擇的充分自由[144]。但是在多元的生命價值取向中，顯然存在這樣一種指向，由於它最爲符合生命的本性，因此它應當成爲最爲理想的選擇[145]。然而這價值必須有意義[146]，才能成爲最爲合理的生命價值導向。

---

[141] 同上，頁5。

[142] 黑格爾曾通過「主奴辯證法」（dialectics of master and slave）的寓言，暗示他者的存在是人類自我意識的先決條件。奴隸主獲得奴隸主的身分，取決於奴隸對他的承認。沒有他者，人類無法認識自己。參閱其所著，賀麟等譯，《精神現象學》，卷上，頁122-124。黑格爾又云：「自我意識只有在一個別的自我意識裡才獲得它的滿足」。同上，頁121。哈貝馬斯對此分析說：「因為黑格爾不是把自我的構成同孤獨的自我對自身的反思相聯繫，而是從『自我』形成的過程中，即從對立的主體的交往的一致性中來把握自我的構成，所以，起決定性作用的不是反思自身，而是普遍的東西和個別的東西的同一性賴以形成的媒介。」見其所著，郭官義等譯，《作為「意識形態」的技術與科學》（Technology and Science as an Ideology），（上海：學林出版社，1999年1月），頁15。

[143] 參閱其所著，游淙祺譯，《社會世界的意義構成》（The Phenomenology of Social World），（北京：商務印書館，2012年8月），頁237。

[144] 羅洛・梅著，龔卓軍等譯，《自由與命運》（Freedom and Destiny），頁340云：「人類生命的目的並不是避免犯錯，或是保持著光亮無瑕疵，而是去面對我們生命中的挑戰，並且在迎面而來的挑戰裡尋找自由。」新北市：立緒文化事業公司，2001年3月。

[145] 生活事實基於人的選擇，「哪裡有選擇，哪裡就有價值」。見尼爾・麥考密克（Neil MacCormick）等著，周葉謙譯，《制度法論》（An Institutional Theory of Law），（北京：中國政法大學出版社，1994年4月），頁160。

[146] 李凱爾特（Heinrich Rickert）著，塗紀亮譯，《文化科學和自然科學》（Kulturwissenschaft und Naturwissenschaft），頁21云：「關於價值，我們不能說它們實際上存在著或不存在，而只能說它們是有意義的，還是無意義的。」北京：商務印書館，2000年1月。

因此，我們最後探討的正是大家最爲關心的問題：何種生命狀態最有意義、最有價值？孟莊的生命價值哲學無疑提出可供後人參考和印證的解答。

綜上所述，從哲學上說，可見所謂價值[147]，是指存在對人所具有的意義。這種存在既包括已有的事實，也包括將在未來成爲現實的事實，既包括物質的形式，也包括精神的形式；既包括人所創造的一切，也包括人的創造過程和人的生活本身，故價值是人的本質力量在物上對象化的結果，能對某個組織的形成和存在有正面的貢獻，也是人共同生活意願的產物，它可使自己、人類的願望更出色。價值指導人過正常的生活；價值論的意義在於向人揭示一個有別於事實形態的價值形態的存在，前者不必然全部符合人的主體需要，而後者則是按照人自身建立起來的價值體系，包含了對生命的價值和潛力，以及人的主觀能動性和創造性的基本信賴。

在道德哲學或倫理學領域中，價值和事實這兩個概念是相互對立的。凡是有賴於主體需要而存在的事物就是價值，凡是不依賴主體需要而存在的事物就是事實。事實既可能是實體，也可能是不依賴主體需要的事實屬性。事實往往通過「是」或「不是」爲繫詞的判斷反映出來，而價值以「應該」或「不應該」爲繫詞的判斷反映出來。「事實」與「是」常被當作同一概念使用。但相對「應該」而言的事實大都叫作「是」，相對價值而言的事實才叫作事實；事實與價值、是與應該。價值與事實或是與應該的關係是倫理學的中心問題，也可以說是一切道德問題的基礎[148]。

主體與客體的關係是價值的承擔者，主體和客體的交互作用產生了價值。這種交互作用關係被稱爲價值關係。但是價值並非有形的、具體的存

---

147 塔爾科特‧帕森斯（Talcott Parsons）云：「價值是個人奉行和支持集體系統的，因而派生出他們自己在集體中的角色的特定方向或類型的行動的信仰。」「價值可被理解為在行動的經驗調節中發揮作用的程度和機制。」「價值規定了人的總方向」。見其所著，梁向陽譯，《現代社會的結構與過程》（Structure and Process in Modern Societies），（北京：光明日報出版社，1988年5月），頁140、144、145；可見「價值」是從可以得到的模式、手段和行為目的中選擇合乎需要的東西之概念。是指：一、人類行為的判準指標；二、是一種人與人之間或人與環境之間的普遍原則；三、價值體系可以是維繫社會結構、大眾彼此間秩序的重要因素，既是個人的需要，又是社會的鼓勵或限制。

148 William Donald Hudson, The Is - Ought Question：A Collection of Papers on the Central Problems in Moral Philosophy, St. Martin's Press, New York, 1969, p.11.

在所構成的實體，也不是客體事物與主體需要之間的滿足與被滿足的關係，更非客體事物的有用性與主體的攀附[149]，而是人類所特有的絕對的超越指向。因爲它是絕對的，所以是自足的。又因爲它是自足的，所以是超越的，也即對外在他律的自然事物的超越。由於是超越的，價值又表現出應然性、理想性、目的性和批判性特徵，這些才是作爲哲學概念的價值所蘊涵的內在規定。偏離了價值的絕對性和超越性，離開了價值的人類學本體論意義，實質上也就等於取消了屬人性質的價值，消解了價值的本質規定。因爲眞實的生命和眞正的生活絕對不應該是這樣的。所以生命在生活中的不復存在，生命敏感性在生活中的消失，意味生活必然出了問題：生命在生活中的虛無化和墮落化。即生活中不再有眞實的健康的生命。生活扼殺了生命。故人必須在生活中重新肯定生命的存在，重新確定生命的價值，重新區別自身與生活狀態的不同，並訂定自己人的目標與理想[150]，把生命從普通的生活狀態中拯救出來和提升起來。尼采云：「踏入眞實的生命——人們會把自身的生命從死亡中拯救出來，因爲人們過的是普通的生活。」「目前，人就處於危險之中，違背了生命的理想性，就有滅頂之災的危險」[151]。

阿爾弗雷德·阿德勒（Alfred Adler）以爲，「每個人的精神之中都有著一種目標或理想的概念，它促使人們去超越現狀，去爲將來設定一個具體的目標，以此來克服現實的缺陷和困難。這種具體的目標常常使人面對現實的困難而能保持優越的態度，因爲他早已在胸中孕育著他未來的成功了。但如果沒有對於目標的意義，個人的活動將失去全部的意義」[152]。佛洛姆亦說：「作爲人類生存最基本的需要，無論它是眞實的

---

[149] 有用性既不構成價值，也不足以定義價值。一方面是因爲有價值的東西不是有用的，另一方面是因爲有用的東西已具有了價值，這是其有用性的不可或缺的前提，並非所有有用性都能與價值相聯繫。

[150] 弗蘭西斯·培根（Francis Bacon）著，許寶騤譯，《新工具》（Novum Organum），頁58云：「大凡走路，如果目標本身沒有擺正，要想取一條正確的途徑是不可能的。」北京：商務印書館，1984年10月。

[151] 見其所著，張念東等譯，《權力意志——重估一切價值的嘗試》，頁258、273。

[152] 見其所著，蘇克等譯，《生活的科學》（The Science of Living），（北京：生活·讀書·新知三聯

還是虛假的，人都必須有某種生存的目標。除非人具有一種心安理得的目標，否則他不能健全地生活。」[153]

　　要實際用於社會秩序的維繫上，這社會價值的取捨上，就必須能「超越個人生死」，不能只是純利害、純本能欲望需要的思維，而要有能跳脫個人利害欲望的思想。因為只要是人都具有智慧力，但這充其量只能說是人類的本能，或人類天生的生物利害、欲望需要而已，稱不上是有「價值」觀念的人或社會。人類懂得如何拓展心靈的領域，懂得如何用這個領域的發展以彌補、解決、緩和，彼此之間因生存而起的衝突，並且懂得如何從中求得一種與生活、生存之外生命的價值與意義。生命的意義不在於解決了多少問題，而在於當面臨問題與價值相衝突時，人如何貫徹生命意義的完整，即便有時必須選擇死亡才能完成，也在所不辭，因為他要證明的是，人活著的價值與生命意義。一個有價值觀念的人，若作了與他的價值觀念相違背的勾當，即使能活下來，其內心勢將因為價值觀念的煎熬而永難撫平、永不得安寧。

　　人的需要是有層次的，價值也是有層次的。物質價值和精神價值既是兩種不同形態的價值，也是兩種不同層次的價值。物質價值是保障人生存和發展的基本價值，具有基礎性的地位；精神價值是滿足人的精神需要的價值形態。人生不是純粹的精神活動過程，物質價值是人生存和發展的基礎，也是創造和實現精神價值的前提。人首先必須滿足衣、食、住、行的欲求，然後才能從事政治的、文化的以及其他方面的活動。沒有物質價值的基礎，「就只會有貧窮、極端貧困的普遍化；而在極端貧困的情況下，必須重新開始爭取必需品的鬥爭，全部陳腐汙濁的東西又要死灰復燃」[154]。但人生也不能是一個純粹追求物質功利的過程：沒有精神價值，人就把自己變成了純粹的自然存在物。「動物只是在直接的肉體的需

書店，1987年11月），頁3-4。
[153] 見其所著，歐陽謙譯，《健全的社會》，頁63。尼采云：「我們的意志要求一個目標；它寧可要一個空虛的目標而不願沒有目標。」見其所著，陳芳郁譯，《道德系譜學》，頁74。
[154] 中共中央馬克思恩格斯列寧斯達林著作編譯局編譯，《馬克思恩格斯選集》，卷1，頁86。

要的支配下生產，而人甚至不受肉體需要的影響也進行生產，並且只有不受這種需要的影響才進行真正的生產」[155]。我們不能離開物質價值講精神價值，更不能拋開精神價值沉溺於物質價值。只有以崇高的精神價值來引導物質價值，才能不斷提升人生價值。正確的價值觀追求物質價值和精神價值的結合與統一、功利與真善美的結合與統一，最終達到自由這一最高層次的人生境界。

　　無論如何，人對價值的追求是多元的。價值的重要特徵之一，即在於包含重要性順序的層級性，由最低層級的價值，按照其重要性或優越性，逐層遞升，直到最高或絕對的價值。所謂最高的價值規範，就是不能夠從其他任何的價值規則引伸出來的，是一切價值追求的終極基礎，即價值原點，它本身即是自己存在的理由。換言之，它本身是不證自明的。正如石里克（Moritz Schlick）所言：「最後得到的那個規範，即最高原則，是無論如何也不能得到證明了，原因就在於它是最後的規範。要求對它作進一步的證明和進一層的解釋，那是很荒唐的。」[156] 這個最高的價值規範就是「人的尊嚴」[157]，它是最高的善、價值，是一切人間價值的根基。「人的尊嚴」理念的提出，體現了人對自身主體性價值的關注和尊重，為人類的價值追求奠定了堅實的理論基礎。因為，「人的尊嚴」直接來自於人本身，來自於人的真實生活和最終價值理想。它並不需要過多的理論證明，而只是表明了人對自身關注的合理態度。

[155] 同上，頁46。

[156] 見其所著，張國珍等譯，《倫理學問題》（Problems of Ethics），（北京：商務印書館，1997年12月），頁30。

[157] 康德云：「在目的王國中，一切東西若非有一項價格，就是有一項尊嚴。具有一項價格的東西也能被另一個作為等值物的東西所取代。反之，超乎一切價格、因而不容有等值物的東西具有一項尊嚴。構成唯一能使某物成為目的自身的條件者，不單具有一項價格相對價值（亦即一項價格），而是具有一項內在價值，亦即尊嚴。」見其所著，李明輝譯，《道德底形上學之基礎》（Grundlegung Zur Metaphysik der Sitten），（臺北市：聯經出版事業公司，1990年3月），頁60。涂爾幹以為，個人獲得了某種使他凌駕於他自身和社會之上的尊嚴。只要他沒有因為自己的行為而失去做人的資格，那麼在我們看來就可以說具有任何宗教賦予諸神，並使他們永垂不朽的特殊本性。他便帶上了宗教色彩，人便成了人類的神。因此，對人的任何傷害對我們來說都好像是褻瀆聖物，因為這種傷害破壞了我們的這種神聖性，而這種神聖性無論是我們的還是別人的都應該受到尊重。參閱其所著，馮韻文譯，《自殺論》，頁361。

杜威（John Dewey）說：「價值就是價值，它們是直接具有一定內在性質的東西。僅就它們本身作為價值來說，那是沒有什麼話可講的，它們就是它們自己。凡是關於它們可以說的話都是有關於它們發生條件和它們所產生的後果的。這種把直接的價值認為是可以思考和可以談論的概念，乃是由於把因果範疇跟直接性質混淆不清而產生的結果。」[158] 但是價值只對有評價能力者顯現，評價能力不同，則價值顯現的方式與程度就不同。因此，事物自身或許是獨立客觀的，它的價值則非如此；即便事物有「客觀」（objective）、「內在」（intrinsic）或「固有」（inherent）的價值，但是其評價因人而異。反言之，事物的客觀存在方式也關鍵性地決定人對它的評價。因此，對任何一個有限而存在於世間的存有者而言，價值判斷並非全然是評價者的主觀創造或虛構，而是對客觀事物的回應。雖然事物的客觀存在方式不是其價值的充分條件，卻是必要條件；這就是說，事物若不以特定的「什麼方式存在」，則不可能被感受或認為「有什麼價值」，反過來說，即便事物客觀存在著，一旦沒有評價者或評價者喪失評價值能力，價值也無從顯露。人完全無法想像沒有對應於任何評價者的世界或事物會有什麼價值，亦即根本沒有這種無關評價者的所謂「有價值的」世界或事物。顯然，沒有不被價值主體感受的價值。凡有價值者都是被感受為有價值者[159]。故石里克云：「關於某個物件的價值的每一個命題，其意義都在於該物件或該物件的觀念會使某個感受主體產生快樂的或痛苦的情感，……世界上要是沒有快樂和痛苦，也就不會有價值，一切

---

[158] 見其所著，傅統先譯，《經驗與自然》（Experience and Nature），（南京：江蘇教育出版社，2005年6月），頁251。

[159] 羅素著，徐奕春等譯，《宗教與科學》（Religion and Science），頁123云：「關於價值的問題完全是在知識的範圍以外。那就是說，當我們斷言這個或那個具有『價值』時，我們是在表達我們自己的感情，而不是在表達一個即使我們個人的感情各不相同但仍然是可靠的事實。」北京：商務印書館。1982年10月。他認為價值本身並不具備客觀實在性，價值的問題完全在知識的範圍外，它只不過是人欲望和情感的表達而已。維特根斯坦也認為，價值既不是原始經驗，也不是感覺事實。他說：「世界的意思必定是在世界之外。在世界中一切東西都如本來面目，所發生的一切都是實際上所發生的。其中沒有任何價值──如果它有價值的話，它就沒有價值了。如果有一個具有價值的價值，則它必定在一切所發生的事情之外，必定在實在（So-Seins）之外。因為一切所發生的和實在的都是偶然的。」見其所著，郭英譯，《邏輯哲學論》，頁94-95。

就成了無價值差別的了。」[160] 又云：「價值具有相對性並且依賴於評價者的快樂感情。」[161] 價值的情感基礎決定了它只能相對於行為主體的感情、性格、氣質等因素才能形成，評價不外乎某種情感的反應。可見沒有評價者，就沒有價值；價值總是向著評價者呈現。因此，一個更精細、深刻、廣闊、高等的評價能力者更能顯露事物的全面價值。在這個意義上，價值似乎「外在於」（beyond）自然事物本身之上[162]。休謨（David Hume）堅持道德根據不在於理性而在於情感。他認為引發的行動必須先有一定的傾向，而引起這一傾向的只能是人的欲求、需要，而不可能是理性。因為一件事即使再合理，若毫不能引起人的情感，我們也不會去做。但人的情感各自有別，是否有一種統一的情感標準呢？他確信：「道德概念總是包含著某種人類共有的情感。」[163] 這種共同的情感可使人對同一事物產生一致的看法或判斷。

價值觀是認識世界的稜鏡。它直接而深刻地影響價值感受、體驗和判斷。每個人心中的世界其實是客觀世界與認識稜鏡交互作用的結果。價值觀通過影響價值感受、體驗和判斷而影響行動。同時價值觀也是社會群體或組織的黏合劑，是文化的核心、個體自我認同[164]、群體自我認同的根本內容。建立正確的價值觀就成為實踐和價值論研究中最重要的問題。因此，人的價值是對人在宇宙中的存在意義的定義，也是面對人與外在世界衝突的判斷[165]。在現實社會中，價值存在的形態豐富、多彩多姿，面對

---

[160] 見其所著，張國珍等譯，《倫理學問題》，頁109。

[161] 同上，頁111。

[162] 參閱柯志明著，〈有意義的自然及其價值〉，頁8-9。

[163] 見其所著，王淑芹譯，《道德原理探究》（An Enquiry Concerning the Principles of Morals），（北京：中國社會科學出版社，1999年2月），頁91。

[164] 所謂「自我認同」，指的是個體對自我價值的實現、自我身分的確立、自我歸屬感的滿足等自我生存意義的篤信。「是個人依據其個人經歷所形成的，作為反思性理解的自我」。見安東尼·吉登斯（Anthony Giddens）著，趙旭東等譯，《現代性與自我認同》（Modernity and Self-Identity），（北京：生活·讀書·新知三聯書店，1998年5月），頁58。

[165] 人類社會所面臨的根本性問題可以概括為六大類：一是科學技術的發展、人類物質需求的增長所引發的人類與自然生態環境和自然力量的衝突；二是世界和平所面臨的恐怖主義和戰爭的威脅；三是信仰的多樣化、道德標準的相對主義與不同文化、不同人群之間的交流與合作問題；四是科學技術的發展所引發的對人的生命意義的重新解釋和生命倫理問題；五是社會發展中的公平、正義與效率

的問題也多元化；它表達的是人在宇宙中責任的理解，關涉的是人應如何對待自然界及其中的生命、如何成為宇宙中一個負責的存在物。它是人類對人類尊嚴的肯定，是人類在超越了生存需要的前提下對一種更高的精神價值的追求 [166]。在某些方面，真正的價值不一致，導致人與人內心之間的衝突，他們依據這些衝突的價值來使自己的選擇正當化，從而規劃個人的生活。

人類的價值，既是人類對宇宙的價值，更是對自己的價值。在對自然界和其他生命的守護和貢獻中，人類將體驗到人之為人的尊嚴。群體的價值，是對群體在社會中的意義和群體對個體的意義的判斷和折射 [167]。社會中的每一個群體都承擔著對社會的獨特的責任，都有可能對社會做出獨特的貢獻。群體的價值，一方面是根據群體對社會所做出的貢獻的判斷，另一方面是對這一群體中的個體貢獻的判斷。生命的價值，是對個體存在意義的判斷。這一意義既是對社會和他人的，又是對自己的 [168]。彼得・斯特勞森（Peter Frederick Strawson）說：「只要我們首先考慮到我們的

問題；六是在物欲中人的意義與尊嚴的喪失和生活意義的碎片化。此外，「人類正因對其他生物種類的傲慢輕率處置的態度而使自身生存面臨威脅」。見蕾切爾・卡遜（Rachel Carson）著，呂瑞蘭等譯，《寂靜的春天》（Silent Spring），（長春：吉林人民出版社，1999年12月），頁243。這些問題表現了現代社會人與物、人與自身、人與他人、文明與文明、人類自身的前途等人類活動的基本方面的深刻的危機，也是人類毀滅的根源所在。在這種種危機的底層蘊涵一個共同的哲學問題，即價值問題。

[166] 魯道夫・奧伊肯云：「倘若人不能依靠一種比人更高的力量努力去追求某個崇高的目標，並在向目標前進時做到比在感覺經驗條件下更充分地實現他自己的話，生活必將喪失一切意義與價值。」見其所著，萬以譯，《生活的意義與價值》（The Meaning and Value of Life），（上海：上海譯文出版社，1997年7月），頁41。

[167] 人既是社會的一份子，人的死亡必然帶有社會性質，「人的死亡，是自然現象和社會現象的總和」。見楊鴻台著，《死亡社會學》，（上海：上海社會科學院出版社，1997年12月），頁6。

[168] 文崇一著，《中國人的價值觀》，頁3-5云：「在討論我們的價值觀時，因為價值不是孤立的。價值觀是文化環境下的產物，但是，反過來，價值也會形成一種文化類型，其間關係常不易釐清。價值觀、國民性、文化環境和歷史傳統間存在著不可分割的關係。在長時間的演變中，彼此的影響關係就不易分別。」臺北市：東大圖書公司，1989年10月。價值會影響行為決斷，外在環境或行為本身，也會反過來強化價值觀念。查爾斯・莫里斯（Charles Morris）著，徐道鄰譯，〈人類價值種種〉（Varieties of Human Value），頁107云：「因此我們可以說，決定一個人的價值觀念的，有生物條件、心理條件、社群條件和生態條件。而這四種條件，彼此之間，又都在相互影響著，並且，他們不但共同的影響人類的價值觀念，同時，人類的價值觀念，也同樣的有力的在影響它們。」載於《現代學術季刊》，卷1，第4期，1957年10月。

行為是相互的，是根據普遍人性的，就很容易理解我們如何把對方以及自己看作人。『相互看作人』包含了許多東西，但不是許多分離的、互不相關的東西。……相反，它們是與他人緊密地聯繫在一起的，是與他們交織在一起的。」[169]

伊格爾頓云：「我感到自己是一個與社會和廣大世界有著重要關係的人，而這是一種給我意義感和價值感，從而足以使我能夠有目的地行動的關係。這就好像是，社會對於我並不只是一個非個人性的結構，而是一個親自『對我說話』（address me）的『主體』——它承認我，告訴我說我是受重視的，並且就以這一承認行為而使我成為自由而自律的主體。我開始意識到，雖然世界並不完全只為我一人而存在，但世界就像有意義地以我為『中心』的，而我反過來也就像有意義地以世界為『中心』的。」[170]

人類社會進化至今，可確證的一個基本事實就是，「人類無法獨立自存，無法不與其他人發生關係」，「人類存在最大的特色是，人類自與世界分離而成孤立的個體之後，便無時或忘地尋求他自身與外界的溝通與合一」[171]，「孤立的，個別的人……都未具備人的本質。人的本質只是包含在團體之中，包含在人與人的統一之中」[172]，「完全憑靠自己，一個人所能成就的必然有限，這就好比孤島上的魯賓遜一樣，盡二十年之力也只能求得自身之溫飽而已。惟有在社會裡，人才能完全發揮其力量，並且獲得很大的成就」[173]。「如果沒有與他人之關係，如果沒有對他的形象打出問號，那麼對自我本身提出問題的可能性，靈魂與它自身展開的神奇對話，是永遠也不可能的」[174]，因為個人的能力有限，但是「自然賦

[169] 見其所著，江怡譯，《個體》（Individuals：An Essay in Descriptive Metaphysics），（北京：中國人民大學出版社，2004年12月），頁76-77。

[170] 見其所著，伍曉明譯，《二十世紀西方文學理論》（Literary Theory：An Introduction），（北京：北京大學出版社，2007年1月），頁172。

[171] 佛洛姆著，蔡伸章譯，《人類之路：倫理心理學之探究》，頁54-55、92。

[172] 費爾巴哈著，榮震華等譯，《費爾巴哈哲學著作選集》，卷上，頁185。

[173] 叔本華著，韋啟昌譯，《人生的智慧》，頁48。

[174] 艾瑪紐埃爾·勒維納斯（Emmanuel Levinas）著，余中先譯，《上帝·死亡和時間》（God, Death,

予人類以無數的欲望和需要，而對於緩和這些需要，卻給了他以薄弱的手段」，故「人只有依賴社會，才能彌補他的缺陷，才可以和其他動物勢均力敵，甚至對其他動物取得優勢」[175]。卡西爾指出：「在人類世界中我們發現了一個看來是人類生命特殊標誌的新特徵。（與動物的功能圈相比）人的功能圈不僅僅在量上有所擴大，而且經歷了一個質的變化。在使自己適應於環境方面，人彷彿已經發現了一種新的方法。除了在一切動物種屬中都可看到的感受器系統和效應器系統以外，在人那裡還可發現可稱之爲符號系統的第三環節，它存在於這兩個系統之間。這個新的獲得物改變了整個的人類生活。與其它動物相比，人不僅生活在更爲寬廣的實在之中，而且可以說，他還生活在新的實在之維中。」[176] 人之所以能成爲超越性的動物，在於人的「肉體組織」與其他動物相異。蘭德曼曾指出，其他動物的總體構造比人更多地被特定化了。「動物的器官適合於特殊的生活條件，而且每個物種的必要性，像一把鑰匙一樣，只適合於一把鎖。動物的感覺器官也同樣如此。這種特定化（the specialization）的效果和範圍也是動物的本能，它規定了動物在各種形式下的行爲。然而，人的器官沒有片面地爲了某種行爲而被定向，在遠古就未被特定化（人的食物也是如此，人的牙齒既非食草動物的牙齒，也非食肉動物的牙齒）。所以，人在本能上也是匱乏的：自然沒有對人規定他應做什麼或不應做什麼。」[177] 人的未特定化初看起來似乎是一個不利條件，但在漫長的發展過程中反而是一個難得的優點。正因爲人的未特定化使人不能靠本能生存下去，他必須靠同類協助、共同勞動生存下去。這使得他們不受本能的約束，擁有更多的機會。可見，人與動物的根本差異在於，人的存在是否定性的。人爲了克服生物上的弱點，只能和同類團結起來，共同勞作，使得自身生存下來。所以，人的生物性特點決定了人是實踐的存在物。

and Time：Crossing Aesthetics），（北京：生活・讀書・新知三聯書店，1997年4月），頁129。

[175] 休謨著，關文運譯，《人性論》（A Treatise of Human Nature），共上下冊，（北京：商務印書館，1980年4月），冊下，頁525。

[176] 見其所著，甘陽譯，《人論》，頁32-33。

[177] 見其所著，閻嘉譯，《哲學人類學》，頁164。

約翰·古斯塔夫·德羅伊森（Johann Gustav Droysen）指出：「人，只有在道德團體（sittliche Gemeinsamkeiten）中（家庭、民族、國家、教會）理解別人以及被人理解，才具有自己的整體性。個人所具有的整體性只是相對的整體性。他只是團體的一份子，他只參與到這個團體的本質及變化的一部分，不管從他理解別人方面還是從他被理解那方面看，他都只是這團體表現於外的一部分。一切時代、一切民族、一切國家及宗教的總和也只是一個絕對的整體性（die absolute Totalität）所形之於外的現象。我們深信有這個絕對的整體性的存在，我們感覺得到它。我們確知我們自己存在，這個事實，使我們感覺到絕對整體性的存在。」[178] 任何一個個體只有生活在群體之下，從中獲取生存物質和得到精神慰藉，方可得到生命的延續，否則必將成為歷史與自然進化進程中空白的一頁。

孟莊雖然分屬不同的學派，但兩者皆在崩壞的時代背景中回應生命憂患的問題，同時表現出生命價值的沉重課題，並企圖提出突破性的哲學理論，以挽狂瀾於既倒[179]。約而言之，諸侯爭霸、群雄並立、社會動亂、政權更迭、烽火四起的世局，使他們對生看得透，對死也看得透，也對命運有深刻而通透的體悟和理解，並孕釀兩者的生命價值哲學。他們共同面對同樣的時代和人生課題：「國家和社會將會怎樣」？這個急迫的課題橫亙在他們面前。生活在亂世中，個體渺小、生命脆弱、命運難測，在在觸動兩者對死亡的感思：如何建構生命的價值、理解死亡的真義，或回應「人為何要活著」？對同一歷史大背景中的人生課題進行解答，使得孟莊的哲學必然在不同的層面皆可互涉與聯繫，他們從不同的角度開創了對同一課題的慧解。兩者有高遠的精神追求的人，必然相信世界上有一種神聖的、絕對的價值存在。他們追求人生的這種神聖的價值，並且在自己靈魂

孟子與莊子的生命價值哲學

---

[178] 見其所著，胡昌智譯，《歷史知識理論》（Historik），（北京：北京大學出版社，2006年7月），頁11-12。

[179] 孟莊身處於這樣瞬息萬變的戰國時代中，兩者皆深切地感覺到戰爭的殘酷、人民生離死別的痛苦及對人的不尊重；認為當時瀰漫濃厚的急功近利的歪風；對於當時政治的黑暗與君王的墮落，具有甚深刻的體驗，故孟莊起而大力加以批判，並提出許多突破性的建議，希望通過其學說，能重現人生的真正價值。

深處分享這種神聖性。正是這種信念和追求，使他們生發出無限的生命力和創造力，生發出對宇宙人生無限的愛。兩者相互輝映的成就，見證了人類文化史上燦爛奪目的一頁，而這一頁也守護著全人類的靈命，使人得以實現人之所以爲人的本質[180]。

　　總之，孟莊思想都是時代劇變的產物。社會變遷是指既存的社會結構，隨時間的改變，社會內部所存在的或外在的各種因素，採取漸進或激烈的形式，產生部分或全體的變化[181]。針對社會變遷產生的危機，孟莊顛覆人習慣的感受方式、控訴現存的社會秩序、批判與反省既存的弊病、展現生命的自由圖景，並對一切價值重估，這不僅對思想拘囿的解放具有正面的意義，而且造福人群[182]。然而僅從外在現象做回應，失去理想的多元將導致價值的混淆與生命意義的空洞膚淺。這兩位大哲窮畢生不懈、不休的努力，爲生命價值的空白處填入永恆的答案，故兩者討論生命，不約而同地最終指向生命價值的提高和超越，這有助於置身失序的情境中的人重新思考生命的定位及價值的問題[183]。威爾‧金里卡云：「沒有一種生活會通過外在的根據那個人並不信奉的價值來過而變得更好。我的生活只有根據我對價值的信念並由我自己從內部來過才會變得更好。」[184] 我們當然可以根據對孟莊生命價值的信念使生活變得更好！

---

[180] 山繆爾‧斯邁爾斯（Samuel Smiles）著，劉曙光等譯，《品格的力量》（Character），頁22云：「一個偉大思想家個人的思想會數百年扎根於人們的心靈，並最終在人們的日常生活和實踐中發生作用。它會跨越時間的長河，彷彿是一個來自逝者的聲音，影響相隔數千年的人們的心靈。」新北市：立緒文化事業公司，2001年2月。

[181] 參閱林顯宗編著，《社會學概論》，（臺北市：五南圖書出版公司，1987年7月），頁79。

[182] 尼采著，張念東等譯，《權力意志——重估一切價值的嘗試》，頁290云：「重估一切價值就會撥動迄今若干憋悶和閉塞之力，它就會帶來幸福。」

[183] 毋庸置疑，道德是在歷史過程中發展，並受到歷史變動因素的制約，它切實地在人的生活裡發揮了充分作用。若說道德在特定時期裡具有特定形式，那是因為人在特定時期裡的生存條件不允許另外一種道德存在。只有條件變了，道德才能隨之改變，而且只能在特定的可能範圍內改變。社會結構的變遷必然會導致道德的變化。道德的形成、轉化和維持都應該歸於人類經驗之源。參閱涂爾幹著，渠東譯，《社會分工論》（De la division du travail social），（北京：生活‧讀書‧新知三聯書店，2000年4月），頁7。

[184] 見其所著，應奇等譯，《自由主義，社群與文化》（Liberalism, Community and Culture），（上海：上海世紀出版集團，2005年5月），頁12。

孟子與莊子生命價值哲學的緣起及時代背景

第一節　時代背景與思想的關聯

　　任何一種學術思想皆有諸多前因及後果，絕非憑空而降，且必與其時代背景息息相關[1]。對自己身處的時代及哲學與時代關係的問題有深刻洞察力的黑格爾說：「就個人來說，每個人都是他那時代的產兒。哲學也是這樣，它是被把握在思想中的它的時代。妄想一種哲學可以超出它那個時代，這與妄想個人可以跳出他的時代，跳出羅陀斯島，是同樣愚蠢的。如果它的理論確實超越時代，而建設一個如其所應然的世界，那麼這種世界誠然是存在的，但只有在於他的私見中。」[2]又云：「每一個個體亦即個人都是他自己民族在發展過程中的某個特定階段的產物。每一個個人都無法逃離他自己的民族精神，這就好比他逃不出地球一樣。……他要清楚地意識到自己民族所需要的意志，並將這種種意志表達出來。個人沒有發明自己意願的內容，而僅僅是去實現那原來已經存在於他自身之中的實質內容而已。」[3]羅素曾說：「哲學家們既是果，也是因。他們是他們時代的社會環境和政治制度的結果，他們（如果幸運的話）也可能是塑造後來時代的政治制度信仰的原因。……在眞相所能容許的範圍內，我總是試圖把每一個哲學家顯示爲他的環境的產物。」[4]又說：「要了解一個時代或一個民族，我們必須了解它的哲學；要了解它的哲學，我們必須在某種程

1　參閱胡適著，《中國古代哲學史大綱》，（臺北市：臺灣商務印書館，2008年12月），頁13。
2　見其所著，范揚等譯，《法哲學原理》，〈序言〉，頁13。
3　見其所著，潘高峰譯，《黑格爾歷史哲學》（Hegel's History of Philosophy），（北京：九州出版社，2011年9月），頁108。
4　見其所著，何兆武等譯，《西方哲學史》（A History of Western Philosophy），共上下卷，（北京：商務印書館，1986年12月），卷上，〈英國版序言〉，頁8-9。

度上自己就是哲學家。這裡就有一種互為因果的關係，人們生活的環境在決定他們的哲學上起著很大的作用，然而反過來他們的哲學又在決定他們的環境上起著很大的作用。」[5]加達默爾亦云：「其實歷史並不隸屬於我們，而是我們隸屬於歷史。早在我們通過自我反思理解我們自己之前，我們就以某種明顯的方式在我們所生活的家庭、社會和國家中理解了我們自己。主體性的焦點乃是哈哈鏡。個體的自我思考只是歷史生命封閉電路中的一次閃光。因此個人的前見比起個人的判斷來說，更是個人存在的歷史實在。」[6]莫里斯‧梅洛─龐蒂（Maurice Merleau-Ponty）云：「如果哲學探索就是發現存在的首要意義，人們就不能離開人的處境來研究，相反，必須深入這一處境。」[7]

因而，從時代的背景著眼，往往可以更清楚地了解一位哲學家。同樣，從時代背景的襯托，往往也可以更清楚地了解一種思想或學說[8]。一位哲學家的思想，自有其特殊的時代性與空間性，也必有其超乎時空的普遍論題的探討，故不僅在其時代中能觸動每個人的心弦，匯為時代的風潮並獨領風騷，甚且也能引發後人無比的迴響[9]。

此外，任何一位哲學家的思想，都和他的環境、地位，以及在政治和社會現實中所處的特殊地位，以及在其中生活所形成的心理狀態息息相通。在同樣的政治和社會條件之下生活的哲學家，他們的思想不見得雷同，也有可能完全相反。而不同地位的人，對政治和社會大環境的感受力是各不相同的，對生活刺激的反應方式也不一樣[10]。如此一來，他們就

5　同上，〈緒論〉，頁12。

6　見其所著，洪漢鼎譯，《真理與方法：哲學詮釋學的基本特徵》（Truth and Method），（臺北市：時報文化出版企業公司，1993年10月），頁365。

7　見其所著，楊大春譯，《哲學贊詞》（Eloge de La Philosophie），（北京：商務印書館，2000年12月），頁9。

8　「個人只有通過置身於所處的時代之中，才能理解自己的經歷並把握自身的命運，他只有變得知曉他所身處的環境中所有個人的生活機遇，才能明瞭他自己的生活機遇」。見查爾斯‧賴特‧米爾斯（Charles Wright Mills）著，陳強等譯，《社會學的想像力》（The Sociological Imagination），（北京：生活‧讀書‧新知三聯書店，2001年7月），頁4。

9　參閱王邦雄著，《韓非子的哲學》，（臺北市：東大圖書公司，1977年8月），頁7。

10　《荀子》云：「習俗移志，安久移質。」見楊倞注，王先謙集解，《荀子集解》，（臺北市：世界

有自己獨特的政治和社會觀點及處世態度，這些必然直接影響其對人生目標的追求與抉擇，並左右其思考的重心，又對其人生哲學的特色產生決定性的作用。他們思想的主要內容和批判的方向，顯然皆隨其所面對的時代而決定。恩格斯（Friedrich Engels）即云：「我們時代的思維理論，都是一種歷史的產物，它在不同的時代具有非常不同的形式，並同時具有非常不同的內容。」[11] 可見任何哲學家的思想皆與其所處的時代有緊密的關聯[12]，他們能敏銳地觀察出其時代的問題，並能提出可能對治的方法，故他們是其時代的呼聲和反動[13]。思想史的中心課題，就是人類對於他們本身所處時代意識的反映。面對全新的歷史及世界結構的趨勢，人要追求一種生活真正的理想狀態，不論是何種意義上的「理想類形」，其實均需做必要的方法論轉換，孟莊哲學便是如此。

孟子早就說過：「一鄉之善士，斯友一鄉之善士；一士。以友天下之善士為未足，又尚論古之人。頌其詩，讀其書，不知其人，可乎？是以論其世也。是尚友也。」（〈萬章下〉）他的「知人論世」說可謂是本事批評觀念的批評化、理論化。孟子將《詩》、《書》所云之事、所發之情是緣構於「其世」、「其人」上，為此在頌《詩》、讀《書》時，就必

書局，1974年10月），卷4，〈儒效〉，頁91。本書引用《荀子》的文字，皆根據此版本，只註明書名及篇名，不另加註。〈滕文公下〉云：「孟子謂戴不勝曰：『子欲子之王之善與？我明告子：有楚大夫於此，欲其子之齊語也；則使齊人傅諸？使楚人傅諸？』曰：『使齊人傅之。』曰：『一齊人傅之，眾楚人咻之，雖日撻而求其齊也，不可得矣；引而置之莊、嶽之間數年，雖日撻而求其楚，亦不可得矣。』子謂薛居州，善士也，使之居於王所。在於王所者，長幼卑尊皆薛居州也，王誰與為不善？在王所者，長幼卑尊皆非薛居州也，王誰與為善？一薛居州，獨如宋王何？」胡毓寰云：「居處仁義之環境中，必成為大人君子；居處小人惡徒之環境中，必成其為小人惡徒矣。」見其所著，《孟學大旨》，（臺北市：正中書局，1973年10月），頁113。

11 見其所著，于光遠等譯編，《自然辯證法》（Dialektik und Natur），（北京：北京東光印刷廠，1987年10月），頁45-46。

12 徐復觀著，《中國思想史論集》，頁133云：「古人與人自身有關的思想，都是適應於他當時社會的某種要求，也受到當時社會各種條件的制約。社會環境是變的，我們只能先從某一思想家所處的社會環境中去了解他的思想，估計他的思想價值。」臺北市：臺灣學生書局，1988年2月。

13 蔣錫昌著，〈莊子思想與其他之關係〉，頁153云：「莊子之《逍遙遊》，可謂全為當時政治與其生活之反動。」收錄於冉雲飛選編，《偉大傳統──莊子二十講》，北京：華夏出版社，2009年3月。又王雲五著，〈莊子的教育思潮〉，頁23云：「莊子和盧梭的自然主義，一般可看作時代的反動的。」收錄於同上。

第二章　孟子與莊子生命價值哲學的緣起及時代背景

043

須「知人」、「論世」。這兩者是從解釋學的維度之上對本事批評研究的發端[14]，故其「知人論世」說引起後世不少專家學者的注意，並作廣泛的討論和研究。孟子提出「知人論世」說是爲了闡論「尚友古人」之義，要尚友古人，在誦讀其著作時，就應先了解其人及其時代，這樣才能對書籍的涵義與作者的意圖有客觀深入的了解。雖然孟子此論是針對如何「尚友古人」而發，但是可以合理地推斷，以「知人論世」之法閱讀《詩》、《書》，亦宜考察作者生平事蹟、思想狀態與時代背景之內容。故依據此項原則，讀者在閱讀《孟子》、《莊子》時，也應把每篇作品放到當時的歷史情境之中考察，也惟有對於其篇章產生的客觀因素與外在環境，以及其歷史性因素，甚至是意義生成的脈絡瞭若指掌，才能精確地掌握作者的心志。

　　這裡的「知人」指了解作者，如作者思想、生平、爲人、品性等。至於「論世」，解釋有二：第一，指作者一生的事跡。如朱熹注云：「論其世，論其當世行事之跡也，言既觀其言，則不可以不知其爲人之實，是以又考其行也。」[15]第二，指作者身處的時代背景，如孫奭云：「論其人所居之世如何耳？能以此，乃是尚友之道也。」[16]焦循云：「古人各生一時，則其言各有所當。惟論其世，乃不執泥其言，亦不鄙棄其言，斯爲能上友古人。孟子學孔子之時，得堯舜通變神化之用，故示人以論古之法也。」[17]孟子認爲，對作家作品的分析和評論，必須聯繫其思想和生平，考察作者所處的時代背景，才能適得其分，並從兩者的關聯有可能如實地「親臨現場」，捕捉先人思想或文本的原貌。章學誠也說：「不知古人之世，不可妄論古人文辭也；知其世矣，不知古人之身處，亦不可以遽論其

14　參閱殷學明著，〈本事批評：中國古文論歷史哲學批評範式探究〉，載於《中南大學學報（社會科學版）》，2008年，卷14，第6期，頁837。

15　朱熹撰，《四書集注》，（新北市：藝文印書館，1974年4月），〈萬章章句下〉，頁14後。本書引用朱子的註文，皆根據此版本，只註明書名，不另加註。

16　趙歧注，孫奭疏，《孟子注疏》，（臺北市：臺灣中華書局，1968年6月），卷10下，頁188。本書引用《孟子注疏》的文字，皆根據此版本，只註明書名，不另加註。

17　見其所著，《孟子正義》，（臺北市：文津出版社，1988年7月），卷21，頁727。本書引用《孟子正義》的文字，皆根據此版本，只註明書名，不另加註。

文也。身之所處，固有榮辱隱顯、屈伸憂樂之不齊。」[18]在他看來，欲論古人，必先知古人所處之歷史背景，然後才可論其思想。這是對孟子知人論世說的註腳。而在王國維看來，由「論世」而「知人」具有更寬廣的方法論意義：「欲知古人，必先論其世；欲知後代，必先求諸古。欲知一國之文學，非知其國古今之情狀學術不可也。」[19]魯迅亦云：「世間有所謂『就事論事』的辦法，現在就詩論詩，或者也可以說是無礙的罷。不過我總以爲倘要論文，最好是顧及全篇，並且顧其作者的全人，以及他所處的社會狀態，這才較爲確鑿。要不然，是很容易近於說夢的。」[20]徐復觀對「知人論世」的涵義及必要性也有詮釋：「古人的思想，必然與古人的品格、個性、家世、遭遇等等有密切關係。……古人思想的形式，必然與古人遭遇的時代，有密切關係。上面兩種關係總是糾纏在一起。」[21]以上的引文，無一不顯示作品爲作者生平、得失、毀譽、憂樂的反映，是個人性情襟懷的表現，更是作者繁複心靈世界的縮影，因此要鑑賞作品，必須先知人論世[22]。孟子與莊子生存於歷史情境內，他們的思想也必須放置於歷史脈絡中和世變中才能獲得眞正深層的認識與了解，否則其生命價值不能產生意義，或是產生了被扭曲的意義而變得無效，故在時代背景的映襯下，孟莊的重要性與代表性便躍然紙上。但是嚴格說來，利用「知人論世」的方法閱讀兩者的著作，首要追求的就是「歷史性」外部因素的掌握，可惜由於年代距今久遠，時空阻隔，且它們非出自一人之手，要達成

---

18 見其所著，《文史通義》，（新北市：史學出版社，1974年4月），內篇2，〈文德〉，頁60。

19 王國維著，姚淦銘等編，《王國維文集》，共4卷，（北京：中國文史出版社，1997年5月），卷1，〈譯本〈琵琶記〉序〉，頁545。

20 見其所著，《魯迅選集》，（北京：中國文史出版社，2002年4月），卷6，〈且介亭雜文二集「題未定」草（七）〉，頁272。

21 見其所著，《中國思想史論集續篇》，（上海：上海書店出版社，2004年6月），頁9。

22 黃俊傑認爲，「經典詮釋」就是「解經者固然不應也不可能完全解消自己的『歷史性』，而以一個『空白主體』的姿態進入經典的世界；但也不可過度膨脹解經者的『歷史性』，以致流於以今釋古，刑求古人。因此，解經者必須在完全解消自己的『歷史性』與過度膨脹自己的『歷史性』之間，獲致一個動態的平衡，執兩用中，心平氣和地進入古典的世界，才能攜古人之手，與古人偕行，神入經典精神，出新解於陳編。」見其所著，〈從儒家經典詮釋史觀點論解經者的「歷史性」及其相關問題〉，載於《臺大歷史學報》，1999年12月，第24期，頁25。

此目標尚有一段距離，甚至會空手而回，只不過這樣的歷險是有價值的，而且令人既興奮又期待！

其實，知人論世之法，尚可上溯至孔子。子曰：「視其所以，觀其所由，察其所安。人焉廋哉？人焉廋哉？」（〈為政〉）這是對人物的行為動機、行動結果和所在環境等進行綜合考察的重要方法，也可理解為知人方法在其身上的體現。而從歷史的背景，以辯證思維的方式分析不同時代的人物，更有其重要性。如當子路、子貢指責管仲不仁時，孔子則提出異議云：「桓公九合諸侯，不以兵車，管仲之力也。如其仁！如其仁！」子貢曰：「管仲非仁者與？桓公殺公子糾，不能死，又相之。」子曰：「管仲相桓公，霸諸侯，一匡天下，民到于今受其賜；微管仲，吾其被髮左衽矣！豈若匹夫匹婦之為諒也，自經於溝瀆，而莫之知也！」（〈憲問〉）可見孔子肯定管仲權衡當時情勢，選擇救民救世的人生價值，做出一番事業，保障民族安全，尊王攘夷，所以讚許他是個「仁者」。而孔子也說：「始吾於人也，聽其言而信其行；今吾於人也，聽其言而觀其行。」（〈公冶長〉）沒有開闊的胸襟和宏遠的視野是難以全面考察和理解歷史人物的。孔子這些看法，成為對後世影響深遠的知人論世方法的濫觴。

總而言之，兩者的生活經歷、思想歷程與其時代背景有極密切的關聯，因此，只有知其人、論其世，才能客觀地把握其思想內容，理解它深刻的意涵。林維傑云：「不過從原則的效用建立層面來看，知人論世所涉及的『歷史脈絡』──不管是文本外的大脈絡或文本內的小脈絡，確實是以意逆志所呈現的『文本脈絡』必須予以深化的一步：歷史若在文本當中，則前者擴大、豐富了後者的內容結構；歷史若落在文本之外，則它釋放了文本解讀的封鎖狀態。如果歷史的釋放或介入作用具有正當性，則它也同時釋放了其他因素的介入可能性。」[23] 但不論歷史的釋放或介入作用是否具有正當性，歷史哲學意識的「不在場」，是文本解讀的劣勢，同時也是優勢。其實，文本解讀並非真的要完全回到最初的事件、最初的意

---

23 見其所著，〈朱熹對《孟子‧萬章》篇兩項原則的詮釋學解釋〉，載於《中國文哲研究集刊》，2008年，第32期，頁127。

義，文本往往是在「當下即是」的「前理解」之中誕生新的意義。文本解讀不僅還原過去，而且溝通將來，它最終指向「歷史的視界融合」，任何文本解讀，都是一定時空文化視界之下的批評和闡釋[24]，故加達默爾云：「真正的歷史對象根本就不是對象，而是自己和他者的統一體，或一種關係，在這種關係中同時存在著歷史的實在以及歷史理解的實在。一種名副其實的詮釋學必須在理解本身中顯示歷史的實在性。因此我就把所需要的這樣一種東西稱之為『效果歷史』。理解按其本性乃是一種效果歷史事件。」[25]本事批評要遵循「真實」，但並非一味的「歷史真實」，而是「藝術真實」。無論如何，「藝術真實」無法擺脫「歷史真實」，兩者的真實，必須以過去的「實存」及現在「理解」的結合為討論的立足點。總之，兩者所生活的背景和文化，一方面是戰爭繼續進行，另一方面是經濟、政治的發展和轉變日益成熟[26]，這是滋養兩者生命哲學的溫牀。時代的心，就是哲學家的心！哲學家的心，就是時代的心[27]！

　　孟莊所處的時代是中國歷史上一個變動最激烈的時期，這段黑暗的歷史事實，成為他們最沉重的「眼前景象」、最深厚的「知識內涵」和最可怕的「午夜噩夢」，這三者的日積月累和他們的人生體驗相印證，使之很有理由以充滿不忍的心及超拔的目光端詳周遭的世界，也促使他們從哲學的高度關注人死亡的價值和意義。像他們感受力如此敏銳細膩、心靈如此纖細善感、學識如此淵博、說話如此能言善辯，當他們身處現實世界中，通透生命價值最原始的面貌時，就油然興起強烈的感動，並熱心而好奇地關注這些現象，把它們攝取到自己的心靈中，逐漸將之作為一個單獨的個體加以孕育，再把它們和同類的事物結合起來，最後終於創造了生命價值典型的範例。尤其重要的是，他們有意識地「掙扎超越該時代」，以及提

24　參閱殷學明著，〈本事批評：中國古文論歷史哲學批評範式探究〉，頁839。
25　見其所著，洪漢鼎譯，《真理與方法：哲學詮釋學的基本特徵》，頁392-393。
26　參閱熊鐵基主編，《中國莊學史》，（福州：福建人民出版社，2009年12月），頁2。
27　大凡承前啟後的偉大宗師，總是以他們特有的敏感，在自己的生命活動中醞釀和完成了他的時代價值體系的變化，他的靈魂因而也成為該時代的靈魂，作品不過是這個過程的一個結果而已。參閱栗憲庭著，《重要的不是藝術》，（南京：江蘇美術出版社，2000年8月），頁120-121。

出「超越該時代的途徑」。孟莊的生命價值不僅呈現一個時代普遍的靈魂狀態，更代表一個時代的思想高峰。

自春秋以至戰國，正值我國面臨社會、政治、經濟、教育等各方面一個劇烈轉變的關鍵時期。感受最敏銳，反應最強烈的知識分子即利用此政教失控，學風自由的契機，反思傳統文化的限制，並從內心深處反省和強烈地關切人生命的最終價值[28]，以其誠摯的心和信念，並尋求哲學義理的突破，以為導世入治的意識指引[29]，孟莊生命價值的哲學油然而生。故吾人雖然不能言明某個社會和時代背景必然產生某種相應的哲學論述模式，但某種哲學論述模式在此社會和時代的誕生，必然有其相適應的心理、文化和時代背景，也就是說，吾人可從社會和時代的變遷以印證哲學的變遷，亦可從哲學論述的轉變模式中探求文化和時代背景的某種折射。

由於兩者身處時代的特異性，和艱苦的人生際遇，加上其特殊的才情、思考模式及強烈的心靈感受力，使他們對生命價值有更淋漓盡致的發揮，所產生的成果也更輝煌，比任何時代的思想家更突出，對後世激起的波濤也更為壯闊。當然，其成因並不必然是決定其思想特性的唯一原因，但是這樣的研究，將影響本書在做進一步研究的意向和焦點時，對其思想內在結構的認識、意義的釐清、價值的評估及比較等研究項目，產生更多客觀層面的影響。無論如何，先將孟莊放在歷史的脈絡中，分析兩者的時代背景，在這樣的映襯下，其重要性與代表性便彰明較著。

第二節　相同的環境，不同的表述

不論任何時代，若個體身處於穩定而井然有序的社會環境中，則其生

---

[28] 在劉易斯・科塞（Lewis Coser）對知識分子的定義是：「在其活動中表現出對社會核心價值的強烈關切，他們是希望提供道德標準和維護有意義的通用符號的人」。見其所著，郭方等譯，《理念人：一項社會學的考察》（Men of Ideas：A Sociologist's View），（北京：中央編譯出版社，2001年1月），〈前言〉，頁3。

[29] 哈耶克著，馮克利譯，《經濟、科學與政治——哈耶克思想精粹》（Studies in Philosophy, Politics and Sociology：Hayek Selections），頁239云：「決定著著知識分子觀點的，既不是自私的利益，更不是罪惡的動機，而是一些最為真誠的信念和良好的意圖。」南京：江蘇人民出版社，2000年10月。

命的安頓，將不會成爲問題。因爲個體對於自身生活空間合理性的承認，足以主動使其將生命寄託其間，並遵循既有的生活法則或依循社會所提供的可能路徑，探尋精神需求的自我實現，以爲個體提供安身立命的境域，並敞開心靈以承載豐盈的果實，亟望實現某種具有超越性質的永恆目標。但孟莊皆偏偏身處在一個黑暗的歷史洪流中，兩者的體會自然最深刻，也最真切，因此促成他們對生命產生一種存在的自覺，希望自己被壓縮的心靈能找到紓壓的出口，如此全力地摸索與探尋，對其生死觀產生了莫大的衝擊。

春秋時代，周王室雖然衰微，但是諸侯國還有尊王的觀念，不敢侵犯天子的威嚴，僭越王位而造次。自從田氏篡齊，六卿（智、韓、趙、魏、範、中行）得勢而三家（韓、趙、魏）分晉，周天子姑息篡位的臣子，任其爲諸侯之後，周天子形同虛設，威信付之東流，並且喪失控制諸侯的能力[30]，到了孟莊的時代，以周禮爲根本制度的政治格局便已崩塌，既定的禮制遭到破壞。封建制度分崩離析，封建制度已然崩潰，維繫君臣關係的禮法力量喪失，周王室至此付之東流[31]。一切舊有的「納民於軌」（《左傳・隱公五年》）的東西已失去原有的約束力，於是諸侯國之間挾天子以令諸侯，相互攻伐兼併，各以武力擴張勢力，想要稱霸天下。各國的貴族卿大夫也爭相傚效，毫無忌憚地奪權篡位，是以各諸侯國相繼稱王爭霸，國與國之間交相征戰，狼煙四起；各國窮兵黷武，戰況空前慘烈，百姓血流漂櫓。「這個剛剛開始喧囂的世紀，已經被無止境的鮮血所玷汙」[32]。〈則陽〉云：「有國於蝸之左角者曰觸氏，有國於蝸之右角者曰蠻氏，時相與爭地而戰，伏屍數萬，逐北旬有五日而後反。」據統計，春秋時期大

---

30 《史記》記載李斯之言云：「周文武所封子弟同姓甚眾，然後屬疏遠，相攻擊如仇讎，諸侯更相誅伐，周天子弗能禁。」司馬遷著，《史記》，（臺北市：宏業書局，出版日期不詳），〈秦始皇本紀〉，頁239。本書引用《史記》的文字，皆根據此版本，只註明書名及傳名，不另加註。又參閱柳詒徵著，《中國文化史》，共3冊，（臺北市：正中書局，1974年2月），冊上，頁271。

31 〈萬章下〉云：「北宮錡問曰：『周室班爵祿也，如之何？』孟子曰：『其詳不可得聞也。諸侯惡其害己也，而皆去其籍。』」

32 伊格爾頓著，林雅華譯，《論邪惡——恐怖行爲憂思錄》，（On Evil：Reflections on Terrorist Acts），（長沙：湖南人民出版社，2014年7月），頁197。

大小小不同規模的戰爭約四百八十三次[33]，戰爭動輒出兵十萬至數十萬，一次戰役短則數月，長則「曠日持久，數歲」[34]，一次戰爭中被斬首的士卒往往可達數萬或數十萬[35]，以致百姓哀鴻遍野。可見國與國之間互相廝殺、拚鬥，以致傷亡慘重。僥倖沒有送命的百姓，最後還是因凍餓而死。這不難想像七強爭霸、干戈四起、屍橫遍野，戰爭殘酷及世道慘烈的可怕景象，同時鳴奏著一曲哀愁和苦難的亂世悲歌。

春秋以後的歷史時代被稱為戰國，顯示戰爭是當時最大的特色[36]，雖然參與戰爭的國家數目較春秋時少，次數也較少，但延續的時間則更長，也由於武器的大幅改良和參戰人數的激增，戰爭的規模和殺傷力已非春秋時期所能比擬，因為當時的軍事力量除了戰車的使用外，還出現騎兵和數目龐大的步兵，有別於春秋時以戰車為主的情況；戰爭的形式及規模已與春秋或較前期的實際運作不同[37]，作戰雙方不再遵照西周原有的戰爭禮儀和守則，只以殲滅敵人為目的，也即「用武力或機詐來控制一切他所能控制的人，直到他看到沒有其他力量足以危害他為止」[38]，而且軍隊已走

[33] 參閱范文瀾著，《中國通史簡編》，共4冊，（北京：人民出版社，1949年9月），冊1，頁130。

[34] 溫洪隆注譯，《新譯戰國策》，共上下冊，（臺北市：三民書局公司，2006年1月），冊下，〈趙策三〉，頁564。本書引用《戰國策》的文字，皆根據此版本，只註明書名及篇名，不另加註。

[35] 參閱翦伯贊主編，《中國史綱要（增訂本）》，共上下冊，（北京：人民出版社，2006年9月），冊上，頁84-85。

[36] 「戰國」一詞雖然在戰國時已經有了，但作為時代的代稱，是到西漢末期劉向編《戰國策》時，才將「戰國」指稱一個歷史時代。戰國時期應由西元前435年，韓、趙、魏三家滅智伯而分晉算起，至西元前221年秦始皇統一國為止，共232年。參閱金景芳著，《中國奴隸社會史》，（上海：上海人民出版社，1983年7月），頁339。楊寬亦云：「戰國這個名稱，戰國時代已經有了。原來不是時代的名稱，而是指當時連年進行兼併戰爭的七大強國魏、趙、韓、齊、楚、秦、燕而言。……把戰國作為時代名稱，起於西漢末年劉向彙編的《戰國策》。這是確切的，因為連年進行兼併戰爭正是這個時代的特徵。」見其所著，《戰國史・1997增訂版》，（臺北市：臺灣商務印書館，1998年3月），頁10。

[37] 楊寬著，《戰國史・1997增訂版》，頁310-311云：「春秋時代，戰爭是由數量較少的軍隊來進行的，軍事行動的範圍比較狹小，戰爭的勝利主要靠車陣的會戰來取得，在較短的時間內就決定勝負了。到戰國時代，由於生產的比較發展，由於集權的地主政權的建立，由於武器的進步和軍隊以農民為主要成分，軍隊人數大增了，軍事行動的範圍比較擴大了，戰爭方式由車陣作戰改變為步騎兵的野戰和包圍戰了。戰爭也比較帶有持久的、長期的性質了。

[38] 霍布斯（Thomas Hobbes）著，黎思復等譯，《利維坦》（Leviathan），（北京：商務印書館，1986年6月），頁93。

向平民化，加上徵兵制度的實施，軍隊的人數龐大，因此在激烈戰役中的傷亡人數也相應慘重。當時還有對戰敵軍的大批斬首或坑殺，作爲殲滅敵國的手段。由此可以想像兩軍交鋒時士卒慘烈犧牲的場面，其慘酷也是空前的。其時，拓地與兼併的展開更爲廣泛及激烈[39]，列國封域變動如此之巨且速，彼此之間的戰爭當然極爲頻密，規模之大也是空前的。如西元前三四二年的馬陵之戰，齊、魏雙方兵力達二十多萬，歷時一年之久；西元前二六〇年的長平之戰，越國戰敗，秦將白起除二百四十多名幼兒倖免之外，殺死降兵四十五萬，其中活埋四十萬人[40]，令人髮指。孟子見梁惠王的前後十年間，見於記載的戰爭便多達二十八次[41]，當時的中國已淪爲年年無休止的戰場[42]，傷亡的人數自難以估計了。這也是孟子所謂「爭地以戰，殺人盈野；爭城以戰，殺人盈城。」（〈離婁上〉）莊子所云：「今世殊死者相枕也，桁楊者相推也，刑戮者相望也。」（〈在宥〉）可見當時皇天后土之間，正上演著一齣齣刀光劍影與鮮血淋漓交織的歷史悲劇。司馬遷云：「當是之時，秦用商君，富國強兵；楚、魏用吳起，戰勝弱敵；齊威王、宣王用孫子、田忌之徒，而諸侯東面朝齊。天下方務於合從連衡，以攻伐爲賢。」（《史記・孟子荀卿列傳》）《戰國策・書錄》也有一段具體描述當時兵馬倥傯的情況：「仲尼既沒之後，田氏取齊，六卿分晉，道德大廢，上下失序。至秦孝公，捐禮讓而貴戰爭，棄仁義而用詐譎，苟以取強而已矣。夫簒盜之人，列爲侯王；詐譎之國，興立爲強，是以轉相放效，後生師之，遂相吞滅，並大兼小，暴師經歲，流血滿野，

---

39 王恢著，《中國歷史地理》，共上下冊，冊下，頁654云：「周初千八百國，至春秋之初，僅存百七十國。則厲宣以降，諸侯之互相吞併，蓋由來已久。」臺北市：臺灣學生書局，1976年4月。

40 據《史記・秦本紀》記載：「白起攻韓、魏於伊闕，斬首二十四萬，虜公孫喜，拔五城」、「擊芒卯華陽，破之，斬首十五萬」與「大破趙於長平，四十餘萬盡殺之」。

41 參閱黃俊傑著，《孟子》，（臺北市：東大圖書公司，1993年2月），頁30。

42 徐復觀云：「畢春秋之世，已一步一步地改變得面貌全非。尤其重要的是，在這些侵凌吞併的行為中，戰爭的破壞殘酷，有的可以說達到了語言道斷的程度。秦晉互相攻伐之戰凡十八。晉楚大戰者三。吳楚相攻者二十三。吳越相攻者八。齊魯相攻者三十四。宋鄭鄭兵者凡三十九。晉悼之世，宋鄭兩國十年而十三載。若把二百四十二年所有的戰爭加以統計，或就魯衛宋鄭中每一國所經過的戰爭加以統計，將更易發現戰爭的頻度，尤為驚人。」見其所著，《周秦漢政治社會結構之研究》，（臺北市：臺灣學生書局，1974年5月），頁70。

父子不相親，兄弟不相安，夫婦離散，莫保其命，潛然道德絕矣。晚世益甚，萬乘之國七，千乘之國五，敵侔爭權，蓋爲戰國。貪饕無恥，競進無厭；國異政教，各自製斷；上無天子，下無方伯；力功爭強，勝者爲右；兵革不休，詐僞並起。當此之時，雖有道德，不得施謀，有設之強，負阻而恃固，連與交質，重約結誓，以守其國。故孟子、孫卿儒術之士，棄捐於世，而遊說權謀之徒，見貴於俗。」足見戰國之世，戰爭頻仍，民生凋蔽，遊說之士朝秦暮楚，道德淪喪，上自君王，下至人民，莫不捨義逐利，以求取榮華富貴，〈離婁下〉所言：「上無道揆，下無法守」，這正是當時社會的特點。孟莊生當如此嚴峻的現實，不能不引起他們的關注與深思，並對政治、社會紛亂的諸多問題作出回應，於是構成戰國時期所謂百家爭鳴的主要內容[43]。換言之，不論其時各家思想家的理論差異爲何，但是對於中國兼併征伐之必然而頻繁的發生，一定都有清楚的體認與共識，所以他們必須提出因應之道。

　　泯滅人性的戰爭已成爲普遍的現象，彼此廝殺並非保國安民的之計，故帶來的只是無窮的幻滅、巨大的驟變，現實生活中最殘酷的折磨，及精神生活最難以承受的傷痛，它摧毀了人類一切理想的追求。戰爭中極其血腥、暴力、殘酷的場景，尤其是接踵而至的死亡、傷殘、與哀號，對人產生的陰影與恐懼，及對身心撕裂，並不會隨著戰爭結束而消失，它所帶給人的劇烈和震撼是筆墨難以形容的，他們終其一生都無法擺脫戰爭烙印的創傷。對於這些死於暴力的如影隨形的焦慮，累積到一定程度，導火線的引爆，將出現極端恐懼的行爲[44]。

43　參閱梁韋弦著，《孟子研究》，（臺北市：文津出版社，1993年7月），頁8。

44　列奧‧施特勞斯（Leo Strauss）著，彭剛譯，《自然權利與歷史》（Natural Right and History），頁184-185云：「一切情感中最強烈的乃是對死亡的恐懼，更具體地說，是對暴死於他人之手的恐懼。……我們可以說，對於死於暴力的恐懼最深刻地表達了所有欲求中最強烈、最根本的欲求，亦即最初的、自我保全的欲求。」北京：生活‧讀書‧新知三聯書店，2006年7月。羅洛‧梅認爲，「對威脅浮現出一種處於擴散狀態和尚未分化的情緒性反應──也就是焦慮；最後在成熟期則會出現，針對具體明確危險做出已經分化過的情緒性反應──也就是恐懼。」見其所著，朱侃如譯，《焦慮的意義》（The Meaning of Anxiety），（新北市：立緒文化事業公司，2004年8月），頁276。

無論在朝或在野，人的生命同樣脆弱而難以自保，心靈所籠罩的陰影，任誰也無法在短時間內完全平復。一般百姓的生活秩序在兵連禍結之中徹底毀壞，他們如草芥般任人踐踏。百姓無異於俎上之肉，任人宰割。孟莊對人民所承受的巨大苦難寄予無限的同情[45]，希望能救民於水火之中。總之，這些戰火紛飛、命若螻蟻的外在景象都促使兩者對人生向度思考得更加深入。

　　此外，君臣相軋、同室操戈的現象亦層出不窮，加上新興的地主階級迅速崛起，他們一方面推動政治和經濟的變革，並用政治或經濟的手段籠絡人心，凝聚力量，以圖奪取政權；一方面又用戰爭的方式兼併他國土地，以擴大自己的政治版圖[46]，而兼併戰爭增加基本糧食消耗，賦稅漸次苛重，致使生靈塗炭，百姓苦不堪言，是以孟莊極厭惡戰爭，也都不遺餘力地撻伐戰爭的罪惡，及深刻地揭露了不正義的戰爭給社會和人民造成的嚴重危害，在當時具有積極的進步意義[47]。孟子云：「我善為陣，我善為戰，大罪也。」（〈盡心下〉）。莊子亦說：「无以戰勝人。夫殺人之士民，兼人之土地，以養吾私與吾神者，其戰不知孰善？勝之惡乎在？君若

[45] 喬治・赫伯特・米德（George Herbert Mead）著，趙月瑟譯，《心靈、自我與社會》（Mind, Self and Society），頁233云：「積極的同情意味著該個體的確在另一個人身上喚起由他的援助所引起的反映並在他自身喚起同樣的反映。如果沒有這種反映，人不可能對他同情。」上海：上海譯文出版社，2005年5月。亞當・斯密（Adam Smith）著，蔣自強等譯，《道德情操論》（The Thoery of Moral Sentiments），頁9云：「旁觀者的同情心必定完全產生於這樣一種想像，即如果自己處於上述悲慘境地而又能用健全理智和判斷力去思考（這是不可能的），自己會是什麼感覺。」頁5云：「無論人們會認為某人怎樣自私，這個人的天賦中總是明顯地存在著這樣一些本性，這些本性使他關心別人的命運，把別人的幸福看成是自己的事情，雖然他除了看到別人幸福而感到高興以外，一無所得。這種本性就是憐憫或同情，就是當我們看到或逼真地想像到他人的不幸遭遇時所產生的感情。」又頁184云：「具有最完美德行因而我們自然極為熱愛和最為尊重的人，是這樣的人，他既能最充分地控制自己自私的原始感情，又能最敏銳地感受他人富於同情心的原始感情。」頁25又云：「正是這種多同情別人和少同情自己的感情，正是這種抑制自私和樂善好施的感情，構成盡善盡美的人性。」北京：商務印書館，1999年3月。
[46] 翟廷晉著，《孟子思想評析與探源》，頁6云：「在春秋戰國時期，新興的地主階級是先在經濟領域中取得一定的實力，接著，為了鞏固和進一步發展他們已經取得的經濟實力，就必然要求掌握一定的政治權力，這樣一來，新舊勢力的衝突就激化了。因而，隨著經濟領域中的變革，必然要引起政治領域中的風雲變幻。」上海：社會科學院出版社，1992年5月。
[47] 參閱王其俊著，〈畧論孟子與先秦諸子的爭鳴〉，載於韓國孟子學會編，《孟子研究》，1997年6月，第1輯，頁262。

勿已矣，修智中之誠，以應天地之情而勿攖。夫民死已脫矣，君將惡乎用夫偃兵哉！」（〈徐无鬼〉）他們衷心期盼殺人如麻的在位者不應以暴力壓服人，不干擾百姓的正常生活。可惜對執政者而言，這種「空谷足音」只是對牛彈琴罷了[48]。

不僅如此，人類的行為打亂了自然界的秩序，大自然因此遭受極大的破壞，〈在宥〉云：「亂天之經，逆物之情，玄天弗成；解獸之群，而鳥皆夜鳴；災及草木，禍及止蟲。意，治人之過也！」自然的狀態不能保存，使得禽奔獸竄，悲鳥夜鳴，草木不得生長，連「惴耎之蟲，肖翹之物」（〈胠篋〉）也無一倖免，牠們無處棲身，萬物失去生存的環境而「莫不失其性」（同上）。生態已然紊亂，牠們連最基本的生存權也無法自保，以致「上悖日月之明，下爍山川之精，中墮四時之施」（同上）。其時，大道已消隱，社會亦已支離破碎，百姓遂陷入水深火熱之中，大歎生不如死，以致「賢者伏處大山嵁巖之下，而萬乘之君憂慄乎廟堂之上」（〈在宥〉），天下竟然混亂和失序到如此不堪的地步！這都是掌權者「率獸而食人」（〈梁惠王上〉）的惡果[49]，最後，人民忍無可忍，只有挺而走險，起來報復，即「出乎爾者，反乎爾者也」（〈梁惠王下〉）

面對如此悲慘的時代，包括孟莊在內的思想家開始反思其根源，逐漸地從對人與自然關係的神祕理解，轉而接近對人與自然關係的客觀探索，深切了解到正是統治者的貪婪無度造成了生態環境的惡化和自然災害的危機，而不是有主宰意志的「天」或某種神祕力量在作祟，這也是孟莊對當

孟子與莊子的生命價值哲學

48　渥夫剛・索夫斯基（Wolfgang Sofsky）著，邱慈貞譯，《暴力十二章》（Traktat über die Gewalt），頁62云：「殘暴會造成一種權力無限擴大的幻覺，……對當事人來說，所有事情都會變得理所當然，他的殘暴手段也會更加變本加厲：所有的行為全部變成血腥手段，因為其中包含了超越常規的放縱樂趣、對受害者的幸災樂禍，以及感官（情緒）的放縱。那是冷漠習慣一再重複上演的儀式，制式化的殺戮慶典，那也是荒淫的創造力，殺人兇手的社交活動，共犯和搬弄是非者的合作計畫。」臺北市：玉山社，2006年9月。

49　當孟子對梁惠王說「王何必曰利？亦有仁義而已矣」（〈梁惠王上〉）時，就是強調從爭利出發的政治活動，將破壞人自身整體存在的秩序。霸道的政治，其「率獸而食人」的本質，就是權勢與利益掌控者對原本與其共在的民眾剝奪的具體表現。

時的政治進行抨擊的原因[50]。而且孟莊都以為解決混亂世局的理想施政，與施政者本身的德性有關[51]，〈公孫丑上〉云：「以不忍人之心，行不忍人之政。」這是由仁心以行仁政王道[52]。〈應帝王〉云：「遊心於淡，合氣於漠，順物自然而无容私焉，而天下治矣。」亦是由無心應化的修養，以成全百姓生活的自由自在。因此，外王之道在兩者的學說中，總是與內聖之學相提並論。

尤其是當時的暴君輕用民死，視民意輕賤無用，但民意才是一切統治的眞正基礎[53]。孟子即批評宣王云：「吾王之好田獵，夫何使我至於此極也？父子不相見，兄弟妻子離散！」（〈梁惠王下〉）又指斥他：「興甲兵，危士臣，構怨於諸侯，然後快於心。」（同上）宣王也自認為「好勇」、「好貨」、「好色」（同上）。其時的在位者都是一些「望之不似人君，就之而不見所畏」（〈梁惠王上〉）的昏君，他們「不鄉道，不志於仁」（〈告子下〉）。〈人間世〉亦云：「回聞衛君，其年壯，其行獨；輕用其國，而不見其過；輕用民死，死者以國量乎澤若蕉，民其无如矣。」「有人於此，其德天殺。與之為无方，則危吾國；與之為有方，則危吾身。其知適足以知人之過，而不知其所以過。」又如「楚王之為人也，形尊而嚴；其於罪也，无赦如虎；非夫佞人正德，其孰能橈焉！」（〈則陽〉）而「衛靈公飲酒湛樂，不聽國家之政；田獵畢弋，不應諸侯

---

50 參閱王素芬著，《順物自然——生態語境下的莊學研究》，（北京：人民出版社，2011年7月），頁229。

51 孟莊處於同一個政治世界中，對政治問題的判斷以及解決問題的思路其實大同小異，他們都把統治者看作是政治的關鍵，都把「解消人君在政治生活中的主體性，以突顯天下的主體性」。見徐復觀著，黃克劍等編，《徐復觀集》，（北京：群言出版社，1993年12月），頁124。康德即說：「道德與政治之間根本就不有任何爭論。」「因此真正的政治不先向道德宣誓效忠，就會寸步難行。儘管政治本身是一門艱難的藝術，然而它與道德的結合卻根本不是藝術，只要雙方發生衝突，道德就會剪開政治所解不開的死結。」見其所著，何兆武譯，《永久和平》（Perpetual Peace），（上海：上海世紀出版集團，2005年5月），頁56。

52 做一個仁人君子，做一個大丈夫，只是將本心的仁與義的良知良能，擴充至天下而已，外王事業即是親親敬長實踐的完成，這就是所謂「有不忍人之心，斯有不忍人之政矣」（〈公孫丑上〉）。參閱王邦雄等著，《孟子義理疏解》，（新北市：鵝湖月刊雜誌社，1983年10月），頁253。

53 喬・薩托利（Giovarlni Sartori）著，馮克利等譯，《民主新論》（Theory of Democracy Revisited），頁88云：「被統治者的輿論是一切統治的真正基礎。」北京：東方出版社，1998年12月。

之際；……靈公有妻三人，同濫而浴。……其慢若彼之甚也」（同上），
又〈徐无鬼〉描繪魏武侯爲「獨爲萬乘之主，以苦一國之民，以養耳目
鼻口」的昏君。這些「暴君荒主，既虐用其民，無用底止。強臣大族，
又篡弒相仍，禍亂不已。再并而爲七國，益務戰爭，肝腦塗地。其勢不
得不變，而數千年世侯世卿之局，一時亦難遽變。於是先從在下者起。
游說則范雎、蔡澤、蘇秦、張儀等徒步而爲相。征戰則孫臏、白起、樂
毅、廉頗、王翦等白身而爲將。此已開後世布衣將相之例。而兼并之力尙
在。有國者，天方藉其力以成混一，固不能一旦掃除之，使匹夫而有天下
也」[54]。以上的記載，反映了統治階級的利益和權力分配的矛盾日益尖銳
而複雜，因爲權力是獲得未來利益的當前手段[55]，沒有它就不可能獲得短
期的結果。當時的士人獲取權力和利益的途徑也多元化[56]，然而「凡是
將自己置身於政治的人，也就是說，將權力作爲手段的人，都同惡魔的勢
力定了契約」[57]。故合縱連橫，此起彼落，隨時引發腥風血雨的殺戮和鬥
爭。偌多無辜又無能爲力的弱小百姓只能坐以待斃，永無休止地陷入被摧
殘與剝削中。他們幾乎注定早已破碎的人生，只能任人宰割，再也無安寧
之日。張蔭麟對春秋與戰國國君有以下這一段生動的描寫：「若把戰爭比
於賭博，那麼，春秋的列強，除吳國外，全是涵養功深的賭徒，無論怎樣

54 趙翼著，《二十二史劄記》，（臺北市：廣文書局，1974年10月），卷2，頁26。
55 丹尼斯·朗（Dennis Hume Wrong）將權力定義為：「權力是把它視為對外部世界產生預期的事件
   或動原。」「對權力的追求乃是人類的基本動機，如果反對它，就是反對人類本身。」見其所著，
   陸震綸等譯，《權力論》（Power：Its Forms, Bases and Uses），（北京：中國社會科學出版社，
   2001年1月），頁3。這種能力通過有意識地影響他人來體現，並具有單向性和不可逆性；它為達
   到某一目的而使用；最終可以奏效。馬克斯·韋伯（Max Weber）指出：「權力意味著在一種社會
   關係裡哪怕是遇到反對也能貫徹自己意志的任何機會。」見其所著，林榮遠譯，《經濟與社會》
   （Economy and Society），共上下卷，（北京：商務印書館，1997年12月），卷上，頁81。有關人
   為何想獲取權利的原因，尼采有精到的分析：「人，為了幸福的利益而想攫取權力，那是因為權力
   會滿足這種利益：各種政黨。別的想攫取權力的人，甚至首先要損失和犧牲幸福和快樂：這是有野
   心的人。別的想攫取權力的人，僅僅是因為權力恰好落在了他們不想依附的人手中。」見其所著，
   張念東等譯，《權力意志——重估一切價值的嘗試》，頁113。
56 「權力無所不在，……這不是說它囊括一切，而是指它來自各處」。見福柯著，佘碧平譯，《性經
   驗史》，頁18-19。
57 馬克斯·韋伯著，馮克利譯，《學術與政治：韋伯的兩篇演說》（Wissenschaft als Beruf und Politik
   als Beruf），（北京：生活·讀書·新知三聯書店，2005年3月），頁110。

大輪，決不致賣田典宅；戰國時代的列強卻多半是濫賭的莽漢，每把全部家業作孤注一擲，每在旦夕之間，以富翁入局，以窮漢出場，雖然期間也有一個賭棍，以賭起家，終於把賭伴的財產騙贏淨盡。」[58]戰國的國君的確每一個都是「濫賭的莽漢」。就以孟子所親證親聞的事實來看，「齊人伐燕」（〈梁惠王下〉）、「鄒與魯鬨」（同上）、「秦楚構兵」（〈告子下〉），都是孟子和他的學生所親身經歷的事件。

《史記》更直接地還原戰國時期生存的惡劣環境：「辟公三年卒，子剔成立。剔成四十一年，剔成弟偃攻襲剔成，剔成敗奔齊，偃自立為宋君。君偃十一年，自立為王。東敗齊，取五城；南敗楚，取地三百里；西敗魏軍，乃與齊、魏為敵國。盛血以韋囊，縣而射之，命曰『射天』。淫於酒婦人。群臣諫者輒射之。於是諸侯皆曰『桀宋』。『宋其復為紂所為，不可不誅』。告齊伐宋。王偃立四十七年，齊湣王與魏、楚伐宋，殺王偃，遂滅宋而三分其地。」（《史記·宋微子世家》）由此可知，兩者生逢之世，作為國家最高統治者的君主，只不過是一些殺人盈野、殘暴、專斷、奢侈、荒淫、陰險莫測之徒。為了滿足自己的物質貪欲和政治野心，他們仗勢濫施殺伐、巧取豪奪，耍弄縱橫捭闔的手段，無所不用其極，把暴政發揮得酣暢淋漓[59]，故唐甄批評這些實施暴政的專制統治者皆是「賊」[60]。這些專制暴君的「獸性」，和「人性」水火不容。當他們是獸時，比獸還更壞！而且誰也無法遏止其獸性。統治者的無法無天，不僅令人厭恨，也必然導致社會的矛盾趨於白熱化；面對百姓的反抗，他們都習以為常地施以「莫須有」的酷刑，或直接以殺戮來鎮壓，以「體現統治

---

58 見其所著，《中國史綱·上古篇》，（臺北市：正中書局，1951年2月），頁102。

59 洛克著，瞿菊農等譯，《政府論》（Two Treatises of Civil Government），共上下篇，篇下，頁122
云：「如果說篡奪是行使另一個人有權行使的權力，那麼暴政便是行使越權的、任何人沒有權利行使的權力。這就是任何人運用他所掌握的權力，不是為了處在這個權力之下的人們謀福利，而是為了獲取他自己私人的單獨利益。統治者無論有怎樣正當的資格，如果不以法律而以他的意志為準則，如果他的命令和行動不以保護他的人民的財產而以滿足他自己的野心、私憤、貪欲和任何其他不正當的情慾為目的，那就是暴政。」北京：商務印書館，1964年2月。

60 唐甄著，《潛書》云：「曰：『大清有天下，仁矣。自秦以來，凡為帝王者皆賊也。』妻笑曰：『何以謂之賊也？』曰：『今也有負數匹布，或擔數斗粟而行於途者，或殺之而有其布粟，是賊乎，非賊乎？』曰：『是賊矣。』」成都：四川人民出版社，1984年9月，〈室語〉，頁530。

階級的政治需要，並維護統治階級的利益」[61]。君民之間的關係是「強制形」的，雙方處於敵對的關係[62]。

尤令人忐忑不安的是，統治者更以「術」治人，並濫施刑罰、羅織罪名，更使用刀鋸鼎鑊使人俯首認罪，〈在宥〉即云：「自三代以下者，匈匈焉終以賞罰爲事，彼何暇安其性命之情哉！」《莊子》無論是講「禮治」還是講「法治」的時代，其中有不少篇幅描繪受過刑罰的人，如右師（〈養生主〉）、兀者王駘、申徒嘉，和叔山无趾（〈德充符〉）等，及〈在宥〉所說的「刑戮者相望」，正好說明其時受過酷刑的人不可勝數，刑罰也慘無人道。個體在如此惡劣的環境之中，無論身處何地，人的生命和自由每一時刻皆飽受壓力和限制[63]，在如此提心吊膽的生活之中，人能免於刑戮，即爲萬幸，根本沒有自由可言，故「方今之時，僅免刑焉」（〈人間世〉），成爲他們渴求生命延續的寫照。

這些不仁的君主皆是絕症患者，他們的病情愈來愈嚴重。統治者暴虐的本性和害人的技巧在使用刑法的問題上得到極其充分的表現，恣意摧殘人的肉體的種種怪術絕招都被創造出來，人類殘忍的意識也通過各種殘忍行爲作了淋漓盡致的發揮[64]。刑法只像一把不寬容的火，將人的恐懼燃燒至沸騰點，可是從來不曾使人變得更好。他們同時用酷刑宣示其權力，警告任何想侵犯的人。酷刑的施行等同宣告這世界的不文明。故孟子認爲，戰國時期任何一個國君都是不仁不義的，他們的無上光環已不足以嚇唬百

[61] 王永寬著，《中國古代酷刑》，（臺北市：雲龍出版社，2005年3月），〈前言〉，頁5。

[62] 哈耶克云：「當一個人被迫採取行動以服務於另一個人的意志，亦即實現他人的目的而不是自己的目的時，便構成強制。……強制意味著我仍然進行了選擇，只是我的心智已被迫淪為他人的工具。」見其所著，鄧正來譯，《自由秩序原理》（The Constitution of Liberty），（北京：生活‧讀書‧新知三聯書店，1997年12月），頁164。

[63] 佛洛姆著，王澤應等譯，《人的呼喚──佛洛姆人道主義文集》（Fromm's Humanistic Thoughts on Call：Fromm Humanistic Antholog），頁99云：「在人類歷史上，迄今為止，人的行為自由始終受到兩種因素的限制。就統治者方面而言，是統治者對暴力的使用（實際上他們具有殺死反對者的權力）；更重要的因素是，飢餓威脅著那些不情願接受強加在他們頭上的工作條件和社會條件的人們。」上海：上海三聯書店，1991年9月。

[64] 參閱王永寬著，《中國古代酷刑》，頁1。

姓，都可以作爲討伐和挑戰的對象[65]。他們敗亡的跡象已十分明顯，欲挽回敗相，實難似登天！因此，孟莊的思想在各方面始終與統治者之間尖銳地對立[66]，在人之所以爲人的思考方面更極端苛求。

無數殘酷暴戾的行爲，使人懷疑人本有的善性是否已消失殆盡；人的文明是否會毀在自己手中。幸而多數人都有省思的能力和對未來有光明的願景。自古以來，先哲聖賢在重大災難的衝擊下，都會產生深重的憂患意識[67]，同時提出各自認爲可以解決問題的方略。孟莊生活在戰國的暴虐氛圍中，也像其他思想家一般爲自己的時代把脈。他們相信在面臨一個道德價值混亂，是非錯位的時代，人必須重新省思周遭發生的災難，再謀求改變和革新的方法。

農民靠種地養家糊口，賴以生存，可是諸侯王徵兵征工，奪取了農民耕作的時間，使他們不能耕田除草、種植五穀以奉養父母，以致「父母凍餓，兄弟妻子離散」（〈梁惠王上〉）。孔子說：「苛政猛於虎。」（〈檀弓下〉）在戰國時代暴政下的人民生活，實有過之而無不及。所以孟子所言：「王者之不作，未有疏於此時者也；民之憔悴於虐政，未有甚於此時者也。飢者易爲食，渴者易爲飲。」（〈公孫丑上〉）人民被暴虐的政治所折磨，從來沒有比此時更嚴重的了。尤有甚者，「庖有肥肉，廏有肥馬，民有飢色，野有餓莩，此率獸而食人也。」（〈梁惠王上〉）君

---

65 赫伯特・斯賓塞（Herbert Spencer）著，譚小勤等譯，《國家權力與個人自由》（Man versus the State），頁113云：「制定法律的機構所制定的法律，其本身並不具備神聖不可侵犯的特性；相反，不論它們擁有何種神聖性，均來自於道德的認可──這種道德的認可，正如我們所觀察到的，究其源頭，乃在於社會條件下行使著的人類生活的法則。由此，也會帶來一個必然的結果，即：若缺乏道德認可，它們必將受到理所當然的挑戰，並且無法再披著神聖的面紗來唬弄大眾。」北京：華夏出版社，2000年1月。

66 羅素即認爲，「懷著救人類於自趨滅亡，那種毫無結果的願望的人勢必使他與潮流相對立，因而遭受敵視」。見其所著，張師竹譯，《社會改造原理》（Principles of Social Reconstruction），（上海：上海人民出版社，2001年1月），頁2。

67 牟宗三著，《中國哲學的特質》，頁12云：「中國哲學之重道德性是根源於憂患的意識。中國人的憂患意識特別強烈，由此種憂患意識可以產生道德意識。憂患並非如杞人憂天之無機，更非如患得患失之庸俗。只有小人才會長戚戚，君子永遠是坦蕩蕩的。他所憂的不是財貨權勢的未足，而是德之未修與學之未講。他的憂患，終生無已，而永在坦蕩蕩的胸懷中。」臺北市：臺灣學生書局，1976年10月。

主如此專制與獨斷的人禍，加上天災[68]，使百姓流離失所、憔悴不堪，他又云：「凶年饑歲，君之民老弱轉乎溝壑，壯者散而之四方者，幾千人矣；而君之倉廩實，府庫充。」（〈梁惠王下〉）又云：「古之爲關也，將以禦暴；今之爲關也，將以禦暴」（〈盡心下〉）「今之所謂良臣，古之所謂民賊也。」（〈告子下〉）上世國泰民安的明君的仁政與下世君主的殘忍暴虐恰成強烈的對比[69]，爲臣者又礙於君臣之義而「无所逃於天地之間」（〈人間世〉），既不能隨意拋官棄職，也不知何日才能全身而退、安享晚年！其心情的糾結難熬，令人愁眉鎖眼、坐立難安。足見戰國中期局勢的危殆，及臣、民的憂慮和恐懼，天災與人禍，迫使整個國家的百姓全都陷入絕望和無助的黑暗深淵之中，在死亡線上掙扎，悲傷以終老。他寄望這些野心勃勃想一統中原的諸侯，能切實實施王道政治，使天下「定於一」（〈梁惠王上〉）早日使人民解除倒懸之苦[70]。但在千萬人血染刀鋒和路有凍死骨時，君主的主張只能產生抗拒力，再不能產生說服力！

在短短的數十個寒暑之中，孟莊就已遭受多次戰鼓笳聲，其時的歷史被鮮血塗抹得連一點空隙也沒有，到處都是無人憑弔的冤魂野鬼。摧殘、屠殺和暴力造成人類普遍的恐慌、不安和徬徨。他們恐懼自己的財產被人搶走，恐懼自己的妻兒被人掠去，恐懼自己的生命遭受侵犯。而「最糟糕

---

68 鄧雲特指出：我國歷史上，水、旱、蝗、雹、風、疫、地震、霜、雪等災害，自西曆紀元前一七六六（商湯十八年）至紀元後一九三七年止，計三七○三年間，共達五二五八次，平均約每六個月強即罹一次。若僅就旱災而言，則此計三七○三年間亦達一○七四次，平均約每三年四個月強即罹一次；又僅就水災而言，則此同時期中所發生者，亦達一○五八次，平均約每三年五個月即罹一次。若謂漢以前之記載，可靠性過小，則自漢立國之後計算，即自西曆紀元前二○六至一九三六年，此二一四二年間災害之總數已達五一五○次，平均約每四個月強即罹一次。又就旱災言，凡一○三五次，平均約每二年強即罹一次；水災凡一○三七次，平均亦每約二年即罹一次。參閱其所著，《中國救荒史》，（臺北市：臺灣商務印書館，1987年6月），頁51。

69 詹姆士一世在1603年對議會的演說中告訴議員們說：「我將永遠以公眾和整個國家的福利為重來制定好的法律和憲法，而不著目於我的任何特殊的和私人的目的；我始終以為國家的富足和幸福是我的最大的幸福和人世的樂趣，這就是一個合法的國王和一個暴君的根本不同之點。因為我確認，一個有道之君和一個篡奪的暴君之間突出的和最大的差別就在於：傲慢的和懷有野心的暴君認為他的王國和人民只是受命來滿足他的願望和不合理的貪欲的；有道的和正直的國王卻與此相反，認為自己是受命來為人民謀取財富和財產的。」見洛克著，瞿菊農等譯，《政府論》，篇下，頁122。

70 參閱黃俊傑著，《中國孟學詮釋史論》，（北京：社會科學文獻出版社，2004年9月），頁116。

的是人們不斷處於暴力死亡的恐懼和危險中，人的生活孤獨、貧困、卑汙、殘忍而短壽」[71]。他們所面臨的是戰爭的殘酷慘烈，及隨著飽受戰火之後的顛沛流離、百姓的啜泣哀號、社會秩序的蕩然無存、信仰的撕裂、傳統價值的扭曲、道德的淪喪，在種種虛無感的籠罩之下，個體生命已找不到任何安全的避難所，焦躁不安的沉痛感深覺無根無蒂、生命意義逐漸幻滅，只能以一雙愁苦而無助的眼睛，無奈地看著天下人在政治的欺壓，及社會的歪風之下受盡屈辱、含冤莫白地過著有一天算一天的人生倒數計時中。從此，憂傷的呻吟代替了激昂的論辯，深沉的憂心的嗟嘆代替了濃厚的憂患意識，精神的窒息代替了自得的逍遙！孟莊兩人目睹傷心，故孟子以「何必曰利」遊說梁惠王為開端，莊子則以〈逍遙遊〉為全書之首，的確有令人深思之處。

　　孟莊這兩位自食其力的知識分子，長期掙扎在如此惡質的政治和社會環境之中，對生命價值的問題雖然皆有強烈的感觸，也皆尋求終極的答案，但是兩者的焦點迥然不同[72]。孟子眼見百姓因受掌權者為了滿足個人的私欲而淪為工具的虐政，除了感到憤慨萬分外，並表達強烈的抗議[73]，因而極欲使他們脫離現實世界的苦楚，讓其安居樂業，故有「我亦欲正人心，息邪說，距詖行，放淫辭，以承三聖者。豈好辯哉？予不得已也！」（〈滕文公下〉）孟子此舉，無非為了爭取實踐政治理想的機會，以完成自身的文化使命，這是一種由強烈的歷史意識和深厚的文化認知所融合而成的使命感，亦源於主體對文化的自覺。孟子自許曰：「天之生此民也，使先知覺後知，使先覺覺後覺也。予，天民之先覺者也；予將以斯道覺斯

---

[71] 霍布斯著，黎思複等譯，《利維坦》，頁95。

[72] 呂振羽云：「他對當時政治上的一切制度措施都感覺失望，但同時又感到新興封建地主這一社會階層勢力的蓬勃勃，有《如火燎原》之勢；而舊有的封建統治層中的封建主集團，則一邊爭在醉生夢死的互相攘奪；其自己所代表的這一沒落小封建主集團，卻已完全喪失了社會生產的依據，連恢復其社會地位的勇氣與企圖都沒有了，故莊周對現實問題，便只有由失望而致於對一切社會人事的厭絕。所以他對當時的社會，只有消極的批評，而沒有積極的政見。」見其所著，〈沒落封建主的政治學說——莊周的出世主義〉，收錄於胡道靜主編，《十家論莊子》，（上海：上海人民出版社，2004年4月），頁94-95。

[73] 蕭公權即指出：「孟子之政治思想遂成為針對虐政之永久抗議。」見其所著，《中國政治思想史》，共上下冊，（臺北市：聯經出版事業公司，1980年10月），冊上，頁96。

民也。非予覺之而誰也！」（〈萬章上〉）作爲一個孤獨的聖者，他把個體自覺的積極，轉化爲一種社會自覺，試圖以先王之道的文化理想和價值準則引導那些尚未覺悟的民眾，把他們從「行之而不著焉，習矣而不察焉，終身由之而不知其道」（〈盡心上〉）的陋習中拯救出來[74]。莊子亦同感憤慨，也有孟子的宏願，他極欲使受害者進入精神世界，讓其逍遙自在，只不過兩者的態度和方法大不相同。無論如何，戰亂不斷、嚴刑峻法的世局，成爲兩者生命價值哲學的溫牀。童書業認爲「西周和春秋是個野蠻到文明的過渡時代」，同時「由神本的宗教進化到人本的哲學」[75]的過渡，也是個缺乏文化理想的時代，這正說明他們必須重新度量生命價值的問題。總之，從現實來說，他們的哲學共同回答的中心問題便是在此亂世中如何令自己能安然地活下來，如何回答與死有關的問題。從理論來說，這個問題也就是怎樣在客觀必然性面前實現個人的自由。

除了上述之外，隨著春秋、戰國局勢的發展，鐵器出現引起生產力的新發展[76]。使用鐵器，讓農業有了新的發展，私田開始急劇增加，私有經濟迅速發展，產生了劇烈的變化[77]，最主要是表現在農業技術的進步、工商業的發達、大城市逐漸興起、人口激增等方面，人因爲生產技術的進步、交通的便利與各國間的商業貿易，便有利於產生追名逐利的情形，也造成社會興利忘義的思想。《史記》所謂「天下熙熙，皆爲利來；天下攘

---

[74] 楊國榮著，《重回戰國——孟子新論》，頁19云：「百家爭鳴對儒家的衝擊，以及儒家在現實政治中的邊緣化趨向，在某種意義上使儒學走向了歷史的低谷，如何重振儒學？這便是孟子所面臨的重要時代問題，而孟學在儒學衍化中的地位，也與這一問題相聯繫。孟子本人對這一問題具有相當程度之自覺。」臺北市：開今文化事業公司，1993年9月。

[75] 見其所著，《春秋史》，（濟南：山東大學出版社，1987年5月），頁97。

[76] 據楊寬的研究指出，中國先秦至遲在春秋晚期（西元前六世紀），就已經藉由擴大煉爐與加強鼓風設備，使得冶鐵的溫度大幅提高，而能將塊鐵「液體化」成白口生鐵（液體化的純鐵），而且配合上可重複使用「子口」拼合式的鍛鑄範模，使得鐵器的生產成本下降且效能獲得大幅的提升，再加上至遲在春秋戰國之際（西元前五世紀），生鐵柔化處理的技術成熟，更使得原本又硬又碎、不耐用的白口鐵變成可鍛鑄鐵，鐵器的強韌性大幅提高，連帶的也就更便利了鐵製工具的廣泛使用。而這種繼承青銅器冶鑄技術經驗累積發展而來的冶鐵技術，主要運用在農業生產與戰爭兵器的發展上。參閱其所著，《中國古代冶鐵技術發展史》，（上海：上海人民出版社，2004年9月），頁302-323。

[77] 參閱李書有主編，《中國儒家倫理思想發展史》，（江蘇：江蘇古籍出版社，1992年1月），頁20。

攘，皆爲利往」（《史記·貨殖列傳》），說的便是當時的人因在經濟富裕的環境中活動，導致追求利益的眞實寫照。首先，春秋、戰國時期因社會急驟的進步與發展，遂產生許多大規模的都市，關於都市的逐漸發展情形，《戰國策》云：「古者，四海之內，分爲萬國。城雖大，無過三百丈者；人雖眾，無過三千家者。而以集兵三萬，距此奚難哉！……今千丈之城，萬家之邑相望也。而索以三萬之眾，圍千丈之城，不存其一角，而野戰不足用也。君將以此何之？」（〈趙策三〉）由此可知，城池的面積，從春秋以前到戰國時期，逐漸從昔日的「無過三百丈者」擴展至「千丈之城，萬家之邑相望也」的局面，〈公孫丑下〉亦云：「天時不如地利，地利不如人和。三里之城，七里之郭，環而攻之而不勝。」其中所謂的「城」與「郭」[78]，都足以顯示當時城市快速擴展的情形。

隨著城市的擴展，在當時的典籍中，出現大量記載當時大城市的繁榮盛況，如在《戰國策》中，蘇秦便對齊宣王形容大城市臨淄的繁華盛景：「臨淄之中七萬戶，臣竊度之，下戶三男子，三七二十一萬，不待發於遠縣，而臨淄之卒，固以二十一萬矣。臨淄甚富而實，其民無不吹竽、鼓瑟，擊築、彈琴、鬥雞、走犬，六博、蹹踘者；臨淄之途，車轂擊，人肩摩，連衽成帷，舉袂成幕，揮汗成雨；家敦而富，志高而揚。」（〈齊策一〉）由此可知，臨淄的富裕生活實爲當時繁榮盛況的縮影，而住在臨淄的人民，亦每日過著揮霍的生活。另外，像「城方八里，材士十萬，粟支數年」的宜陽，《鹽鐵論》便云：「燕之涿、薊，趙之邯鄲，魏之溫軹，韓之滎陽，齊之臨淄，楚之宛、陳，鄭之陽翟，三川之二周，富冠海內，皆爲天下名都，非有助之耕其野而田其地者也，居五諸之衝，跨街衢之路也，故物豐者民衍，宅近市者家富。富在術數，不在勞身，利在勢居，不在力耕也。」[79] 由此可知，這些城市皆是當時富冠海內、揚名天下的大城市，裡面過的是繁華奢侈的生活。而長期處在這些富裕環境薰陶之下的

---

78 內城曰「城」，外城曰「郭」。

79 桓寬著，王利器校注，《鹽鐵論校注》，（北京：中華書局，1996年9月），〈通有〉，頁41。本書引用《鹽鐵論》的文字，皆根據此版本，只註明書名及篇名，不另加註。

民眾，內心便逐漸加深所謂「利」的觀念，《管子》便反映了日益強調物質利益追求的情形：「夫凡人之情，見利莫能勿就，見害莫能勿避。其商人適賈，倍道兼行，夜以繼日，千里而不遠者，利在前也。……故利之所在，雖千仞之山，無所不上，深淵之下，無所不入焉，故善者勢利之在而民自美安，不推而往，不引而來，不煩不擾，其民自富，如鳥之覆卵，無形無聲，而唯見其成。」[80] 所謂「見利莫能勿就，見害莫能勿避」，可說是人的惡性之一。隨著生活的進步與物質的奢華，時人追名逐利之心態也日益顯著，他們凡事皆為利而趨，為名而來，以致整個社會上下陷入「趨利」的敗壞氛圍中。世人為了錢財和權力而巧取豪奪[81]，在「民之於利甚勤」（〈庚桑楚〉）之下，甚至形成「子有殺父，臣有殺君，正晝為盜，日中穴阫」（同上），「上下交征利」（〈梁惠王上〉）、「後義而先利，不奪不饜」（同上）、「為人臣者，懷利以事其君；為人子者，懷利以事其父；為人弟者，懷利以事其兄」（〈告子下〉）、「有事君人者，事是君則為容悅」（〈盡心上〉）的局面[82]，當時的國與國之間，只有利益才能使他們永久結合。所謂信義，也必須建立在利益基礎上，最大的信義往往是最大的利益，最大的利益往往也是最大的信義。這真是一個王道衰微、綱紀罔存、重利輕義的亂世！所存的只是「盡物量之精神」[83] 而

---

80 安井衡纂詁，《管子纂詁》，（臺北市：河洛圖書出版社，1976年3月），〈禁藏〉，頁14。

81 人追逐權力，不僅在於權力能滿足個人的利益、價值或社會觀念，而且在於精神的和物質的報酬潛藏在權力者的所有和使用之中。叔本華著，韋啟昌譯，《人生的智慧》，頁44云：「權力本身也只是獲取財富的工具。」

82 韓非子云：「為人臣者畏誅罰而利慶賞，故人主自用其刑德，則群臣畏其威而歸其利矣。」（〈二柄〉）「人臣之情，非必能愛其君，為重利之故也」，（同上）「且臣盡死力以與君市，君重爵祿以與臣市，君臣之際，非父子之親也，計數之所出也」（〈難一〉）。陳啟天著，《增訂韓非子校釋》，（臺北市：臺灣商務印書館，1974年6月），頁442。本書引用《韓非子》的文字，皆根據此版本，只註明書名及篇名，不另加註。

83 牟宗三著，《歷史哲學》，頁106-107云：「當時人之文化生命及文化理想已全死滅。孟子見齊宣王，就其以羊易牛之不忍之心，指點其足以為王。但至勸其『發政施仁』，則曰：『吾惛，不能進於是矣。』可見其聰明才智只能清爽於利欲之中，一至於此者，則昏矣。盡物量之精神是一任其原始的物質生命之粗狂與發揚。故戰國風氣一方又極爽朗與脆快。說利就是說利，不願聽就是不願聽。胡服就決定胡服。好勇好貨好色，衝口而出，毫無掩飾。」臺北市：臺灣學生書局，1976年9月。

孟子與《莊子》的生命價值哲學

已。對孟莊來說，此意味一種比殺戮人類更深的創傷，因爲人生的意義，就在追逐名利之中完全被扭曲了。

加上春秋時期，井田制瓦解到了戰國，土地私有制盛行，土地可以自由買賣[84]，小農既要負擔稅賦，若又遇到戰亂、饑荒，則不得溫飽，只好將土地賣給地主；地主財大資源多，可以不停地兼併小農的土地，甚至以詐欺的方式壓榨農民，使他們生存難以爲繼。《漢書》云：「陵夷至於戰國，貴詐力而賤仁誼，先富有而後禮讓。」「庶人之富者累鉅萬，而貧者食糟糠。有國彊者兼州域，而弱者喪社稷。」《漢書》記董仲舒之言云：「至秦則不然，用商鞅之法，改帝王之制，除井田，民得賣買，富者田連阡陌，貧者亡立錐之地。又顓川澤之利，管山林之饒，荒淫越制，踰侈以相高；邑有人君之尊，里有公侯之富，小民安得不困？又加月爲更卒，已復爲正，一歲屯戍，一歲力役，三十倍於古；田租口賦，鹽鐵之利，二十倍於古。或耕豪民之田，見稅什五。故貧民常衣牛馬之衣，而食犬彘之食。重以貪暴之吏，刑戮妄加，民愁亡聊，亡逃山林，轉爲盜賊」[85]據此皆可看出平民只能過著困苦貧乏的生活。其時庶人階級的勃興，貧富的差距亦甚顯著。當時必須要有無數窮人忍受饑寒交迫，才能使一個富者大快朵頤。在利欲薰心下，富者恆想更富，貧者則急欲擺脫現狀，因爲「貧困不止是被剝奪，而且是一種處於持續匱乏和極度苦難中的狀態。它的卑汙，在於它非人化的力量；它的可鄙，是因爲它把人置於肉體的絕對支配之下」[86]。人與人的關係，人與自身的關係，只以金錢爲思考的導向，兩

---

84 西周時期實行「井田制」土地制度，在這種制度下，土地最高所有者為皇帝，他們以下一層一層分封土地，大小貴族依據自身土地建立邦國，所有的平民都被編製在井田中生活。在這種土地所有制的基礎上，形成了西周時期分封制和宗法制相結合的等級貴族統治制度，天子向下各級諸侯層層隸屬，形成了一個貴族統治的金字塔結構。在貴族之間又依據血緣親屬關係，長幼親疏決定地位高低。這種穩定的統治體系，到了春秋戰國時期發生了巨大的變化。鐵器和牛耕的廣泛普及，人的開墾能力空前增強，很多貴族、平民甚至逃亡農民都可以自己開墾土地，而這些新開墾的土地自然變成了不向國家登記的私田，而且土地私化的差距甚大。參閱加藤繁著，杜正勝等譯，《中國經濟社會史概說》，（臺北市：華世出版社，1978年9月），頁138。

85 班固撰，顏師古注，《漢書》，共12冊，（北京：中華書局，1962年6月），卷24，〈食貨志上〉，頁1124、1126、1137。

86 漢娜・阿倫特著，陳周旺譯，《論革命》（On Revolution），（南京：譯林出版社，2007年3月），頁48。

者都完全被一種巨大的魔力所驅使，以致無法主宰自己，見風轉舵地盲目追求世俗共同認可的外在目標，陷溺於共同的迷惑之中而不自知[87]。如此一來，人倫異化或變異的關係，不僅使生命本有的生機被無謂地銷蝕殆盡，而且不斷地在社會集團之間上演[88]。這些集團為了保存和擴充各自的地盤，爭奪當然愈演愈烈，因而激化了社會的矛盾，加劇了局勢的動亂。在彼此虎視眈眈的利益、蠢蠢欲動的妄念之下，貪婪的掠奪者瘋狂地剝削、搶劫，如狼似虎地吞噬了生民、撕裂了社會，使人像禽獸一般殘暴、兇惡！他們的人性早已被魔鬼吞噬！這真是黑夜降臨之後，還有更多黑夜又要降臨！個人身處在這樣的環境中，除了窒息、厭惡、無奈、恐懼、痛苦，及等待死神召喚之外，人生又有何意義？

孟子云：「王如用予，則豈徒齊民安，天下之民舉安。王庶幾改之，予日望之！予豈若是小丈夫然哉？諫於其君而不受，則怒，悻悻然見於其面？」（〈公孫丑下〉）又云：「然而無有乎爾！則亦無有乎爾！」

---

[87] 時曉麗著，《莊子審美生存思想研究》，頁35云：「戰國中期，由於鐵器的廣泛使用和牛耕的推廣，帶來了農業生產的迅速發展，促進了手工業的發展和商業的興起。商品經濟、商人階層的出現，刺激了人們的奢侈欲望，導致整個社會物欲橫流，人際的關係變異。在家庭朋友之間，『貧窮則父母不子，富貴則親戚畏懼』（《戰國策・秦策一》），親情也要受財富、權力的支配，變成了赤裸裸的金錢關係。」北京：商務印書館，2006年12月。

[88] 馬克思云：「金錢貶低了人所崇奉的一切神，並把一切神都變成商品。金錢是一切事物的普遍的、獨立自在的價值。因此它剝奪了整個世界——人的世界和自然界——固有的價值。金錢是人的勞動和人的存在的同人相異化的本質；這種異己的本質統治了人，而人則向它頂禮膜拜。」見其所著，中共中央馬克思恩格斯列寧斯達林著作編譯局編譯，《馬克思恩格斯文集》，卷1，頁52。又卷2，頁46云：「財產，這個同人的、精神的要素相對立的自然的、無精神內容的要素，就被捧上寶座，最後，為了完成這種外在化，金錢，這個財產的外在化了的空洞抽象物，就成了世界的統治者。人已經不再是人的奴隸，而變成了物的奴隸；人的關係的顛倒完成了。」齊奧爾格・西美爾（Georg Simmel）著，顧仁明譯，《金錢、性別、現代生活風格》（Money, Sex and Modern Mode of Life），頁10云：「大多數的現代人在他們生命的大部分時間裡都必須把賺錢當作首要的追求目標，由此他們產生了這樣的想法，認為生活中的所有幸福和所有最終滿足，都與擁有一定數量的金錢緊密地聯繫在一起。在內心中，貨幣從一種純粹的手段和前提條件成長為最終的目的。而只要達到了這個目的，就會無數次出現那種致命的無聊和失望，目標為手段所遮蔽，是所有較高程度的文明的一個主要特徵和主要問題。」上海：學林出版社，2000年12月。他又云：「大多數現代人必定把獲取金錢當成他們大半生最近的目標而全力以赴，於是……生活中全部的幸福與確定的滿足感都與占有一定數量的貨幣密切相關；貨幣從一種純粹的手段與先決條件，向內生長成為一種終極目的。」見其所著，費勇等譯，《時尚的哲學》（The Philosophy of Fashion），（北京：文化藝術出版社，2001年9月），頁103。

（〈盡心下〉）莊子云：「而今也以天下惑，予雖有祈嚮，不可得也。不亦悲夫！」（〈天地〉）全天下的人皆身陷於富貴榮華、權力爭奪之中，精神生活早已消失殆盡，文化生命也已杳無蹤跡[89]。他們雖然有期求至道的方向和救世的心意，卻無力扭轉劣勢，只能望天長噓短歎！他們總是在一次次的期望中對權力絕望，忍受權力的無能。儘管孟莊的口吻只是洩憤的謙虛或弱化的形式，但是加強了洩憤語調的力道，擁有感人至深的魔力。「予豈若是小丈夫然哉？」「不亦悲夫」兩語透露出來的悲涼、絕望，既令人同情又讓人髮指。

孟莊所處的時代，新興的地主階級和沒落的貧民階級的鬥爭日益激烈，而宗法政治已分崩離析，各種規範和制度亦已變成虛空的外殼，故仁義道德的規範不可避免地被曲解、濫用而誘發人愛利，貪欲，以致異化為「禽貪者器」（〈徐无鬼〉）。不少人成為假借仁義之名而行貪利之實的偽君子，社會上充斥圖謀私利、視人命如草芥的官僚，他們玩弄人民於股掌之上。朝中權貴都是一些貪圖名利、寡廉鮮恥、坐擁財富、巧言令色之徒，但是這些「鑽穴隙」[90]（〈滕文公下〉）、「狂狂汲汲，詐巧虛偽」（〈盜跖〉）的人反而顯達；獲得名利最多者，他們幾乎都是一些心術不正、奸巧狡詐、厚顏無恥、「矯言偽行」（同上）、「枉尺而直尋」（〈滕文公下〉）、「脅肩諂笑」（同上）的小人，真正履仁行義者反遭禍害，如「伍員流于江，萇弘死於蜀」（〈外物〉），道義被赤裸裸的權力鬥爭所代替，社會上具有規範意義的價值準則早已靡有孑遺，僅存的只是利益至上的「叢林法則」。一種極複雜而內富精神層面的人世間卻失去鮮活內容的思想，取而代之的只是無窮的物質需求，人與人之間相互的怨恨；文化只好在乾涸的沙漠中逐漸凋零、散盡。於是這個「有病」的社會

89 漢斯・約納斯（Hans Jonas）著，張榮譯，《技術、醫學與倫理學——責任原理的實踐》（Technik, Medizin und Ethik — Zur Praxis des Prinzips Verantwortung），頁48云：「擁有力量幾乎是無法阻擋的誘惑，誘惑人去使用力量，但使用就其後果而言可能是危險的，有損道德的，至少是完全無法預計的。因此，根本不擁有所涉及的力量，也許更好些。」上海：上海譯文出版社，2008年8月。

90 〈滕文公下〉云：「不待父母之命、媒妁之言，鑽穴隙相窺，踰牆相從，則父母國人皆賤之。古之人未嘗不欲仕也，又惡不由其道；不由其道而往者，與鑽穴隙之類也。」

大舞臺頻繁地上演無數的鬧劇、慘劇[91]，這些令人慘不忍睹的世風，自然是滋養孟莊生命價值哲學的酵母。

面對「上無天子，下無方伯，力功爭強，勝者為右，兵戈不休，詐偽並起」（《戰國策》）的動盪不安、紊亂失序、土崩瓦解、精神沉淪的社會及政治現實，士人的反應不一：有自命清高或不狼狽為奸而避世隱遁者、有怨天尤人而自暴自棄者、有玩世不恭而遊戲人間者、有趁虛而入攫取榮華富貴者、有倒冠落佩而徜徉山林者，也有不顧安危而以天下為己任者；到處都充斥著明知故犯的越位者、違反禮儀的士大夫；對禮樂崩壞、道德淪喪視而不見的偽君子，故此時代士人的境遇有不少的變化，這樣的變化含有兩層意義：第一是社會變革，提供了士人涉入政治的廣闊背景，也激發了士人的成就欲望，並產生了大批參與政治活動的理論與實踐家[92]。孟子屬於這類，他除了在政治上急欲重振王道仁政的理想外，在思想上還竭盡全力地對當時的社會亂象進行揭露和批判及一切可能導致人性墮落、倫常瓦解的功利思潮，並以私淑孔子自勉[93]，從而重新彰顯孔子

91 「一個社會裡的基本制度和關係（它的結構）所具有的特點，使得它不能使用現存的物質手段和精神手段使人的存在（人性）充分地發揮出來，這時，這個社會就是有病的。」見赫伯特‧瑪律庫塞（Herbert Marcuse）等著，任立編譯，《工業社會和新左派》（Industrial society and the New Left），（北京：商務印書館，1982年10月），頁4。由於道德的根基建立在自我利益上，所以社會生活傾向於競爭個人的利益，或者說社會制度把競爭作為一種隱藏性的動力，製造出競爭的結構，這使得人把個人利益的競爭性獲得看作是社會支持的，也是最合理的，獲得較多的自我利益是因為個人有相當的能力，是理所當然的，而那些沒有能力獲得自我利益的人被認為是素質不高，因而是應得的，這種社會意識形態和社會建制實際上強調的是「叢林法則」。參閱馬克斯‧謝勒（Max Scheler）著，羅悌倫等譯，《價值的顛覆》（Vom Umsturz der Werte），（北京：生活‧讀書‧新知三聯書店，1997年4月），頁21。

92 時曉麗著，《莊子審美生存思想研究》，頁51云：「戰國時期，多元分裂局面迫切需求人才，諸侯貴族普遍尊重士人，士人被歷史推向政治舞臺，為莊子思想的產生提供了社會基礎。宗教和道德精神枷鎖的打開，形成了戰國士人開放、自由的心靈世界，造就了一批具有強烈批判精神的思想文化巨人，士人思想意識的獨立和分化，為莊子的批判與超越思想的形成提供了思想和學術沃土，成為莊子思想產生的觀念背景。」康德指出：「如果實踐的規律被設想為某種普遍性的原則，並且是從必然會影響到它們運用的大量條件之中抽象出來的，那麼我們就把這種規律的總體本身稱之為理論。反過來，卻並非每種活動都叫作實踐，而是只有其目的的實現被設想為某種普遍規劃過程的原則之後果的，才叫作實踐。」見其所著，何兆武譯，《歷史理性批判文集》（Critique of Historical Reason），（北京：商務印書館，1990年11月），頁164。

93 〈離婁下〉云：「予未得為孔子徒也，予私淑諸人也。」

仁義之道，自我期許是「從其大體」（〈告子上〉）、「修其天爵」（同上），並貴其「良貴」（同上）的大人，為當時戰國時代的混亂，徹底轉化「率獸食人，人將相食」（〈滕文公下〉）的殘忍世界，並為知識分子探索一條經世濟民的康莊大道，積極且自覺地以匡正時亂，解生民於倒懸，自覺地擔當起了超越為政者之上的對人本質的守護，從而重建一個尊重生命價值及人性理想的世界，就此而言，孟子既是道德家，同時是改革者[94]；第二是這種變革打破了傳統貴族田園詩化的生活方式，把大批無力參與競爭的士人強行帶進血與火的世界，莊子則屬於這類。他發現社會已經變得更疏離冷漠，不再屬於自己，他無法進入那種由新的精神和作風構成的氛圍中，但是它逼迫他去品嘗被拋到社會邊緣的痛苦，逼迫他去體驗一種莫名的憤怒[95]。莊子躬逢此荊棘塞途的大時代，長期棲身在社會最底層之中，過著節衣縮食、困窘潦倒的生活，有時生活難以為繼，只好靠借貸度日，在沒有選擇的能力之下，只能發出「世蘄乎亂，孰弊弊焉以天下為事」（〈逍遙遊〉）的感歎。

對他而言，生命的存在可說受到全面的威脅和挑戰；恐懼和惶惑，已成為莊子生活的主要內容。他筆下的社會和人生，撼動了讀者心靈的深處。在險惡的政治環境之下，渺小而普通的個體隨時都會被無情地扼殺，而與政治難以脫離關係的士人，更是隨時隨地面臨滅頂之殃。通過嘲諷這最後可能存活的方式，他表達了對人的生命在本原意義之上卑微的體驗，以及對這個世界的極度輕蔑：這個完全無可理喻的世界，只配讓人如此這般卑賤、無聊和憤怒地活著！所以莊子對於自我保存的心嚮往之，甚至算不上是一種生命理想，而只是對基本的個體生存權力的渴求[96]。孟子的生活雖然不像莊子那般窮困潦倒，但是他的失意頹喪，與莊子大同小異。他

---

94 史蒂文森（Charles Lesie Stevenson）著，姚新中等譯，《倫理學與語言》（Ethics and Language），頁18云：「道德判斷就是向人們推薦某事件，要人們對該事件持贊成或不贊成的態度。……因此道德家常常又是改革者，這決不是偶然的。」北京：中國社會科學出版社，1991年4月。

95 參閱顏世安著，〈生命‧自然‧道──論莊子哲學〉，載於《道家文化研究》，1992年，第1輯，頁103-104。

96 參閱鄧聯合著，《〈逍遙遊〉釋論──莊子的哲學精神及其多元流變》，頁73。

多次周遊列國，結果一無所獲，因為仁政的理想似乎愈來愈不合歷史發展的趨勢[97]。一個蒼白的時代無法理解聖賢的內涵；一個不正常的社會，一切正常的事物到了人的眼裡都成為變態的事物。他好像孔子那樣垂頭喪氣地返鄉著書立說。不同的是，他曾化悲憤為積極的平治天下的力量，把心靈的創傷轉化為一種對文化的承諾，並努力地加以實踐。他所渴求的並非他本人或任何單一的生存權力，而是全人類的生存權力，總而言之，正是這種強烈的責任感，使孟子追求不可能實現的夢；面對蒼生的苦難，明知力量不濟，卻能奮勇向前，席不暇暖地與時局相斡旋，苦苦尋找歷史的機遇，鞠躬盡瘁，死而後已。即使到了垂暮之年，也要退而講學以培養後進，裨使江山有待、仁道不墜。這是儒家「知其不可而為之」精神的價值論根源。無論如何，若沒有反覆地在人間追求「知其不可為」的東西，那麼「可為」的東西也實現不了。故孟莊如何使自己內心的壓力有更理想的出口便截然相異。

莊子並非抗拒這種極卑微的處境，反而運用看似誇張和荒誕的形容，把自己鑲嵌在如此落魄的處境之中。淪落這般境遇的人，竟然還能用如此戲謔的言詞述說自己的悲慘際遇，而且戲謔自己將可能被貶入更可悲復可羞的處境。這樣的言詞表述及反諷，不能不說是他對禁錮人性現實社會的反叛與批判，反使他有一種更強硬和堅定與命運周旋到底的決心，對生命本體的詮定、對生命真實的認識及對生命問題的解決[98]。孟子則以其言說活動興發精神力量重建人性社會，這是他之所以「好辯」的根本意旨[99]。因此可以明顯感受到他的「好辯」有其歷史縱深以及發自良心的理直氣壯——在不斷人獸對抗、「陳善閉邪」（〈離婁上〉）的過程裡，對自己成為歷史的化身有所自覺，他的言語風格更明顯了，這也代表其靈魂更深化了，是以孟子的言詞風格總是辭嚴氣盛，說善總是浩然莫之能禦，論惡

---

[97] 參閱楊寬著，《戰國史・1997增訂版》，頁499。

[98] 參閱吳怡著，《生命的轉化》，（臺北市：東大圖書公司，1996年8月），頁54。

[99] 愛德華・賽義德認為，「知道如何善用語言，知道何時以語言介入，是知識分子行動的兩個必要特色」。見其所著，單德興譯，《知識分子論》（Representations of the Intellectual），（北京：生活・讀書・新知三聯書店，2002年4月），頁23。

總是深惡痛絕。這是他的言語風格，也是他的精神氣魄。在孟子的觀念裡，言說活動乃具有開顯歷史意義、上契天命的特殊意義[100]。

　　綜合以上所言，可見當時整個社會風氣是十分險惡的。在統治階級自私自利、言行不一、弄虛作假、不擇手段地奪取民脂民膏的作風之下，古代那種自然淳樸的風氣喪失殆盡，代之而起的是無窮的物質索求、爾虞我詐、鬥爭不休、互為獵手和獵物、人心叵測的汙濁，以及節節敗壞的紀律。於是人在靈泉枯涸的狀況下逐漸僵死。莊子在〈列禦寇〉中藉孔子的口說：「凡人心險於山川，難於知天；天猶有春秋冬夏日暮之期，人者厚貌深情。故有貌願而益，有長者不肖，有順懁而達，有堅而縵，有緩而釬，故其就義若渴者，其去義若熱。」孟子云：「天下之士悅之，人之所欲也，而不足以解憂；好色，人之所欲，妻帝之二女，而不足以解憂；富，人之所欲，富有天下，而不足以解憂；貴，人之所欲，貴為天子，而不足以解憂。」（〈萬章上〉）人在難填的欲海之中，勢必受趨利避害的生存法則所支使，至於那些號稱渴求正義的人，他們愈渴望，就愈容易背棄正義。〈在宥〉對其時的腐敗人心也有深刻的描繪：「人心排下而進上，上下囚殺，⋯⋯其熱焦火，其寒凝冰。⋯⋯僨驕而不可係者，其唯人心乎！」可見人心充斥了欺上淩下、陰謀詭詐、怨懟不安、捉摸不定、桀傲不馴的弱點。這些醜陋的心靈風暴隨時會爆發，不僅扭曲了人的本性，而且極易崩潰。尤其是人的野心是十分奧祕的，它總是傾向節節攀升，先是謀求不受他人的侵害，繼而便要侵害他人[101]。生活的環境和氛圍既然這樣險峻、齷齪和惡劣，則稍有不慎，就會落入陷阱之中，成為別人眼中的獵物，這些景象，是莊子深惡痛絕而加以抨擊的。孫以昭說得很清楚：「在莊子深為感喟的戰國時代，『以財交者，財盡而交絕；以色交者，華落而愛渝』，更是一曲經久不衰的世俗悲歌，君臣、父子、夫婦、長幼之

---

[100] 參閱伍振勳著，《語言、社會與歷史意識——荀子思想探義》，（新北市：花木蘭文化出版社，2009年9月），頁144-145。

[101] 參閱馬基雅維利著，馮克利譯，《論李維》（Discourses on Livy），（上海：上海人民出版社，2005年5月），頁163。

間幾乎都是赤裸裸的利害關係。為了滿足自己在財富、女色、地位等各方面的世俗欲求，有多少人精心構制了一個個無形而可怕的網羅，以使他人於不自覺中變成自己的獵物，變成自己享受的美味與唾棄的殘羹！『奈何哉其相物也』正包含著莊子對這種陰鬱的社會關係、對時代乃至整個人類歷史的強烈抗議和批判。」[102]

〈山木〉中有一則寓言云：「莊周遊於雕陵之樊，覩一異鵲自南方來者，翼廣七尺，目大運寸，感周之顙而集於栗林。莊周曰：『此何鳥哉，翼殷不逝，目大不覩？』蹇裳躩步，執彈而留之。覩一蟬，方得美蔭而忘其身；螳蜋執翳而搏之，見得而忘其形；異鵲從而利之，見利而忘其眞。莊周怵然曰：『噫！物固相累，二類相召也！』捐彈而反走，虞人逐而誶之。」蟬在樹葉遮蔽之下，自以為安全無虞而洋洋得意，孰知身後竟然有一隻螳螂正要捕捉牠，螳螂在捉到蟬之後得意忘形，也不知道背後有一隻鵲正乘機要吃掉牠，鵲一心一意地只顧捕捉螳螂，卻沒有發現有人正在彎身窺伺牠的一舉一動，而莊周則又被管理園林的人誤以為偷栗子而追趕和責罵。

在這則寓言之中，莊子描繪了一幅殘酷、令人不寒而慄、觸目驚心的生活景象，令人從中構想更多的故事及意義[103]。此寓言凝聚他的人生感受及對社會環境、人際關係、政治局勢極深刻的認識：人人只顧貪利而喪失了眞性，物類相互殘害、相互利用，皆由於雙方貪圖各自的利益而暗自盤算、互相招引，及自以為才智凌駕他人之上所造成的。在以私利為核心價值的社會之下，人人自危，誰都可能是受害者，同時是害人者。為了個人的利益，便去傷害比自己更弱小的人，同時又被比自己更強大的人所

---

102 孫以昭等著，《莊子散論》，（合肥：安徽大學出版社，1997年7月），頁31。

103 詹明信（Fredric Jameson）著，唐小兵譯，《後現代主義與文化理論》（Postmodernism and Cultural Theories），頁139云：「所謂寓言性就是說表面的故事總是含有另外一個隱密的意義，希臘文的 allos （allegory）就意味著『另外』，因此故事並不是表面所呈現的那樣，真正的意義是需要發掘、解釋的。寓言的意思就是從思想觀念的角度重新講或再寫一個故事。」臺北市：合志文化事業公司，2001年5月。

傷害，誰都不可能保證自己能全身而退，絕對安全[104]，因爲絕對的強大者，及永不受損害者是不可能存在的。即使存在，他們的雙眼也會被目前的利益所蒙蔽，以致自己的行爲產生嚴重的偏差，使自身與環境相牴觸，予人有可乘之機，反因此身陷險境，終致劫數難逃而一命嗚呼[105]！易言之，存心覬覦他物，反而招引他物圖謀暗算自己，面臨同樣遭人暗算、威脅的命運。難怪尼采說：「在人群裡，我遇到的危險比獸群裡還多些。」[106] 叔本華即認爲，人平時所見所聽到的世界是一個不斷變化的、不眞實的世界。這世界同時具備意志，意志就其本質而言就是一種盲目的衝動，一種力量、生存欲望。它超越時空，是永恆的、自由自在的、不爲理性所控制的，是世界之源。所有的生物都是意志不同級別的客體化，都受意志的驅使，都充當意志的工具。這意志在本質上就是欲求，就是缺乏，就是饑渴。每一物種受意志的驅使，不停地進行著欺騙、掠奪和鬥爭，「這種普遍的鬥爭在以植物爲其營養的動物界中達到了最顯著的程度。在動物界自身中，每一動物又爲另一動物的俘虜和食料」[107]。在這個充滿蠶食和傾軋的世界中，人也不例外，人一出生最強烈的欲望就是生存，就是生存意志，從而充滿了罪惡。這是無可選擇無法躲避的，即使人類的知識和制度、法規和法律都是爲了滿足欲望而滋生出來的，人的不幸來自他本身無法認識到這一點，由於蒙蔽，由於受個體因素的限制，人無法認知世界的本質。故人類仍在不停地掙扎著，孰不知，愈掙扎，愈痛苦，愈沒有出路，從此陷入萬劫不復的深淵。「我們處於一部分人對另一部分人的戰爭之中；戰鬥的前線穿越整個社會，永無寧息之日，正是這條戰線把我們每一個人都放到這個或那個戰場上，沒有中立的主體。必將是某個別人的對手」[108]。總之，「這個世界之所以充滿危險，是因爲世界

104 孟子本人也明言：「當在薛也，予有戒心。」（〈公孫丑下〉）趙岐注云：「戒，有戒備不虞之心也。時有惡人欲害孟子，孟子戒備。」（《孟子注疏》）
105 參閱白本松等著，《逍遙之祖》，（開封：河南大學出版社，1995年8月），頁36。
106 見其所著，雷崧生譯，《查拉杜斯屈拉如是說》，頁23。
107 叔本華著，石沖白譯，《作爲意志和表象的世界》，頁213。
108 福柯著，錢翰譯，《必須保衛社會》（Society must be defended），（上海：上海人民出版社，1999年10月），頁45。

並不是某一獨特利益的天下，而是許許多多利益的天下」。[109]因此「在風險文化裡，沒有好人，也沒有壞人，只有一些危險分子。每個人都帶著對他人或多或少的威脅」[110]。「我們今天生活於其中的世界是一個可怕而危險的世界」[111]。個人只是「永久地處於危險境遇之中，或者說他們被規定著去感受到他們的處境、他們的生活、他們的現在和將來充滿著危險」[112]。

其實，孟莊未嘗沒有萌生過救世的志向，但更深切地感受到政治這種強大的外力與人力相比是微不足道的，無道的政治現實是人難以違逆的。徐復觀對政治則有真切的感言：「一般的說，若某一個時代，許多人都意識的想離開政治，這必定是一個不幸的時代。若某一個人是意識的想離開政治，這必定是一個不幸的人生。」「相反地，若是大多數人都直接捲入於政治之中，這也多半是一種不幸的時代；若是一個人，把他的全部生命都投入於政治之中，也是一種不幸的人生。」[113]儒家理想的「修身、齊家、治國、平天下」，在無道的君主面前，必將陷於存身或安國的兩難之中，就如〈人間世〉所云：「與之為无方，則危吾國；與之為有方，則危吾身。」在他的眼中，政治的目的雖然在於安定、改進人類的生活，並對人民及自己族群福祉的關心，但是在政治發展過程之中，人類反而因此受到其迫害[114]。政治對自身利益的關心遠比族群福祉來得多，它是比商業活動更為恐怖的強盜世界。

個體一旦與政治現實有任何牽扯，就無異踏入一條主動求刑的死

---

[109] 馬克思著，中共中央馬克思恩格斯列寧斯達林著作編譯局編譯，《馬克思恩格斯全集》，卷1，頁164。

[110] 烏爾里希・貝克著，何博聞譯，《風險社會》（Risk Society：Towards a New Modernity），（南京：譯林出版社，2004年7月），頁102。

[111] 安東尼・吉登斯著，田禾譯，《現代性的後果》（The Consequences of Modernity），（南京：譯林出版社，2000年7月），頁111。

[112] 福柯著，莫偉民等譯，《生命政治的誕生：法蘭西學院演講系列：1978-1979》（The Birth of Biopolitics：Lectures at the Collège de France 1978-1979），（上海：上海人民出版社，2011年8月），頁55。

[113] 見其所著，《學術與政治之間》，（臺北市：臺灣學生書局，1985年4月），頁95、96。

[114] 參閱蔡明田著，《老子的政治思想》，（新北市：藝文印書館，1976年5月），頁1。

路[115]。對於在政治生活之中因爲君主暴虐與專權，及士人的渺小與卑微，而隨時隨地會遭受種種危險和磨難，孟莊皆洞若觀火。韓非嘗云：「狡兔盡則良犬烹，敵國滅則謀臣亡。」（《增訂韓非子校釋‧內儲說下》）其時即有不少「謀臣」像「良犬」般被當作工具來使用，然後被烹賣。這種現實而無情的下場對歷代知識分子而言都是耳熟能詳的，故〈山木〉云：「子其意者飾知以驚愚，脩身以明汙，昭昭乎如揭日月而行，故不免也。」如斯的作爲不免招來禍患，此罪魁禍首固然是君主，但是他們的罪並非本原的罪，因爲本原的罪，在於文明驅使人遠離自然這個過程的本身。由此看來，一切殘暴的罪行彷彿都來自一個無底的深淵。相對這個深淵而言，個人的被殘殺、被迫害，乃至個人的犯罪，都已顯得沒有多大的意義。一個無辜者慘遭殺害，誰也想不出文明社會對此事能有什麼公正、合理的解釋和補償，這使得殘殺現象失去了像孟子那樣的人道主義者心目中沉重之感，反而使人產生一種形而上的悲哀和茫然。社會的價值規範也分化崩解爲各種對立排斥的現象，甚至成爲不可復原的碎片，任何一種行爲都能憑個人的私見而找到相應的理由和解釋，任何一種批評也不具有絕對的效力或令人反省之處，個人因此成了荒原上悲涼的流浪者。

　　莊子在〈則陽〉中，敘述一個名叫柏矩的人來到齊國，看見一具受刑示眾者的屍體，就將之平躺放在地上，並脫下朝服覆蓋其上，然後仰天號哭說：「子乎子乎！天下有大菑，子獨先離之。」這種痛哭，正是面對一種無法窮究具體原因的莫名悲哀。在孟莊看來，受刑示眾者的罪當然不是被殘殺的眞正原因，但是煽動人作奸犯科、迫使百姓犯罪的君主也犯下更重的罪仍非眞正的原因。文明本身孕育了一場它也不能控制的大災難，這才是所謂「天下有大菑」的眞正原因。此種大災難作爲殘殺現象的黑暗及深不可測的背景，全都濃縮在孟莊對社會脫序和人生痛苦的感受之中[116]。

115「政治依偎在私人生活的中心，折磨動著我們」！見烏爾里希‧貝克等著，趙文書譯，《自反性現代化──現代社會秩序中的政治、傳統與美學》，頁58。

116 參閱顏世安著，〈回歸自然──莊子的人生觀〉，收錄於陳寧寧等著，《莊子十日談》，（合肥：安徽文藝出版社，1994年12月），頁97。

至於那些滿懷政治熱情的士人，在面對口堯心桀、盜用仁義的空名，奢談沒有定論的是非，以行其爭權奪利、壓迫人民之實的昏君時，若一味仗義執言，皆無法逃避危及己身的命運。〈庚桑楚〉即云：「不知乎？人謂我朱愚。知乎？反愁我軀。不仁則害人，仁則反愁我身；不義則傷彼，義則反愁我己。我安逃此而可？」若他們一味高陳仁義，則只會被那些昏君視為自吹自擂，並故意藉此揭露其短，或暗諷其行，而反招禍自害，故莊子云：「已乎已乎，臨人以德！」（〈人間世〉）又若他們妄圖以一己之力規勸君主改過遷善，則更無異於蚍蜉撼樹，以卵擊石[117]。他在〈人間世〉中，藉「螳臂當車」的寓言，不僅明示君主威勢太大，個人是無力回天的，還諷刺這種以卵擊石及自不量力的人云：「汝不知夫螳蜋乎？怒其臂以當車轍，不知其不勝任也，是其才之美者也。戒之，慎之！積伐而美者以犯之，幾矣。」（同上）若他們誇讚自己的長處，反使君主自歎弗如，則只會觸怒君主而「必死於暴人之前」（同上），是以莊子希望這些畫蛇添足的人「戒之，慎之！」不要對政治妄圖踰越雷池一步。即使螳蜋不自大，也會因君主的個性易怒而難以取悅，及天威不測而意外遭輾斃，想振臂自保也只是「推舟於陸也，勞而无功，身必有殃」。（〈天運〉）即使他們只是純粹「獨弦哀歌」（〈天地〉）的情感渲洩，都可能被視為無病呻吟、混淆視聽，或「賣名聲於天下」（同上）而招致禍害或罪名。在這個除了「濁世」、「荒誕不經」、「人間地獄」之外，沒有別的詞彙可以適切地形容這個極度暴虐的時代[118]。在如此一個不堪的時代，除了絕望之外還是絕望，任何信仰也不能真正沉澱而成為一種對自己有意義的生活方式。在一個沒有尊嚴的世界裡要求尊嚴，在一個沒有正義的世界裡呼喚正義，在一個沒有意義的世界裡尋找意義，是何等令人絕望和荒謬的事情！而絕望的結局，自然而然就是逃避。既然在「方內」尚不願向黑暗

---

[117] 〈說劍〉云：「莊子曰：『聞太子所欲用周者，欲絕王之喜好也。使臣上說大王而逆王意，下不當太子，則身刑而死，周尚安所事金乎！』」

[118] 約翰・密爾著，許寶騤譯，《論自由》，頁4云：「這種社會暴虐比許多種類的政治壓迫還可怕，因為它雖然不常以極端性的刑罰為後盾，卻使人們有更少的逃避辦法，這是由於它透入生活細節更深得多，由於它奴役到靈魂本身。」

挑戰，就必定會淪爲社會惡性循環的一種動力，那麼，何不逃離這汙垢滿佈無望的塵世，躲往「方外」，甚至另一個世界，去堅守自己清淨的靈魂？清醒不僅意味漫長無絕期的痛苦、絕望的煎熬，從而把生命存在變成一種遙遙無期的忍耐，同時意味遠離權貴、庸眾，遠離與人相關的一切，放棄錦衣玉食、封妻蔭子。從價值意義上，莊子不單與腐敗的統治者爲敵，還與庸俗大眾爲敵。他心中的抑鬱與絕望，該是如何深切而強烈！他正是把這樣的情感[119]，化作一聲聲驚動山林的長嘯，也正是基於這樣深濃的情感，後人才能那樣透徹地從他的一聲長嘯中感受到其真摯的內心世界。一聲長嘯，笑盡塵世，這是絕望與痛苦之後的一種超脫與瀟灑。然而對歷史而言，絕望與痛苦所產生的思想激盪卻更有意義，它爲後世留下無窮的精神資源和思想財富。叔本華也認爲人生充滿痛苦，但同時認爲痛苦是意志活動的必然結果，因而它不僅不是罪惡，反倒是人生的肯定和正方面。人藉痛苦意識到自己的存在。肉體是意志的載體和傀儡，是人精神和肉體存在的內容。沒有痛苦，無以顯示人之爲人的實存。他說：「意志是瑟弦，對意志的阻擾和妨礙是弦的振動，知識是音板，而痛苦則是聲音。」[120] 在他看來，應允許意志左衝右突，讓人生充滿痛苦，這樣生命才有意義；因此，生活中遇到的「悲愴交響曲」，困難與挫折帶來的痛苦並不是沉淪，而是不甘沉淪；也不是迷離，而是醒悟；更不是羸弱，而是剛健。「因此，痛苦不一定會產生削弱我們權力感的結果；一般情況下，倒會起刺激權力感的作用——障礙乃是權力意志的興奮劑」，「凡是有結果的地方，都介入了意志」[121]。

---

[119] 情感乃人對客觀事物或客觀環境的態度和體驗，是人的一種直接反應狀態，折射人的價值觀。參閱楊嵐著，《人類情感論》，（天津：百花文藝出版社，2002年10月），頁36。

[120] 叔本華著，李小兵譯，《意欲與人生之間的痛苦——叔本華隨筆和箴言集》，頁9。

[121] 尼采著，張念東等譯，《權力意志——重估一切價值的嘗試》，頁312、333。他曾表示：「無論何地我找到生物，我便找到權力意志；便在服從者之意志裡，我也找到做主人的意志。弱者之意志說服了弱者，使他爲強者執役；同時這意志也想成爲更弱者的主人。這是他不願被剝奪的唯一快樂。弱者屈服於強者，以取得統治更弱者的快樂；同樣地，強者屈服於他的權力意志，而爲權力冒著生命之危險。冒險與生命之孤注便是強者之犧牲。……只是生命所在的地方，即有意志；但是這意志不是求生之意志——我鄭重地告訴你——而是權力意志！」見其所著，雷崧生譯，《查拉杜斯屈拉如是說》，頁171-173。

莊子云：「古之至人，先存諸己而後存諸人。所存於己者未定，何暇至於暴人之所行！」（〈人間世〉）也就是先安己身，然後再圖救人，才是「至德之人」。〈逍遙遊〉透過「堯讓天下於許由」的故事云：「歸休乎君，予无所用天下為！庖人雖不治庖，尸祝不越樽俎而代之矣。」由此可知，他將個體生命的存在與政治現實之間劃分成對立的兩端，以個體生命去抗衡政治和社會，並拒絕將自我置於政治化的生存場域之中，這是一種存身之道。正如馮友蘭所說：「莊周保全自己的方法和理論是，抱一種他認為是旁觀、『超然』的態度，對事物的變化漠然無動於衷。」[122]可見莊子「寧生而曳尾塗中」[123]（〈秋水〉），正好說明其不入仕途，並非「不想為」，而是考慮到政局的崩壞而感到「不能為」，及憂慮自身生命的安危才「不敢為」。《莊子》中有不少表現此主題的思想，如〈山木〉云：「王獨不見夫騰猿乎？其得柟梓豫章也，攬蔓其枝而王長其間，雖羿、蓬蒙不能眄睨也。及其得柘棘枳枸之間也，危行側視，振動悼慄；此筋骨非有加急而不柔也，處勢不便，未足以逞其能也。」當猿猴在柟、梓、豫、章等喬木林之中靈活地攀枝爬幹，隨心所欲、獨霸一方的時候，即使是善射的後羿對牠們也束手無策。但是生活在柘、棘、枳、枸等灌木叢之中，儘管小心翼翼，牠們內心還是戰慄不已，不敢隨便走動，這不是由於其筋骨突然變得僵硬而使行動笨拙，而是因為身體陷於困難和不利的環境之中，無法施展才能。此故事不僅說明莊子的貧窮、不被人理解及造成貧困的社會根源，還告訴世人，只要有合適的時機，他還是會大展身手，絕不會永遠退隱山林，成為一個對世事只會冷眼旁觀、不折不扣的隱士[124]。

---

122 見其所著，《中國哲學史新編》，共7冊，（臺北市：藍燈文化事業公司，1991年12月），冊2，頁127。

123 事見於〈秋水〉：「莊子釣於濮水，楚王使大夫二人往先焉，曰：『願以竟內累矣！』莊子持竿不顧，曰：『吾聞楚有神龜，死已三千歲矣，王巾笥而藏之廟堂之上。此龜者，寧其死為留骨而貴乎？寧其生而曳尾於塗中乎？』二大夫曰：『寧生而曳尾塗中。』莊子曰：『往矣！吾將曳尾於塗中！』」「曳尾於塗中」的神龜，象徵一種超越富貴與貧賤的本真狀態。

124 蔣星煜著，《中國隱士與中國文化》，提到隱士的名稱「雜亂分歧，頗不一致，比較主要的有隱士、高士、處士、逸士、幽人、高人、處人、逸民、逸民、隱者、隱君子等十一種」。上海：上海

但是孟子則要在衰亂之世中重新建立道德價值的標準，要重新肯定文化的理想，就不可能消極地當個隱士，然後等待時機。他必然會見義勇為地作中流砥柱。這樣便無可避免地會有生命的昂揚奮發。他要激濁揚清、撥史而見清天，故他不能不露才，不能不著跡，不能不雄辯，而且必然會全幅顯露他生命中的英氣、圭角[125]。這種圭角凜然難犯，那是男兒的錚錚傲骨，正是孟子最了不起的地方。他雖然慕孔子之道，習聖賢、效孔丘，周遊列國，兼且滿腔濟世救民的熱火。據《史記》的記載：「孟軻，騶人也。授業子思之門人。道既通，游事齊宣王，宣王不能用。適梁，梁惠王不果所言，則見以為迂遠而闊於事情。」（《史記・孟子荀卿列傳》）但在當時務求權謀、富國強兵、以利為導向的時代潮流下，孟子講道論德，以仁政治國的思想，當然難獲得君主的賞識與採用[126]。漢代桑弘羊就說：「孟軻守舊術，不知世務，故困於梁、宋。」（《鹽鐵論校注・論儒》）孟子自己對當時的政治環境也心知肚明，〈告子下〉云：「今之事君者，皆曰：『我能為君辟土地、充府庫。』今之所謂良臣，古之所謂民賊也。君不鄉道，不志於仁，而求富之，是富桀也！『我能為君約與國，戰必克。』今之所謂良臣，古之所謂民賊也。君不鄉道，不志於仁，而求為之強戰，是輔桀也！由今之道，無變今之俗，雖與之天下，不能一朝居也。」袁保新曾就孟子思想的形成與其時代背景間的關係作以下的分析：「造成戰國時代『率獸食人』的人間慘劇的原因，從歷史、政治的角度來看，固然是『聖王不作，諸侯放恣，處士橫議』，但是孟子從思想與文化的角度來看，則認為『天下之言不歸楊，則歸墨』，才是真正的關鍵。」「孟子之力闢楊墨，其實就是要嚴人禽之辨，正義利之別。……

書店出版社，2009年6月，頁226。這些人或任情不羈、傲然獨特；或登山採藥、養生服食；或避世不仕、浪跡山水；或潔身自愛、知命達理，這些隱士品德高尚，超然於世外，無意仕途，且都有被薦入朝做官的機會，但他們都一一謝絕，足見其高風亮節、清高孤介、潔身自愛。

[125] 參閱蔡仁厚著，《孟子要義》，（臺北市：臺灣書店，出版日期不詳），頁157。

[126] 司馬遷云：「當世之時，秦用商君，富國強兵；楚、魏用吳起，戰勝弱敵；齊威王、宣王用孫子、田忌之徒，而諸侯東面朝齊。天下方務於合從連衡，以攻伐為賢，而孟軻乃述唐、虞、三代之德，是以所如者不合。」（《史記・孟子荀卿列傳》）

表面看去，似乎是以批判楊墨之學爲主要任務，但深入分析，它卻涵蓋著多方面的課題，即，一、如何通過人禽之辨重新肯定人性尊嚴，安立價值根源；二、如何通過義利之辨澄清價值觀念的混淆；三、如何通過王霸之辨爲混亂的政治再樹立起仁政的理想。」[127]

在談到隱士時，莊子內心沉痛之情溢於言表：「隱，故不自隱。古之所謂隱士者，非伏其身而弗見也，非閉其言而不出也，非藏其知而不發也，時命大謬也。」（〈繕性〉）歸隱並非他眞心企盼的願景，這只不過是不當「時」、「命」的存身之道，乃出於無計奈何的一種選擇。同時包含他對社會現狀失望之餘轉向個體生活的最後希望，這希望不僅是爲了個體可以存活下去，而且是爲了有意義且有尊嚴地活著。莊子還說：「天下有道，聖人成焉；天下无道，聖人生焉。」（〈人間世〉）在在說明苟全性命於亂世，是保存生命待時而出的權宜之計，與孔子所言的「天下無道則隱，有道則現」（〈泰伯〉），及孟子所言「治則進，亂則退，……以待天下之清」（〈萬章下〉）的主張類似，並沒有超出兩者懷道而隱的範圍。因此，莊子不圖發展，乃因爲在其時代，發展的另一涵義就是鬱鬱不得志、漸趨衰老的座標曲線，它標示出他逐步地被逼入幻滅及死亡的深淵之中[128]。正因爲他生活在無道的社會中，爲了保存生命而不得已採取類似隱者的生活方式。他是有用世之心卻無法用世，有救世理想卻不能實現，所以內心深埋難以言喻的極大痛苦。孟子曾藉伊尹之口說：「天之生此民也，使先知覺後知，使先覺覺後覺也。予，天民之先覺者也；予將以斯道覺斯民也，非予覺之而誰也？」（〈萬章上〉）知識分子以其憂患意識及在思想文化等方面的優勢，自有文明以來，就一直是民眾的先覺先

---

[127] 見其所著，《孟子三辨之學的歷史省察與現代詮釋》，（臺北市：文津出版社，1992年2月），頁19、22。

[128] 敬文東著，《牲人盈天下——中國文化的精神分析》，頁208-209云：「天下的分崩離析，大多的死屍白骨，總是傾向於逼迫那個年代中敏感的知識分子思考自己的險惡處境和立身之本，強迫他們為『究竟什麼樣的生活才值得一過』貢獻出穩固的答案，以便捕祝到那個『特定的時刻』——很顯然，中國的高級牲人們急需的答案，和雅典的蘇格拉底面對同一問題給出的解說，絕不會有任何同一性。畢竟自然的死亡已經令人難以接受，人為的死亡更加需要恰切的解釋，否則，脆弱的士人心理瀕臨崩潰的邊緣就是可以期待的結局。」桂林：廣西師範大學出版社，2011年11月。

導，也是民族的共同願望和理想追求的心聲，這是他們的天職。

　　由此可看出孟莊與古今中外的聖哲及一切知識分子所共同具有悲天憫人的救世情懷，故他不可能像隱者那樣，對世間諸事皆無動於衷，也不可能目睹人間的苦難、困頓與窘迫而麻木不仁。孟子曾云：「我無官守，我無言責也。則吾進退，豈不綽綽然有餘裕哉？」（〈公孫丑下〉）這帶有莊子獨立身分的意味「我無言責」，是說明自己不是諍諫之官，並非說身為知識分子而不對社會和時代提出批評意見，此處的「進退有餘裕」，指的也是自己仕或不仕的來去自由，而非失去知識分子的立場，這與莊子的心態類似。

　　孟莊在時代的洪流中經歷痛苦的煎熬，同時無從選擇地生活於這個根本沒有任何適當的材料來描繪天堂，卻只有適當的材料來描繪地獄的凶險環境之下，個體主觀的渴求，往往被外力所挾制，終至被碾成碎片，個體的意志又往往在社會混濁的洪流之中根本無法伸展及實現。當為政者的欲望發展到可以十分隨意地摧殘個體生命的時候，抗爭便已變得貧弱乏力。〈列禦寇〉云：「今宋國之深，非直九重之淵也；宋王之猛，非直驪龍也，子能得車者，必遭其睡也。使宋王而寤，子為齏粉夫！」宋王有如兇猛而不可接近的「驪龍」，宋國有如黑暗的「九重之淵」，士人的理想若欲實現於「昏上亂相之間」（〈山木〉），則不僅將成為浮光掠影般一晃即逝，亦必導致身心疲憊困乏，此無異於「若殆往而刑耳」（〈人間世〉）！可知在荊棘遍地的現實世局之內，知識分子的生存是多麼的艱難！內心是多麼的憂戚！孟莊在面對這些一手遮天，權力像山一樣高的「天子」，以及作為罪惡的根源的政權與制度[129]，他們實在無能為力，只能徒呼奈何！我們猶如看著這兩位人生舞者，向內退縮回空曠深邃的內心舞臺上，茫然無依，除了彼此之外，僅剩下亙古的孤寂[130]。當舞蹈結

---

[129] 道格拉斯・諾斯（Douglass Cecil North）認為，制度的意義是「社會中的遊戲規則。更嚴謹地說，制度是人為設計的限制，用以約束人類的互動行為」。見其所著，劉瑞華譯，《制度、制度變遷與經濟成就》（Institutions, Institutional Change and Economic Performance），（臺北市：時報文化出版企業公司，1994年11月），頁7。

[130] 伯林認為，當「一個尋求幸福、公正或自由的人覺得無能為力」，當「他發現太多的行動道路都被

束時，我們目視兩人再度舞回起頭的道路，彷彿預見人類不可回頭的宿命。在維持生命價值的大前提下，除了噤若寒蟬之外，他也只能發出微弱的呼聲，勸諫這些君主能先「內聖」：修自身、孝父母、急民事、施仁政、勉臣下、教民眾等，然後「外王」：治國安邦。能如此，天下才不會失序到無法收拾的地步。這種「內聖外王」的理想在傳統的政治格局之中可能會產生一定的提示作用，但在病入膏肓的時局，到底能發揮多少功效，想當然是微乎其微了。

在中國歷史上，知識系統為政治權力[131]系統提供了合法的基礎，獲得知識分子的大力支持，政治權力方可進一步得到認同。但是另一方面，政治權力系統也為知識系統的發展產生一定的阻力。孟子見齊宣王曰：「為巨室，則必使工師求大木。工師得大木，則王喜，以為能勝其任也。匠人斵而小之，則王怒，以為不勝其任矣。夫人幼而學之，壯而欲行之；王曰：『姑舍女所學而從我。』則何如？今有璞玉於此，雖萬鎰，必使玉人雕琢之。至於治國家，則曰：『姑舍女所學而從我。』則何以異於教玉人雕琢玉哉？」（〈梁惠王下〉）孟子在此展現的矛盾是知識分子獨立的人格尊嚴與專制權勢之間；人的天性、才性與君權之間的緊張關係絕不可能協調。孟莊身懷曠世大德、大才而終身未遇的根本原因，在於獨立的知

堵塞了，退回到自身便有著不可抵擋的誘惑」，歷史證明，每值社會衰亂之際，「那些讚揚人生尊嚴的人」就會「產生一次向內的遷徙」。「我必須自己從那些我知道根本無法實現的欲望中解脫出來。我希望成為我自己的疆域的主人。但是我的疆界漫長而不安全，因此，我縮短這些界線以縮小或消除脆弱的部分。我開始時欲求幸福、權力、知識或獲得某些特定的物件。但我無法把握它們，我選擇避免挫折與損失的辦法，因此對於我不能肯定得到的東西決不強求。」見其所著，胡傳勝譯，《自由論》，頁209、204。

131 漢斯·約阿希姆·摩根索（Hans Joachim Morgenthau）以為，「所謂政治權力，指的是對公眾具有權威的人們之間，或這些人與廣大民眾之間的控制關係」，同時強調權力在本質上是一個心理概念：「政治權力是行使政治權力者與被行使者之間的一種心理關係」。見其所著，楊岐明等譯，《國家間政治：為權力與和平而鬥爭》（Politics Among Nations：The Struggle for Power and Peace），（北京：商務印書館，1993年10月），頁47。福柯認為，知識的產生必然受權力環境的影響，雖然很多知識分子為了確立和抬高自己的學術身分，總是試圖把象徵真理和自由的知識領域與權力運作的領域隔開，但當社會和人類行為成為研究物件和需要解決的問題時，知識的創造就必然與權力的機制有關。參閱其所著，嚴鋒譯，《權力的眼睛：福柯訪談錄》，頁228。他又認為，權力與知識的生產密切聯繫，知識服務於特定的權力，權力也通過知識的構建來體現和維護自身的權力關係。參閱其所著，錢翰譯，《必須保衛社會》，頁233-234。

識分子在精神上的獨立性上承於天，是天賦良知、良能的自然顯發，要保持它們的博厚高明，就不可能依附於任何專制的政治勢力而存有[132]，否則就會像「大木」、「璞玉」一樣被雕琢、被扭曲、被抹殺。孔子、孟子都是席不暇暖、兢兢業業地奔走列國，尋求得君行道的機會，以落實自己的理想。春秋時代的孔子不能一償夙願，大展長才，只好回到魯國設帳授徒。至於孟子，雖然身處縱橫捭闔的戰國亂世，各國國君求賢若渴，得君行道的機會大增，同時獲得執政者的尊崇和禮遇[133]，但是始終沒有被重用，只在齊擔任過卿的職位[134]，終其一生也沒能得到國君的青睞，完成其「兼善天下」（〈盡心上〉）的雄心壯志。從孔子、孟子的人生實踐中，可知一個真心地為正義而奮鬥的人，即便是想擔任一官半職，也終究不能心想事成，因為他們不可能卑躬屈膝地捨棄自己所學的「道」和理想，以便獲得專制的統治者一點點微薄的賞賚而喪失精神上的獨立性[135]。這是孟莊的遺憾，也是時代的悲哀。

在這個大動盪、大變革的時代之中，舊貴族的統治正逐漸退出歷史的舞臺，新興地主階級卻紛紛在各個諸侯國建立並鞏固其政權，以秦國商鞅為代表的政治革新已獲得重大成果，同時各國之間的戰爭日益加劇，因此，策士們的穿梭外交漸趨頻繁，合縱與連橫的鬥爭愈演愈烈，思想家們同時也十分活躍，各種治國主張及方針一一浮現，造成你爭我奪、壁壘分明，互不相讓的局面。無論合縱或連橫，任何策略皆以功利為首要目的，

---

[132] 馬克思著，中共中央馬克思恩格斯列寧斯達林著作編譯局編譯，《馬克思恩格斯全集》，卷1，頁411云：「專制制度的唯一原則就是輕視人類，使人不成其為人。」

[133] 〈公孫丑下〉云：「我欲中國而授孟子室，養弟子以萬鍾，使諸大夫國人，皆有所矜式。」〈滕文公下〉云：「後車數十乘，從者數百人，以傳食於諸侯。」

[134] 參閱錢遜著，《先秦儒學》，（瀋陽：遼寧教育出版社，1995年6月），頁76。其實，孟子一生都沒有當過官，以「學而優則仕」（〈子張〉），據《孟子》的記載，他雖然曾以齊卿的身分至滕弔唁，他離開時是「致為臣而去」（〈公孫丑下〉），即「歸還政權於君而離去」。可是他當時所擔任的卿，據《鹽鐵論‧論儒》所云：「齊宣王褒儒尊學，孟軻、淳於髡之徒，受上大夫之祿，不任職而論國事，蓋齊稷下先生千有餘人。」《史記‧田齊世家》云：「皆賜列第為上大夫，不治而議論。」他離開齊返鄒時說：「我無官守，我無言責。」（同上）據此可以證明他為齊卿，徒具官之名而無官之實，一個不受采邑，只對齊國的政事發表議論的「閒差事」而已。

[135] 參閱歐陽禎人著，〈孟子的人格自由論研究〉，載於《武漢大學學報‧哲學社會科學版》，2004年，第5期，頁613。

必然產生「以攻伐爲賢」（《史記・孟子荀卿列傳》）的價值觀。

在天下大亂、烽火不絕、處士橫議、百家爭鳴現象掩蓋之下的是：新舊社會制度的交替與國家由分裂走向統一的時代兩大潮流，其洶湧澎湃之勢，銳不可當，結果必然是歷史的巨幅進步。但歷史前進的道路並非是直線的，革新成果的取得是必須付出代價的，它充滿曲折和反覆，伴隨著痛苦與犧牲。在這個舉步維艱的進程之中，作爲推動歷史巨輪向前推進的主體是人民群眾，他們的貢獻最大、犧牲最多，可是換來的只是生活最苦、獲利最少，故對他們來說，這也是一個歷經磨難的過程。此乃剝削制度之下的普遍規律，是作爲歷史前進的原動力，又是作爲工具的人民群眾必然的宿命。只要這個社會以平庸、無知爲平衡，這種厄運便永難避免。孟莊這兩位知識分子長期生活在如此惡質的政治和社會環境中，他們的感受及其生命價值的問題意識是顯而易見的[136]。

當人全心信奉的思想在社會現實之中屢屢受到嚴重的阻礙，或到處碰壁、求助無門，又找不到合理的解釋時，他魂不守舍的樣子，就像一個失去精神家園的流浪漢，心中若有所失，顯得多麼迷惘！多麼悲傷！多麼悽愴！而這種傷痛，不僅是抽象的心理感受，而且是極具體實在的生理痛苦。莊子的悲傷感、蒼涼感，正是他對於歷史洪流瞬間破壞的反應。他並不相信在彈指之間社會將有所改變，文明的腳步會愈趨進展，也不相信歷史的悲劇會很快成爲過去，所以當人用世之心泯滅，無法忘懷塵世，即使回歸自然，獨自與山林爲伍，在遠離塵囂的高山叢林，依然不能徹底擺脫內心痛苦的侵擾，這是何等不堪的悲傷。莊子曾悲歎：廣大的山林，優美的環境，但是若心神不暢，精神便不能盡情享受。「山林與！皋壤與！使我欣欣然而樂與！樂未畢也，哀又繼之。哀樂之來，吾不能禦，其去弗能止。」（〈知北遊〉），從這些字裡行間，可以感受到莊子抑鬱愁悶的呼吸，不是身臨其境，又怎會有如此深刻的感觸！可見，若這種有志難伸，心靈因而滿懷悲淒的狀況不斷地持續下去，則精神必因長期受到壓抑而崩

---

136 參閱白本松等著，《逍遙之祖》，頁30-31。

潰；痛苦既深，尋求解脫之道則愈切。爲了排遣內心的焦灼、糾結和憂慮，他不得不開始尋求精神出路的探索[137]。但是他無意去改變死生窮達之命，違反客觀的法則，更改時間之矢的方向。主體的超越不在於毀形，因爲毀滅了個體的存在，也就剝奪了人基本的價值，超越就無從談起，故莊子以「保身」、「全生」、「養親」、「盡年」（〈養生主〉）爲個體存在的要術，而以游心、坐忘、心齋爲個體價值的提升[138]。孟子則不然，他奉行積極入世的人生觀，有「當今之世，舍我其誰」（〈公孫丑下〉）的軒昂霸氣，這比孔子的「道不行，乘桴浮於海」（〈公冶長〉）的無可奈何更爲堅毅和充滿奮鬥的意志。他遇到像莊子的挫折和痛苦，認爲那不過是一些必經的考驗，必須以強烈的進取精神面對任何艱困的挑戰，從而突顯人眞正的價值。可惜他仁政的理想與現實之間露出時代的脫節，也難以應付現實的挑戰。在現實的困境之前，仁政的現實似乎愈來愈浮現出抽象與蒼白的內在弱點[139]。孟子一生堅持這個不能達到的目標，至死方休，但是依然沒有人採納，只能自我安慰「夫天未欲平治天下也」！（〈公孫丑下〉）可見他心中的若有所失、迷惘、悲傷、悽愴，實不亞於莊子！

　　與當時許多關懷社會的前途，及身懷濟世之志的知識分子一樣，殫精竭力地試圖找到一條整合現實世界文明的出路，將社會從野蠻殺戮、惟利是圖、爾虞我詐之中解救出來。但代表時代文明的諸子百家，並不能爲孟莊點燃希望的火花。因爲現實世界的遽變，諸子百家從西周的天德神志，

---

137 參閱陳寧寧著，〈走向逍遙——莊子的心路歷程〉，收錄於陳寧寧等著，《莊子十日談》，頁10-11。莊子身處於這樣的時代，容易讓人產生對政治的厭惡感，乃至對生命變幻，人生無常的絕望感。他的無爲、自適，與這樣的政治局面相關。當政治暴力發展到可以極大地隨意地摧殘個人生命時，個人的抗爭就變得微不足道，這時只有被逼轉入個人的內在精神世界，以求得精神世界的舒展。在馬斯洛看來，當外在的「政治的民主和經濟的繁榮在他們身上並沒有解決任何基本的價值問題」時，「除非轉向內部、轉向自己，否則就沒有價值觀念的棲息地」。參閱其所著，李文湉譯，《存在心理學探索》（Toward a Psychology of Being），（昆明：雲南人民出版社，1987年3月），頁9。

138 參閱孫以楷等著，《莊子通論》，（北京：東方出版社，1995年10月），頁140-141。

139 參閱楊國榮著，《重回戰國——孟子新論》，頁29。

及「周文疲弊」[140] 的蒙昧中走出來，表現出理性的昇華，孟莊都極力嘗試本著理性的力量衝破混亂的時代困境，使生存的眞理成爲可能[141]。可是也因爲現實世界的詭譎多變，使諸子百家從不同的角度詮釋這些變遷，並運用主觀認知的方法來統整這些變化，致使諸子百家的學說百花齊放、莫衷一是。社會沒有一個總原則或大方向可以遵循，人生活其中，實不堪其擾，也不知該何去何從。號稱「顯學」的儒、墨兩家互相攻訐；名、法兩家空談理論，終致詰辯論駁。學術的紛爭雖然是醞釀眞理的溫牀，但是得不出最終或超然結果的理性衝突，可能再次導致社會陷入更大的困惑和紛亂之中，故孟莊不得不進一步深化爲對諸子的反省，思考如何超越崩塌解體的現實世界，並平息學術界間紛爭的言論。面對諸子百家的理性衝突，深入發掘時代最大的問題，探本溯源、力挽狂瀾，這是兩者一生追求的終極目標[142]，也是產生其生命價值哲學的情感源泉和初衷[143]。對生命價值問題的思考，必然來自具體處境，亦即時代課題的回應。

　　孟莊就是在對客體世界和主體自我深入感受的基礎之上，提出自己的思想，前者以踐行上天交付的使命，以實現人之所以爲人的本質，後者以提高精神的層次，以實現自我心靈的解脫，從而使個體生命不至因文明的變異而陷入生存的危機，或造成人類自身生命的異化，也惟有這樣，才能避免個體生命的價值目標和價值意義在人世紛擾之中走向失落[144]。當天

---

[140] 牟宗三著，《中國哲學十九講》，頁60云：「這套周文在周朝時粲然完備，所以孔子說：『鬱鬱乎文哉，吾從周。』可是周文發展到春秋時代，漸漸的失效，這套西周三百年的典章制度，這套禮樂，到春秋的時候就出問題，所以我叫做『周文疲弊』。」臺北市：臺灣學生書局，1991年1月。

[141] 理性引導人的生存，而人的生存正是通過理性的考量和規定，同時通過理性的方式才表達出來的。雅斯貝爾斯講得好：「理性，一方面它贏得生存的好處，因爲它以生存爲依據才不致於沉淪下去；另一方面，它又反過來使生存的真理成爲可能：使之實現其自身，使之顯現自身。」見其所著，王玖興譯，《生存哲學》（Philosophy of Existence），（上海：上海譯文出版社，1994年1月），頁52。又頁58云：「理性會把一切已經認知的真理重新溶合而昇華成爲正在出現中的大全的真理。」

[142] 「所有時代所有人的終極目標，其實是一樣的」，「一組普遍而不變的原則支配著世界」，「這些規律是真實的是可以獲知的」。見伯林著，馮克利譯，《反潮流：觀念史論文集》（Against the Current：Essays in the History of Ideas），（南京：譯文出版社，2002年10月），頁3-4。

[143] 參閱盧國龍著，〈因循自然，性命雙修──莊子與道教〉，收錄於陳寧寧等著，《莊子十日談》，頁150-151。

[144] 在費希特看來，「力求使別人變得更加完善，力求把別人提高到他自己所具有的那種關於人的理想

道漸遠、鬼神漸失其敬、政治的參與和社會的生活，無論對形軀抑或精神皆成為險途和災難時，個體存在的根基和意義究竟為何？他們的智慧源自崇高的感情和透徹的思考力；從廣闊的認知能力和無私的感情結合。兩者的哲學正是對個體存在、生命價值根本問題探索及反省的結果。

雖然所使用語言藝術技巧不同[145]，但他們對當時的社會是有共識的，只不過孟子歷經動盪不安的政局，在行文中經常將統治者的奢侈與百姓的悲慘生活作對比，故予人更鮮明的現實感受，具有強烈的衝擊力。而由於莊子站在高處俯視人間慘狀，雖然有穿透力、概括性，對政治、歷史及思想文化問題不乏深刻的認識，但現實畫面感略顯不足。因為在此變形的世局中，歷史變成醜陋的傳說，莊子須透過恍惚來陳述！可是他似乎並未與自己批判的對象拉開足夠的心理距離，其語中往往帶有他特有的情感色彩，外冷而內熱，有些甚至是含淚的。他善於用反諷之法，言在此而意在彼，常能引發讀者的深湛之思和無窮的遐想[146]。孟子在歷經種種社會慘況之後，常常會憤慨地把批判的矛頭指向統治者——「此率獸而食人，惡在其為民父母也」（〈梁惠王上〉）、「是上慢而殘下也」，（〈梁惠王下〉）他這些激烈的言辭是愛之深，責之切，他認為是統治者既然掌握了的政權，就是人民的父母，不應草菅人命，以政治手段掠取百姓的勞動[147]，造成百姓生活悲慘，是以讀其文，往往能引發讀者慷慨激昂、同仇敵愾之情。孟子這種勇於批判現實政治，不僅在戰國時代別樹一幟，而

的程度」，從而實現「社會的所有可能的成員完全一致和同心同德」。見其所著，梁志學等譯，《論學者的使命、人的使命》，頁22。孟莊所發展的就是這種使命。

[145] 有關孟莊二人語言藝術技巧的比較，可參看朱榮智著，《孟子新論》，（臺北市：國立編譯館，2006年1月），頁187-217。

[146] 參閱邊家珍著，〈論莊子散文的憤世傾向及諷刺特色〉，載於《文學評論》，2015年，第3期，頁186。

[147] 人類飽受生存欲望的催促，常用兩個根本相反的手段來取得生活資料，以滿足生存欲望：那便是勞動與劫掠，前者是自己勞動，後者適用暴力奪取別人勞動的結果。其實，陸上及海上的劫掠，在原始的生活狀態下，猶如今日戰爭業務，老實說，在過去時代中，這與有組織的劫掠一樣為世人最敬佩的職業。凡自己勞動，而又用價值相等的勞動，交換別人的勞動，以滿足欲望者，稱為「經濟手段」。反之，不出報償，劫掠別人的勞動，以滿足欲望者，稱為「政治手段」。參閱歐本海麥（Franz Oppenheimer）著，薩孟武譯，《國家論》（The State），（臺北市：東大圖書公司，1977年7月），頁13。

且成為數千年來有良心的中國知識分子論政的典範。他意在限制統治者的消極構想，離統治者為非作歹的遮羞布相隔不過一步之遙，實在發人深省。孟子的思想是飽受專制壓迫的苦難中國人心靈深處「剪不斷的鄉愁」。

將社會的苦難與黑暗歸咎於統治者。〈徐无鬼〉描繪魏武侯為「獨為萬乘之主，以苦一國之民，以養耳目鼻口」的昏君；市南宜僚見魯侯，通過論述美麗的皮毛為「豐狐文豹」災禍的根源，類比地指出統治者的爭權奪利是一切禍害的根源[148]，因為價值觀的偏差帶來的負面效應更大，個人懷抱功利主義則上下交相爭奪，國家可能導致淪亡的命運。〈盜跖〉云：「人卒未有不興名就者。……聲色滋味權勢之於人，心不待學而樂之，體不待象而安之。夫欲惡避就，固不待師，此人之性也。」利欲之情本來是人與生俱來的，人是有情慾的存在物，則社會與政治的黑暗和災難就是一種無可奈何的「命」，人對此是無計可施的。但是這些外在的東西相對地犧牲人的精神自由和耗損人的生命，這個代價太大了[149]！

因此，莊子迫切地尋求解脫之方，才會哀歎英雄無用武之地，才會了解現實雖然不合理，但是也無法旋轉乾坤，從而陷入極度的悲涼和對理想的憧憬之中。他不像孟子那樣有意識地對統治者或社會現狀進行批判，因為他認為批判是蒼白無力的，如此一來，他就愈感到自己與現實、與統治者格格不入，就愈感到自我的扭曲和理想的渺茫，也就愈醉於超現實的解脫，就愈窮根溯源，而從人本身的存在根據推衍出其生命價值的哲學[150]。故他不得已而依恃自己一貫的理想以擺脫現實，而任由個人思緒奔放馳騁，以獲得個體精神的自由，從而形成莊子特有的社會批評美學。

---

148 〈山木〉云：「市南子曰：『君之除患之術淺矣！夫豐狐文豹，棲於山林，伏於巖穴，靜也；夜行晝居，戒也；雖飢渴隱約，猶旦胥疏於江湖之上而求食焉，定也；然且不免於罔羅機辟之患。是何罪之有哉？其皮為之災也。今魯國獨非君之皮邪？吾願君刳形去皮，灑心去欲，而遊於无人之野。』」

149 羅素云：「成功只是人生快樂的因素之一，倘如犧牲其餘的一切因素去贏取成功，那代價未免太高了。」見其所著，王正平等譯，《快樂哲學》，頁30。

150 參閱孫以楷等著，《莊子通論》，〈導言〉，頁2。

孟子則熱情地為實現理想終日「恓惶奔走」。由於他把社會動盪不安的原因歸究於統治者崇尚武力，不能推恩保民，即確認問題的根源在人，乃「治之法」，而不在「治」的本身。因而孟子才認為有改變的緊迫性，並昂揚奮發地提出他那一套「仁政」的理想和措施。這樣看來，一般所說的莊子對待現實的消極與孟子的積極，其實並不具有完全對等的性質，因為這源於不同的因素。前者以否定制度本身為基礎，在當時具有超前的性質；而後者則是以批判現實社會的弊端為基礎，較為確實可行[151]。無論如何，莊子那種從極高處俯視人生的態勢，「莫之夭閼」的灑脫，及驕傲和孤獨[152]，與孟子那種平視人生的態勢，「莫之能禦」的勇氣，及嚴正和不屈，確實各有千秋，展示出人類兩種崇高而特出的性格[153]。這自然是他們時代所造就出來的，正是狂風暴雨、詭譎波瀾的戰國時代所醞釀出來的典型。

　　孟莊所處的時期，正值舊有的信念因社會、政治的紊亂不堪而受到莫大的衝擊，由於兩者對外在權威的懷疑和否定，及對道德價值絕對特徵的堅持，才有高尚人格的覺醒和追求[154]，也就是說，對自我的承認和追求，必導致對外在權威標準的存疑和鄙視。於是，兩者皆寧貧窮而輕富貴，但是孟莊介於社會與凌駕社會之上的統治者間，受到一定階級意識的影響，他倆對權威說真話[155]，以及其睿智和政治理想並不完全合乎統治

---

[151] 參閱常為群著，〈孟子、莊子比較研究三題〉，《南京師大學報：社會科學版》，1995年，第1期，頁84-85。

[152] 孤身一人，具有反省性的心態，擁有自由，擁有寧靜，擁有特殊的空間感和時間感等。參閱菲利浦‧科克（Philip Koch）著，梁永安譯，《孤獨》（Solitude：A Philosophical Encounter），（新北市：立緒文化事業公司，2011年3月），頁40。

[153] 古斯塔夫‧拉德布魯赫（Gustav Radbruch）著，舒國瀅譯，《法律智慧警句集》（Aphorismen Zuru Rechisweisheit），頁18云：「性格保存著文化創造之源和一項人類的基本權利。」北京：中國法制出版社，2001年10月。

[154] 埃利希‧諾伊曼（Erich Neumann）著，高憲田等譯，《深度心理學與新道德》（Depth Psychology and a New Ethic），頁11云：「人格的道德形成總是由於對片面性的有意傾向和對道德價值絕對特徵的堅持才可能實現。這往往排除一切與價值不相容的特質。」北京：東方出版社，1998年9月。

[155] 賽義德強調：「知識分子的角色是對權力說真話，對任何社會的中心權威毫不虛偽地講真話。」轉引自保羅‧鮑威（Paul A. Bove）編，王麗亞等譯，《向權力說真話：賽義德和批評家的工作》（Edward Said and the Work of the Critic：Speaking Truth to Power），（北京：中國社會科學出版社，2003年6月），頁237。

者的口味，可是，士階層個人的命運，或淪落潦倒，或煊赫一時，或平步青雲，完全取決於他們對權貴依附的程度，因此，孟莊更直接地受到靈與欲、生與死、善與惡的糾纏，更直接地面對個體與群體、自由與必然、選擇與歷史的矛盾[156]。孟子在不惜功名利祿之餘，便對濟世救民戮力以赴，莊子則在視榮華如糞土之餘，以保適志自快，再伺機大顯身心！他們的著書立說──「立言」，正是兩者在糾纏和矛盾中突圍而出的消極反映！

中國思想的興起，依余英時的說法有所謂「軸心突破說」。他引用魏爾（Eric Weil）的觀察云：「在歷史上，崩壞經常先於突破而出現。」認為「正是由於政治、社會制度的普遍崩壞，特別是禮樂傳統的崩壞，才引致軸心突破在中國的出現。」「軸心突破」的特徵，是「內涵著原創性超越的精神覺醒」[157]。〈天下〉云：「天下大亂，賢聖不明，道德不一，天下多得一察焉以自好。譬如耳目鼻口，皆有所明，不能相通。猶百家眾技也，皆有所長，時有所用。雖然，不該不徧，一曲之士也。判天地之美，析萬物之理，察古人之全，寡能備於天地之美，稱神明之容。是故內聖外王之道，闇而不明，鬱而不發，天下之人各為其所欲焉以自為方。悲夫，百家往而不反，必不合矣！後世之學者，不幸不見天地之純，古人之大體，道術將為天下裂。」王公貴族以一偏之見，而自以為得意，無視於禮樂典章制度的規矩。故造成「賢聖不明，道德不一」，天下理序因而大亂。又其只是形式化的將禮樂典章制度，當成口號般地彰顯於外，而遮蔽了上下內外統貫為一的全體大用，並裂解了古人的全體之用。這也表示上明下王之道，涵藏於上，而不光照於下，故內聖外王之道，也就「鬱而不發」了。更可悲的是在上位者，各依一己之私，將禮樂仁義作為統治者的工具用來操弄百姓，而不知回歸道體術用，此舉將造成國家的混亂與破

156 參閱孫以楷等著，《莊子通論》，〈導言〉，頁2。
157 參閱余英時著，《知識人與中國文化的價值》，（臺北市：時報文化出版企業公司，2007年3月），頁78。同書云：「『超越』的意思是，如史華慈所說：『對於現實世界進行一種批判性、反思性的質疑，和對於超越世界發展出一個新的見解』，說這種超越是『原創性』的，意指它從此之後，貫穿整個傳統時代，大體上一直是中國思維的核心特徵。」

裂，這是不符合道術之全體大用的[158]。余英時亦有感而發地說：「春秋時代一方面是禮樂傳統發展到了最成熟的階段，另一方面則盛極而衰，發生了『禮崩樂壞』的現象。當時的上層貴族有的已不甚熟悉那種日益繁縟的禮樂，有的則僭越而不遵守禮制。無論是屬於那一種情況，禮樂對於他們都已失去了實際的意義而流為虛偽的形式。」[159]

雖然大環境產生了禮崩樂壞的紛亂，但余英時並不認為禮崩樂壞是不好的，反倒認為這正好是哲學「突破」的契機。他對「突破」這兩個字下了這樣的定義：「所謂的『破』，是指某一民族在文化發展到一定的階段時，對自身在宇宙中的位置與歷史上的處境，發生了一種系統性、超越性、和批判性的反省；通過反省，思想的型態確立了，舊傳統也改變了，整個文化終於進入了一個嶄新的、更高的境地。」[160]一般而言，有非常的破壞就會有非常的建設，歷史上不論古今中外，凡是在發生重大的「突破」之前，往往都會經歷一個嚴重的「崩壞」階段。而諸子百家的「突破」方式雖然不同，但是同樣皆淵源於禮樂傳統則無異。故他云：「我們對儒、墨、道三家持說的背景略加分疏，便可看到中國古代的『哲學的突破』與『禮崩樂壞』正是一事之兩面。」[161]

總之，孟莊思想都是劇變時代的「反叛者」[162]，從現實層面來說，

---

[158] 「我主張龐大的、和平的、處於現代化進程中的尚賢制國家的高級政治領袖需要在智識能力、社交能力和美德方面都很出色。但是，請注意政治領袖不一定是任何維度上的最傑出者。讓政治領袖與眾不同的地方是，他們應該在這三方面都處於平均水準之上，雖然這麼說，這些品質並不是同等重要的，一定程度的美德必不可少，如果沒有了為公眾服務的意願，政治領袖可能將其智識能力和社交技能用於災難性的目的」。見貝淡寧（Daniel A. Bell）著，吳萬偉譯，《賢能政治：為什麼尚賢制比選舉民主制更適合中國》（The China Model：Political Meritocracy and the Limits of Democracy），（北京：中信出版社，2016年9月），頁91。「只有那些擁有正義美德的人才有可能知道如何運用法則（法律）」見麥金太爾著，宋繼傑譯，《追尋美德：道德理論研究》，頁192。

[159] 見其所著，《史學與傳統》，（臺北市：時報文化出版企業公司，1983年11月），頁39。

[160] 同上，頁41-42。

[161] 同上，頁48。

[162] 羅洛·梅認為，所謂的反叛者是「反抗權威或壓制的人，亦即打破現有習俗或傳統的人。……唾棄權威，他主要追求的不是政治系統的更替。……他的反叛是為了實現大眾肯定的人生與社會願景。」見其所著，朱侃如譯，《權力與無知：探索暴力的來源》，頁275，又頁276云：「反叛者的功能在於撼動僵固的習俗和文明秩序。這種撼動雖然痛苦，卻有其必要，如此社會才能免於沈悶和冷漠。……文明就是從這些人身上開花結果的。」這些「反叛者」是「我們渴求英雄做為我們人格

兩者生命價值哲學所回答的中心問題，自然是人在此亂世中安身立命的問題，所不同的只是在提出的方案而已。就孟莊如此高明、精深及博大的哲學家來說，時代的問題只是他們進行思考的一個契機，當他們認真而深入地思考人生時，有可能使其超越當下的問題，體悟到某種超時代的真理。歷史上許多思想至今仍然見效，這就是明證。人類對人生的認識並不隨時代的發展而自然發展，更多依賴的是每個時代的人思考的深度、廣度、寬度，及其悟性的高低而定。

的典範、行動的標準，以及血肉相連的倫理。……英雄挾帶著我們的憧憬、理想與信仰」。見其所著，朱侃如譯，《哭喊神話》（The Cry for Myth），（新北市：立緒文化事業公司，2003年3月），頁49。「英雄式行為主要的焦點是人性的善良面」。我們之所以關心英雄故事，是因為他們「提醒人們有能力對抗邪惡勢力，提醒人們不要對誘惑讓步，提醒人們超越自己的平庸性」。參閱菲力浦‧津巴多（Philip Zimbardo）著，孫佩妏等譯，《路西法效應：好人是如何變成惡魔的》（The Lucifer Effect：Understanding How Good People Turn Evil），（北京：生活‧讀書‧新知三聯書店，2010年3月），頁514。

第三章
孟子與莊子的死亡哲學

荀子在其所著的〈禮論〉中提出了一個極為深刻的人生理想:「生,人之始也,死,人之終也。終始俱善,人道畢矣。」(《荀子集解·禮論》)相對於死而言,要善生,活得有意義已經不容易了;要善死,死得有意義,也許就更困難了。因為荀子把如何對待死亡,還有如何死亡增強到為人之道,以及理想人生的高度,並肯定死亡的最終價值,進而替「自我」找到一個永恆的歸宿,以作為「自我」生存的終極支柱和信念。換言之,人不僅要有具質量的生命過程,還要有完美的生命結局,這樣的人生才有價值。

死亡具有人生觀或價值觀的意義,是人生哲學的深化和延展[1]。莊子亦云:「死生亦大矣!」(〈德充符〉)死生之所以「大」,在於個體生命的意義、價值,都以形體的存在為基礎,而且死亡是最難勘破的事情,因為誰都沒有這種體驗,也無法死而復生,更無法不死而生。雖然人人都理解這些事實,但是可以理解,並不代表可以接受或面對,其間的落差便形成生死意識的基調,故死亡是挑戰人生存在的最大威脅。生之謎可以濃縮為死之謎,故孔子云:「未知生,焉知死。」[2](〈先進〉)莊子云:「善吾生者,乃所以善吾死也。」(〈大宗師〉)人的一生即是在書寫一

---

1 約翰·鮑克(John Bowker)著,商戈令譯:《死亡的意義》(The Meanings of Death),頁5-6云:「死亡作為人生悲劇的終極體現,同時還是人類美感體驗、羅曼蒂克、哲學沉思、宗教情感或其它人生終極關懷的根本泉源。任何人生的價值或主題,一旦與死亡相關,就立即會產生某種終極的意義。愛情、藝術、哲學、宗教,……其中那些真正震撼人心和征服生命的力量或魅力,均是在死亡的洗練中迸發出來的。正是在死亡的暮色裡,我們才真正體驗了人類之愛、形而上學、美、與信仰那種不朽、永恆和超越的內涵。」臺北市:正中書局,1994年9月。「在死亡的光亮照耀下,生命的黑夜驅散了。」見福柯著,劉北成譯,《臨床醫學的誕生》(The Birth of the Clinic:An Archaeology of Medical Perception),(南京:譯林出版社,2001年8月),頁165。
2 梁漱溟認為:「孔家沒有別的,就是要順著自然道理,頂活潑頂流暢的生活。他只管當下生活的事情,死後之事他不管的。」見其所著,《梁漱溟先生講孔孟》,(上海:上海三聯書店,2008年8月),頁19。

部生死巨著，不論是生的理想或死的意義，都是人在感同身受中證悟的心得，它誠然是生命中最具體、最偉大的學問，並且是最貼切於生命的尊嚴而富有啟發性價值的根源性學問[3]。然而，死亡不是一個獨立的事件，而是一種需從生存論上加以領會的現象。純粹孤立地談論死亡是沒有意義的，只有將之放在作為整體的生存現象中，其意義才得到彰顯。「死亡本身不是正的目的，真正的目的在於生，在於通過死亡來揭示生存的真諦。死亡調節著整個悲劇的情調和氣氛，它製造懸念，引動觀眾情懷隨著它大起大落。它還將悲劇人物驅入絕境，在生存價值的巨大危機中，逼使他去思考生與死的根本問題。死亡作為悲劇之一舉足輕重的藝術手段，它的審美價值也是無可替代的」[4]。無論如何，生與死皆重要，兩者相互聯繫，能善生者必能善死，反之亦然。但是如何能善生、善死？這是個永恆的課題。

孟莊身處同一時代，兩人都非常著重生與死的問題，並從思考中演繹出極深刻而獨特的人生理想，成為先秦各擅勝場的兩大思想主流[5]。可是孟莊的生死觀顯然同中有異[6]，本章旨在以平行撰寫的方式，透顯這兩位哲學家生死觀的實質意義，並釐清兩者的異同及可融通之處，以更完整地把握孟莊生命價值的哲學，及其對中國文化的特徵及現今時代所具有的關鍵意義，進而使人對他們的比較研究有更廣闊的視域和空間，且在領悟其生死觀時，能有類似崇高的人生體驗，從而塑成自己的人生觀，以及重估自己的生命價值。

孟子與莊子的生命價值哲學

3　參閱王邦雄等著，《老莊與人生》，（新北市：國立空中大學，2007年12月），頁228。

4　陸楊著，《中西死亡美學》，（武漢：華中師範大學出版社，1998年9月），頁92。

5　錢穆云：「中國學術，原本先秦，而儒道墨三家為之宗。研究人生修養，尤為中國學術精華，顧墨家於此獨缺，以此其談亦不暢。儒道兩家，各擅勝場。」《莊老通辨》，（臺北市：東大圖書公司，1991年12月），頁263。

6　有關孟莊的同異，唐君毅有精闢的分析云：「世人嘗憾孟子之雄辯，未嘗遇莊子之狂言，或者想像二人相遇，必將翻江倒海，風雲變色。然以吾人觀之，則如孟莊相遇，此中可並無播弄精彩之戲可看。孟子蓋必先契於莊子之狂言，而莊子蓋將不待孟子之雄辯之已及，即可進而逕本其能知道之真君靈臺之心，視為『以知道為性而具此道於心』之道心，以謂孟子所言之理義，皆不外此道心之明照中之條理；莊子亦可言人人皆有道心，種種理義，皆天下人之所得而同然同悅者。夫然，則莊子所期遇之於萬世之後者，當及身而遇之；孟子之守先王之道以待後之學者，亦並世而得之。其將有相視而笑以莫逆於心之處，乃必然之事。」見其所著，《中國哲學原論·導論篇》，（臺北市：臺灣學生書局，1980年9月），頁266。

第一節　重生貴生，表述如一

對生命的愛護和尊重是中國傳統思想的一貫精神，包括人類在內的自然萬物的生長，它皆視爲天地的本性：《易經》云：「天地之大德曰生。」（〈繫辭下〉）天地的大德，在於使萬物生生不息，故又云：「生生之謂易。」（〈繫辭上〉）對於天地萬物生生不已的自然現象，孔子讚歎不已：「天何言哉，四時行焉，百物生焉。」（〈陽貨〉）既然生乃天地的大德，根據天人合一的道理，人道效仿天道，因此貴生是必須的。儒家十分強調人在宇宙間的崇高地位，認爲人是萬物之靈和天地之性，《孝經》云：「天地之性，人爲貴。」人類之所以成爲萬物之靈，因爲人具有道德意識，荀子云：「水火有氣而無生，草木有生而無知，禽獸有知而無義，人有氣有生有知，亦且有義，故最爲天下貴也。」（《荀子集解·王制》）正因爲宇宙中只有人有道德意識，因而儒家認爲「人貴於物」（〈鄉黨〉）。《淮南子》云：「知大己而小天下。」[7] 強調了對個人生命價值的重視，表明了生命高於一切富貴名利的價值。可見尊重生命的觀念在中國人的心中是多麼根深柢固！

生命是人存在的基礎，具有最高的價值。「主張自己的生存是一切生物的最高法則。它在任何生物都以自我保護的本能形式表現出來」[8]。「由於身體的存活和個人自主是任何文化中、任何個人行爲的前提條件，所以它們構成了最基本的人類需要——這些需要必須在一定程度上得到滿足，行爲者才能有效地參與他們的生活方式，以實現任何有價值的目標」。霍布斯指出，「自然權利的首要基礎就是：每個人都盡其可能地保護他的生命」[9]「自然律是理性所發現的誡條或一般法則。這種誡條或一般法則禁止人們去做損毀自己的生命或剝奪保全自己生命的手段的事情，

7，　劉安撰，高誘注，《淮南子》，（臺北市：臺灣中華書局，1974年10月），〈原道訓〉，頁2後。本書引用《淮南子》的文字，皆根據此版本，只註明書名及篇名，不另加註。

8　魯道夫·馮·耶林（Rudolf von Jhering）著，胡寶海譯，《爲權利而鬥爭》（The Struggle for Law），（北京：中國法制出版社，2004年11月），頁23。

9　霍布斯著，應星等譯，《論公民》（On the Citizen），（貴陽：貴州人民出版社，2003年1月），頁9。

並禁止人們不去做自己認為最有利於生命保全的事情」[10]。「因為每一個人都渴望對他有利的事，躲避邪惡的事，首先躲避最首要的自然邪惡，就是死亡；他憑依一種必然的自然本能躲避死亡，完全就像一塊石頭向下墜落那麼必然。所以，一個人用盡他最大的努力，保存並保衛他的身體及其器官，使之不受死亡和不幸事件的侵害，這既不荒謬，又不應受指責，也不違背真正的理性的命令」[11]。洛克亦認為，「上帝扎根在人類心中和鏤刻在他的天性上的最根本和最強烈的要求，就是保存自己的要求，這就是每一個人具有支配萬物以維持個人生存與供給個人使用的權利的基礎」[12]。盧梭也認為，「人性的首要法則，是要維護自身的生存，人性的首要關懷，是對於自身所應有的關懷」[13]。亞當‧斯密云：「毫無疑問，每個人生來首先和主要關心自己；而且，因為他比任何其他人都更適合關心自己，所以他如果這樣做的話是恰當和正確的。每個人更加深切地關心同自己直接有關的，而不是對任何其他人有關的事情。」又云：「像斯多葛學派的學者常說的那樣，每個人首先和主要關心的是他自己。無論在那一方面，每個人當然比他人更適宜和更能關心自己。每個人對自己快樂和痛苦的感受比對他人快樂和痛苦的感受更為靈敏。」[14]無論如何，生命的存在才是人類本質力量的決定者[15]，故關注生命，首先要珍惜生命，其次才能談生命的意義。

孟子亦強調「重身」、「貴生」。〈告子上〉云：「人之於身也，兼所愛；兼所愛，則兼所養也；無尺寸之膚不愛焉，則無尺寸之膚不也。」可見他對個體身體的重視。他並且肯定人在宇宙間崇高的地位：「生亦我所欲，……死亦我所惡。」（〈告子上〉）以為生是人的本能欲望，死

10　霍布斯著，黎思複等譯，《利維坦》，頁97。

11　同上，頁7。

12　洛克著，瞿菊農等譯，《政府論》，篇上，頁76。

13　見其所著，何兆武譯，《社會契約論》，頁5。

14　見其所著，蔣自強等譯，《道德情操論》，頁101-102、282。

15　佛洛姆著，蔡伸章譯，《人類之路：倫理心理學之探究》，頁16云：「一切生命的本性是，保持及肯定它自身的存在。一切有機體都有保持其存在的內在傾向。」

則是人想竭力避免的。對那些「以土地之故，糜爛其民而戰之，大敗；將復之，恐不能勝，故驅其所愛子弟以殉之」（〈盡心下〉）的失職掌權者，他憤慨地痛斥云：「狗彘食人食而不知檢；塗有餓莩而不知發。人死，則曰：『非我也，歲也。』是何異於刺人而殺之，曰：『非我也，兵也。』」（〈梁惠王上〉）又云：「庖有肥肉，廄有肥馬；民有飢色，野有餓莩；此率獸而食人也！」（同上）萬物的生命既然是上天所賦予的，統治者必須加以珍惜與尊重，絕不可讓寶貴的性命因飢餓而慘死。就如孔子所言：「始作俑者，其無後乎？」（同上）同樣也是表達了重視生命的態度[16]。在孔子看來，用木偶或土偶等殉葬已非常令人痛恨。何況以生命同樣有尊嚴和價值的奴隸來殉葬，就更令人髮指！一個社會最大的罪惡就在於對人的權利、尊嚴的漠視與剝奪，「人權是一種特殊的權利，一個人之所以擁有這種權利，僅僅因為他是人」[17]。因此，人權的根據是來自於人本身，只要是人，生下來就是人權的主體，而人權就是保障人的尊嚴存在的重要手段，人權的基本根據就是人的尊嚴[18]。每一個對人的權利、尊嚴麻木的人，事實上都是人肉盛宴中的一個享用者，同時隨時可能以另一種方式被享用。尊重別人的尊嚴就是尊重自己的尊嚴，尊重自己就必須尊重他人；蹂躪別人的尊嚴是在褻瀆自己的品格[19]，向別人施予愛與悲憫就是向自己渺小的生命施予愛與悲憫，因為在沒有愛與悲憫的社會中，你自己也得不到愛與悲憫。總之，孟子對當時悲慘現實始終抱持空前尖銳的、強烈的批判態度，實具有超越時代、國界、階級的人道主義精神。

---

16 王邦雄等著，《孟子義理疏解》，頁319云：「孔子這一番嚴厲的批判，是為了木偶土偶做得酷似人形，有違仁心的不安不忍之情。試看象人陪葬尚且不可，何況是使活生生的百姓飢餓至死呢？」

17 傑克·唐納利（Jack Donnelly）著，王浦劬等譯，《普遍人權的理論與實踐》（Universal Human Rights in Theory and Practice），（北京：中國社會科學出版社，2001年7月），頁7。

18 雷蒙·潘尼卡（Raimon Panikkar）著，王志成等譯，《看不見的和諧》（Invisible Harmony），頁177云：「每一個個體在某種意義上都是絕對的，不可還原為另一個體。這也許是人權這一現代問題最主要的推動力。人權捍衛個體的尊嚴，個體籠統地說與社會相對，具體地說則與國家相對。」南京：江蘇人民出版社，2001年7月。

19 約翰·羅爾斯（John Rawls）著，何懷宏譯，《正義論》（A Theory of Justice），頁171云：「那些尊重自己的人更易於尊重別人，反之亦然。自輕自賤導致別人的輕蔑，像嫉妒一樣威脅著他們的利益。自尊是互惠的自我支持。」北京：中國社會科學出版社，1988年3月。

孟子極敬畏生命，使人與人之間建立了一種特殊關係，因而成為古今罕見的巨人[20]。他認為：「君子之於禽獸也，見其生，不忍見其死；聞其聲，不忍食其肉。是以君子遠庖廚也。」（同上）說明了君子以不忍之心涵養仁術，推及於人類以外的萬物生命之關懷與尊重[21]。生命是人存在的基礎，具有最高的價值。「主張自己的生存是一切生物的最高法則。它在任何生物都以自我保護的本能形式表現出來」[22]。「由於身體的存活和個人自主是任何文化中、任何個人行為的前提條件，所以它們構成了最基本的人類需要，這些需要必須在一定程度上得到滿足，行為者才能有效地參與他們的生活方式，以實現任何有價值的目標」[23]。

　　史懷哲[24]云：「我們的直覺意識到自己是有生存意志的生命，環繞我們周圍的，也是有生存意志的生命。這種對生命的全然肯定是一種精神工作，有了這種認識，才開始敬畏自己的生命，使其得到真正的價值。同時也需要對一切具有生存意志的生命採取尊重的態度，就像對自己一樣。」[25]這種理念，表現了孟子所說「君子之於物也，愛之而弗仁。於民也，仁之而弗親。親親而仁民，仁民而愛物」（〈盡心上〉）的襟懷，也展現了「老吾老，以及人之老；幼吾幼，以及人之幼」（〈梁惠王上〉）

---

[20] 史懷哲著，陳澤環譯，《敬畏生命——五十年來的基本論述》（Die ehrfurcht vor dem Leben grundtext），頁8云：「由於敬畏生命的倫理學，我們與宇宙建立了一種精神關係。我們由此而體驗到的內心生活，給予我們創造一種精神的、倫理的文化的意志和能力，這種文化將使我們以一種比過去更高的方式生存和活動於世。由於敬畏生命的倫理學，我們成了另一種人。」上海：上海社會科學院出版社，1992年2月。

[21] 同上，頁137云：「對於發生在我周圍的一切痛苦事實，即不僅是人類的痛苦，而且也包括動物的痛苦，我不能總是視而不見，我從不試圖去擺脫這種對痛苦的共同體驗。」

[22] 參閱魯道夫·馮·耶林著，胡寶海譯，《為權利而鬥爭》，頁23。

[23] 萊恩·多亞爾（Len Doyal）等著，汪淳波等譯，《人的需要理論》（A Theory of Human Need），（北京：商務印書館，2008年1月），頁69-70。

[24] 史懷哲即施韋澤。

[25] 見其所著，鄭泰安譯，《文明的哲學》，頁1，又頁134-135云：「今天，以平等對待一切生物的主張作為理性倫理的要求被認為是過分極端的做法。但是不久的將來，人們將會發現人類學習體認對於生命的無理傷害是違反倫理的真理。……倫理對所有的生命皆負有無限的責任。」頁149-150又云：「敬畏生命的倫理都會一刻不停地迫使我衷心關懷全人類的命運，以及在我四周生活著的所有其他人的命運；並且使他以『人』的身分，奉獻自己於需要友伴的人。……它要求的是他們把自己生活的一部分奉獻給同類的人。……凡失去生命的必將找到它，我們的存在才具有真正的價值。」

推己及人的大愛，這是「民胞物與」精神的充分流露。

孟子極力宣揚「仁政」，就是一切都立足在人民能豐衣足食之上，即所謂「樂歲終身飽，凶年免於死亡」（同上）、「黎民不飢不寒」（同上）。為此，他還提出了一套能讓人民安居樂業、錦衣玉食的經濟藍圖[26]，依照孟子所言的「仁政」，必須符合人民生活的基本需求，讓他們在自己的家園內豐衣足食、住行便捷，安心地養護自身及親人眷屬的生命，百姓一切生與死的相關事宜，都在執政者的「仁政」措施下獲得妥當的照顧與發展。可見孟子認為君主治理國家，其施政理念必以「仁政」作為立足點，然後制訂關於民生利害的政策和措施，執政者不應以一己之私欲來剝奪人民的福祉，透過輕刑薄賦的措施，讓人民專心於生、養、教、育等事業上。其實，社會福利就不是國家的恩賜，而是人的權利了。它意味著國家為保障人的尊嚴，有義務為那些瀕處困境的人們提供救助[27]。畢竟，在某種程度上說，「尊嚴」意味著體面的生存。當人竭盡其所能仍然不能獲得生活所需時，國家就無法推卸自己的責任。「生活最低標準和通常的社會保險不是施捨；它是人們固有的權利，因為食物、住所和健康是行使自由的必要條件。自由本身意味著擁有多種選擇。當然，飢餓、寒冷、疾病和貧窮本身是不幸的。除此之外，它們還是自由的敵人」[28]。

只要能施行仁政，就能做到「斯民親其上，死其長」（〈梁惠王下〉）。他的仁政主張，充分展現其「民為貴」的民本思想。他愛民拳拳

---

[26] 〈梁惠王上〉云：「不入洿池，魚鱉不可勝食也；斧斤以時入山林，材木不可勝用也。穀與魚鱉不可勝食，材木不可勝用，是使民養生喪死無憾也。養生喪死無憾，王道之始也。五畝之宅，樹之以桑，五十者可以衣帛矣；雞豚狗彘之畜，無失其時，七十者可以食肉矣；百畝之田，勿奪其時，數口之家，可以無飢矣。謹庠序之教，申之以孝悌之義，頒白者不負戴於道路矣。七十者衣帛食肉，黎民不飢不寒。」

[27] 費希特以為，每個人都有這樣一種義務：不僅要一般地希望有益於社會，而且要憑自己的良知，把自己的全部努力都傾注於社會的最終目標，那就是使人類日益高尚起來，使人類日益擺脫自然界的強制，日益獨立和主動。這樣，就終於通過這種新的不平等產生一種新的平等，即所有個體獲得一種均等的文化發展。參閱其所著，梁志學等譯，《論學者的使命、人的使命》，頁33-34。

[28] 弗里德曼（Lawrence M・Friedman）著，高鴻鈞等譯，《選擇的共和國——法律、權威與文化》（The Republic of Choice：Law, Authority, and Culture），（北京：清華大學出版社，2005年6月），頁77。

之心力透紙背。在面對當時各國君主厲兵秣馬，「未有不嗜殺人者」（同上）的情況下，當梁襄王問孟子究竟誰能夠統一天下的問題時，他的回答是：「不嗜殺人者能一之。」（同上）[29] 足見他對生命的重視。因此，對大量的殺戮，殘害生命，使無數生靈陷於水火中的戰爭，孟子自然抱持著強烈反對和深惡痛絕的態度，針對春秋以來戰爭頻繁、大量殺戮和生靈塗炭的情況，他特別批評說：「春秋無義戰」（〈盡心下〉）。在孟子看來，春秋戰國時期的諸侯發動戰爭的動機都不合乎，真正的目的只是為了滿足他們永遠沒有窮盡的貪欲。因此，那些為國君出謀劃策，攻城掠地的「謀士」是一批喪盡天良的人，應該受到最嚴厲的懲罰，而對那些窮兵黷武、貪婪、短視、對在下位者施以暴力的無能君主[30]，則予以強烈的譴責。梁惠王便因驅使人民作戰以爭奪土地，以致死者難以數計而被孟子指摘：「不仁哉，梁惠王也！」（〈盡心下〉）在他看來，相對於權力和土地，生命是難能可貴的，君主絕不能輕易驅使百姓為土地和權力犧牲，生命必須受到敬畏，若沒有這種認識，就會無知地濫用權力，胡作非為，視民如敝屣，毫無道德可言，雖然「在人類目前所處的文化階段裡，戰爭乃是帶動文化繼續前進的一種不可或缺的手段」[31]。卡爾‧馮‧克勞塞維茨（Carl Von Clausewitz）說：「政治還是孕育戰爭的母體，戰爭的輪廓在政治中就已經隱隱形成，就好像生物的屬性在胚胎中就已形成一樣。」[32] 換言之，戰爭不僅是政治的繼續，而且是政治的直接結果。因

---

[29] 這與老子所言「夫樂殺人者，則不可以得志於天下」相同。引文見王弼注，《老子》，（臺北市：臺灣中華書局，1974年5月），〈第31章〉，頁18前。本書引用《老子》的文字，皆根此版本，只註明書名及章數，不另加註。

[30] 羅洛‧梅著，朱侃如譯，《權力與無知：探索暴力的來源》，頁8云：「我們社會中的暴力行為，大多是出自那些試圖建立自尊、護衛自我形象或想顯現自己分量人。……暴力不是出於權能的過剩，而是來自無能。」

[31] 康德著，何兆武譯，《歷史理性批判文集》，頁75。

[32] 見其所著，中國人民解放軍軍事科學院譯，《戰爭論》（The Theory on War），共3卷，（北京：商務印書館，1978年7月），卷1，頁135。這種說法，與霍布斯主張為什麼人類起初是戰爭狀態相似，他認為其根本原因並非人的天性所使然，「我們這樣做都沒有攻擊人類的天性，人類的欲望及其他激情都沒有罪」。見其所著，黎思復等譯，《利維坦》，頁96。可見人的天性引起了這種戰爭狀態。霍布斯認為人的天然目的是自我保全，這是人的根本欲望和根本激情。但是他認為在人的自我保全與力圖摧毀或征服對方之間，有一種必然的聯繫，前者是目的，後者是手段。任何人的優越都

此，在其戰爭觀念中，戰爭的目的就是要取得戰場上的軍事勝利，進而取得政治上的鬥爭勝利。表面來看，這是一套卓有成效的思路，可惜問題是它並沒有真正試圖消除戰爭。一場戰爭結束之後，新的政治爭奪又重新開始，這場爭奪又必然地要以一場新的戰爭而告終。如此這般，周而復始，人類就不可能企望真正的和平。

但是在孟子的觀念中，戰爭是消除社會不公的一種手段，是制止戰爭、拯救人民於水火的一種最後途徑，而且只有「天吏」（〈公孫丑上〉）才具有發動戰爭的資格。這對我們管理當今的國際事務而言，尤其具有啟發性的指導意義。故孟子最根本的措施是要把戰爭的可能性消除在未萌之際。也就是從培養人異於禽獸的「惻隱之心」、「羞惡之心」[33]、「恭敬之心」、「是非之心」（〈公孫丑上〉）做起，由此而導致全社會「鄉田同井，出入相友，守望相助，疾病相扶持」的良好環境，杜絕「經界不正，井地不均，穀祿不平」以及「暴君汙吏」（〈滕文公上〉）而引發社會的不公正、不正義、不誠信、不和諧[34]。只有從根本上消除社會這些弊端，戰爭才能真正消除。這與克勞塞維茨對戰爭看法根本上有區別。

所以孟子認為，若真的要戰爭，只有一種情況才可以進行：「書曰：『湯一征，自葛始。天下信之。東面而征，西夷怨；南面而征，北狄怨；曰：「奚為後我！」』民望之，若大旱之望雲霓也。歸市者不止，耕者不變。誅其君而弔其民，若時雨降，民大悅；書曰：『徯我後，後來其蘇。』」（〈梁惠王下〉）由此可見，戰爭的目的在拯救人民，是「誅其罪，吊其民」（〈滕文公下〉），戰爭的原則是以仁伐不仁，也就是說，伐人者必須是仁者，因為只有仁者才能得到人民的擁戴。他對戰爭的看

會引起他人的不安，和自嘆弗如的自卑感，故隨時面臨著被剝奪和算計的危險。

33 馬克斯・謝勒著，陳仁華譯，《謝勒論文集：位格與自我的價值》（Personand Self-Value），頁3云：「根據當代的觀察報告，跟人類共同享有許多感受，諸如恐懼、焦慮、厭惡甚至嫉妒的動物，似乎並沒有羞恥感及羞恥的表現。」臺北市：遠流出版事業分司，1991年10月。

34 康德著，沈叔平譯，《法的形而上學原理——權利的科學》，頁165云：「如果公正和正義沈淪，那麼人類就再也不值得在這個世界上生活了。」

法，充分體現了其仁政學說的民本思想[35]。

尤其重要的是，孟子明顯地把個體生命提高到前所未有的程度，對人的作用也充分地加以肯定。《孟子》中曾記載曹交問孟子：「人皆可以為堯舜，有諸？」（〈告子下〉）孟子很肯定地回答：「然。」他認為人只要努力，就可以成就不世之功。他又說：「人人有貴於己者」（〈告子上〉）。這樣強烈的自我意識，更突顯作為人的自豪和優越。此外，他又說：「如欲平治天下，當今之世，舍我其誰也？」（〈公孫丑下〉）主張積極以平治天下為己任。這與孔子所言：「文王既沒，文不在茲乎？天之將喪斯文也，後死者，不得與於斯文也。天之未喪斯文也，匡人其如予何？」（〈子罕〉）意義相同。可見孟子對「我」的重視必然導致對人的道德關懷，也必然會珍惜生命，尊重人性和體恤民生的理念。

孟子通過總結歷史經驗，認為想成就偉大的功業，心靈與形體都必須接受極艱辛的磨難，〈告子下〉云：「天將降大任於是人也，必先苦其心志，勞其筋骨，餓其體膚，空乏其身，行拂亂其所為，所以動心忍性，曾益其所不能。」[36] 他同時列舉了「舜發於畎畝之中，傅說舉於版築之間，膠鬲舉於魚鹽之中，管夷吾舉於士，孫叔敖舉於海，百里奚舉於市。」（同上）這六個特殊的例子，正要說明通過「動心忍性，曾益其所不能」的「法家拂士」（同上）才是知識分子的典範，期盼士君子向天子（舜）、建築工（傅說）、商人（膠鬲）、宰相（管夷吾）、隱者（孫叔

孟子與莊子的生命價值哲學

---

[35] 參閱梁韋弦著，《孟子研究》，頁71。

[36] 楊國榮著，《重回戰國——孟子新論》，頁194-195云：「『天將降大任』的提法當然帶有某種神祕的形式，但在這種神祕形式下，都蘊涵著十分具體的內容：所謂必先苦其心志，勞其筋骨，餓其體膚，空乏其身等等，實際上便可以視為意志磨鍊的不同形式。理想的人格不是離群索居的孤立個體，他總是生活於社會之中，並有其相應的社會義務；完成自我（自我的實現）與完成社會義務本質上是統一的，而要達到如上雙重目標，便離不開意志的磨練。孟子這一看法注意到了堅決的意志品格並非與生俱來，惟有通過逆境的洗禮，艱困的錘煉，痛苦的煎熬，才能形成剛毅的人格。」又尼采著，張念東等譯，《權力意志——重估一切價值的嘗試》，頁19云：「肉體和精神的一切美德和本領，都是不辭勞苦、一點一滴地積攢的。要不辭勞苦、自我克制、目標專一、堅韌不拔地重複同一勞作，吃同樣的苦頭。……這樣，最終就會出現一個力大無比的巨人，他渴望肩負大任。」尼采又云：「假如一個人無法感受到其力量和意志所施加於其身上的巨大苦痛，則他如何能成就偉大的一切？……但是當我們承擔起巨大的苦難，並同時聽到其發出的哀號時，千萬不要被內心的苦惱和懷疑所擊倒——這才是偉大。」見其所著，余鴻榮譯，《歡悅的智慧》，頁229。

敖）和奴隸（百里奚）學習「人恆過，然後能改；困於心，衡於慮，而後作；徵於色，發於聲，而後喻」（同上）的憂患意識[37]。他羅列六位歷經貧困、挫折的磨練而終於擔當大任的人物之事例，證明憂患可激勵人奮發有為，磨難可促使人有新成就。孟子接著從一個人的發展和一個國家的興亡兩個不同的角度進一步論證憂患則生、安樂則亡的道理，這是一種終極關懷。這種關懷即他所謂「君子有終身之憂，無一朝之患」（〈離婁下〉）的存在感受。君子的存在感受不完全由自己身家性命的得失所左右，因此可以坦蕩蕩地隨遇而安，無入而不自得，既能固窮，也能富而好禮，充分體現「為己之學」在陶鑄人格方面的積極作用。孟子即完全實踐「為己之學」，為了自己崇高的理想，一生都不辭勞苦地遊說列國，儘管屢遭困厄，到處碰壁而受到極大的委屈，但從不放棄上天賦予的使命，直到生命最後的一刻，仍以積極的人生實踐，使有限人的生命獲取無限的價值和意義[38]。他的思想與戰國時代各思想家對人的概念有互通之處，人是一種多層次、多面向的存在。人的本質，表現了自然秩序與人文秩序之間的連續性，心理層與生理層之間的連續性，以及宇宙的無限性（所謂「天命」）與經驗世界有限性之間的連續性。孟子思想中的人，並不是宇宙中孤伶伶的存在，人的最高本質是可以與宇宙的本體感應互通的。

---

[37] 參閱杜維明著，〈孟子：士的直覺〉，收錄於《國際儒學研究》，第1輯，北京：人民出版社，1995年10月，頁114。這些磨難，都是為了培養那一股「塞於天地之間」的「至大至剛」的「浩然之氣」。如此擡高主體內在自由選擇價值意義的結果，使孟子較孔子具有更高的道德自信。孔子言「堯舜其猶病諸」（〈雍也〉）！「若聖與仁，則吾豈敢」（〈述而〉）孟子則言「聖人之於民，亦同類也」（〈公孫丑上〉），「聖人與我同類者」（〈告子上〉）。這一方面顯示孟在子精神上的主體自信，另一方面則表明其遭遇到現實問題嚴重挫敗失望時，極需精神上的激勵作為平衡。孟子雖然對自己的社會理想追求沒有實踐效驗，卻塑造了深厚道德感染效果的主體人格形象，也就是「富貴不能淫，貧賤不能移，威武不能屈」（〈滕文公下〉）的「大丈夫」。這對中華民族文化精神的塑造和傳承無疑影響極深遠。

[38] 華靄仁（Irene Bloom）著，〈孟子的人性論〉，頁131云：「孟子很少有像蘇格拉底經常喜歡俯瞰其對話者在轉變觀點時那樣的那種滿足是非常清楚的。他勇敢地與惠王、別的統治者、或哲學論敵進行深入的爭論，但最終沒有獲得成功的崇高的自信。假如孟子完全『戰勝』他的論敵──這是可以討論的，他這樣做並不是由於對於理性、或者對於沉湎於雄辯術、或者通過神秘的幻想去發掘靈魂的深度的傲慢的能力，而是通過深深的感覺，求助於普遍的人類經驗，一種普遍的人性、一種普遍的人的本性（human nature）。」該文收錄於江文思（James behuniak Jr.）等編，梁溪譯，《孟子心性之學》（Mencius' Learning of Mental──Nature），北京：社會科學文獻出版社，2005年3月。

莊子亦強調「重身」、「貴生」，從他作〈養生主〉而言，即表露他對「生命」的重視，體現出悅「生」的立場[39]。此文的總綱領為：「緣督以為經。可以保身，可以全生，可以養親，可以盡年。」成玄英疏云：「夫惟妙捨二偏而處於中一者，故能保守身形，全其生道。外可以孝養父母，大順人倫，內可以攝衛生靈，盡其天命。」[40]可見他並沒有厭棄生命，反而要求珍惜生命，強調維護生命的持續，期能「終其天年而不中道夭」（〈大宗師〉），實現生命自然的發展，完成生命自然的過程，故不能「養其壽命者，皆非通道者也」（〈盜跖〉），而能「存形窮生，立德明道」（〈天地〉），才是「王德者」（同上）。

〈人間世〉虛構顏回向孔子辭行去衛國，因「回聞衛君，其年，其行獨；輕用其國，而不見其過；輕用民死，死者以國量乎澤若蕉，民其无如矣」。故準備去規勸衛君，希望他能謹守為君之道。孔子馬上加以勸阻云：「若殆往而刑耳！」他以生命誠可貴來提醒顏回，又開示云：「古之至人，先存諸己而後存諸人。」成玄英疏云：「古者至德之人，虛懷而遊世間，必先安立己道，然後拯救他人，未有己身不存而能接物者。」己身能存，才能接物。一個能透過自我修養而德充於內的人，就不會奴役他人，反而「知道在施加於自我的主控中如何為他人的自由留有餘地」[41]。這蘊涵存在美學的道德，亦即莊子以「存諸己」此「德充於內」的法則為核心普遍德行，提出相對應的「存諸人」此「形於外」的另一普遍德行。這番對話，正可顯示莊子注重自己生命的價值，謹守自己生命不失的態度[42]，同時對個體以外的生命也視同自己的生命，這與孟子之言是不謀而合的。

毋庸置疑，生命的存在首先與其承載者「形」緊密聯繫，對於生命價

---

[39] 張尚仁著，《道家哲學》，頁144云：「道家道教的哲學，如果用一句話來概括，就是生命哲學或稱貴生哲學。」北京：人民出版社，2011年7月。

[40] 本書引用成玄英的疏文，皆根據郭慶藩編輯，《莊子集釋》此版本，不另加註。

[41] 福柯著，余碧平譯，《性經驗史》，頁324。

[42] 參閱蕭仕平著，〈莊子的三種生死觀的矛盾及其解決〉，載於《哲學與文化》，2002年8月，卷29，第8期，頁736。

值的探尋，必然相應地體現爲對「形」的關注。因爲以「自身」爲主體出發，「身」的整體性有無可替代的必要性，反觀天下之於一己之「身」的整體性，並無絕對利害的關係。在兩相權衡之下，孰輕孰重便一目了然了。以「形」爲思考的立論基礎，對天地萬物之間的利害關係進行判斷，強調「形體」的完好無損，正是「保形」觀念的體現，故他將生命價值提昇到了重要地位，〈大宗師〉云：「以其知之所知以養其知之所不知，終其天年而不中道夭者，是知之盛也。」所謂「終其天年而不中道夭」，也就是生命的自然延續未因外在戕害而中斷，以此爲「知之盛」，顯然表現了對生命存在的注重。對莊子而言，雖然天下廣大，生命的價值亦無以易之。〈讓王〉云：「故天下大器也，而不以易生。此有道者之所以異乎俗者也。」在個體生命與天下大器的比較之中，生命的意義無疑得到了深沉的展示[43]。因其對個體而言，「身」是實現其生命價值的客觀而必然的前提。個體生命的價值具有崇高的地位，它不但高於社會的道德規範，也高於整個國家的利益，因爲天下雖然是個「大器」，但是也不能用來和生命作交易，這可與孟子所倡導的「天下之本在國，國之本在家，家之本在身」（〈離婁上〉）互相發明。

　　以「身」重於天下爲前提，並肯定自我對他人的優先性，莊子必然將治「身」置於治天下之上。因爲身不只是人具體存在呈現的形式，也是感性的軀體及個體或自我的符號，相對於個體的存身、養生，爲國、治天下當然僅居於從屬的地位，所謂「道之眞以治身，其餘緒以爲國家，其土苴以治天下。由此觀之，帝王之功，聖人之餘事也，非所以完身養生也」（〈讓王〉），即表明了個體的自然生存與精神自由的價值，遠比包括家族、國家等社會共同體，以及仁義這些外在社會規範更有價值[44]，「身」對於「天下」的優先性得到了進一步的突出。故不能「養其壽命者，皆非

---

43 參閱楊國榮著，〈《莊子》視域中的生與死〉，收錄於方勇主編，《諸子學刊》，（上海：上海古籍出版社，2007年12月），第1輯，頁101-102。
44 朱義祿著，〈從人的價值觀看莊子的學說〉，頁33云：「在莊子看來，……不要說為了道德規範，即使為整個國家與民族，比起全生保性來說，後者更為重要。」載於《中國文化月刊》，1993年10月，第168期。

通道者也」（〈盜跖〉）。

　　然而在現實社會之中，世人往往沒有意識到作爲生命存在表徵的「身」之價值，故「小人則以身殉利，士則以身殉名，大夫則以身殉家，聖人則以身殉天下」（〈駢拇〉）。小人、士、大夫、聖人或殉利，或殉名，或殉家，或殉天下，表現形式雖然各個不同，但其喪身損命是同一回事。「今世俗之君子，多危身棄生以殉物，豈不悲哉」（〈讓王〉），故莊子對這些人爲身外之物而犧牲自己的性命感到深切的悲哀。

　　他既否定了一味向外追逐名利的生存方式，又表現出對世俗價值取向的不滿[45]，可見他批評所隱含的前提，仍是對個體生命價值的確認。與外在生命之物相對的「身」，則表現爲生命存在的象徵。故他進而將是否維護生命存在，視爲評判是否爲善的標準。在談到烈士及其行爲意義時，莊子云：「烈士爲天下見善矣，未足以活身。吾未知善之誠善邪，誠不善邪？若以爲善矣，不足活身；以爲不善矣，足以活人。」（〈至樂〉）烈士的特點是「忘身殉節」[46]。在莊子看來，烈士的行爲具有雙重性質：就其維護了他人的生命存在（「足以活人」）而言，其行爲具有「善」的性質，就其未能使自己的生命得到延續（「未足以活身」）而言，他的行爲又很難視爲「善」。質言之，行爲之善與不善最終取決於其對生命存在的實際意義。「善」的判斷涉及普遍的價值原則。由此可見，作爲「善」的實質內容，生命的意義進一步在價值原則的層面得到了確認[47]。

　　因此莊子主張，個體應秉持「道」的本性，重視自己的生命，無論潦倒窮困或富貴顯達，皆不爲外在的名利而「傷身」、「累形」，因個體生命的價值是無可取代的。正如葛兆光所說：「莊子的思路是盡可能地依照

45　叔本華著，韋啓昌譯，《人生的智慧》，頁44云：「我們之所以感到不滿，原因就在於我們不斷試圖提高我們的要求，但同時，其他妨礙我們成功的條件因素卻保持不變。對於像人類這樣一個貪乏不堪、充滿需求的物種，財富比起任何其他別的東西都得到人們更多的和更真誠的尊重，甚至崇拜，這是毫不奇怪的。」

46　成玄英疏。

47　參閱楊國榮著，《以道觀之——莊子哲學思想闡釋》，（臺北市：水牛圖書出版事業公司，2007年3月），頁254-255。

天道自然來完整實現自己的生命，因為生命是『天』賦予『人』的，人就應當使生命的歷程體現自然，這就是所謂『保身』『全生』『養親』『盡年』，任何損害生命的行為和舉動都是違背天道自然的。」[48] 因此莊子主張遠離險惡的政治場域，提倡一種與世俗社會保持距離，不主動入仕、或不主動見用於世的「藏身」狀態，將個體生命的存在與社會現實之間造成對立的兩端，以前者去抗衡政治社會，並拒絕將「自身」置於政治化的生存場域之中全身避害。張采民即云：「當莊子站在現實的立場時，他是一位帶有理性色彩的思想家。面對險惡無比的現實社會，作為個體不被社會所容納，或者說社會不被他所容納，但是他又無力抗爭，於是只好表面上包容一切，與世無爭，而實際上卻是走上一條遠害全身，不與當權者合作的遁世之路。」[49]

　　就終極的意義而言，莊子乃主張超越一己肉身的生死存續，而且他本人也從來沒有因為「重身貴生」的理由而接受已變質政治的生存方式，故「重身貴生」之外的價值取向，才是莊子特別予以關注的。他主張在個人與整體的關係之間，個人高於整體，天下和社會的任何活動，都不能阻礙人全生保身。除了物質層面之外，他特別且強烈地嚮往精神的自由，因此使他重生貴身的思想，有了更豐富的內涵。是以莊子所言「天地與我並生，而萬物與我為一」（〈齊物論〉）的真正意義，其實是徹底的個體主義，徹底地尊重個體[50]。故重生、貴生、輕物的生命價值觀包含一種獨立的批判精神，要求人不喪己於物，失性於俗。同時還要求人的生命復歸於道的自然、無為的本性，保持恬淡無欲、清靜淳樸的生命超越。同時包含一種開放的、實用主義的愛己及人的社會關懷。貴生、重生不僅是愛惜自己身體，「凡是對生命有害的事情都應制止，凡對生命有利的事情就去做」[51]，即善待自己的生命，更應善待周圍群體的生命，以及和自己相關

48　見其所著，《中國思想史》，共2卷，（上海：復旦大學出版社，2001年12月），卷1，頁183。

49　見其所著，《莊子研究》，（北京：中華書局，2011年7月），頁156。

50　參閱牟宗三主講，〈中西哲學之會通・第8講〉，載於《中國文化月・刊》，1986年2月，第76期，頁9。

51　盧育三著，《老子釋義》，（天津：天津古籍出版社，1987年7月），頁187。

的生命。盧梭認為：人天性是自由者，作為自由者，存在兩個先於理性的原理，即自愛心和憐憫心。「為了保持我們的生存，我們必須愛自己，我們愛自己勝過愛其他一切東西；從這種情感中將直接產生這樣一個結果，我們也同樣愛保持我們生存的人」[52]。

　　人終有一死，這種絕對無法更改的自然律到底為生命帶來什麼意義？此恐怕是身為人類應真正面對、審視與反省的問題。在人終有一死殘酷的事實中，死亡使生命個體意識到生命在根本上是一種在陌生中的不安，一種可怕的存在——生命所創造與呵護的一切價值，終將在自我否定中蕩然一空[53]，在死亡面前，人世間一切赤裸裸的殘酷的本相和虛假的面紗、虛脹的泡沫，都將煙消雲散，這是一種悲劇存在。對生命來說，塵世繁華掩飾不住虛無的蒼白底色，人生無窮無盡的欲望追逐只是一場無意義的騷動。因而，生命從無邊無際的虛無中走出，再走向無垠無涯的虛無荒原，死亡也逼迫人不得不面對醜陋的自己，使人驚視青春的急逝與肉體的枯衰朽壞。但是對於死亡的恐懼與憂戚也成為了生命奔湧不息的衝動；生命就在生死的交替追尋中，微觀上，提高人對生存的投入；宏觀上，使人超越有限，步出虛無，在另一種永恆的高峰下閃耀著靈魂的光輝。佛洛伊德（Sigmund Freud）歸結出人的兩大本能：生與死。生命亦即生死本能的統一體。沒有死的本能也就沒有了生的欲望，沒有了生同樣也就沒有了死。這是生命哲學對辯證法的完美演繹。這種統一在一定程度上意味著，死賦予生以有限性和無意義時，更顯示了生的彌足珍貴。所以他說：「非永恆的價值是時間中的珍品，對享受的可能性的限制同樣提高了享受的價值。」[54]

　　莊子以為，真正的珍惜生命，首在守性不失。〈秋水〉云：「牛馬四

---

[52] 見其所著，李平漚譯，《愛彌爾——論教育》（Émile—Treatise on education），共上下卷，（北京：商務印書館，1978年6月），卷上，頁95。

[53] 維特根斯坦著，郭英譯，《邏輯哲學論》，頁96云：「正如在死時，世界也不是改變，而是消滅。」

[54] 見其所著，劉小楓譯，〈論非永恆性〉，收錄於《美學譯文》，（北京：中國社會科學出版社，1984年7月），第3輯，頁325。

足，是謂天；落馬首，穿牛鼻，是謂人，故曰，无以人滅天，无以故滅命，无以得殉名。謹守而勿失，是謂反其眞。」他對殘害天性的行爲深惡痛絕：「馬，蹄可以踐霜雪，毛可以禦風寒。齕草飲水，翹足而陸，此馬之眞性也。雖有義臺路寢，无所用之。及至伯樂，曰：『我善治馬。』燒之，剔之，刻之，雒之。連之以羈馽，編之以皁棧，馬之死者十二三矣；飢之，渴之，馳之，驟之，整之，齊之，前有橛飾之患，而後有鞭筴之威，而馬之死者已過半矣。」（〈馬蹄〉）保持人的本性不被外物損傷才是尊生，故〈讓王〉云：「能尊生者，雖貴富不以養傷身，雖貧賤不以利累形。」

職是之故，莊子認爲處於亂世而眞正能安身立命的知識分子，並非遁世、出世，而是入世卻不與群眾爲亂；亦非緘默不語，而是發論卻不悖物逆情；更非隱藏其智慧卻無所表現，而是發揮其睿智但不有意顯露其光芒；洞明世局卻於應澹漠時即澹漠，不應澹漠時，亦能如郭象〈繕性〉注云：「深固自然之本，保寧至極之性，安排而隨變化，處常而待終年。」[55] 如此無論處於何種窮蹇困頓不堪之境，亦能知足常樂、悠然自得；而當其置身於危殆之域時，亦能安然保寧，無所違逆。因任時世而或行或藏，這就是莊子在亂世之中「保形」的妙方。總而言之，莊子身處於亂世，深刻地體認到形體保存與「內聖外王」的關聯和本末的意義，故強調「重身貴生」，實包括了生存本身的意義，這也是〈天下〉所云「明於本數，係於末度」意義的落實和註腳，其意旨即在於「先存諸己」再「存諸人」，並非由於對精神自由的探索感到倦怠了，只好沉浸到虛無主義之中，亦非唱高調來掩飾自己對失意的落寞[56]。莊子只是生活在百般無奈的

---

[55] 本書引用郭象的注文，皆根據郭慶藩編輯，《莊子集釋》此版本，不另加註。

[56] 曹礎基說：「作爲沒落階級的代言人莊周，昔日的功名已成泡影，眼前的生活已經朝不保夕。於是，他索性唱個『無己』、『無功』、『無名』的高調，來沖淡內心的悲傷，解決現實的痛苦。」見其所著，《莊子淺注》，（北京：中華書局，1982年10月），頁8。又楊亦軍云：「在莊子筆下，時間沒有順序，現在可以是未來，未來可以是現在；時間沒有長短，可以是瞬間，也可以是永遠；生死沒有差異，死就是生，生就是死，有就是無，無就是有；生命沒有長短，五百歲和八千歲都一樣，……由此就走向了虛無。」見其所著，《老莊學說與古希臘神話》，（成都：巴蜀書社，2001年9月），頁201。以上這些說法並不得事理之實，應有待商榷。

大時代之中，這是時代的悲劇，也是莊子的悲劇[57]。無論如何，悲劇使莊子悟出人生存超越的道理，喚起人以理性解構生存的根本意義，以使生存趨向最高的真理。

從歷史而言，儒家已注意到己身與他人及己身與天下的關係。孔子主張「修己以安人」（〈憲問〉），孟子則言「修其身而天下平」（〈盡心下〉），他們都把「身」放在重要的位置，然而儒家的修身，首先意味德性的完善，最終所指向的，是安人或平天下，而平天下構成了具有終極意義的目標。這樣，修身雖然是出發點，相對於平天下的終極目標而言，卻呈現某種從屬性。相形之下，莊子不僅賦予「治身」以不同於儒家「修身」的內涵，而且始終將個體的「治身」置於首要的地位，平天下僅是附屬性的「餘事」，在兩者主次的這樣理解和安排中，不難看到莊子對個人、自我的側重[58]。總而言之，死亡以最明白的事實啟示人的有限和人生的短暫。一旦意識到自己的有限和生命的短暫，人便會更加敬畏而謙卑，加倍珍惜自己的生命[59]，死亡哲學的內容固然千頭萬緒，且見仁見智，然而死亡的意義或價值問題都是它的一個軸心的問題。而所謂死亡的意義或價值問題，就是一個賦予有限人生以永恆（或無限）的價值問題，因而歸根到底是一個人生價值的問題。

總而言之，不論是孟子的舍生取義，或莊子的逍遙而遊，皆須以有限的生命為必要條件和基本前提。這是很顯然的，因為若有限的生命都不存在，那麼超越有限只是虛妄一場。故人用極大部分時間和精力竭盡保護其脆弱不堪的有限生命，人的生理需要、安全需要、友情需要、尊敬需

---

57 劉笑敢著，《莊子哲學及其演變（修訂版）》，頁234云：「莊子是歷史上的一個悲劇性人物，莊子思想中的矛盾是歷史的悲劇性衝突的反映，莊子之所以消極悲觀是因為他比別人更敏銳地看到了在當時的歷史條件下還不可能正確解決的矛盾，這就形成了思想深刻的人似乎比一般的人更容易犯錯誤的悲劇結果。」北京：中國人民大學出版社，2012年12月。

58 參閱楊國榮著，《以道觀之——莊子哲學思想闡釋》，頁206-207。

59 費爾巴哈說：「正是因為我們明天就要死去，所以，我們不願意在今天就大吃大喝，直到死了為止；正是因為我們不會永遠活下去，所以，我們不願意……在『吃喝嫖賭，殺人放火』中虛度年華，不願意由於愚蠢和惡行而使我們的生活更為苦惱。」見其所著，榮震華等譯，《費爾巴哈哲學著作選集》，卷上，頁395。

要等都主要是爲了維護其有限的存在。人作爲個體是極其脆弱的，各種各樣的天災人禍隨時都可能悄無聲息地消滅他那弱不禁風的有限存在，就像他從未存在過一樣，當然更談不上超越有限的光明前途了。而這是人最不願看到的，也是最令人恐懼不安的。因此，荀子云：「人生不能無群。」（《荀子集解・王制》），人需要團結起來，成爲集體去進行實踐活動，從而有利於保護其有限的存在和集體的利益。就如加達默爾所指出：「人們不是在人們自由實施自己認眞考慮過的計畫的意義上『活動』，相反，實踐和他人有關，並依據實踐的活動共同決定著共同的利益。」[60]

孟莊皆倡導「尊生惜命」，對喚起後人關心、重視生命，實起了重要的作用[61]。然而，兩者的「尊生惜命」並非貪生或戀生，亦非其目的，而是藉由珍惜生命以關注個體生命在群體中生活的意義，同時追求生命的歸宿及實現生和死的價值。兩者皆體現了擁抱天下、憐恤眾生的情懷。他們對生命的尊重，也隱含兩者對現實生活本質的肯定與執著。這種理想與現實、肯定與否定的衝突，賦予了生命以眞實的價值，也實現了對生命充分的肯定。

第二節　生死的角度不同：孟子重仁義，莊子重自然

孟子重仁義，主張個體對群體及社會的責任和義務[62]，自然從倫理道德的角度來討論生與死，用道德規範衡量生與死的意義、價值。儒家認爲生命固然珍貴，但是還有比生命更珍貴的東西，那就是仁義道德，儒家的生死觀是以道德爲核心的。孔子指出：「齊景公有馬千駟，死之日，民無德而稱焉。伯夷、叔齊餓於首陽之下，民到於今稱之。其斯之謂與？」

---

60 見其所著，薛華等譯，《科學時代的理性》（Reason in the Age of Science），（北京：國際文化出版公司，1988年1月），頁72。

61 袁信愛著，〈儒、道兩家的生死〉，共上下冊，冊下，頁187云：「兩家不僅是同樣地採取了『由生觀死』的進路，而且對於『生』的肯定也無不同。換言之，兩家都肯定人應珍惜人的自然生命，也應維護自然生命的不受損。」收錄於《第六次儒佛會通論六集》，新北市：華梵大學哲學系，2002年7月。

62 黑格爾著，賀麟等譯，《精神現象學》，卷下，頁156云：「義務是一種本身沒有任何內容卻能容納一切內容的形式。」

（〈季氏〉）沒有仁義道德的生活是不值得稱述的，人寧可犧牲生命也要實踐仁義，人不能爲了求活命而損害仁義的事，這才是人生的實質價值。孟子也曾稱讚伯夷，「伯夷，目不視惡色，耳不聽惡聲。非其君不事，非其民不使。治則進，亂則退。橫政之所出，橫民之所止，不忍居也。思與鄉人處，如以朝衣朝冠坐於塗炭也。當紂之時，居北海之濱，以待天下之清也，故聞伯夷之風者，頑夫廉，懦夫有立志。」（〈萬章下〉）可見人不論貧富貴賤，即使已到窮途末路，只要有高尚的道德情操，死後亦會爲世人所稱誦。

在孟子看來，人固然有生死的自由，但是務必以符合仁義爲最終取向。〈離婁下〉即云：「大人者，言不必信，行不必果；惟義所在。」生命的眞正價值在於弘揚仁義。若不能弘揚仁義，那麼活著也就毫無意義，雖生猶死。相對於仁義來說，個體的生命是微不足道的。人的生命應爲仁義而存在，也應爲仁義而結束[63]。這是雖死猶生[64]。他把個體生命與道德完全融爲一體，生時爲仁義努力奮鬥不懈，死時爲仁義付出生命，故他強調：「仁，人之安宅也；義，人之正路也。」（〈離婁上〉）〈盡心上〉還說：「天下有道，以道殉身；天下無道，以身殉道。」在無道的政治權力面前，有道之士絕不歪曲道的精神，毀損道的形象，並能加以反抗和批判[65]。但是知識分子與其反抗權力，不如參與其中，讓權力本身「文明化」，從而靠向其所鼓吹的核心價值——平等、正義、尊重弱勢等[66]。

人眞正的墮落，便是屈服這種權力威脅。屈服於權力，等於在支配之

---

[63] 參閱焦國成著，《中國倫理學通論》，（太原：山西教育出版社，1997年5月），頁478。

[64] 阿佛列・愛德華・泰勒（Alfred Edward Taylor）認為世俗把「垂死的生」與「活著的死」這兩個觀念混淆，哲學家力圖「雖死猶生」，俗人則「雖生猶死」。參閱其所著，謝隨知等譯，《柏拉圖——生平及其著作》（Plato：the Man and his Work），（濟南：山東人民出版社，1996年8月），頁259。

[65] 在孟莊這樣的時代中，正需要具有批判精神、過人的道德與勇氣者大聲疾呼！愛因斯坦（Albert Einstein）著，許良英等編譯，《愛因斯坦文集》（The Collected Papers of Albert Einstein），共3卷，卷3，頁321云：「在長時期內，我對社會上那些我認為是非常惡劣的和不幸的情況公開發表了意見，對它們沉默就會使我覺得在犯同謀罪。」北京：商務印書館，1983年8月。

[66] 參閱愛德華・希爾斯（Edward Shils）著，傅鏗等譯，《知識分子與當權者》（The Intellectuals and the Powers and other Essays），（臺北市：桂冠圖書公司，2004年6月），〈原序〉，頁8。

下以奉迎當世的王侯公卿，故他們寧爲玉碎，不爲瓦全，爲捍衛大道而獻身 [67]。換言之，眞理高於一切。在應該義不容辭地挺身而出時，絕不能怯懦退縮，否則就是貪生怕死，不仁不義；爲了堅持道義，就應該無私無畏，勇往直前，奮不顧身，表現了「至大至剛」（〈公孫丑上〉）的凜然正氣 [68]。孟子這種不計較個人利害得失，乃至身家性命的仁者風骨，正是基於他對生和死的社會屬性和社會價值取向的深刻體悟。

孟子認爲，這種道德行爲人人皆有，並出於自由意志，可惜大家都將「仁義」拋諸腦後而「後義而先利」（〈梁惠王上〉）。若人人都「懷利以相接」（〈告子下〉），則導致人不顧廉恥，互相傾軋，天下大亂。他警告那些不能抉擇道德而自利的人，是自取憂辱與死亡，他說：「苟不志於仁，終身憂辱，以陷於死亡。」「士庶人不仁，不保四體。今惡死亡而樂不仁，是猶惡醉而強酒。」（〈離婁上〉）故渴求死而不朽就成爲實現生命終極價值的典型方式，這表示人能自覺地主宰自己的生命之上價值的極則，以完成價值的判斷，並宣示強烈的殉道精神。孟子以高於肉體生命價值的道義價值超越了生死矛盾，趨向生命至尊的崇高境界。

莊子則以不同的角度看待生死，〈養生主〉開宗明義即云：「吾生也有涯。」〈知北遊〉云：「人生天地之間，若白駒之過郤，忽然而已。」〈秋水〉云：「道无始終，物有死生。」〈田子方〉云：「死生終始將爲晝夜而莫之能滑。」〈庚桑楚〉云：「有乎生，有乎死，有乎出，有乎

---

67 佛洛姆著，蔡伸章譯，《人類之路：倫理心理學之探究》，頁236云：「人類在屈從於威脅與承諾之後，便是他自身眞正的『墮落』。屈服威權的控制之後，他便失去了自身的力量——能力。他失去運用自身潛能的能力；他的理智不再發生作用；他可能還有一點腦力，可以操縱一些東西及自我的行爲，但是他所接受的眞理，卻是威權所指定的眞理。他失去了愛的能力，他的一切情感都依附在他的威權上。他失去一切道德意識，他無力過問或批評威權代他取決的道德判斷。他是偏見與迷信的犧牲品，因爲他無法辨別錯誤的信仰。由於他一向聽從威權的話，因此他無法聽信自己的話，回到眞正的自我。自由是一切快樂與美德的先決條件；這裡所稱的自由，不是指公平選擇的能力，也不是指免除匱乏的自由，而是指展現潛能實現本性的自由。」
68 「每一個自我實現的人都獻身於某一事業、號召、使命和他們所熱愛的工作，也就是奮不顧身」，用宗教的語言說就是盡天職和天命。因爲在他們身上，「內在的需求與外在的要求契合一致，『我意願』也就是『我必須』」。參閱馬斯洛著，林方主編，《人的潛能與價值——人本主義心理學譯文集》，頁210、222。

入。」〈盜跖〉云：「天與地无窮，人死者有時。」「死生，命也，其有夜旦之常，天也。人之有所不得與，皆物之情也」[69]（〈大宗師〉）。生死如同夜旦，這是大自然的定律，兩者循環、往復具有無窮盡的性質，突顯了生命連續的慣性，及沒有任何間距。〈田子方〉云：「生有所乎萌，死有所乎歸，始終相反乎无端而莫知乎其所窮。」

莊子據此進而言之，人與自然界的萬物，皆同出於「造化」之功的一物而已，「造化者」並沒有給人特殊的地位。〈大宗師〉云：「今之大冶鑄金，金踊躍曰『我且必為鎮鋣』，大冶必以為不祥之金。今一犯人之形，而曰『人耳人耳』，夫造化者必以為不祥之人。今一以天地為大鑪，以造化為大冶，惡乎往而不可哉！」當鐵匠在鑄造金屬器皿時，若該塊金屬忽然從熔爐中跳出來，要求鐵匠把自己鑄造為鎮鋣寶劍，鐵匠必然認為它是不祥之物。同樣，人若妄想把自己與自然界的萬物區分出來，明言：「我是人！我是人！」「造化者」必定會認為這是不祥之人，故人在天地之間所處的地位，「猶小石小木之在大山」（同上），與萬物均等，絕沒有比他物更可貴的地方；是以生也可，死也罷，有什麼不可呢！這只不過是自然的造化而已。

〈田子方〉云：「楚王與凡君坐，少焉，楚王左右曰凡亡者三。凡君曰：『凡之亡也，不足以喪吾存。夫「凡之亡不足以喪吾存」，則楚之存不足以存存。由是觀之，則凡未始亡而楚未始存也。』」莊子以為，宇宙萬物合則成體，散則成始，生者不得不生，亡者不得不亡。個別事物的存在也可說並不存在，因為萬物都根據道。個別事物的不存在也可說依然存

---

69 楊國榮著，《以道觀之——莊子哲學思想闡釋》，頁283云：「『人之有所不得與』，亦即超出人的作用範圍；與貧富一樣，生死也非個體自身所能左右。總起來，生死、貧富與『物之所利』相聯繫；作為自我無法支配的存在境遇，二者都可歸屬於『在外者』：『物之所利，乃非己也，吾命有在外者也。』（《莊子‧山木》）對『在外者』與非『在外者』的區分，從某些方面看與孟子有相通之處。在談到『求』與『得』的關係時，孟子曾指出：『求則得之，舍則失之，是求有益於得也，求在我者也；求之有道，得之有命，是求無益於得也，求在外者也。』（《孟子‧盡心上》）『求則得、舍則失』，主要與內在德性的涵養相關，『求之有道，得之有命』則涉及外在的物質境遇。孟子將前者和後者分別與『我』和『命』對應起來，也意味著肯定物質境遇的追求超出了人的作用之域。當然，孟子之區分『在我者』與『在外者』，其旨趣在於把人的注重之點引向德性的自我涵養，莊子以生死、貧富為『在外者』，則著重於把物質境遇理解為逍遙的界限。」

在，因爲萬物都體現道。個別事物的生存與死亡，和作爲物質實體的存在與消亡是兩個不同的層次。物質實體永遠存在，因此本無所謂存在或不存在。生存與死亡只是個別事物的即時和表面現象而已[70]！

　　無論如何，生命是自然規律的體現：「生之來不能卻，其去不能止。」（〈達生〉）人可以選擇不正視死亡，但是最終無法拒絕死亡，此道盡了生命存在無奈的處境，與苦難人生的永恆而無言的困局。人對死亡懷抱浪漫的幻想，以「終極解脫」之名安慰生者與逝者。其實死亡是逼迫人解脫的，與初始被迫囚禁於死牢中同理[71]，有何光彩可言！海德格爾亦云：「只有在一件事上一切強力行事都馬上失敗。這就是死。死把所有一切完成都超完成了，死把所有一切限制都超限制了。……人在死面前無路可走，並不是當出現了喪命這回事時才無路可走，而乃經常並從根本上是無路可走的。只消人在，人就處於死之無路可走中。」[72]他還主張：「每一此在向來都必須自己接受自己的死。只要死亡『存在』，它依其本質就向來是我自己的死亡。死亡確乎意味著一種獨特的存在之可能性：在死亡中，關鍵完完全全就是向來是自己的此的存在。死顯現出：死亡在存在論上是由向來我屬性與生存組建起來的。」[73]而且強調：「死亡是完完全全的此在之不可能的可能性，於是死亡綻露爲最本己的、無所關聯的、超不過的可能性。」[74]米蘭・昆德拉（Milan Kundera）亦云：「我們未經請求就被生下來，封閉在我們從未選擇的軀殼裡，並且命定要死。」[75]死

70　參閱張京華著，《莊子哲學辨析》，（瀋陽：遼寧教育出版社，1994年9月），頁119-120。

71　福永光司著，陳冠學譯，《莊子》，〈序說〉，頁3云：「若剋就人所不能脫免的死為出於必然這一點而論，便直可認定凡人皆是被判了死刑的死刑囚了。」臺北市：三民書局公司，1977年8月。也許人生最大的困境，並不在於各種層面的不滿足感，而是人世間本來就是一個很大的監獄。每個人都是等待死亡的囚犯。在死牢中，死囚藉著日復一日對其他事物的想像，作為對失去自由注意力的轉移。可是不論他們選擇了什麼，最後依然難逃走上刑場伏法，結束一生。

72　見其所著，熊偉等譯，《形而上學導論》（An Introduction to Metaphysics），（臺北市：仰哲出版社，1993年12月），頁155。

73　見其所著，王節慶等譯，《存在與時間》，（臺北市：桂冠圖書公司，1998年4月），頁326。

74　同上，頁338。

75　見其所著，唐曉渡譯，《小說的藝術》（The Art of the Novel），（北京：作家出版社，1993年9月），頁26。彼得・柯文尼（Peter Coveney）等著，江濤等譯，《時間之箭——揭開時間最大奧秘之科學旅程》（The Arrow of Time：A Voyage Through Science to Solve Time's Greatest Mystery），頁

亡是「向著陌生出發，毫不複返的出發，『不留下地址的』出發。」[76] 死亡與誕生皆是自然律則，該出生而無法生與該走而無法走，兩者都是人生最殘酷的莫名苦痛！

死亡這個大限，迫使人無從實現生前的理想，並帶著無窮的牽掛和不甘撒手而去；在骨血與骨血聯結、心與心共感的親密關係裡，若生者存留「逝者痛苦而死」的記憶，那傷害永遠難以治癒。尤有甚者，播種的是生命，收穫的卻是死亡。儘管生命是一個「家」，但是並非一個具有無限能力，能完全庇護人一生溫暖的永恆之「家」。災難隨時都會降臨。飛來橫禍就像理所當然一般。這個家隨時都會拆散、解體、崩潰、毀滅、消失。生命之「家」肯定是死神這個不速之客最喜歡光顧的場所。這些難以言喻的傷痛，加上對死後世界的難測和茫然無知，不僅令人感到恐懼、焦慮及不安，又形成生命本質的茫然，更使人心對肉體生命存在的執著和分別而「悅生而惡死」（〈人間世〉）。但死與生的分別是名，死與生的分別給出來的壓力是刑，而這樣的心靈枷鎖，迫使生命落在倒懸的桎梏中，成為個體精神不得解脫與超越的巨大束縛[77]，故若在情感之上一味企盼生而一味逃避死亡，妄想延續生前的一切便會流轉在愛惡情感的交錯中而失去自由[78]。既然死亡是每個人必須走的一條最平等的路，也知道自己終有一天必然會踏上黃泉路，又有什麼道理活到高齡、累積無數人生甜酸苦辣的人不能勇敢地面對？若那是不能逃避的奇幻之旅，又有什麼道理不能、不敢、不願親自整理行囊？死亡雖然可怕，不過懼怕死亡的心更可怕[79]，這

3云：「象徵時間的老人，代表死亡的骷髏收割者，同樣帶有一把鐮刀，⋯⋯時間到了，誰也逃不過那把鐮刀。⋯⋯人生的悲哀歸根到底來自時間的不可逆轉。不言而喻，最後勝利屬於死亡。」長沙：湖南科學技術出版社，1995年10月。

76 艾瑪紐埃爾‧勒維納斯著，余中先譯，《上帝‧死亡和時間》，頁4。

77 參閱王邦雄著，《21世紀的儒道》，（新北市：立緒文化事業公司，1999年6月），頁246。

78 克里希那穆提（Jiddu Krishnamuri）認為，我們只要一直想延續性格、行為、能力、名譽等等，就會害怕死亡。只要有追求甚麼結果的行為，就會有追尋延續的人。然後，這種延續一旦遭到死亡的威脅，就產生恐懼。所以，只要想延續甚麼，就會害怕死亡。」見其所著，廖世德譯，《生與死》（Living and Death），（臺北市：方智出版社，1995年11月），頁27。

79 克里希那穆提著，廖世德譯，《生與死》，頁18云：「不了解死亡其中的意義，我們就一直害怕。我們害怕的是死亡這個念頭，不是死亡的事實。我們不了解事實。」

孟子與莊子的生命價值哲學

116

是「最應受到懲罰的無知」[80]。生命都有盡頭，都有結束的那一刻；死亡卻沒有。死亡是開放的，無限延續的，沒有終點的。所以生是暫時的，死才是永恆的。「一切有價值的東西如果不是永恆的，也就失卻了自身的價值」[81]。於是，莊子極強烈地要求從生與死的抉擇之中和懼怕死的心兩者解脫出來，這種對不自由的超脫並不是企求形軀生命的永存，而是對人的運動趨向和最終歸宿的理解和認識，也就是從自我認識了然死亡的真相[82]。如此一來，人即可既不悅生惡死，也不惡生悅死，而是順其所以生，安其所以死，以平和的心境面對死亡的恐懼、煩惱和苦悶。莊子這種自然生死的觀點，不僅更寬廣地開拓了人的心胸，也為人樹立正確的生死觀提供了理論根據，讓人開懷地目視死亡，向生命真、善、美之境作努力的思考，為生命增添了饒具哲思的理趣。

總而言之，孟子思想中具有一種正面意義的道德主體性，而以此道德的主體性來喚醒人生命的價值意識，強調人的存在即道德的存在。人的道德價值在對死亡的體驗中顯現。道德屬於生命，進而以此來實踐並維持人倫間的秩序。而莊子的思想則偏重在負面的反省與消融，認為人類心底裡的那份感性與衝動是一切無明迷昧的緣起，欲把人的精神從這些無明的迷惘與人欲的糾纏中釋放而出，使自我的生命能逍遙而遊，就必須「吾喪我」，以斷除「成心」。兩者雖然看待生死的角度不同，但是目的皆在揭櫫生命的價值不在長短，而在其意義[83]，這是人類文明賴以延續的根本信

80 柏拉圖（Plato）在〈申辯篇〉（The Apology）記錄了蘇格拉底這樣的言詞：「沒有人知道死亡對人來說是否真的是一種最大幸福，但是人們害怕死亡，就好像他們可以肯定死亡是最大的邪惡一樣，這種無知，亦即不知道而以為自己知道，肯定是最應受到懲罰的無知」。見其所著，王曉朝譯，（Plato Complete Works），共5卷，（新北市：左岸文化，2003年4月），卷1，頁16。

81 別爾嘉耶夫（N.Berdyaev），徐黎明譯，《人的奴役與自由》，（貴陽：貴州人民出版社，1994年4月），頁1。

82 加達默爾著，薛華等譯，《科學時代的理性》，頁132云：「自由不僅受到各種統治者的威脅，而且更多地受著一切我們認為我們所控制的東西的支配和對其依賴性的威脅。能夠解脫、獲得自由的方式只能是自我認識。」

83 「無論一個人所享的生命是長是短，它都是夠作他的永生的一種準備」，「人生假如是充實的，人生就是長久的了。」見誇美紐斯（Johann Amos Comenius）著，傅任敢譯，《大教學論》（The Great Didactic），（北京：人民教育出版社，1999年5月），頁80。伊壁鳩魯（Epicurus）說：「賢者對待生死像選擇食品一樣，不貪圖多，而求精，不圖一味的長久，而看是否適合時宜。」見其

念，也是中國文化的特徵所具有的關鍵意義。孟子偏重死亡的道德性，莊子則突顯死亡的自然性，前者重德，後者重智，兩者看似相異，卻又正好互補，相互彌合了對方的缺漏，相合而成完整的、兼具道德性和自然性的死亡[84]。使後人能從中領悟和體察到儒道互補這種精神生存模式巨大的審美力量[85]。孟莊的生死觀由是顯得格外珍貴，而在文化史的長流上，兩者對自我生命的堅持、真心誠意地活出自我存在的價值，卻成為另一種形式的不朽、超越死亡的典範。

第三節　生死的態度不同：孟子以生為樂，莊子悅生樂死

　　儒家認為，生存的意義並非單純活著，而在於人所承擔的使命及責任，並主張積極入世，同時對現實的人生抱持極大的樂觀態度。孔子曾云：「其為人也，發憤忘食，樂以忘憂，不知老之將至云爾！」（〈述而〉）孔子一生最大的抱負就是「祖述堯舜，憲章文武」（《中庸》），反對「群居終日，言不及義，好行小慧」（〈衛靈公〉），無所事事，度過空洞乏味的人生，這種樂生的思想及態度影響其學生極大。孔子最得意的學生顏回，他「一簞食，一瓢飲，在陋巷，人不堪其憂，回也不改其樂。」（〈雍也〉）曾子云：「士不可以不弘毅，任重而道遠。仁以為己任，不亦重乎？死而後已，不亦遠乎？」（〈泰伯〉）孔子亦云：「知其不可而為之。」（〈憲問〉）孟子的人生使命感也極強烈，他說：「如欲

所著，北京大學哲學系外國哲學史教研室編譯，《古希臘羅馬哲學》（Ancient Greek and Roman Philosophy），（北京：商務印書館，1961年5月），頁366。

[84] 就人生而言，道德與自然並非各自獨立，兩者反可互補，互相發明；道德與自然就如道德與自由，兩者缺一不可；兩者有機地結合，方能成就合宜的人生。

[85] 伊格爾頓云：「只有審美趣味才能給社會帶來和諧，因為它在個體身上培育發展和諧。……只有審美的交流模式才能統一社會，因為它與大家共同的東西相聯繫。」見其所著，王傑等譯，《審美意識形態》（The Ideology of the Aesthetic），（桂林：廣西師範大學出版社，2001年7月），頁105。沃爾夫岡·韋爾施（Wolfgang Welsch）認為，審美是人認知和現實中至為根本的成分，是基礎的成分、是存在模式，整個認識論都是審美化的，真理本身就是一個審美化範疇。「基本的審美特徵決定著我們的真理觀念」。見其所著，陸揚等譯，《重構美學》（Undoing Aesthetics），（上海：上海譯文出版社，2006年4月），頁41。

平治天下，當今之世，舍我其誰也？吾何爲不豫哉！」（〈公孫丑下〉）
並說：「自反而縮，雖千萬人吾往矣！」（同上）孟子志切於救世，樂民
之樂，憂民之憂；擁有這種大擔當的精神與魄力，自然俯仰無愧於天地之
間，因而無比快樂[86]！「生於憂患，而死於安樂」（〈告子下〉），人只
有在憂患中才能生存，貪圖安樂，必然導致滅亡[87]。在面對困境時「不怨
天，不尤人」（〈公孫丑下〉），「自任以天下之重」（〈萬章下〉），
以實現自我人生的價值，面對人類必死的命運。

　　無論孔子還是孟子，他們心中對仁義道德堅持深厚的信念，而這個信
念是支持兩人活下去的動力，他們的動能源自樂生，故雖然面臨滿途荊
棘，有志難伸的困境，但是從不畏縮，也從不放棄努力尋夢。孟子參透得
失，胸懷千里，「得志與民由之，不得志獨行其道」（〈滕文公下〉），
樂於「修身見於世」（〈盡心上〉）；苦心孤詣地踐行「窮不失義，達不
離道」（同上），安身立命的原則，直到生命結束之前，皆以積極及樂生
的態度賦予有限人生以無限的價值和意義。

　　孟子認爲「人皆可以爲堯舜」（同上），雖然堯舜是道德的最高理想
及標準，一般人皆以爲在現實中，此理想像「烏托邦」般高不可攀，「道
則高矣，美矣，宜若登天然，似不可及也。」（〈盡心上〉）但正由於它
的似不可實踐性，決定了它的烏托邦性質，因爲「烏托邦的力量是保持自
己完整性的人的力量」，「如果沒有預示未來的烏托邦展現的可能性，我
們就會看到一個頹廢的現在，就會發現不僅在個人那裡而且在整個文化
中，人類可能性的自我實現都受到了窒息」[88]。因而，若孟子的「烏托

---

[86] 弗里德里希‧包爾生著，何懷宏等譯，《倫理學體系》，頁234云：「快樂僅僅在它作為有德性的行
　　爲的結果時才有價值。」

[87] 任何一位具有君子品格的人，內心都有深沉的敬畏感與危機感。孔子亦曰：「君子有三畏：畏天
　　命，畏大人、畏聖人之言。」（〈季氏〉）正是這種對絕對價值的敬畏感與對現實世界的危機意
　　識，展露了不拘流俗的君子品格，這是來自生命自身的存在感受的憂患意識。奧德嘉‧加塞特
　　（José Ortegay Gasset）說：「任何一個人只要他對自己的存在採取一種嚴肅認真的態度，並且能夠
　　對它承擔起完全的責任，他就必然會產生某種危機感，這使他時刻保持警覺。」見其所著，劉訓練
　　等譯，《大眾的反叛》（Revolt of the Masses），（長春：吉林人民出版社，2004年10月），頁38。

[88] 保羅‧蒂利希著，徐鈞堯譯，《政治期望》（Political Expectation），（成都：四川人民出版社，
　　1989年3月），頁217、215。

邦」隱喻某種指向未來維度的現實思考的話，那麼，這使得烏托邦得以存續在神祕的、理性無法掌控中，仍然具有打破現狀通向未來的可能性；它試圖將人放在最複雜困難的處境，以使人對存在具有更加鮮明和強烈的自覺和自主，更上一層樓。由於高不可及，它似乎是一個空想，可是有空想總比沒有空想好，空想是凌駕於人類的標準，它誘使勇敢者攀登和跳躍，使不可能逐漸接近可能[89]。顯然孟子的主體意識不僅建構在知識分子的菁英主義上，而且植根於儒家倫理的普遍原則與孔子的基本信念中，故把孟子的烏托邦當作是消極而悲情的空想，在這個意義上，他的理想所面臨的際遇與卡爾・曼海姆（Karl Mannheim）的預言吻合：「烏托邦的消失帶來事物的靜態，在靜態中，人本身變成了不過是物。於是我們將面臨可以想像的最大的自相矛盾的狀態，即：達到了理性支配存在的最高程度的人已沒有任何理想，變成不過是有衝動的生物而已。……烏托邦已被摒棄時，人便可能喪失其塑造歷史的意志，從而喪失其理解歷史的能力。」[90]其實，除了像「挾太山以超北海」（〈梁惠王上〉）這種實在無

---

89 正如大衛・哈威所說：「無論如何，烏托邦夢想都不會完全消失。它們作為我們欲望的隱蔽能指而無處不在。從我們思想的幽深處提取它們，並把它們變成變革力量，這可能會招致那些欲望最終被挫敗的危險。但那也無疑比屈服於新自由主義的退步烏托邦理想更好（以及那些給予可能性如此不良壓力的所有利益集團、勝過生活在畏縮和消極的憂慮之中以及不敢表達和追求替代的欲望。」見其所著，胡大平譯，《希望的空間》，頁196。因此，在面臨危機之時，烏托邦的精神仍是激發人去探尋另一種可能性的巨大動力，不論在人生形態還是審美層面均是如此。

90 見其所著，黎鳴等譯，《意識形態與烏托邦》（Ideology and Utopia），（北京：商務印書館，2000年9月），頁268。喬奧・赫茨勒（Joyce Oramel Hertzler）認為：「烏托邦思想家在他們各自所處的時代，都毫無例外表現為思想上富有獨創性和建設性想像力的人。」在閱讀他們的著作時，「讀者首先看到的只不過是些近似理想主義者或具有創新精神的學究所作稀奇古怪的幻想罷了，但很快就會感到這些思想家內心深處的痛苦及蘊藏的強烈同情心。」見其所著，張兆麟等譯，《烏托邦思想史》（The History of Utopian Thought），（北京：商務印書館，1990年11月），頁251。在唐君毅看來，道家對於「理想」與「現實」的關係的這一理解方式，在莊子那裡達到了極致。莊子「道」的特色，乃在直下扣緊人生的問題，而標出人之成為至人、真人、天人、神人之理想。這類人儘管有超世間人倫的一面，不過同時又有世間人倫之至的一面。他們是遊心於天地萬物和人間生活中以悟「道」。因此，莊子言「道」，往往取喻於種種常人生活中種種實事。如〈逍遙遊〉的庖人治庖，〈養生主〉的庖丁解牛，〈人間世〉的匠石過樹，〈德充符〉的與兀者同遊，〈大宗師〉的問病、弔喪，〈應帝王〉的神巫看相，都是人之生活中事。總之，莊子是教人面對「現實」追求「理想」，面對天地萬物和人間生活而成至人、真人、神人。參閱李維武著，〈心通九境：唐君毅與道家思想〉，載於《中國文化月刊》，1997年4月，第205期，頁13-14。

法完成的事情外，要達到像堯舜的修養境界是很有可能的[91]，「是不爲
也，非不能也」（同上）。「人皆可以爲堯舜」的理論根基在於其「性善
論」。他認爲：「人皆有不忍人之心」，「無惻隱之心，非人也；無羞惡
之心，非人也；無辭讓之心，非人也；無是非之心，非人也。惻隱之心，
仁之端也；羞惡之心，義之端也；辭讓之心，禮之端也；是非之心，智之
端也」。（〈公孫丑上〉）這些基本的人性其實就是人類社會道德的根
基，人生來既具有仁義禮智四端，就具備了達到這個標準的可能性[92]。
在天性和人格上，聖人和凡夫俗子是生而相平等的，故他說：「麒麟之於
走獸，鳳凰之於飛鳥，泰山之於丘垤，河海之於行潦，類也。聖人之於
民，亦類也；出於其類。」（同上）在他看來，「聖人，人倫之至也。」
（〈離婁上〉）但是「聖人與我同類」（〈告子上〉）；「舜，人也；
我，亦人也。」（〈離婁下〉）「我」就是與「聖人」和堯舜同位。正因
爲人人都具有善良天性和良好品德，只要不斷努力發展自己的「四端」，
也就是善性和道德，像堯舜一般「歸潔其身」（〈萬章上〉），「從其大
體」（〈告子上〉）則任何人亦可成賢成聖[93]。其實，「堯舜之道，孝
弟而已矣。子服堯之服，誦堯之言，行堯之行，是堯而已矣。」（〈告子
下〉）這同時表明國君、大臣和庶民在人格上並沒有高下之分，從而把孔
子的君子人格提升到以人性本善爲支點的聖人境界，既堅持了理想人格的
道德典範和教化作用，又強調了個體通過德性修養皆能實現聖人人格，將
理想和現實緊密地結合在一起，這是將理想扎根於現實之上的現實主義的
生動體現，故在他心目中，仁義禮智並不神祕，聖人也非遙不可及，就人
的本性而言，人人皆可以成爲堯舜，這是多麼令人興奮，多麼令人鼓舞和

91　參閱翟廷晉著，《孟子思想評析與探源》，頁152-153。
92　費爾巴哈說：「真正有道德的人，不是根據義務、根據意志而有道德，而是他根據本性就是道德
　　的。」見其所著，榮震華等譯：《費爾巴哈哲學著作選集》，卷上，頁590。
93　劉鄂培著，〈孔孟對中國文化的主要理論貢獻及對中華民族和人類的影響〉，頁198云：「孟子提出
　　了兩個著名的命題：『人皆可以爲堯舜』、『舜何人也；予何人也，有爲者亦若是』這兩個命題，
　　並非是說人人都必定成爲堯舜，而只是說人人都生而固有『四端』、『良貴』，雖然這僅是仁、
　　義、禮、智四種道德的萌芽、開端，但是，以此爲起點，經過主觀的努力，道德的教化和環境的培
　　養，人人都有成爲堯舜之可能。」載於《孟子研究》，第1輯。

激動！「可能」定能轉變爲「實現」[94]！這是孟子對人的主體自覺性的一種相當大的信心，道德在個體身上發展的可能性才得以解決。

此外，孟子認爲，人與禽獸的本質差異在於人有內在固有的道德品性。他說：「仁、義、禮、智，非由外鑠我也，我固有之也，弗思耳矣，故曰：求則得之，舍則失之。」（〈告子上〉）仁、義、禮、智等善性良知是人天生固有的。人之所以喪失良心，是因爲後天不善於修養的緣故[95]。因此只需常常反省自己的本心，則能恢復自己的善良本性。他說：「萬物皆備於我矣。反身而誠，樂莫大焉。」（〈盡心上〉）他所言的「萬物皆備於我」並非本體論和認識論的意義，我所具備的一切，也不是指外在的事物。孟子只是說，人的一切，包括求仁等道德行爲以及按本心作出道德行爲時的內在快樂體驗，都是出於自我[96]，只要以誠敬的態度反省自己，就會達到理想的道德境界[97]。因而「樂莫大焉」，由此更可見孟子樂生的態度。王博認爲，在莊子看來，孟子所言的「萬物皆備於我矣。反身而誠，樂莫大焉」，這種樂仍是以有我和有心爲前提的。聖人該是「其心志，其容寂，其顙頯；悽然似秋，暖然似春，喜怒通四時，與物有宜而莫知其極」（〈大宗師〉）者，也就是無心以順物者。既可以悽然，也可以暖然；既可以喜，也可以怒。不過這種情感或情緒都不是出於

---

[94] 參閱張奇偉著，《亞聖精蘊——孟子哲學真諦》，（北京：人民出版社，1997年12月），頁117-118。

[95] 袁爾鉅著，〈孟子論人格的自我價值〉，頁188-189云：「這裡說的『求』，即『求其放心』之求。孟子認爲，人心雖有仁有良心，然心來去活動無定時定處，有可能迷出方向，心一放逸則難免步入歧途，人有雞犬走失了，知道去尋找，而至爲重大的良心放逸了不去尋求，是貴小輕大，豈不讓人爲之痛惜！孟子強調『求』肯定了修養的必要。」《孟子研究》，第1輯。

[96] 佛洛伊德著，林塵等譯，《佛洛伊德後期著作選》（Selected Works of Later Works of Freud），頁142云：「當自我中有些東西與自我典範相符合時，總是會產生一種狂喜的感情。而罪惡感（以及自卑感）也能被理解爲是自我和自我典範之間緊張的一種表現。」上海：上海譯文出版社，1986年6月。

[97] 金景芳等認爲：「這話的中心思想是說求仁，而求仁的最初切近的方法是行恕。怎樣恕呢？因講到『萬物皆備於我矣，反身而誠，樂莫大焉』。這是因爲恕的正確含義是說：『己欲立而立人，己欲達而達人』，『己所不欲，勿施於人』。別人的欲與不欲我怎麼知道呢？因爲『萬物皆備於我』。就是說我欲食，知道人亦欲食；我欲安，知道人亦欲安。反之，我不欲凍餒，亦知道人不欲凍餒；我不欲苦難，亦知道人不欲苦難。如果對待別人像對待自己一樣，這就叫『反身而誠』。『樂莫大焉』，是說能這樣做是最大的快樂。」《孔子新傳》，（吉林：長春出版社，2006年1月），〈孔子新傳序〉，頁1。

有心，而是與他物相應之後的自然發動。故「樂通物，非聖人也」（同上）。同樣，仁也不該是所謂的親親，君子也不是所謂的利害不通，士也不是爲了名而失去自我者。役人或治人也不是不能全身保眞。但儒家的信仰者在弘揚道德價值的同時，卻丟失了眞正的自己，從而也使所有人都處於「失眞」的狀態。看看他們所謂的聖人和賢人，例如伯夷、叔齊，箕子等人物，爲了所謂的義，他們扭曲或者丟棄了自己的生命。在莊子看來，這些都是「役人之役，適人之適，而不自適其適者也」（同上）他們都不是爲了自己而生活，而是爲了某些虛假的名譽。也因此，身變成了身外之物的工具，眞實的生命被淹沒在道德和價值相關的一系列「名」之中[98]。究其實，一般人會爲了某些虛假的名譽而生命被淹沒在道德和價值相關的一系列「名」之中，但是莊子可能連儒家的聖人和賢人都低估爲追求名譽者，他們並沒有「失眞」，而是個體道德的最高呈現，是人之爲人的典範。在莊子看來是「失眞」，在儒家看來卻是「得眞」，兩者的「眞」在不同的價值體系下自不雷同，不過實際上是大同小異的，伯夷和叔齊何嘗不是「不自適其適」！兩者在莊子心目中，皆沒能體現生命的價值，自然成爲他批判的對象。

　　孟子是聖賢中的豪傑，他畢生最大的貢獻在於「斥時君」。「闢異端」，揭示「人禽」、「義利」、「夷夏」的三辨，他樂於重新建立道德價值的標準，積極肯定文化理想，並毅然承擔「充實而有光輝」（〈盡心下〉）生命的責任，必然要自告奮勇，作社會的中流砥柱。因而無可避免地會有生命的昂揚奮發，並全面顯露其生命中的英氣，及充滿樂觀進取的精神，成功地鑄造了一個「大人」的典範。孟子曾對齊宣王說：「樂民之樂者，民亦樂其樂；憂民之憂者，民亦憂其憂。樂以天下，憂以天下：然而不王者，未之有也。」（〈梁惠王下〉）「與民同憂樂」是他論政的一大要則，〈梁惠王下〉首章言「與民同樂」、「與百姓同樂」。〈大學〉亦言：「民之所好好之，民之所惡惡之。」其義與孟子雷同。

98　參閱王博著，《莊子哲學》，（北京：北京大學出版社，2004年3月），頁98。

與孟子相反，莊子認為，人的生死只不過是氣的變化而已。〈知北遊〉云：「人之生，氣之聚也；聚則為生，散則為死。」生與死即是一氣的變化，其情形如同日夜運行自然地循環不息、有規律地依序變化，所以既無特殊的意義，也無特定的價值或內涵。生與死純粹是氣兩種物質形態的變化，兩者同質異態，則人死亡之後，所散的氣仍有聚而復生的可能，是以生與死之間並沒有不同，而是緊密相聯、互為一體的。換言之，在生與死相互轉化的流變過程之中，其實不能有確定不移的生或死。所謂「聚則為生，散則為死」，便是在萬物統一於「氣」的前提之下，用「氣」的聚與散來解釋人的生與死。作為同一本源之「氣」的相關形態，生與死再一次呈現了其相通性；相應於「氣」的本體論性質，生與死的相通，也獲得了本體論的意義。作為「氣」的不同形態，生與死同時融入萬物：「夫天下也者，萬物之所一也。得其所一而同焉，則四支百體將為塵垢，而死生終始將為晝夜而莫之能滑。」（〈田子方〉）「氣」側重於構成的質料，「一」則突出了存在的相關性，在形成萬物的過程之中，生與死的相繼如同晝夜的更替，展現為存在的自我變化[99]。

氣的聚散沒有固定的形式，其所產生的生命也只是臨時的湊合，是生命暫時寄託於形體之中，生命的形體並非個人的私有物。作為大化流行過程的產物，人的「身」與「生」都本於自然，而非從屬於人自身。「生」非人之所有，而為天地所委，此一看法著重從宇宙自然的大尺度定位生命的意義，並將人之生歸屬於萬物一氣的存在視域，則其聚散，又何必勞心執著[100]？死與生既然都是氣的聚散，在根源之上本來沒有大小輕重之分，所以兩者天差地別，並無所謂的得失。人的喜、怒、哀、樂，主要源自得失之心，既無得失，又何必萌生這些發而不中節的情緒來襲擾自己的精神！況且在氣化通流、變幻不停的世界觀認知中，是生是死的認知執

---

99 參閱楊國榮著，〈《莊子》視域中的生與死〉，頁107。

100 莊子把生死的事納入氣變化之道來看待，毫無非理性的宗教式的神祕。人通過把握自然之道就能了悟生死之道，獲得死亡超越。《周易·繫辭上》云：「易與天地准，故能彌綸天地之道。仰以觀於天文，俯以察於地理，是故知幽明之故。原始反終，故知死生之說。精氣為物，遊魂為變，是故知鬼神之情狀，……樂天知命，故不憂。」就是這個道理。

定已失去基本的基礎，甚至在承認變化的眞相下，欲分辨任何事物階段性的形態也是不可能的[101]。〈知北遊〉即云：「死生有待邪？皆有所一體。」又云：「生也死之徒，死也生之始。」生與死「始卒若環，莫得其倫」（〈寓言〉）、「知終始之不可故也」（〈秋水〉）。因此莊子反覆強調：「死生爲一條」（〈德充符〉）、「萬物一府，死生同狀」（〈天地〉）、「死生存亡之一體」（〈大宗師〉）、「有无死生之一守」（〈庚桑楚〉）、「死生非遠」（〈則陽〉）。海德格爾也有類似的觀點：「在固執己見的人心目中生只是生。他們認爲死就是死而且只是死。但生之在同時是死。每一出生的東西，始於生也已始入死，趨於死亡，而死同時是生。」[102]黑格爾說：「生命本身即具有死亡的種子。」[103]生即是生命顯現的狀態，死即是生命潛伏的狀態，兩者沒有彼此的分別。費爾巴哈說：「死本身不是別的，而是生命的最後的表露，完成了的生命。」[104]

故人在看待生時，似乎也就不需要特別加以注意和費心，若能視之爲理所當然；在看待死亡時，視之爲花開花謝一般正常，則人在面對死亡就不會「悅生而惡死」（〈人間世〉），反而悅生也悅死。可見人之生，是「時」應生；人之死，是「理」當死，「夫大塊載我以形，勞我以生，佚我以老，息我以死，故善吾生者，乃所以善吾死也」（〈大宗師〉）。莊子站在自然之「道」的觀點，提出「息我以死」，說明死亡的眞相，以使人易於了解自然造化給予人生命，也給予人死亡。然而死亡並非毫無意義，它意涵回歸自然的永恆休息，亦即生如蜉蝣之寄，死如熟睡般靜美，所以說：「其生若浮，其死若休。」（〈刻意〉）《淮南子·精神訓》亦云：「生乃徭役也，而死乃休息也。」畢竟人的一生勞碌奔波，疲乏不堪，死亡卻如夢的酣睡，安然而寢，永無甦醒之時，不再用勞碌奔波了。

---

101 參閱杜保瑞著，〈從人生哲學的進路試論莊子哲學中的氣論、道論與工夫理論〉，載於《哲學論衡》，1995年5月，創刊號，頁15。

102 見其所著，熊偉等譯，《形而上學導論》，頁130。

103 見其所著，賀麟譯，《小邏輯》，頁177。

104 見其所著，榮震華等譯，《費爾巴哈哲學著作選集》，卷上，頁208。

人若能了然這個道理，就可以坦然地面對生與死的變化，哀樂自不入於胸懷，因而能超脫死對生的羈絆。生、老、病、死既然都是宇宙大化之中的自然進程，人們讓事物朝其自然進程發展，在這裡存在著絕對的自由，[105] 故他主張坦然面對，把死亡當作安息，以解決人生的痛苦。懂得為何而活的人，任何痛苦都忍受得住。

人若以生為善，則亦當以死為善，實不必馳心於兩者的問題，使精神受到最大的束縛，蒙田（Michel de Montaigne）指出：「對死亡的熟思也就是對自由的熟思，誰學會了死亡，誰就不再有被奴役的心靈，就能無視一切束縛和強制。」[106] 是以人若不能生而無悔，就不可能死而無憾；同樣的，人若不能掃除並跳脫死亡的陰霾，就很難確立生命的意義[107]。莊子還以滑介叔的寓言：「支離叔與滑介叔觀於冥伯之丘，崑崙之虛，黃帝之所休。俄而柳生其左肘，其意蹶蹶然惡之。支離叔曰：『子惡之乎？』滑介叔曰：『亡，予何惡！生者，假借也；假之而生生者，塵垢也。死生為晝夜。且吾與子觀化而化及我，我又何惡焉！』」[108]（〈至樂〉）一再闡明，生命只不過是自然的變化，畢竟一般人面對手臂上長了一個瘤，不論誰都會驚恐與厭惡，但滑介叔之所以能將其視為平常、不容置疑的事情而安之若素，乃因為他以為生命只不過是「道」的自然變化，形軀只是暫存於現象界，因此死和生都是「假借」，是大千世界之內兩個變化的表象而已，故「柳生其左肘」，又有何妨？莊子由是進一步指出，生則安之，死則順之，則「哀樂不能入也。古者謂是帝之縣解」（〈養生主〉）。

---

105 參閱亞當‧斯密著，郭大力等譯，《國民財富的性質和原因的研究》（An Inquiry into the Nature and Causes of the Wealth of Nations），共上下卷，（北京：商務印書館，1974年6月），卷下，頁236。

106 見其所著，潘麗珍等譯，《蒙田隨筆集》（Essays of Montaigne），（西安：陝西師範大學出版社，2002年1月），頁26。

107 參閱孫效智著，〈生命教育的內涵與實施〉，載於《哲學雜誌》，2001年5月，第35期，頁25。

108 楊國榮著，《以道觀之——莊子哲學思想闡釋》，頁265云：「從本體論上看，以『生』為『假借』，意味著消解其實在性；從價值論上看，以『生』為『塵垢』，則是著重從消極的層面或負面的維度規定『生』的意義。對『生』的如上理解，無疑與視人生為夢境前後呼應：由『生』為假借，可以邏輯地引出人生如夢，而『生』之缺乏實在性，則猶『夢』之為幻。與『生』的假借性、悲劇性形成對照的，是『死』的完美性。」

〈大宗師〉中提到孟孫氏，以爲他「不知所以生，不知所以死；不知就先，不知就後；若化爲物，以待其所不知之化已乎？且方將化，惡知不化哉？方將不化，惡知已化哉？吾特與汝，其夢未始覺者邪！且彼有駭形而无損心，有旦宅而无情死。」郭象註云：「已化而生，爲知未生之時哉！未化而死，爲知已死之後哉！故無所避就，而與化俱往也。」孟孫氏了然生死之理，他不知道爲何生來，爲何死去，不知道生與死孰先孰後。他只是順著自然必然的物化而生，也順著自然必然的物化而死。有「化」則有「不化」，然而「化」是循環的過程，「化」與「不化」的先後順序不明。硬要分別「化」與「不化」的凡夫俗子，就如同夢中未醒的人。總之，莊子反覆以「夢」、「覺」譬喻生死，「夢爲鳥而厲乎天，夢爲魚而沒於淵」（〈大宗師〉），猶如睡著夢見自己化爲鳥兒振翅高飛，或化爲魚兒潛游深淵。飛鳥、游魚的形象皆不過是在夢中所化、此世所假借。寤寐夢覺之間是短暫隨化的假託。人在面臨死亡時，若能洞見死生大化後的本然，便將明白生命於死生流轉間恆存而無所驚懼。但依舊無視生命變化的事實而過度執著「此世」的生命，則好像深陷於夢境之中，卻錯將夢境當作僅有的人生，不願醒來面對生命的實相[109]。對孟孫氏來說，死亡只是形體的變化而已，形體因死而變化，心情卻毫無損傷，人的形體依自然物化之理偶然形成，而此形體又轉生爲他物。世人卻執著此形體，認爲它永遠屬於我所有，不知「我」的眞相究竟是什麼。生與死乃自然必然的物化推移，人應因而忘卻死亡的悲痛。莊子的物化觀完全排除任何有關出生以前，死後如何的思辨猜測，而以「化」與「不化」的弔詭，突出「生死同狀」的生命眞相[110]。他超越感情的內在模式，比單純地不僞裝感情的模式更高[111]。

---

[109] 參閱蔡璧名著，〈《莊子》的感情：以親情論述爲例〉，載於《臺大中文學報》，2015年6月，第49期，頁75。

[110] 參閱傅偉勳著，《死亡的尊嚴與生命的尊嚴》，（臺北市：正中書局，1993年8月），頁169-170。

[111] 參閱愛蓮心（Robert Elliott Allinson）著，周熾成譯，《嚮往心靈轉化的莊子——內篇分析》（Chuang-Tzu for Spiritual Transformation: An Analysis of the Inner Chapters），（南京：江蘇人民出版社，2004年7月），頁178。

「旦宅」是生命主體暫時居住的場所，「駭形」是形體在變動和衰老之中，而心靈永遠不會有損傷，今生形軀壞掉，便又轉到另一個形軀上，從而展開另一段新的生命旅程，故沒有真正的死亡。「死」只是兩段「生」之間的過渡，但是在過渡到另一形體的途中，若受到哭泣等驚擾，則可能在過渡到一半時就失敗了[112]。〈大宗師〉對此有頗生動而有趣的描述：「俄而子來有病，喘然將死，其妻子環而泣之。子梨往問之，曰：『叱！避！无怛化！』倚其戶與之語曰『偉造化！又將奚以汝為，將奚以汝適？以汝為鼠肝乎？以汝為蟲臂乎？』」子來將死，妻兒環繞其旁哭別，本屬人之常情，未料子梨卻喝斥他們離開，不要再悲戚落淚。他站在「道」的立場，希望生者不要驚擾正在過渡之中的人，因為「其生也天行，其死也物化」（〈天道〉）。至於化而為鼠肝、蟲臂，或以同等的形式來承載個體，那是「大塊」造物的事。其實，死亡僅是另一種「活著」而已，故莊子云：「以天地為大爐，以造化為大冶，惡乎往而不可哉！成然寐，蘧然覺。」（〈大宗師〉）死亡不過是接受造物者重新再次冶煉，祂要求人像熟睡般安詳地離開人世，又好像驚喜地睡醒回到人間，若能如此達觀自在地「安時而處順」（同上），則自然可消除生和死的束縛，過此真實的人生[113]。若過度悲痛，那只是「遁天倍情，忘其所受」（〈養生主〉），傷身損神而已。

　　因此，人來到世間，只是偶然的機緣；離開人間，卻是必然的過程，這是存在的事實。人生在世，僅能安於來「時」，面對終究要去的「順」，純任自然，心中無好惡哀樂之情，把形軀的老死看成瓜熟蒂落般自然，解開了生命倒懸的困苦，精神便可通達絕對自由之境。如此，個體生命便可在隱與顯之間，無損傷地任其自然，而不會殘害主體的昇揚。「死生驚懼不入乎其胷中，是故迕物而不慴」（〈達生〉），尤其「死生

孟子與莊子的生命價值哲學

128

---

[112] 參閱王邦雄著，《21世紀的儒道》，頁249-250。

[113] 勞思光著，《中國哲學史》，卷1，頁178-179云：「自我在現前的意識中，能洞觀形軀之偶然而生，必然而死，則當下自我即脫出形軀執；一經破執，則自我不以形軀為自身，即能安其偶然之生，任其必然之死。所謂『安時而處順』，即此義也。」臺北市：華世出版社，1975年6月。

不入於心，故足以動人」（〈田子方〉）。外在的生與死絲毫沒有牽動內在的感情，故「哀樂不能入」，如程以寧云：「視生死如來去，常情以生爲樂而死爲哀，是哀樂非內出外入也，至人視生死外也，哀樂內也，外境有變幻，而內情无變化，內外之不相即久矣，故曰哀樂不能入。」[114] 莊子把人世間方內的情，轉化爲方外的生死觀，對於方內與方外之域，他皆能左右逢源，自由進出，一無罣礙[115]。

有關悅死的立場，〈至樂〉有活靈活現的描繪：「莊子之楚，見空髑髏，髐然有形，撽以馬捶，因而問之，曰：『夫子貪生失理，而爲此乎？將子有亡國之事，斧鉞之誅，而爲此乎？將子有不善之行，愧遺父母妻子之醜，而爲此乎？將子有凍餒之患，而爲此乎？將子之春秋故及此乎？』於是語卒，援髑髏，枕而臥。夜半，髑髏見夢曰：『子之談者似辯士。視子所言，皆生人之累也，死則无此矣。子欲聞死之說乎？』莊子曰：『然。』髑髏曰：『死，无君於上，无臣於下；亦无四時之事，從然以天地爲春秋，雖南面王樂，不能過也。』莊子不信，曰：『吾使司命復生子形，爲子骨肉肌膚，反子父母妻子閭里知識，子欲之乎？』髑髏深矉蹙頞曰：『吾安能棄南面王樂而復人爲人間之勞乎！』」莊子借髑髏之口，大力讚賞死亡是多麼自在、快樂，世人只是以生來理解死亡，便逕自認爲死亡是可怕、可悲、可哀的。殊不知人生實有那麼普遍及難以避免的苦痛，而死亡之後所有苦痛便全部化爲烏有，故死亡未嘗不是一件令人快慰的事，所以「雖南面王樂，不能過也」。《淮南子》亦云：「始吾未生之時，焉知生之樂也；今吾未死，又焉知死之不樂也？」（〈俶眞訓〉）莊

[114] 見其所注疏，《南華眞經注疏》，收錄於嚴靈峰編，《無求備齋莊子集成續編》冊28，（新北市：藝文印書館，1974年12月），頁69。

[115] 鍾泰著，《莊子發微》，頁441-442云：「『建德之國』者，歸本於德也，『知作而不知藏』，不欲貨之藏諸己也。『與而不求其報』，一切同之乎人也。『不知義之所適』，適乎義而忘其爲義。『不知禮之所將』，行乎禮而忘其爲禮也。『儻狂妄行』，所謂從心所欲也。『蹈乎大方』，所謂不逾距也。『生可樂，死可葬』，言生於是，死於是，無往而不自得也。」上海：上海古籍出版社，2002年4月。馬克斯·謝勒著，孫周興等譯，《愛的秩序》（Order of Love），頁29云：「惟有生命衝動對自明的死之觀念的一種普遍壓抑，才使得那種我想稱之爲人的『形而上學之輕逸』的現象成爲可能——恰恰就是那種面對死亡觀念的重量和自明而產生的無可名狀的寧靜和快樂。」北京：北京師範大學出版社，2014年6月。

子上述以生爲苦，以死爲樂的論調，其意在於借髑髏之口論述在對死亡的體會之中，才覺悟塵世對人的羈絆和累贅，死之爲「樂」，在於擺脫了君臣等社會、政治、倫理等關係的束縛，從而使人達到了與天地爲一，完全同於自然，並廓清生死的矛盾和消解兩者的制約，以扭轉世人「悅生而惡死」的思維定限[116]。死亡所改變的只是形體，靈魂不增、不減、不衰竭、不離散，直接歸返人初始所屬之地，那靈魂永竭息的家、充滿喜悅的樂土，無條件地接納逝世者，暖光與喜樂無所不在。死亡有何可懼！是以死亡是對於生命的最終否定，是生命的無化，是生命的意義和價值的解構。正因如此，人總是嚮往永生，追求不朽。但試問：若人類不死，世界將會怎樣？西蒙娜・德・波伏瓦（Simone de Beauvoir）在其所著的小說《人都是要死的》（All Men Are Mortal）中，不死的主角福斯卡的命運比所有會死的人更悲慘。他的生命和人類的歷史一樣，循環往復，永無終了的一天！他的命運證明了「不死是一種天罰」，證明了「基督要懲罰當面嘲笑他的那個猶太人時，他就是判他永遠活下去」。福斯卡總結說：「這需要很多力量，很多傲氣，或者很多愛，才相信人的行動是有價值的，相信生命勝過死亡。」[117]但是正由於不死，他喪失了力量、傲氣和愛，從而也就在根本上失去了生命的意義和價值。不死比有死更接近於死亡本身。人終歸是要死的，故這個世界才那麼美好，人生才告完滿，死亡的性質才可以證實精神的存在，斷定人的朽或不朽。保持這點覺悟，才讓人始終擁有退身的餘地，能夠真正退一步海闊天空，能夠真正自由地審視這個世界，也才會帶著勇氣去存在與行動！在這個意義上，會死，是人的一種幸運。若人能不死，反而是真正的死亡[118]！故對於死生的理解決定

[116] 「悅生而惡死」乃人的天性，故執著於認為人的智慧不在於默思死而在於默思生。渴求死亡及彼岸的衝動消失了，代之而起的是對之漠視和對今世快樂生活的無限制的追求。拉美特利在談到死亡的問題時說：「我的生死計畫如下：畢生直到最後一息都是一個耽於聲色口腹之樂的伊壁鳩魯主義者；但是到了瀕臨死亡之際則成為一個堅定的禁欲主義者。」見拉美特利著，顧壽觀等譯，《人是機器》，頁19。

[117] 參閱其所著，馬振騁譯，《人都是要死的》，（北京：外國文學出版社，1985年2月），頁103、127、85。

[118] 弗里德里希・包爾生著，何懷宏等譯，《倫理學體系》，頁290云：「人們常引用歌德說的一句話：

個人一生的信念，也決定個人賦予他的生活以怎樣的意義。在某種意義上說，死亡觀恰好是人生觀的核心，死亡哲學恰好是人生哲學的深化，因為恰恰是死亡之光照亮了生活的意義，構成了生存的條件，標示了事業的完成。死亡並不能理解為人生的一個消極的或否定的階段，而是要理解為一個積極的或肯定的階段。

　　總之，人不能固執於生，以致生命的過程變得盲目，而當另覓他法來使自己的生命更賦予力量與意義。但在細究下，這個寓言透露出一個重要思想，這就是死可能比生更好。這樣，至少從形式上看，在莊子的死亡哲學裡似乎就內蘊一個明顯的悖論：一方面是「安時而處順，哀樂不能入」所表達的生死一如，以及對死生不動心、不動情的思想，另一方面是這裡所透露出來的「死可能比生更好」及「惡生悅死」的思想。不過這兩種思想只有從形式上講才構成悖論，若超出語言外殼，回到莊子反對常人或「倒置之民」「悅生而惡死」的態度的上，就可悟出兩者殊途同歸的一致性了。因此，這則故事是他透過文學的筆法給世人提供了死亡的反思以及顛倒了世俗邏輯對死亡的理解：死亡不必然是深沉黑暗需要恐懼的，那只是人類透過語言架設的想像，對於未知的事情不需要視作洪水猛獸，而生時所需要遵守的綱目倫常和生活規範，並不適用於亡者。骷髏所講的死後世界，並不是指人死後真有另外一個「真實的世界」。莊子所透過文學的效果所建構的死後世界，只是要對世人所了解的「日常世界」產生一種「距離的張力」，這張力可以扭轉世人對死與生的看法，重新帶來另一種視域。骷髏所處的世界具有對比於日常世界的「異化」，它映射出日常世界的虛偽、無知和為了利益、名譽鬥爭而帶來的虛妄，生者實憂懼不已 [119]。

　　從以上的寓言，莊子讚歎死亡，微笑著引領人通達死亡之樂，就十分

『死亡是自然用以產生許多生命的一種技巧。』它確實是自然用以產生歷史生活的一種技巧。沒有世代的更替，就沒有歷史。不死的人們要導致一種非歷史的生活，一種其內容任何心靈也不可能描繪的生活。……無論誰只要慾望生活、慾望歷史的人生，也就要慾望它的條件——死亡。」

[119] 方勇等著，《莊子詮評》，頁473云：「藉髑髏極言死者之樂，意在襯出生者之憂，以便喚起人們擺脫富貴壽善、厚味美服好色音聲之累，而自適於至樂活身之道。」成都：巴蜀書社，1998年9月。

易於理解和有跡可尋了，是以他並非全然高談闊論死亡勝於生存，而是想破除一般人對生存執著的偏念。在他看來，現實的人生充滿痛苦和悲哀，但是又無法改變這種現狀，只能從「齊生死」的精神方法中尋求「縣解」，甚至以歌頌死亡來加強對悲痛人生的自我解嘲，他把死亡視爲人生自由、幸福的最終歸宿，在種情況下，再苦的人生也可以忍受了。不僅如此，莊子將死與生的變化立基在自然之道的詮釋之上，說明「生死」是「始卒若環」（〈寓言〉）地聽任其變化。總之，他對於死亡問題的處理，是藉著「道」的高度把兩者形而上地等同起來而持「死生无變於己」（〈齊物論〉）的態度，故生可樂，死亦可樂 [120]。人只有眞正參悟透死之眞義，才能活得眞實、眞誠且乾淨，「一個生靈，倘若他在其此在的每一個瞬間中都已經注意到了那被深刻地體驗的死之自明性，他就會與常人完全不同地生活和行動」[121]。領悟天地之道，知曉人生大義，不懼死亡，活得生動有趣，別有一番滋味，一個值得回味、留戀與銘記的人生。故人惜生之外也應該莊嚴地領受死亡，禮讚自己的一生終於完成。總之，莊子雖然體會生命在大時代中如深淵般的虛空，但是仍對虛空的生命發出激情的禮讚，就像爵士樂般悠揚，乍悲乍喜！

第四節　超越死亡相異的抉擇：孟子論「舍生取義」，莊子言「超越生死」

追求生命的不朽，是孟子生死觀的重要內涵，《左傳》襄公二十四年

---

[120] 李凱恩認為，從「莊子夜夢髑髏」這個寓言推斷他「貴死輕生」，而此思想與莊子的「養生觀」悖反。因為他非常重視「養生」，並且提出一套免於早死的「衛生之經」（〈庚桑楚〉），以期能達至「終其天年而不中道夭者」（〈大宗師〉），故「貴死輕生」理論上有缺陷。見其所著，〈莊子死亡觀評論〉，載於《新竹教育大學·人文社會學報》，2008年9月，第2期，頁11。然而莊子並不存在貴死或貴生的思想，在他看來，「終其天年而不中道夭者，是知之盛也」（〈大宗師〉），也就是生命的自然延續未因外在世界的戕害而中斷，以此為「知之盛」，顯然表現他對生命存在的重視。況且他所提及的生之苦、死之樂，其實是為了消除人對死亡的恐懼，進而探討「生死齊一」的論點。生則保持生命的價值，死則順受其命，這才是他思想最真實的體現，而沒有所謂貴生或貴死之說。

[121] 馬克斯·謝勒著，孫周興等譯，《愛的秩序》，頁29。

記載叔孫豹之言：「太上有立德、其次有立功、其次有立言，雖久不廢，此之謂不朽。」[122] 這段名言基本上表達了儒家創造不朽以超越死亡的方式。儒家的「三不朽」，就是讓人努力奮鬥，透過「立德」、「立言」、「立功」揚名後世。生命是有限的，惟有不朽的名能流芳百世，因而就能超越死亡，創造「生」的意義，也獲得「死而不朽」的答案[123]。這種追求精神不朽的思想，為孔子、孟子和後來的儒家學者所汲取和發展。

孟子對死亡的超越，不像西方宗教那樣熱衷於死後永生的實現，而是以「三不朽」的超越意識高揚了人的精神生命。「不朽」的事實雖然在死後才發生，但引起「不朽」的事實在生前才會發生。馬克斯・謝勒即言：「死後永生的問題完全依賴於對我們有生期間的體驗（Er-leben）的一系列追問。」[124] 只要人在一生中全心全意、努力不懈地對國家發展和社會進步立下汗馬功勞，就能擺脫純粹物質生活層面的困擾，獲得精神超越的喜悅[125]。個體生命便可在歷史的無限展開和延續中獲得永恆，能有這樣的認知，必然會減弱對現世死亡的恐懼和痛苦。從而實現對死亡的超越，在與死亡的對峙中獲勝，同時得到人生完美的結局[126]。死亡對任何人的一生來說，它擔當的任何可能性角色都不是必然的。但死亡這種可能性是

---

[122] 中國古人對人生有真認識，故舉立德、立功、立言為三不朽。德在前，功次之。缺了德，即無功，只成罪。明得此次序，乃始有當於立言。行為則屬德而可有功，故中國文學，主在歌詠行為，而歌詠事業者特少見。」見其所著，《歷史與文化論叢》，（臺北市：蘭臺出版社，2001年5月），頁173。

[123] 只因生命有限，我們才追求不朽、懷舊。故人生是生命意識的一種表現，也是一種生命或生活的本體論意識。赫舍爾著，隗仁蓮譯，《人是誰》，頁22云：「他並不尋找自己的起源，而是尋找自己的命運。」

[124] 見其所著，孫周興等譯，《愛的秩序》，頁83-84。

[125] 羅洛・梅著，傅佩榮譯，《創造的勇氣》（The Courage to Create），頁34-35云：「不論處在任何領域，只要我們了解自己正在幫助塑造新世界的結構，就會感受到一種深刻的喜悅。」新北市：立緒文化事業公司，2001年10月。

[126] 艾溫・辛格認為，「有意義的行為，恰恰來源於我們對死亡的超越」，死亡使「我們能夠通過創造和表現價值而克服死亡，這些價值不僅顯示了生命的意義，而且推動我們進入更新的生存狀態。」見其所著，郜元寶譯，《我們的迷惘》，頁66。齊格蒙特・鮑曼亦云：「意識到生命的短暫性使得人們只把價值寄託於永恆的延續性之上。這間接地證實了生命的意義：無論我們生命多麼短暫，在出生與死之間的那段時間都是我們求得超越的唯一機會，是我們在永恆中獲得立錐之地的唯一機會。」見其所著，范祥濤譯，《個體化社會》（The Individualized Society），（上海：上海三聯書店，2002年12月），頁314。

每個人的生命存在中絕對不可替代的必然可能性。一個人可以為他人赴死，卻不可能替代他人生命中的有終結性這一可能性。在這個意義上，死亡是每個人的生命存在中最內在、最本己的可能性。人生的不可重複性恰恰就在於生命中的死亡這種不可替代性，也正是這種不可替代性保證了每個人存在的絕對價值，這是一個本體論的事實。故死亡不僅是完整生命的一部分，更可視作一篇文章的精彩結局。這結局必須由自己親手撰寫。

孟子云：「是故，君子有終身之憂，無一朝之患也。乃若所憂，則有之；舜，人也；我，亦人也；舜為法於天下，可傳於後世，我由未免為鄉人也！是則可憂也。憂之如何？如舜而已矣。」（〈離婁下〉）舜能作天下人的楷模，功標青史，聲名流傳後世，此正是不朽。君子之憂只在於能否像舜一樣完成道德上的修養和創造功業，成為天下範式，以使後世念念不忘。在他看來，道德操守、仁義遠重於人生幸福和人的生命。因此，不朽實屬君子終身為之全力以赴以求實現的抉擇[127]，這種「捨生取義」的人生價值追求，顯然是對孔子「朝聞道，夕死可矣」（〈里仁〉）思想的發揮與展開，也是儒家對「生」之肯定與對「死」超越的具體表述。孟子將道德需要置於事業需要之上，正是對「三不朽」精神的繼承[128]，個體生命的終結，反而成為無限道德生命的開啟。

孔子認為，為了真理，即使付出生命也是值得的，也是無怨無悔的。朱熹也表達了同樣的意見：「人受天所賦許多道理，自然完具無欠闕。須盡得這道理無欠闕，到那死時，乃是生理已盡，安於死而無愧。」[129]
《呂氏春秋》云：「士之為人，當理不避其難，臨患忘利，遺生行義，視死如歸。」[130]這也是主張生死由義，在生死面前以義作為取捨的標準。張載亦云：「當生則生，當死則死；今日萬鐘，明日棄之，今日富貴，明

---

[127] 參閱鄭曉江著，《中國死亡智慧》，（臺北市：東大圖書公司，1994年4月），頁31。

[128] 參閱楊澤波著，《孟子與中國文化》，（貴陽：貴州人民出版社，2000年10月），頁148-149。

[129] 黎靖德編，《朱子語類》，共8冊，（臺北市：文津出版社，1986年12月），冊3，卷39，頁1011-1012。

[130] 許維遹著，《呂氏春秋集釋》，共上下冊，（北京：中華書局，2010年3月），冊下，卷12，〈士節〉，頁262。本書引用《呂氏春秋》的文字，皆根據此版本，只註明書名及篇名，不另加註。

日饑餓，亦不卹，惟義所在。」[131] 可見，「當生」、「當死」抉擇的標準正是「惟義所在」。朱熹也說：「義無可舍之理，當死而死，義在於死；不當死而死，義於不死，無往而非義也。」[132] 然而，作為一項道德要求和一種人生態度，尊重生命和珍惜生命，不只是對人的，也是對己的。儒家認為人是天地間最高的價值，要尊重、關愛和珍惜他人和自身的生命，如此，人類的生命才得以延續，生命才得以透顯而彌足珍貴，所以儒家不主張作無謂的犧牲，孔子云：「暴虎馮河，死而無悔者，吾不與也。必也臨事而懼，好謀而成也。」（〈述而〉）在孔子看來，徒手與老虎搏鬥，徒步涉水過河這樣無謂的死是不可取的，也不符合儒家的道德要求，更沒有意義和價值。因此孔子提倡「臨事而懼」，主張小心、謹慎地對待死亡。這與老子以「豫兮若冬涉川，猶兮若畏四鄰」（《老子·第15章》）的態度面對人生相同。

孟子的主張與孔子大同小異。在面對生死的抉擇時，他並非意氣用事地以死為最終的選擇，而是以全人類的福祉為依歸[133]。「舍生取義」固然崇高、偉大，但是若為了家國長遠的幸福，活下去仍可以取義，也合乎儒家道德的要求。〈離婁下〉云：「可以死，可以無死；死傷勇。」遇到一件生死交關的事情，在可以死及不可以死之間，這時寧可不死以留下可用之身，若不顧一切，憑一時血氣之勇而赴死，則反而有傷勇德，這是一種權變。〈離婁上〉云：「淳於髡曰：『男女授受不親，禮與？』孟子曰：『禮也。』曰：『嫂溺，則援之以手乎？曰：『嫂溺不援，是豺狼也。男女授受不親，禮也；嫂溺援之以手，權也。』」「禮」是人的衝動的圓滿實現，是人的衝動的文明表達，而非一種剝奪人性或非人性化的形式主義。它是人與人之間動態關係的具體的人性化形式[134]。「權」則是

---

[131] 張載著，《張子全書》，（臺北市：臺灣中華書局，1976年4月），卷7，〈自道〉，頁7前。

[132] 黎靖德編，《朱子語類》，冊4，卷59，頁1404。

[133] 人人皆有一死，留下記憶或許就是試圖抓住永恆的一種美學形式，或者說是追求永恆的一種審美方式。當然，這種記憶首先意味牢記過去個人的苦難，如此或者能防止再給自己和同類製造同樣的苦難，甚至創造和保有一種比較美好的生活。

[134] 參閱赫伯特·芬格萊特（Herbert Fingarette）著，彭國翔等譯，《孔子——即凡而聖》（Confucius——

變通之道，變無定法，必須就所面對的事物權衡輕重，以求取正當合理或義，若是為了守常道而坐視嫂溺而不救，則其人不但固執不通，不僅不合乎禮的原意，而且喪仁失義。可見孟子在抉擇事物的取捨時，乃以義為優先考量。

於孟子而言，發乎內在本心的「仁」是外在「禮法」的根本，在情勢相左時，當循乎本心而非禮法。聖賢行事，以「權」度其所處的時而措其宜，故能各當其可，以得時中。〈盡心上〉云：「執中為近之；執中無權，猶執一也。」總之，萬變「不離於宗」（〈天下〉）。葉飛云：「孟子首次提出了道德行為的『權變理論』，主張道德主體可以根據道德情境的不同而選擇不同的道德行為。這進一步突顯出了行為者的道德主體精神，賦予了行為者更多的道德選擇空間。在孟子看來，真正的仁人君子並不是道德教條主義者，也並不需要把儒家倫理學說視為永恆不變的行為準則，而是可以適當地『權變』。道德教條主義在道德實踐中往往會碰壁，因為生活情境是不斷變化的，不同的生活情境所要求的行為準則也是不同的。如果時時刻刻都抱著抽象的道德教條而不懂得『權變』，那麼既無法發揮出個人的獨立自主精神，同時也可能陷入『刻舟求劍』、『按圖索驥』的尷尬境地。……另一方面，『權變』觀念使得儒家倫理在一定程度上向道德主體進行了『賦權』，突出了個人在具體的道德情境中做出自主的道德行為選擇的權利，這無疑也是對儒家倫理學說的重大突破。這兩大突破都肯定了人的道德主體人格，擴充了人在道德行為上的主體選擇空間。」[135] 權，主要是指道德主體在實踐中遇到行為準則發生衝突的兩難情境時所作的變通行為[136]。只知道一味堅守原則而不知道隨時變通的，

The Secular As Sacred），（南京：江蘇人民出版社，2002年9月），頁6。

[135] 見其所著，〈論孟子人格教育思想的主體精神〉，載於《華東師範大學學報（教育科學版）》，2016年6月，第1期，頁100。約瑟夫‧弗萊徹（Joseph Fletcher）云：「在每個『當下存在的時刻』或『獨特』的境遇中，人們都必須依據當時當地的境遇本身，提出解決道德問題的辦法。」見其所著，程立顯譯，《境遇倫理學》（Situation Ethics），（北京：中國社會科學出版社，1992年3月），頁13。

[136] 「權」這是從實際情況出發找出與實際相符合的原則、方法、策略，而不是用原則來生搬硬套現實生活。孟子的權只在行為，並不權存心，它既是一個關注普遍性與針對特殊性的問題，又是一個遵

就是淺陋固執的小人而非智者[137]，正如孔子所說：「言必信，行必果；
硜硜然，小人哉！抑亦可以爲次矣。」（〈子路〉）孟子對此闡發得更爲
清楚：「大人者，言不必信，行不必果，惟義所在。」（〈離婁下〉）這
意味孟子的道德原則是有客觀價值、被尊重的，但是並非不可被淩駕的原
則[138]。故萬「權」不離其「義」。若離開其「義」，則生命價值消失殆
盡！職是之故，義的最大理論價值就是妥善應對了「經」與「權」的矛
盾，在社會倫理道德領域實現了普遍性與特殊性、絕對性與相對性的統
一。任何倫理道德準則，都具有普遍性和絕對性的內涵，屬於「經」的範
疇。普遍性是對社會各種倫理道德現象背後共性內容和規律的把握，絕對
性則是要求人在相同的倫理道德領域遵守同一的價值和準則。然而，普遍
性並不是孤立的實體，而是存在於特殊性之中，沒有特殊性就沒有普遍
性；絕對性也不可能沒有例外，只是相對之中的絕對，由此引出了權的概
念。一般而言，「經」是指倫理道德的主體品格，強調道德原則的普遍性
和絕對性，強調堅守道德原則的重要性和必要性；「權」是道德價值的權
宜運用，可以靈活掌握、變通對待。「權」的變通並不能離開「經」的原
則，而是更好地實踐「經」的原則。《公羊傳》云：「權者反於經，然後
有善者也。」這說明權者與變通，表面似乎與「經」的原則不一致，甚至
違反了「經」的要求，實質上卻真正遵守了道德原則，完成了「經」的使
命，達到了人性善的目的。故決策與行動所依據的判斷，當然就只在於動
機或存心上的善了。但是問道德上的該不該，「義」的當爲與不當爲，而
拒斥以結果層次上的理性計算、機會和風險的評估[139]。

　　孔孟的論述一反一正而觀點卻一脈相承，都是反對一味地「言必信，
行必果」，要求「惟義所在」，一切用「義」來衡量。只要合乎「義」，

守道德原則性與掌握靈活性的問題。

[137] 尼采云：「哲學家……必須形式繁多，既要堅定強硬，又必須隨機應變。」見其所著，張念東等
譯，《權力意志——重估一切價值的嘗試》，頁19。

[138] 參閱蔡信安著，〈孟子：德行和原則〉，載於《臺大哲學論評》，2002年1月，第25期，頁59。

[139] 參閱葉仁昌著，〈孟子政治思想中義利之辨的分析：四種主要類型的探討〉，載於《政治科學論
叢》，2011年12月，第50期，頁29。

也就「言不必信，行不必果」了，故在出現道德衝突時，孟子堅決和主動地違背、捨棄外在的、形式的、非本質的小善，以維護、保持內在的、本質的大善。這不僅是明智和務實的，而且具有理論的深意。因為內在的、本質的大善包含更多的善，代表道德的基本精神和實質。惟有重本輕末、捨小存大，才能達到善的目的和道德的要求。否則因小失大、顧末棄本，非僅不明智，最終也只能導出惡的結果和違背道德的實質[140]。無論如何，孟子與淳于髡這段對話，表明在政治原則問題上，前者是從不讓步的。王道主義是孟子的政治信念、偉大的理想，儘管不合時宜，儘管屢屢失敗，然而對這個大是大非的問題，孟子矢志不移，不改初衷，顯露出一種偉大、悲壯的美[141]。

　　《論語》曾記載孔子與其弟子討論管仲的自殺是否合於仁德等問題。管仲和召忽都是公子糾的師傅，當公子糾被其兄齊桓公殺害後，召忽殉主自殺，這體現了對君主的忠誠，符合當時所要求的君臣之義的道德行為。但是管仲不僅沒有自殺，反而還做了齊桓公的宰相，幫助他成就了稱霸諸侯，使天下的一切事得以糾正的豐功偉業。對此，子路和子貢都提出疑問，子路說：「桓公殺公子糾，召忽死之，管仲不死。曰未仁乎？」（〈憲問〉）子貢則問得更尖銳：「管仲非仁者與？桓公殺公子糾，不能死，又相之。」（同上）認為管仲沒有仁德，可是孔子對管仲這樣忍小辱成大業的行為表示了肯定：「桓公九合諸侯，不以兵車，管仲之力也。如其仁！如其仁！」（同上）又說：「管仲相桓公，霸諸侯，一匡天下，民到于今受其賜；微管仲，吾其被髮左衽矣！豈若匹夫匹婦之為諒也，自經於溝瀆，而莫之知也！」（同上）在孔子看來，管仲幫助齊桓公得以不用武力而多次召集諸侯盟會，同時輔佐齊桓公成就霸業，百姓一直蒙受其恩惠，而沒有「被髮左衽」，淪為夷狄，這些都是管仲的仁德，故不能要求他像普通男女那樣講求小節小信，自縊於山溝之中。孔子認為道德是基於普遍的人皆有之的道德本質予以界定的。道德即起源於人的內在之善，

---

140 參閱張奇偉著，《亞聖精蘊──孟子哲學真諦》，頁52-53。
141 參閱楊澤波著，《孟子與中國文化》，頁85。

德性的養成即善端的發揚，道德規範、道德評價都是以人的道德本性爲依據。故孔子在評價管仲時，雖然認爲管仲不守禮，但是又以他的行爲正體現了「仁者愛人」的精神，故而感歎道：「如其仁！如其仁！」易言之，孔子的道德是以內在於人的普遍的人性爲基礎，德性是人內在的本質力量的生發，道德行爲是人內在力量的實現與體現，這種道德是一種普遍的道德。可見在生死面前究竟何去何從，關鍵要看是否具有成仁的眞實價值，或其目的和效果，若選擇生是爲了成就更大的仁，則這種抉擇就值得肯定。何況生比死更難。死亡只需要一時的勇氣，但生需要一世的膽識！自由的人絕少想到死，管仲的智慧不是死的默念，而是生的沉思。因此，孔子對其行爲和人生態度給予高度的肯定和讚許。

在生死以外，孟子提出更高級好惡抉擇的可能，〈告子上〉曰：「魚，我所欲也；熊掌，亦我所欲也；二者不可得兼，舍魚而取熊掌者也。生，亦我所欲也；義，亦我所欲也；二者不可得兼，舍生而取義者也。生亦我所欲，所欲有甚於生者，故不爲苟得也。死亦我所惡，所惡有甚於死者，故患有所不辟也。如使人之所欲莫甚於生，則凡可以得生者，何不用也？使人之所惡莫甚於死者，則凡可以辟患者，何不爲也？使人之所惡莫甚於死者，則凡可以辟患者，何不爲也？由是則生，而有不用也；由是則可以辟患，而有不爲也。是故，所欲有甚於生者，所惡有甚於死者；非獨賢者有是心也，人皆有之，賢者能勿喪耳。」[142] 孔子就曾說過：「志士仁人，無求生以害仁，有殺身以成仁」（〈衛靈公〉）。其實，在肉體尺度和精神尺度並行不悖的情況下，難以顯示人境界的高

---

[142] 賴炎元註譯，《韓詩外傳今註今譯》，頁58云：「楚昭王有士曰石奢，其爲人也，公而好直，王使爲理。於是道有殺人者，石奢追之，則父也，還返於廷，曰：『殺人者，臣之父也。以父成政，非孝也；不行君法，非忠也；弛罪廢法，而伏其辜，臣之所守也。』遂伏斧鑕，曰：『命在君。』君曰：『追而不及，庸有罪乎？子其治事矣。』石奢曰：『不然。不私其父，非孝也；不行君法，非忠也；以死罪生、不廉也。君欲赦之，上之惠也；臣不能失法，下之義也。』遂不去鈇鑕，刎頸而死乎廷。君子聞之曰：『貞夫法哉！石先生乎！』孔子曰：『子爲父隱，父爲子隱，直在其中矣。』詩曰：『彼已之子，邦之司直。』石先生之謂也。」臺北市：臺灣商務印書館，1986年4月，卷2。石奢爲了「忠」、「孝」的價值兩全，寧可選擇不苟活於人世的選擇，正可與孟子所言相互輝映。

下，只有在兩者彼此衝突、非此即彼的情況下，才能突顯境界的高低。孟子不僅劃分了人的存在的兩個層面，而且對其作出比較和評價，賦予其「大」、「小」、「貴」、「賤」之分，指出：「先立乎其大者，則其小者不能奪也。」（〈告子上〉）在在都強調前者對後者的優先性和至高性，此一立場體現了精神可超越肉體的價值。

可見所欲有甚於生者，所惡有甚於死者，故孟子在生與死的抉擇及生死關頭的醒悟時，必以道德爲圭臬，故其重視生命的意義，一定勝過生命的現象，亦即對義理性生命的重視多於生物性生命的重視[143]。究其實，生命的維持不是所欲東西中的最高限，生命的死亡亦不是所惡東西中的最高限。人固不能隨便輕生，亦不能一切只爲求生。除了生之好，死之惡以外，還有義與不義的問題。有時義更爲人所好，這就表示義的價值比生還高。有時不義更爲人所惡，這就表示不義的壞比死還壞。好義惡不義的好惡，即好善惡惡的好惡，還是比好生惡死的好惡更高。好生惡死是屬於感性的，是以幸福爲標準的。好善惡惡是屬於理性的，是以道德爲標準的。人皆有此好善惡惡的「仁義之心」，不獨賢者有之，只不過賢者能不喪失而已[144]。

〈告子上〉云：「一簞食，一豆羹，得之則生，弗得則死；嘑爾而與之，行道之人弗受；蹴爾而與之，乞人不屑也。萬鍾則不辨禮義而受之，萬鍾於我何加焉？」人當飢餓時，雖然急欲找食物充飢，但是對於無禮或不屑的施捨，寧可選擇不接受[145]。在願不願受辱間，人心中自有取捨的標準，而取捨的標準就是義，故孟子一再強調：「非其義也，非其道也，祿之以天下，弗顧也；繫馬千駟，弗視也。非其義也，非其道也，一介不以與人，一介不以取諸人。」（〈萬章上〉）這段話並不能單純地理解爲

---

143 參閱王玉玫著，《孟子思想的生死學議題》，（臺北市：文史哲出版社，2006年12月），頁94-95。
144 參閱牟宗三著，《圓善論》，（臺北市：臺灣學生書局，1985年7月），頁40-41。
145 張奇偉著，《亞聖精蘊──孟子哲學真諦》，頁124云：「這種態度是每一個人都能採取的。爲什麼呢？從上下文來看，是由於每一個處於此情境中的人以自己的良心來評價和衡量，都會感覺持食物者對待自己的行爲與自尊、自愛的準則相違悖，嚴重地損害了自尊心，從而產生不滿、義憤，最終導致拒絕的行爲。這就是『羞惡之心』中的『惡之心』產生的動機和對行爲的調整作用。」

只是維護人的尊嚴，要求拿人當人也是義。每個人都要把道德原則放在首位。故他又云：「詩云：『既醉以酒，既飽以德。』言飽乎仁義也，所以不願人之膏粱之味也。令聞廣譽施於身，所以不願人之文繡也。」（〈告子上〉）這也就是說，精神上的滿足，是比獲得溫飽更高的要求[146]。因為「非其所有而取之，非義也」（〈盡心上〉）。要言之，在生與義不能兼顧時，選擇道義和人格，就是舍生而取義。由此可見，人類有價值觀念、思想，懂得如何拓展心靈的領域，如何運用這個領域的發展來彌補、解決、緩和有價值與沒有價值事物之間因生存而起的衝突，並且懂得如何從中求得一種與生活、生存外的生命價值意義。甚至為了渴求這層更神聖和崇高的價值、生命意義，人類可以壓縮自己的生理、生物欲望的層面，甚至犧牲生命，以完成人生最高的價值意義。荀子云：「人之所欲生甚矣；人之所惡死甚矣。然而人有從生成死者，非不欲生而欲死也，不可以生而可以死也。」（《荀子集解·正名》）這段話正是「殺身成仁」、「舍生取義」的概括。死者若不埋在活人的心中，那就真的死掉了。然而，如何可證明人自己必然會為有價值的事情而活著，以透顯生命的意義？答案在於人的一切欲望追求中，保存生命的完整或避免無故的死亡，乃人自身最基本，最強而有力的，至於其他感官的情慾在相形下便等而次之。若人沒有另外一種力量，則自然無可選擇地順從求生意欲，以做任何可能的事以保全生命，但實際上，人並非必然順從求生意欲以保全生命，故人必有一種能與求生意欲相抗衡的形而上的力量，或一種超自然性向的行動原因，此力量或原因，即孟子所謂的「道義」[147]。

　　是以道義盈於胸中，必可讓個人在精神意識上將生命的價值建立在更高的作用層上，幫助個人在面臨重要的人生價值關卡時，正確且義無反顧地選擇正道前進，做出最崇高、最神聖的定論，進而願意為社會道德的公理與正義奉獻一己之身而在所不惜。再者，要實現生命價值，必須永不止息地作道德實踐，所謂「天行健，君子以自強不息」（《易經·乾卦·

---

146 參閱梁韋弦著，《孟子研究》，頁80-81。
147 參閱謝仲明著，〈儒家心靈哲學〉，載於《中國文化月刊》，1996年2月，第76期，頁42。

象》），從事道德實踐就是一種價值的創造、價值的創生猶恐不及，又何必費心去揣測另一個未知的死亡世界呢？孔子即在此意義上言「子不語怪、力、亂、神」（〈述而〉），這種「不語」的態度正代表他對死亡的基本立場。

孟子在生與義之間作抉擇時之所以用後者為準，此類於孔子所言：「志士仁人，無求生以害仁，有殺身以成仁。」（〈衛靈公〉）「志士仁人」在「生」與「仁」之間選擇仁，因為他們了解求生不可盡得，任何人皆沒法保證自己的生命能壽終正寢，更沒法預知自己何時生，何時死，生與死是命的問題，與仁無關，而且誰也沒法掌控，但是「仁」則不同，任何人求仁皆可盡得，人當下求仁即可得仁，而且誰皆可掌控。求仁得仁是義的問題，是以「志士仁人」所關心的是仁的問題而非生的問題，故孟子對生死的抉擇是昭然若揭的。

雖然孟子只是從人與社會的關係來確定人的生命價值，這種單一的視角難免片面，不能全面揭示人類生命主體意義，因為人類面臨的不僅是人與社會的關係，還有人與自然的關係。不過我們還是應充分認識孟子思想的重要價值，它高度肯定了人的價值與尊嚴，賦予人類在宇宙中的崇高地位。從某種意義上說，歷史與道德的二律背反，不過是人的存在的這種悖論的展開了的歷史形式罷了。無論如何，人的存在的二重化即肉體與心靈的分裂，構成歷史與道德雙重尺度的最深刻的原初基礎，成為它的人類學本體論根據。孟子所謂的「魚與熊掌不可兼得」，充分突顯了這種兩難處境。若說理性構成人的肉體存在的自我肯定方式，那麼價值構成人的精神存在的自我肯定方式。人個體的歷史和人類的歷史，在根本的意義上，都僅是為了消解它們的衝突所作的一場努力罷了。在人類社會的嬗變中，理性與價值的對立表現為歷史與道德雙重尺度及其評價的博弈和衝突。這種對峙及為了消弭它所做的嘗試，乃是人類社會實際變遷過程所始終面臨的一個主題。

總之，所有的生物皆難逃一死，但是人死亡的方式有例外，因為死亡是人特有的一種能力，而不僅僅是生命的被動消失。人可以超越本能的恐

懼而選擇從容就死，為了自己的理想和追求選擇慷慨赴死，為了反抗奴役和邪惡而選擇毅然去死，亦可以「死得光榮」、「生得偉大」，其他的生物則不能。孟子即指出，人的一生只有不停歇地完成自己的使命，才能安息，也只有「盡其道而死」（〈盡心上〉），亦即通過有限人生的「盡己」，以實現無限的死亡，故他的德行不是個體封閉式的修養可以達成的，而是要在具體實施的過程中，將德行化為力量[148]，以把個體的存在與價值融入到家族、民族和國家的興亡中，以集體的長久與崇高彌補個體的短暫與卑微，從而宣揚道德的永恆，得以「雖死猶生」。可見他通過把面臨死亡的安樂寧靜的實現，轉移到世俗人生的道德追求上，通過道德生命的永恆和個體向集體的靠攏來實現對死亡終極性的否定。個體生命價值的實現是通過努力實現其社會理想來體現的[149]。孟子選擇了剛健有為的人生，賦予了人生與死沉重而神聖的社會責任，相應地淡化對死亡自然意義的關注。換言之，他把道德價值置於生命意義之上，把個體納入群體，以道德人格的永恆不朽獲得死亡超越，正好是迴避了死亡的終極性，迴避了死亡不可超越的現實。基於此，孟子的死亡超越實際上將死亡遺忘，以道德價值遮蔽了死亡之為死亡的真相。

死亡對於個體的絕對性反而逼出個體存在的絕對性。自我意識只有通過對死亡的承擔才能顯示自己生的資格和力量，這種向死而生的氣概確立了人的自主意識和自由精神，這種自由是個體存在的根基，同時標示他與其他自我意識的存在界限以及可能的關聯方式。由對死亡的意識，可以消極地引向對他者生命的維護、仁愛、關切、同情和憐憫[150]，一如孟子忙

---

[148] 斯賓諾莎（Baruck Spinoza）說：「德行與力量，我理解為同一的東西。」見其所著，賀麟譯，《倫理學》（Ethics），（北京：商務印書館，1958年1月），頁158。

[149] 生命中唯一真正短暫無常的部分是它的潛在力，這些潛在力一旦成為事實，立刻就變成過去。但是凡存在過的皆會永恆地存在，因此它們就從短暫中被解救及被保存起來。如此說來，我們短暫的存在絕不會是沒有意義的，反而構成了我們的責任感。因為每樣事物的關鍵就在於我們知道它是短暫的，所以人必須不斷地抉擇，哪些要做，哪些不要做，何種抉擇可成為一種不朽的生命痕跡。在任何時刻，人都要決定（不管是因而變得更好，或是更壞）什麼樣的事物，而成為他存在的里程碑。參閱維克多·弗蘭克著，趙可式等譯，《活出意義來——從集中營說到存在主義》（Man's Search for Meaning），（臺北市：光啟文化事業，2008年3月），頁146-147。

[150] 阿倫特區分同情與憐憫云：「同情（compassion）是因別人的痛苦而痛苦，似乎痛苦是會傳染的；

惕、惻隱之心所顯示的，也可以積極地導向直接面對死亡、爭取和創造個體獨立自主自由的生命存在，由此擴充為對家國和文化的惻隱之心，並為之萌生竭盡一己之力，甚至犧牲生命也在所不惜，從而獲得死而無愧的生命情懷和道德力量。顯現出死的價值，也標明生的意義。

死亡，對有些人來說意味著結束，對有些人來說卻意味著開始。它對生命來說意味著結束，對精神來說卻意味著開始。從生觀死，看見生命的限制與悲哀；以死觀生，則見生存的彌足珍貴。「捨生取義」的絕唱，在中國的思想史上，猶如黃鐘大呂的宏音，震得歷史的耳朵發聾。正是這樣剛勁宏大之音，為中華民族的精神史添加了無比燦爛的一筆；正是這不屈不撓的吟誦，激勵其後的歷史的無數英雄豪傑去驅除韃虜恢復中華。孟子的意義，不在於他為挽救一個病入膏肓的朝代所付出的努力，而在於他弘發了一股激動人心的力量，展示一種堅守尊嚴與良知，並且用生命去祭奠理想的光輝的道德精神，體現了一種「雖千萬人，吾往矣」（〈公孫丑上〉）的大丈夫胸懷和品格。正是這種精神，為中華民族的歷史樹立起一根剛健不屈、凜如日月的脊樑[151]！孟子所言的「仁義」，意指一種個人自覺的精神狀態，包含「成己、成人」兩方面：一是對於建立個人人格與知識渴求進行無上限的要求；另一面是對於他人無條件的自覺並自動、自

憐憫（pity）則是毫無切膚之痛下的悲痛。」見其所著，陳周旺譯，《論革命》，頁72。若人懂得同情別人的不幸和苦難，則他就會得到一種心理暗示，讓他日後能夠自覺地預防、避免同樣的不幸再發生在自己的身上。亞當・斯密著，蔣自強等譯，《道德情操論》，頁7云：「引起我們同情的也不僅是那些產生痛苦和悲傷的情形。無論當事人對對象產生的激情是什麼，每一個留意的旁觀者一想到他的處境，就會在心中產生類似的激情。」。故「同情與其說是因為看到對方的激情而產生的，不如說是因為看到激發這種激情的境況而產生的。」「旁觀者的同情心必定完全產生於這樣一種想象，即如果自己處於（他人的）上述境地而又能用健全理智和判斷力去思考，自己會是什麼感覺。」同上，頁9。

[151] 真正的偉人，絕不是那些單把功名建立在萬骨枯之上叱吒風雲的大將，也不是那些僅一時呼風喚雨的英雄豪傑，也不是那些只會鎮日在經書裡窮經皓首、不食人間煙火的大師或專家，而是那些在個人與社會，異端與正統的對抗中，雖然屢屢被擊倒，而至死不渝地堅持自己的理想、信念，以最寶貴的生命去祭奠自己的理想、信念，從而在最大限度上突顯其悲壯的主體價值，同時在最大程度上提升他的主體精神的人。偉人永遠以精神意義為標準而與世俗成敗標準或約定成俗的規條無關。在沒有人奮勇當先的時代，孟子只以個體生命去證成作為一個實實在在之「人」的格調，於是成為萬世的偉人！

願擔負起無限的責任。「自願體現了個人主體性原則和個人權利」[152]。當人因受到內心的道德信念而自發驅動而執行禮儀時，這種個體自願的自律作爲，自然能保障公共利益，也能使得社會在不斷的變動中不受影響還能持續穩定地一直發展下去，這是一種極富人文意義的實質不朽，這也是孟子在生死的抉擇中，以仁義爲準則的實義！

雖然「死」這個字在先秦儒家典籍中多被提及，如《論語》中出現三十八次，《孟子》中則出現多達五十二次，但是死亡從來沒有作爲死亡而被認識，其本質始終被理性和道德所遮蔽，既然死亡根本上是我之爲我的個體性的死亡，則以自然天命論下的理性觀照死亡如何能消解死亡的哀傷，它恰恰是迴避了我之死亡的事實眞相。同樣，道德本是生命的自然覺悟與昇華，不是壓制生命的強制律令。最道德的道德首先是守護生命的道德，在孔孟那裡還與生命保持和諧張力的道德，但是被後儒片面地發展後，反而成爲壓制和遮蔽生命的道德枷鎖，這根源仍在於先秦儒家過分強調道德的基調。

莊子則強調：「草食之獸不疾易藪，水生之蟲不疾易水，行小變而不失其大常也，喜怒哀樂不入於胸次。」（〈田子方〉）人生而死，死而生，只是「小變」而已，又何必令喜、怒、哀、樂入於「胸次」？兩者沒有彼此的分別，生與死的變化，其實與四季的變化相同，也與晝夜的變化一樣。況且生是萬物之一體，死也還是與萬物爲一體，兩者到底有何區別？任誰也無法細分生與死的界限和先後的次序，更無法分辨絕對的生和絕對的死，個體生命永遠無法跨越的生與死的自然大限，實際上並不存在。卡西爾云：「對生命的不可毀滅的統一性的感情是如此強烈如此不可動搖，以致到了否定和蔑視死亡這個事實的地步。在原始思維中，死亡絕沒有被看成是服從一般法則的一種自然現象。……原始人在他的個人情感和社會情感中都充滿了這種信念：人的生命在空間和時間中根本沒有確定的界限，它擴展於自然的全部領域和人的全部歷史。」[153]

[152] 何建華著，《經濟正義論》，（上海：人民出版社，2004年12月），頁268。
[153] 見其所著，甘陽譯，《人論》，頁107-108。

故人在看待這種誰都無法逃避的自然規律時，若能把死亡視爲葉落一般正常，則面對死亡就不再懼怕，反而有葉落歸根的寧靜美感[154]。如此一來何必自己坐困愁城，使精神陷入不必要的不安、焦慮和痛苦之中，也就不會產生所謂的死亡之痛而「悅生而惡死」（〈人間世〉），如此便能「不知所以生，不知所以死」（〈大宗師〉）、「未嘗死，未嘗生」（〈至樂〉），進而「生而不說，死而不禍」（〈秋水〉），這無疑有助於超越淡化對死亡的畏懼。

　　以超越自我的態度來觀照自我的死亡，故《莊子》中一些人物面對自己的殘缺和畸形的軀體和難逃一死的命運，他們依然能以超越的態度，運用天眞而美好的想像，設想即將發生在自己身上的「物化」的過程[155]。〈大宗師〉云：「俄而子輿有病，子祀往問之。曰：『偉哉夫造物者，將以予爲此拘拘也！曲僂發背，上有五管，頤隱於齊，肩高於頂，句贅指天。』陰陽之氣有沴，其心閒而无事，跰𨇤而鑑於井，曰：『嗟乎！夫造物者又將以予爲此拘拘也！』子祀曰：『汝惡之乎？』曰：『亡，予何惡！浸假而化予之左臂以爲雞，予因以求時夜；浸假而化予之右臂以爲彈，予因以求鴞炙；浸假而化予之尻以爲輪，以神爲馬，予因以乘之，豈更駕哉！且夫得者，時也，失者，順也；安時而處順，哀樂不能入也。此古之所謂縣解也，而不能自解者，物有結之。且夫物不勝天久矣，吾又何惡焉！』」子輿雖然患病，身體衰弱，整個人委縮扭曲而不像人形，令人慘不忍睹，但是他仍能「其心閒而无事」，步履蹣跚而悠閒地走到井旁，觀賞自己的容貌。還想像和期待造物者接下來又將他「化」成什麼模樣。也許「浸假而化予之右臂以爲彈，予因以求鴞炙；浸假而化予之尻以爲輪，以神爲馬，予因以乘之，豈更駕哉」！這是多麼美妙奇特而富於樂趣的想像！死亡，在此已不是一件可怕的事情，而變成了造物者神奇無比的

---

[154] 游乾桂著，《背叛死亡》，頁206云：「如果死亡是一種旅行，那麼就讓魂歸天，魄歸地吧。歸天的等待輪迴，歸地的營養萬物。」臺北市：探索文化事業公司，1997年1月。

[155] 阿德勒著，黃光國譯，《自卑與超越》（What Life Should Mean To You），頁2云：「身體缺陷或其他因素所引起的自卑，不僅能摧毀一個人，使人自甘墮落或發生精神病。另一方面，他還能使人發憤圖強，力求振作，以補償自己的弱點。」臺北市：志文出版社，2013年9月。

魔術表演，變成了饒有生趣、值得觀賞的一齣戲。莊子通過對子輿的藝術化的描繪以化解人生的痛苦，解決死亡這個重大的問題，這種進路，是純粹審美的、藝術的[156]。

〈齊物論〉結尾的寓言「莊周夢蝶」，更對超越死亡的恐懼及不安，提出畫龍點睛之方：「昔者莊周夢爲蝴蝶，栩栩然蝴蝶也，自喻適志與！不知周也。俄然覺，則蘧蘧然周也。不知周之夢爲蝴蝶與，蝴蝶之夢爲周與？周與蝴蝶，則必有分矣。此之謂物化。」人死之後，並非歸於泯滅，而只是化爲另一樣東西，所以他即稱死爲「化」[157]。也許人逝世之後化爲蝴蝶，像「物化」之後的莊子那樣逍遙地飛舞，還絲毫不知道自己是蝴蝶呢！故化作什麼，便樂於作什麼；時而莊周，時而蝴蝶，林林種種，不可偏執其一，進而便可「不知說生，不知惡死；其出不訢，其入不距；翛然而往，翛然而來而已矣」（〈大宗師〉），「死生无變於己」（〈齊物論〉），這才是「眞人」的品格。故所謂「物化」，實乃心與物遊的忘我境界。由意識講，是視萬物爲一體的齊物觀，由心理講，是泯滅萬物的差異、主客渾融無間的狀態。夢爲蝴蝶，便依照蝴蝶的感知世界，以一個活潑而完整的存在體「自喻適志」，醒來變爲莊周，則又是一個自自在在的莊周。既不以莊周爲主體而疏離蝴蝶，亦不以蝴蝶而驚異於莊周，既不必區別是蝴蝶夢見了莊周，亦不必辨識是莊周夢見了蝴蝶，從而形成一個完全渾然一體的境界[158]。「在夢中，不僅僅能洞察我們和他人的關係或者他人和我們的關係，價值判斷以及預見，而且，理智活動也比清醒時優越」[159]。

在莊子看來，生死並不是絕對的，生死都處於宇宙萬物的大化流行之

---

156 參閱徐克謙著，《莊子哲學新探——道‧言‧自由與美》，（北京：中華書局，2005年8月），頁227-228。
157 參閱徐復觀著，《中國人性論史‧先秦篇》，（臺北市：臺灣商務印書館，1977年4月），頁407。
158 參閱左東嶺等著，〈內在超越與莊子的人生價值取向〉，載於《中國哲學與哲學史月刊》，1996年，第6期，頁42。
159 佛洛姆著，郭乙瑤等譯，《被遺忘的語言》（The Forgotten Language： An introduction to the understanding of dreams, fairytales, and myths），（北京：國際文化出版公司，2001年1月），頁31。

中，「天地與我並生，而萬物與我爲一」（同上），人與萬物是合爲一體的，因此，有、無、生、死的界限都是相對的。莊周夢蝶是眞實的夢，賦予人的有限性以無限性；蝶夢莊周則是虛假的夢，把世界的無限性託付給人的有限性[160]。要言之，莊子乃借夢境的描述與詰問，把「生死齊一」的觀念呈現在一幅精緻、生動的思想圖像之中。這個觀念是靈魂與肉體、眞實與虛擬、生與死二分的生命救贖。故此寓言神奇的不是夢境，而是問題。

莊子的哲學肯定了死亡的自然性與必然性，不過他並沒有停留在這一點之上，而是進一步尋求這種死亡的必然之中的應然性，即越過死亡的價值性問題。他認爲，人的形體總有在腐爛之後化爲枯骨的一天，但是可以通過「心齋」、「喪我」、「坐忘」等工夫，忘掉自己身體的存在[161]及欲望，在精神上與「道」或「世界整體」合而爲一，也藉由此整體的永恆，達到個體生命的永恆[162]。〈大宗師〉云：「已外生矣，而後能朝徹；朝徹，而後能見獨；見獨，而後能无古今；无古今，而後能入於不死不生。」人一旦能忘掉肉體生命的存在，便能大徹大悟，內心就能像朝陽一樣清新明澈，達到對「道」的認識，從而可以跨越時間，及肉體生命，獲得生命的永恆，「倒懸」之苦自然不解而解，故莊子不是通過宗教的慰藉來消解這個永恆的情結，而是主張「齊生死」，引導人從自然大化的角度去求得解脫，抹去死亡在人心靈深處所留下難以磨滅的陰影。

事實上，作爲理想的存在形態，死亡在莊子那裡一開始便既不同於虛無化，也與彼岸的現象相異，它在某種意義上表現爲「在」世過程的延

---

[160] 參閱朱莉美著，〈莊子與海德格爾「生死觀」的比較〉，載於《德霖學報》，2003年6月，第17期，頁165。

[161] 「身體在觀念上應屬於理性應予擺脫的東西，即人越是能使自己擺脫身體的束縛，人就越自由。」見許志偉（Edwin Hui）著，朱曉紅編，《生命倫理：對當代生命科技的道德評估》（Bioethics：An Ethical Assessment of Modern Biotechnologies），（北京：中國社會科學出版社，2006年10月），頁56。

[162] 韓林合著，《虛己以遊世──《莊子》哲學研究》，頁207云：「至人與道或世界整體同而爲一，我們通常的時間觀念只適用於世界之內的事物，而不適用於世界整體本身。因此，作爲整體的世界是超越於時間之外的。最後，至人也是處於時間之外的。由於生和死必然是發生於時間中的事件，因此對於至人而言根本無所謂生和死；換言之，他生活於永恆之中。」北京：北京大學出版社，2006年8月。

續。這種理解與通常對死亡的看法顯然有所不同。按一般之見，死亡首先表現為生命的終結，而終結又意味從有走向無，不僅生命不復存在，而且存在的意義也似乎由此消逝。其實，死亡的必然性，往往容易引向人生的無意義感或荒謬感。另一方面，在各種形式的超驗視野之中，死亡則往往與離開現實存在、走向彼岸世界相聯繫。無論作為生命的終結，抑或彼岸的現象，死亡似乎都蘊含存在的中斷。然而，當死亡使人勝過「人間之勞」而返其「真」時，它無疑更多地與存在的綿延相聯繫：從生到死在此被規定為同一存在，由不合乎理想的形態向較為合乎理想的形態轉換；與化為虛無，走向彼岸不同，死亡作為存在的繼續，似乎成為「生」的獨特形式，存在的意義也彷彿得到某種延續[163]。彼岸世界的無限，最終被此岸人靈的內在世界的無限所消解，生存的時間性和空間性被克服，生命的意義不在於生命的長度，而在於生活、生命意義的充盈，在於生命力的高漲迸發狀態。因此，死亡雖然伴隨著生命的整個過程，然而死亡並不意味生命的終結。「不如說，作為一切生命要素的重要成分，死伴隨著整個生命」[164]，因為死亡的本質與赴死的行為將賦予生命以無限的意義。

總之，死亡是生命的臨界點、生命最核心的問題。我們的生命，也是他人死亡的延續，來日，我們的死亡也將使他人延續。生是珍貴的，死也是珍貴的，生只有一回，死也只有一次，人珍惜生命之外，也應該莊嚴地領受死亡。死亡，是完整生命的一部分，更是一種完成。死亡，不是世界到了末日，天崩地裂；也不是永無止境的黑暗，殘忍地拆散。來來去去之間、先行後到之間，幾次旋轉，你我又再次相逢了。因而死是往生，奔赴嶄新的旅程[165]，更超逾有限與無限的對立，以把握超時間永恆之美的瞬間。因而像千斤重擔壓抑心頭的死亡，哀痛逾恆的死亡，在「往生」的觀

[163] 參閱楊國榮著，〈《莊子》視域中的生與死〉，頁113-114。

[164] 馬克斯・謝勒著，孫周興等譯，《愛的秩序》，頁26。

[165] 費希特云：「在自然的人常常視為罪過的那一切事情中，死亡對我來說是最微不足道的。我根本不會對我自己死亡，而只會對別人，對那些依然留下來的、我脫離其結合的人們死亡，對我自己而言，死亡之時就是一種嶄新的、更壯麗的生命誕生之時。」見其所著，梁志學等譯，《論學者的使命、人的使命》，頁214。

念裡變得如釋重負、輕盈且平常了。故死亡不是生命的結束，而是新生的開始；死亡就像睡覺一樣，是一種往生回家，也是痛苦的結束，極樂世界的來到[166]。

莊子已明示，通過個體生命的有限性與群體生命的無限性的轉換，可實現生與死超越的路徑。他所提出「薪盡火傳」的命題，就包含了這種意蘊。〈養生主〉的末段云：「指窮於為薪，火傳也，不知其盡也。」朱哲認為「薪盡火傳」也就是喻示個體生命的有限性在群體生命的無限性之中得到超越之意[167]。的確，莊子的「薪火之喻」，既指個體生命融入宇宙大化之中，也指個體生命的有限性與群體生命的無限性的關係：個體生命是有限的，猶如薪有燃盡的時候，群體的生命卻是無限的，具有無限性，如火之傳延不絕。死亡只是把有限的小我化解，融入永恆不死的大我之內，是以個體生命可在無限的整體生命之中得到延續和超越，它意味超越現實存在的有限性，而回歸於永恆和無限的終極實存[168]。

莊子以生與死超然和豁達的態度，取代了一般人對兩者的對立和否定的觀念，這對於淡化和消解死亡的神祕感、超驗感，以及過度的畏懼感固然具有積極的意義，但也隱含了對現實人生的淡漠化，和對死亡的理想化。由此可見，莊子雖然沒有像儒家一樣講求以「三不朽」來克服死亡的問題，不過「薪盡火傳」的意涵，除了傳達養生的道理之外，同時傳達了精神生命不滅之意。就此而言，莊子的真意和中心意旨其實和儒家大同小異，兩者皆認為生命有不朽的部分，只是說法和進路不同而已。有關「死而不亡」的意義，錢穆有淺顯易懂的闡述：「何以謂生命從生命中來，如樹上長枝葉，開花結果，父母生育子女等，其事易知。何以謂生命還向生

---

[166] 參閱戴正德著，《生死醫學倫理》，（臺北市：健康文化事業公司，2001年5月），頁38。
[167] 參閱朱哲著，《先秦道家哲學研究》，（上海：上海人民出版社，2000年9月），頁183-184。
[168] 崔宜明著，《生存與智慧——莊子哲學的現代詮釋》，頁126-127云：「個體生命固然是有限的，生命的存在則永恆，所以，生命是神聖的。生命的永恆雖然基於肉體存在的延續，但就像油脂為薪一般，要靠精神之火才能照亮生命，生命唯因精神之火才得以永恆，所以，生命是崇高的。有限的個體生命則因燃起精神之火而創造永恆、分享永恆，所以，生命是圓滿的。」上海：上海人民出版社，1997年5月。

命中去，其事若不易知。如樹葉凋零，爲求樹身完長。樹葉失去其小生命，爲護養樹身之大生命。故曰生命還向生命中去。人人期求長生不老，但若果如願，將妨礙了此下的幼小新生。故每一人必老必死，乃爲著下面的新生代。故知生命之死亡，乃爲生命之繼續生長而死亡。換言之，則一切死亡，仍死亡在生命中。」[169] 每一個生命都必須結束，不得抗拒，方能讓位給源源不絕的新生命！差別只在於離開的時候是否了無遺憾？

　　人雖然無法長生不老，但是其子孫及傳續不盡的後代，就是「死而不亡」的象徵，對於關係延續問題的解決，是先從血緣延續的角度入手，認爲只要透過生育的延續，就可以透過血緣的關係得到實現[170]。所以錢穆才說「生命從生命中來」，人的形軀雖然必定走向「無」，精神生命卻可以永遠存在，故「死亡在生命中」。〈知北遊〉即云：「是天地之委形也；生非汝有，是天地之委和也；性命非汝有，是天地之委順也；孫子非汝有，是天地之委蛻也。」這段話闡述萬物在氣的作用之下繁衍不絕，是以小我的生命就在與宇宙同體之中達到精神的不朽，或在子孫的傳續之間「死而不亡」，亦即「薪盡火傳」[171]，這也是孟子強調「不孝有三，無後爲大」（〈離婁上〉）的要義。死亡的真相，就顯示在「雖死猶存」的不朽之中。故《莊子》在一定程度上具有某種詩意的時間觀，如構想的某些形象，他們死亡與存在均打破了時間的界限[172]。印順即云：「生生不已，也就是死死不已。死去了，絕對不就是毀滅；同樣的，未生以前，也

---

169 見其所著，《靈魂與心》，（桂林：廣西師範大學出版社，2004年11月），頁110-112。

170 參閱維克多·特納（Victor Turner）著，趙玉燕等譯，《象徵之林：恩登布人儀式散論》（The Forest of Symbols：Aspects of Ndembu Ritual, Ithaca），（北京：商務印書館，2006年11月），頁99。柏拉圖亦云：「一切人都有生殖力，……都有身體的生殖力和心靈的生殖力，……這孕育和生殖是一件神聖的事，可朽的人具有不朽的性質，就是靠著孕育和生殖。……通過生殖，凡人的生命才能綿延不朽。」「一切生物都有珍視自己後裔的本性，並無足怪，一切人和物之所以有這種熱忱和愛情，都由於有追求不朽的欲望。」見其所著，朱光潛譯／導讀，《柏拉圖文藝對話錄》（Plato's Dialogues on Literature and Arts），（臺北市：英屬蓋曼群島商網路與書公司，2005年10月），頁340、342。

171 謝幼偉著，《中西哲學論文集》，頁15云：「中國儒者認為個人生命，不論從肉體方面或精神方面來說，均可由其子孫而繼續，子孫的生命，就是父母及祖宗生命的延續。只要我有子孫，一代一代傳下去，這便是我生命的不朽。」香港：新亞研究所，1969年5月。

172 參閱顏翔林著，《死亡美學》，（上海：學林出版社，1998年10月），頁209。

不是什麼都沒有。前一生命的結束──死了，即是後一生命的開始。生命是流水一樣的不息流去。」[173] 就是這個道理。群體生命是本體實在，每一個體即群體血緣鏈上的一環，個體只是族類生命的承載者，其唯一的使命是使群體衍生不息。當群體生命意識指向宇宙本體時，個體便不具有本體與實在意義，群體則構成了生命世界的最高象徵。故死亡在生命個體中只是徒勞的存在，個體的死亡帶來了生命的再生[174]，生命精神因此回歸宇宙洪流而進入永恆之境。

退一步從「生」與「死」的生命意義而言，人結束以前的生命，開始以後的生活，生不再是自然生命的延續，而是斷續。人每時每刻地生，也每時每刻地死。死亡不再是量到質的蛻變過程，死是生命的一部分。當生命不止一次，而是多次，我們便「死而復生」。死意味忘卻、揚棄。人必須學會放下和捨棄所有已知的、已有的。惟有這樣，才能創造嶄新的生命和新的生活。人必須向「過去的舊我」告別，才能得到「未來的新我」，亦即人必須大死一番才能獲得新生。

職是之故，人的形軀必然消失，若精神不受生與死所限制，則可衝破現實的界限而自由飛翔，如此，精神即可參與天地的變化，可越過一切時空的限制，與宇宙及萬物交感而融合為一，是以「死而不亡」，即是死亡的真相，所以莊子云：「无古今，而後能入於不死不生。」（〈大宗師〉）但是此說並沒有意涵長生不死或靈魂不滅的神祕之道，或是死亡之後有另外一個神祕的世界。因為無論是肉體長生還是靈魂不死，都還是時間之中的事件，而真正的永恆或同於無時間性，或至少是一種以無時間性為基礎的狀態。莊子所追求的是能夠提供至福至樂、絕對自由等永恆的狀態，而非通常意義上的長生不死、靈魂不死。因為即使一個人通過某種特

[173] 見其所著，《學佛三要》，（新竹縣：正聞出版社，1971年10月），頁26。
[174] 愛德華・伯內特・泰勒（Edward Burnett Taylor）著，連樹生譯，《原始文化：神話、哲學、宗教、語言、藝術和習俗發展之研究》（Primative Culture：Researches into the Development of Mythology, Philosophy,Religion, Language, Art, and Custom），頁420-421云：「對古代人而言，死亡不是生命的終了，而是到達再生的過渡，在原始宗教原始信仰中，常見的是靈魂轉生的信仰，死去的靈魂轉化為人、動物或者植物，而使原來的生命得以繼續。」桂林：廣西師範大學出版社，2005年1月。

殊的修煉（道教徒所謂『內丹』），或通過某種靈丹妙藥（道教徒所謂『外丹』）而獲得了長生不死、靈魂不死（從物理上說這幾乎是不可能的），若他不能心齋，那麼他仍然會面臨各種各樣的人生問題，他的人生仍然不能具有意義[175]。可見「薪盡火傳」，只是在說明超越形軀的真正生命主體是不死的，人與宇宙是同體的生命，所以能超越有限的形軀，因而綿延不絕、傳續不輟，故在面對生死的變化時，自能「不樂壽，不哀夭」（〈天地〉）。

莊子將死與生的變化立基在自然之道的詮釋之上，說明「生死」是「始卒若環」（〈寓言〉）地聽之任之地變化，因此生與死既對立而統一，從而否定兩者的客觀現象，及取消其對立。莊子是以整體宇宙的流行來宏觀生死的現象，以「萬物畢同畢異」的知性來統合整體觀的慧心[176]。也就是說，莊子對於生與死，尤其是死亡問題的處理，是藉著「道」崇高的價值來泯除死與生的差異，把兩者等同起來，而持死與生一如的看法。就「道」的絕對性、無限性與永恆性來說，死與生已變得微不足道了[177]。在「齊生死」的思想之下，莊子所抉擇的自然是「安時而處順」（〈養生主〉），所以他認為，「生」與「死」並不是人生的問題，如何對「生」與「死」作抉擇，才是構成困擾人生的問題。只要能了解問題產生的真相，就能「死生无變於己」（〈齊物論〉），坦然地接受自然的造化。

莊子要求人們面對生死的不同狀態，只保持事實順應而摒棄任何價值的分辨和情感的波動。這種種超越死亡的方式建構在一種哲學理智的思辨和對萬物本質透悟的基礎之上，故就整個生命而言，死亡不是威脅，是一種挑戰，是內在精神及生命的繼續成長和養分，且更能深化的積極面對的人生階段，死亡是一種建設性的力量。每個人都會遭遇死亡，因此人人都很想了解死亡，可是死亡又經常以遙遠他者的姿態令人感到神祕莫測。由

---

175 參閱韓林合著，《虛己以遊世——《莊子》哲學研究》，頁208。
176 參閱鄔昆如著，〈莊子的生死觀〉，載於《哲學與文化》，1994年7月，卷21，第7期，頁584。
177 參閱吳汝鈞著，《老莊哲學的現代論》，（臺北市：文津出版社，1998年6月），頁156。

於無法掌握，對於未知的死亡必然帶給人們無窮的恐懼。死亡與人的距離是生與死的間隔，死亡意味著斷裂，生存的所有一切會因為死神的邀約而失去。因為死亡的必然性，人的生命充滿著無常與短暫，或許，很多人正邁向人生的高峰階段時，就收到了死神的召喚。不過，莊子提醒了世人，人的存在潛力和生命價值，也是在生命的短暫與無常的土壤裡逐漸盛開一叢叢的紅花綠葉。人不能等待死亡本身的來臨，人能等待一種特殊的死亡。如此便能坦然不懼，充實個人在生命歷程的體驗，建構一個生趣盎然的意義場所。在其中，個體就能找到自己的棲息之所──充滿靈動鮮活的經驗，個體精神在其中超昇，且能逍遙自在，活出自己的人生，一個不複製他人，也無法被複製而有價值的世界。

第五節　截然不同的喪葬觀

　　死亡是人生命的絕對終點，人從死去的這一刻起，就完全意味著踏上了新的旅途，開啟了一頁嶄新的生活。故人對於喪葬非常重視，將之看作是將死者的靈魂送往極樂世界必經的手續。喪禮是一個十分普遍的文化現象，它既顯示了人類生死的祕義，又濃縮了人類的悠久文明，也反映了人類的共同心理，還以典型的制度化形式同化和保持著不同文明的異質因素，並維護著整個民族的文化傳統。在一切民俗中，喪禮的形式之所以保持得最為持久，變化最為緩慢，乃是因為它涉及人性的最深刻、最內在的方面。故喪禮不僅是社會共有的禮儀規範，背後呈現出各種潛存信仰系統與對應模式，更可說是這個民族集體生存智慧的集大成，涉及到歷史所積澱下來的生命觀念，以及各種相應的現實實踐[178]。但是由於喪葬的儀式無法完全安撫人死而歸於虛無的憂懼，於是繼而有喪禮的延長，以祭祀的禮儀等安頓人心。

　　「禮」是中國古代社會的人倫總則，是宗法等級制度和人們行為規範

---

[178] 參閱楊國柱等著，《民俗、殯葬與宗教專論》，（新北市：韋伯文化國際出版公司，2003年4月），頁391。

的總稱。喪禮屬於凶禮之一，包括喪、葬、祭三個部分。「喪」是關於活著的人即死者親屬在喪期內的服飾及其活動的規範，主要是指喪服制度。「葬」是關於死者應享待遇的禮制，分為葬制與墓制，前者包括死者服飾、明器、棺槨及葬禮儀式等，後者指陵、墓的規格，如占地面積、高度、形制及墓前神道、石刻等。「祭」是喪葬之祭，即喪期內之祭祀，具體分為喪祭與吉祭，前者指百日卒哭內（從死亡到下葬以及死者神主移至宗廟）之祭祀，後者指卒哭祭後至喪期期滿之前的祭祀[179]。《禮記・祭統》曰：「凡治人之道，莫急於禮。禮有五經，莫重於祭。」對喪祭之禮的考察對於把握儒家的生死觀具有重要的意義。孔子即強調：「生，事之以禮；死，葬之以禮，祭之以禮。」（〈為政〉）以禮貫穿其喪葬思想[180]，在喪葬禮儀的表現上則主張「節葬」。《論語》記載：「林放問禮之本。子曰：『大哉問！禮，與其奢也，寧儉。喪，與其易也，寧戚。』」（〈八佾〉）孔子強調喪禮的精神主要在於哀傷之情，並非以「隆喪厚葬」作為喪禮的表現。孟子進一步發展並超越了其思想，他非常強調事死，認為「養生者不足以當大事，惟送死可以當大事」（〈離婁下〉）。強調養活父母不算什麼大事，只有給父母送終才可稱得上是大事。顯然，他非常重視喪葬，認為對待喪葬，即送死要超過養生。因為重視喪葬有個人與社會兩個層面的意義，從個人層面而言，滿足其得以善終、死後升天的心態，從社會層面來說，通過厚葬宣揚孝道，起到鞏固社會倫理的作用[181]。故喪葬制度作為「禮」的重要組成部分，是關於善終的倫理原則與道德規範的總和。善終既是人生最後階段的倫理選擇，也是

---

[179] 丁凌華著，《中國喪服制度史》，（上海：上海人民出版社，2000年1月），頁2。

[180] 所謂「喪」，即喪禮，它是儒家所持守的龐大複雜的禮制中的重要環節。按儒家的說法，禮的成形或集成，應是周公時代，叫「制禮作樂」。關於禮的意義，從《禮記》到《荀子・禮論》，有許多系統的論述。簡言之，它是各種制度、儀式及規則的集合。其作用的範圍涵蓋天到人，從君到民，從生到死，或喜慶、喪葬、交際等。儒家相信，由禮所規範的秩序，體現一種應當珍視的倫理精神，所以他們主張守禮。喪禮所處理的是關於死亡的事誼。《禮記・昏義》云：「夫禮始於冠，本於昏，重於喪、祭，尊於朝、聘，和於射、鄉，此禮之大體也。」可見「喪」的重要位置。

[181] 參閱宋艷萍著，〈先秦秦漢喪葬文化習俗的數術行為〉，載於《管子學刊》，2008年，第2期，頁73。

孝子的道德義務以及整個社會的道德責任。沒有這個「終」字，孝子之德，生命的意義就未完成[182]。

雖然在祭祀的現實中，可發現所祭的對象其實是非存在物，對於所獻祭之物，受祭者也僅是「如或饗之」、「如或嘗之」而已，然而這分「如或」的複雜心路歷程，馮友蘭以為這已足以成文，而為「詩」的態度[183]。孟子對喪葬之禮的重視，可由孟子和滕定公師傅然友的對話中看分明：「滕定公薨，世子謂然友曰：『昔者孟子嘗與我言於宋，於心終不忘。今也不幸，至於大故，吾欲使子問於孟子，然後行事。』然友之鄒，問於孟子。孟子曰：『不亦善乎！親喪，固所自盡也。曾子曰：「生，事之以禮；死，葬之以禮，祭之以禮；可謂孝矣」諸侯之禮，吾未之學也。雖然，吾嘗聞之矣：三年之喪，齊疏之服，飦粥之食，自天子達於庶人，三代共之。』然友反命。定為三年之喪。父兄百官皆不欲也。故曰：『吾宗國魯先君莫之行，吾先君亦莫之行也。至於子之身而反之，不可。且志曰：「喪祭從先祖。」』曰：『吾有所受之也。』謂然友曰：『吾他日未嘗學問，好馳馬試劍。今也父兄百官不我足也，恐其不能盡於大事。子為我問孟子。』然友復之鄒，問孟子。孟子曰：『然。不可以他求者也。孔子曰：「君薨，聽於塚宰，歠粥，面深墨，即位而哭；百官有司，莫敢不哀。先之也。」上有好者，下必有甚焉者矣。「君子之德，風也；小人之德，草也；草尙之風必偃。」是在世子。』然友反命。世子曰：『然。是誠在我。』五月居廬，未有命戒，百官族人：『可謂曰知。』及至葬，四方來觀之。顏色之戚，哭泣之哀，弔者大悅。」（〈滕文公上〉）

可見孟子也和孔子一樣主張三年之喪，並且明示滕文公若能注重喪葬之禮，上行下效，全國自然都能重視喪葬。至於守喪之事，公孫丑嘗因齊宣王欲短喪而問於孟子。根據《孟子》的記載：「齊宣王欲短喪。公孫丑曰：『為朞之喪，猶愈於已乎！』孟子曰：『是猶或紾其兄之臂，子謂之

---

[182] 參閱李景林著，〈儒家的喪祭理論與終極關懷〉，載於《中國社會科學》，2004年，第2期，頁110。

[183] 詳細論述，可參見馮友蘭著，《中國哲學史》，頁425。

姑徐徐云爾。亦教之孝弟而已矣。』王子有其母死者，其傅爲之請數月之喪。公孫丑曰：『若此者何如也？』曰：『是欲終之而不可得也，雖加一日愈於已。謂夫莫之禁而弗爲者也。』」（〈盡心下〉）

　　爲父母服喪三年，乃爲人子女者至情至性的表現。由孟子對齊宣王欲短喪一事的不以爲然，表示「雖加一日愈於已」的讚美上，更可看出孟子對三年之喪的重視。可見喪期不在乎長短，而在乎人是否願不願，肯不肯盡禮而已。而孟子不只主張行三年之喪，並且也講求葬禮時的棺木之美。根據〈公孫丑下〉記載：「孟子自齊葬於魯，反於齊，止於嬴。充虞請曰：『前日不知虞之不肖，使虞敦匠事。嚴，虞不敢請；今願竊有請也：木若以美然。』曰：『古者棺椁無度。中古棺七寸，椁稱之，自天子達於庶人；非直爲觀美也，然後盡於人心。不得，不可以爲悅；無財，不可以爲悅；得之爲有財，古之人皆用之，吾何爲獨不然？且比化者，無使土親膚，於人心獨無恔乎？吾聞之也：君子不以天下儉其親。』」所以不僅父母在世時，「君子不以天下儉其親」，給父母送終更應儘量傾其所有，而且這更能顯示人子的孝心。孟子云：「養生者不足以當大事，爲送死可以當大事。」（〈滕文公下〉）朱子對這句話的理解頗得要領，他說：「事生固當愛敬，然亦人道之常耳。至於送死，則人道之大變；孝子之事親，舍是無以用其力矣；故尤以爲大事，而必誠必信，不使少有後日之悔也。」（《四書集注》）

　　孟子認爲埋葬之禮起源於孝子仁人對於父母親的「不忍人之心」。他說：「蓋上世嘗有不葬其親者。其親死，則舉而委之於壑。他日過之，狐狸食之，蠅蚋姑嘬之；其顙有泚，睨而不視，夫泚也，非爲人泚，中心達於面目。蓋歸反虆梩而掩之。掩之誠是也，則孝子仁人之掩其親，亦必有道矣。」（〈離婁下〉）《易經・繫辭下》云：「古之葬者，厚衣之以薪，葬之中野，不封不樹，喪期無數，後世聖人易之以棺椁。」可知上古時代的埋葬習俗，不僅經過隨地棄置、任憑物化的時期，而且在人子親眼目睹狐狸分食親人屍身、蠅蚋爭食屍肉時，內心自然湧現不安與不忍之情，於是有歸而將之掩埋的行爲。然而剛開始進行掩埋死者之時，也僅止

於以厚厚的樹木枝葉掩蔽屍身，難免有野獸刨掘屍體而啃噬之虞，所以還有賴孝子仁人共同持弓驅趕野獸以保護屍身[184]。人不忍見其親的屍體被狐狸、蠅蛆所食，並非因為其親的魂仍然附在死者的屍體之內，亦非不埋葬其親，其魂將永不得安寧或死後沒有居住之所，而是因為埋葬者乃落在無愧於良知本心上，是個體道德的延長，證明人善性的存在[185]，並非奉鬼神之道，更非只重喪葬表面的形式，這才有「不葬其親」到「掩其親」的進步。而就「掩其親」的規範而言，孟子尊仁崇禮尚義，喪禮思想承孔子說，故喪葬禮儀才主張：「古者棺槨無度，中古棺七寸，槨稱之，自天子達於庶人；非直為觀美也，然後盡於人心[186]。不得，不可以為悅；無財，不可以為悅。得之為有財，古之人皆用之，吾何為獨不然？且比化者，無使土親膚，於人心獨無恔乎？吾聞之也：君子不以天下儉其親。」（〈公孫丑下〉）文中的「恔」字，就是指「盡於人心」而說的。

有人指責他埋葬母親的棺槨太好了，孟子則不以為然，他認為棺槨不是為了好看奪目，而是為了盡孝道，對孝子來說，只是不讓死者的屍體與泥土隔絕是不夠的，因為這仍有愧於心，只有將棺槨的事辦好了才能「盡於人心」，也就是「於人心之不忍」。對於親人的喪葬，孟子堅持「親喪，固所自盡也」（〈滕文公上〉），曲盡孝心，做好父母的喪事本來就是子女分內之事，孟子主張一方面說明人子盡孝道以「隆喪厚葬」作為孝親的表現，一方面以經濟能力作考量，並以合乎喪禮的規範內，盡孝子之所能在喪葬禮儀、葬具及隨葬品之上力求精美，以此表現孝行。他的「隆喪厚葬」是那個時代特色的反映[187]。

184 參閱林素英著，〈先秦儒家的喪葬觀〉，載於《漢學研究》，2001年12月，卷19，第2期，頁83。
185 這個故事旨在說明羞惡之心就是善性的存在。面對這個例子，每個人都會發覺自己也有過類似的經歷，從而確信人皆有善性存在。
186 焦循著，《孟子正義》指出：「棺槨不厚，則木先腐，必與肌膚尚在，土近。棺槨敦厚，則肌膚木而化，故至肌膚不存，而木猶足以護之，不使近於土。終己之身，不可使父母棺槨腐朽。己身往，其腐朽原不能免，但及人子之身腐朽，為盡人心所不忍也。」
187 戰國時期，各諸侯國普遍存在厚葬習俗，《呂氏春秋集釋‧節葬》曾描述說：「今世俗大亂之主，愈侈其葬，則心非為乎死者慮也，生者以相矜尚也。侈靡者以為榮，節儉者以為陋，不以便死為故，而徒以生者之誹譽為務，此非慈親孝子之心也；父雖死，孝子之重之不怠，子雖死，慈親之愛之不懈，夫葬所愛所重，而以生者之所甚欲，其以安之也，若之何哉！民之於利也，犯流矢，蹈白

顯然地，孟子認為講究棺材的形式是所有人都應要求的，這是子女對父母盡孝之心的表現。因此，在財力允許的情況下為父母準備最好的棺材，是要儘量使父母在另一個世界能繼續維持品質良好的生活，故在現實經濟情況條件允許的情況下，應採取最好的方式安葬親人，不是一味墨守成規，而應因時制宜，與時俱進。「孟子之後喪踰前喪」（〈梁惠王下〉），即厚葬其母親超過了安葬其父親的標準而導致別人的誤會。事實上，孟子安葬父母並沒有超出當時社會上的等級制度的要求，不是「前以士，後以大夫；前以三鼎，而後以五鼎」（同上）的作法，而是在自己的經濟條件允許下的「棺槨衣衾之美」（同上）。這種作法顯然「非所謂踰也，貧富不同也」（同上），而是根據實際情況的權變。不僅如此，他對薄葬頗有微辭，對於墨家及其弟子實行的薄葬持批判的態度。當聽說墨家弟子夷子厚葬其母時，孟子云：「夷子思以易天下，豈以為非是而不貴也？然而夷子葬其親厚，則是以所賤事親也。」（〈滕文公上〉）認為夷子雖然看重薄葬，反對厚葬，但是厚葬自己的父母，這明顯地自相矛盾，言行不一。然而通過夷子宣揚薄葬而事實上踐行厚葬，突顯了厚葬思想對當時社會的影響，即便是薄葬的信徒也履行厚葬。

　　「三年之喪」為歷來思想家所重視和強調。滕文公因其父滕定公去世而派人請教孟子如何辦理喪事。孟子則向來者重申了「三年之喪」的原則。他對來人說：「諸侯之禮，吾未之學也。雖然，吾嘗聞之矣：三年之喪，齊疏之服，飦粥之食，自天子達於庶人，三代共之。」（同上）他肯定厚葬，實際上仍在教人盡於其心之仁，亦即體現其心之仁。

　　荀子對三年之喪則作了更詳盡和更有系統的論述。首先，他試圖把

159

刃，涉血抽肝以求之。野人之無聞者，忍親戚兄弟知交以求利，今無此之危，無此之醜，其為利甚厚，乘車食肉，澤及子孫，雖聖人猶不能禁，而況於亂。國彌大，家彌富，葬彌厚。含珠鱗施，夫玩好貨寶，鍾鼎壺濫，轝馬衣被戈劍，不可勝其數。諸養生之具，無不從者。題湊之室，棺槨數襲，積石積炭，以環其外，姦人聞之，傳以相告，上雖以嚴威重罪禁之，猶不可止。且死者彌久，生者彌疏，生者彌疏，則守者彌怠；守者彌怠，而葬器如故，其勢固不安矣。世俗之行喪，載之以大輀，羽旄旌旗如雲，僂翣以督之，珠玉以備之，黼黻文章以飾之，引紼者左右萬人以行之，以軍制立之，然後可，以此觀世，則美矣侈矣，以此為死，則不可也：若便於死，則雖貧國勞民，若慈親孝子之所不辭也。」

喪葬的情感原則進一步量化，提出了「稱情而立文」（《荀子集解・禮論》）的規則，即要求人根據人情的輕重大小制定各種禮節，喪期的長短應取決於人情感的強烈程度。既然死亡是人類痛苦的極致，爲了消解這種痛苦，就需要較長的時間，所以三年之喪乃「人道之至文」（同上）。他認爲，即使鳥獸都能對自己同類的死亡表示悲傷，若人不能恪守三年之喪，那就「鳥獸之不若也」（同上）。不僅如此，荀子同孟子一樣主張對國君行三年之喪。他是通過類比方法論證這一點的。國君的地位不僅等同於父母，而且超過父母，故而可以循人子爲父母守喪三年推之爲「君之喪」亦「至隆」爲「三年」。荀子這個看法顯然有時代的侷限性，但是比較精確地反應了長期以來君主專制制度下以皇帝爲中心的皇權、族權和教權相統一的國情。「三年之喪」之成爲中華民族沿襲至今根深柢固的習俗，誠非偶然。

　　孟子喪葬思想的形成，與當時的社會背景密切相關，也與他本人所堅持宣揚的仁禮孝善思想息息相通。他的喪葬思想在在體現了其政治理想與道德追求，仁、禮、孝與性善成爲他喪葬觀的基礎，社會背景則是其喪葬思想的反映。孟子繼承了孔子仁的學說，希望通過宣揚自己的仁政思想使各國國君能「修仁德」，進而可以「仁者無敵」（〈梁惠王上〉）而「王天下」。孟子全面吸收並發展了孔子的思想，他的思想基礎即爲仁政、德治，反映在喪葬思想方面堅持厚葬久喪，認爲只有做到「養生送死無憾」（同上）才是王道之始，才能王天下。而眞正做到「養生送死無憾」，必須實行仁政，以民爲本。

　　孟子思想中的另一個核心是禮，它體現了社會對人的外在約束。只有將之與仁統一，以禮的準則行仁，以仁的自覺復禮，社會才得以妥善處理[188]。孔子非常重視禮，提出：「生，事之以禮；死，葬之以禮，祭之

---

[188] 禮是外在的規範形態，似乎並不關注內心，但當人都依禮而行時，慢慢地就能體會到仁的情感。梁漱溟認爲，「凡人皆有仁，仁是活氣，凡知痛癢就是仁。可是反過來，實在有事不可窮盡。果真是仁，沒有一個細微地方他不感著的，這種銳敏的直覺，果真是沒有一絲麻木，一毫忽略，那就是盡善盡美。」見其所著，李淵庭等編，《梁漱溟先生論孔孟》，（桂林：廣西師範大學出版社，2003年6月），頁46。而這種銳敏的直覺是自己針對他人而來的，若交往雙方都能依禮而行，相互尊敬，

以禮。」（〈為政〉）禮貫穿人的一生中。孟子承繼孔子關於禮的思想，本人即非常守禮。〈離婁下〉記載，公行子死了兒子，孟子與右師一同去弔唁，期間未與右師講話，他因此責怪孟子。孟子云：「禮，朝廷不歷位而相與言，不踰階而相揖也。」「非禮無行」的一些喪葬思想都是對禮的體現，比如建議滕文公推行三年之喪，堅持不同階層的人實行不同的葬禮和服喪制度等。

　　孟子的喪葬思想中明顯受到孝道思想的影響。喪禮中的各種禮節幾乎都包含孝道的意義。喪葬是最能體現子孫的孝道。「入則孝，出則弟」（〈學而〉），最大的孝則是「生，事之以禮；死，葬之以禮，祭之以禮」（〈為政〉）。「惟順於父母可以解憂」（〈萬章上〉）。孝儼然成了一種法則，成為孟子主張厚葬的出發點：「送死」的隆重正是孝悌之義的體現。喪禮是否辦得隆重和符合舊規，既是衡量子孫盡孝與否的標誌，又對能否獲得祖先庇蔭，使家道昌隆具有重要意義。故祭祀之禮的重點，並不在送死本身，而是在人能置身於莊嚴肅穆的祭禮之中以致其誠敬之情。而祭禮的儀式節文之所以有其意義，亦正因為有與祭者誠摯的思慕之情貫注其間，而顯發了敦厚崇禮的實理[189]。因此，孟子的孝道十分重視死，把送葬看成是盡孝的主要標誌之一，在喪葬觀上表現為厚葬。喪禮雖然是為死者準備的，但實際上乃生者孝順雙親情感的內在表現；雖然是為安慰亡靈，實質是生者孝道的自我圓滿。只有厚葬親人才能真正實現子女對父母的孝道。當然，孟子喪葬思想還浮現了他思想中的另外一個重要內容，即性善。「孟子道性善，言必稱堯舜」（〈滕文公上〉），「人性之

則更容易體會他人的需要，關愛他人的仁心就容易升起。反之，若一個人遇到對方粗魯無禮對待，則他將很難為對方著想，體貼地為對方考慮。這說明「仁」的情感是具有相互性，並非單獨可以產生。而專門處理相互關係的禮使人與人之間的敬意得到表達，恰好可促使「仁」的情感的發生，而其情感一旦發生，則更可能移情於其他方面，在更多時候展現出仁的情感。

[189] 參閱蔡仁厚著，《孔孟荀哲學》，（臺北市：臺灣學生書局，1984年12月），頁481。此外，祭禮的儀式可對付死亡的衝突，其目的在於撫慰生者，使生者在感到被棄或有所失時，擔任伴侶的角色。喪葬儀式也給死者的至親好友最後一個機會，讓他們為死者盡點義務──給大家最後一個表示情誼、寬恕和求得諒解的機會。參閱列夫・托爾斯泰（Lev Nikolayevich Tolstoy）等著，《死的況味》（We Are But A Moment's Sunlight：Understanding Death），（臺北市：志文出版社，1982年3月），〈庫布勒・羅斯（Elisabeth Kübler-Ross）序〉，頁11。

善也，猶水之就下也。人無有不善，水無有不下。」（〈告子上〉）孟子認爲人的本性是善的，惻隱之心是人天生所具有的。厚葬親人同樣在一定程度上表現了人的性善：不忍親人在另外一個世界受苦受難。

孟子主張厚葬的思想對後世的喪葬產生深遠的影響。他重葬、厚葬久喪的思想實際上是對其關於仁、禮、孝等觀念的體現，客觀上興起到一種宣揚宗法倫理觀念、維護等級制度、強化統治秩序等作用[190]。換言之，他的喪葬精神是理性而非宗教性的，喪葬中原始的宗教精神被孟子的思想沖淡，並轉化到人倫道德秩序之中，而與現實生活結合，蘊涵濃厚的社會、政治與倫理功能。

莊子則以爲，人在天地之間所處的地位，「猶小石小木之在大山」（〈秋水〉），與萬物均等，是以生也可，死也罷，有什麼不可以呢？死亡不再是一場令人震驚、無法理喻的惡夢，所以當他自己的妻子去世時，非僅不哭，反而「箕踞鼓盆而歌」（〈至樂〉），呈現一種嶄新的、樂觀的死亡哲學，莊子就是以如此驚世駭俗的方式登上人類的舞臺。這種特異而反常的方式，自然令人無法苟同，更爲儒者所詬病，因爲在喪禮之中爲死者感到悲哀乃人之常情，豈能任意違之！但是這恰好表現出他對死亡有非常深刻的理解，而且是爲了儆醒死亡而落落寡歡，生而眉飛色舞的世人，他們的「正常」表現，並非「真情」流露，故他的奇思怪行，是希冀世人能深刻地省思死亡的問題，從而對死亡有感悟的超越，同時突顯生死課題的極大意義。可是惠子大不以爲然地說：「與人居，長子老身，死不哭亦足矣，又鼓盆而歌，不亦甚乎！」莊子回答說：「不然。是其始死也，我獨何能无概然！察其始而本无生，非徒无生也而本无形，非徒无形也而本无氣。雜乎芒芴之間，變而有氣，氣變而有形，形變而有生，今又變而之死，是相與爲春秋冬夏四時行也。人且偃然寢於巨室，而我噭噭然隨而哭之，自以爲不通乎命，故止也。」顯見他之所以能超脫「悅生而惡死」心理的關卡，並否定悅生而惡死的態度，已把莊子的在死亡面前聖人

---

[190] 參閱湯奪先等著，〈孟子的喪葬民俗思想初探〉，載於《寧夏師範學院學報（社會科學）》，2011年2月，卷32，第1期，頁68。

無情的觀點發揮得淋漓盡致，他真正領悟生命的形成及其構成的本質，也通透人生必有一死的宿命是沒有任何餘地可以轉圜的，但痛苦的消解是有可能的，這種生命流轉，揭示了生命必須處於差異、變化的流動過程中，不斷豐富存在的意義。莊子從本體論的角度突破了困惑生死的觀念，突破「個我的生死觀」[191]，使人的精神得到莫大的解放，故莊子絕不畏懼死亡，亦從不拒絕死亡。因為拒絕是永不可能的，更沒有其必要，而畏懼死亡，將使精神遭受嚴重的壓迫而不自由，從而使人不能更美好地生存於世。他真正渴求的，只是精神的自由與自在，以及心性的寧靜與淡泊，也就是精神自由的境界。這種帶有濃厚理想成分在一定程度上平衡了人失落的心靈。

其實，在妻子剛死亡時，莊子何嘗不感到悲傷痛苦，何嘗不了解自身的孤獨乃是人類生活無法減免的一面，無論那個自我在表面上，如何完全被他的社會環境所包含。到最後，他看見的，就是每個人在自己的死亡面前孤零零、赤裸裸[192]。但是在哀慟之餘，他進而思考生與死的問題，察覺到人在沒有生命之前，既無形骸，復無變成人的那種氣。氣是後來才產生的，「氣變而有形，形變而有生，今又變而之死」，人的形體和生命是一種雙向互通地由生到死，又由死到生的過程，猶如四季的變化一樣順其自然，故人死之後，恰如安詳地寢於天地之間，生者又何必痛哭不已[193]？也就是說，從整個宇宙背景之下來看，死與生的變化，乃如日夜、四時的循環一樣，是整體宇宙變化的兩個不同的環節。死和生的任何一方都不比其他一方更具價值，故不應因生而喜，因死而悲，這才是「通乎命」！故他不哭而歌，才是他本性真實的流露。這種以自然的角度來看

191 鄭曉江著，《超越死亡》，頁64云：「『個我的生死觀』，即：以個人的感覺經驗為生死的全部基礎，以為『生』是個我之生，『死』亦為個我之死，所以也就執著於個我人的獲取、享受、幸福，亦痛苦於個我人生的失去、不順、災難等等。」臺北市：正中書局，1999年1月。

192 參閱威廉‧白瑞德（William Barrett）著，彭鏡禧譯，《非理性的人》（Irrational Man），（新北市：立緒出版社，2001年8月），頁39。

193 參閱鄭曉江著，《中國死亡智慧》，頁50-51。

待死亡，與儒家以孝、哀傷和愛慕[194]父母爲基調，通過三年之喪等禮制的設定，深化人對死亡的情感，從而將之淡化、規範化形式不可同日而語。

　　一般人的哭，只是與世俗保持某種程度的妥協，因爲他們對死亡沒有通透的了解。〈天下〉云：「不離於眞，謂之至人。」莊子就是處處表露眞性情的「至人」。毫無疑問，他的「箕踞鼓盆而歌」，自然見證了天道運行的律則，也意涵其能透過對生命本質的深刻洞察、對生與死界限的消解，也達到「以理解情」、「以理化情」的智慧解脫[195]，並以此方式達到「移情」的效果，昇華出嶄新的死亡哲學。不過這種對於生命情境的理解、對於悲哀情緒的化解，高明是高明，卻遠非常人可以企及，而且眞能悟得如此境界者，普天之下又能有多少[196]？

　　莊子將死時，其學生想爲其舉行厚葬，他即豁達地說：「吾以天地爲棺槨，以日月爲連璧，星辰爲珠璣，萬物爲齎送。吾葬具豈不備邪？何以加此！」弟子曰：「吾恐烏鳶之食夫子也。」莊子曰：「在上爲烏鳶食，在下爲螻蟻食，奪彼與此，何其偏也！」（〈列禦寇〉）這是多麼富有詩意的死亡[197]！他不用神來扼殺人性，而是用理性想像來調劑人生。莊子這種以天地爲棺槨的埋葬方式，以我爲造化洪流中平等互資的一員，破除自我執著帶來的死亡恐懼，與節省錢財和人力毫無關係。這種自然的喪葬思想，不僅隱含對世俗社會和名教禮法的厭惡與鄙夷，還有反抗黑暗、不與統治者結黨營私的意義，這對於長久以來存在的封閉棺槨制度與陪葬制度，作了根本性的破解，實有孤燈照明之效[198]。爲了跳脫人世間喪葬

孟子與莊子的生命價值哲學

194 〈萬章上〉云：「大孝終身慕父母。」
195 馮友蘭云：「莊子在懵懂無知時，他是悲慟的。及至醒悟以後，他就不再悲慟。當莊子講這個故事時，正是爲了啟發重情之人，使他明理而得以排解感情上的沉重負擔。感情可以通過理性和理解去化解。」見其所著，趙復三譯，《中國哲學簡史》（A Short History of Chinese Philosophy），（北京：新世界出版社，2004年1月），頁96。
196 參閱林素英著，〈先秦儒家的喪葬觀〉，頁106-107。
197 在中國諸家哲學中，莊子哲學是最富有詩意的哲學，聞一多說：「他的思想本身便是一首絕妙的詩。」見其所著，《古典新義》，收錄於《聞一多全集》，共4冊，（北京：生活・讀書・新知三聯書店，1982年8月），冊2，頁282。這並不是說莊子哲學中有詩學的論述，而是它所處處閃耀著的詩性的精神和詩性的思維。
198 莊子這種異想天開的埋葬方式，展示了任何個體對自己皆有極強烈的自主權，後世的人可從其開放

的價值觀和模式，最自然的葬法，莫過於將屍體置於天地之間，任由烏鳶啄食、螻蟻唅噬，最終還可以回歸自然。至於任何性質的陪葬物，只是有限而屬於人為造作的東西，倒不如以日月星辰與天地間的萬物永遠常相左右，才堪稱為最自然，且最美好的陪葬物。這生動地體現了莊子對生死大限進行超越的坦然、曠達的態度，故在死亡的面前，自己仍能心平氣和、開闊而達觀地泰然自若。能如此，世俗的煩惱、困擾，人生的失意、痛苦還能不化解嗎？可見莊子認為要消除生的煩惱，就必須化解死亡的威脅；要了斷死的痛苦，則必須泯除生的執著。他這種臨喪不哀，居喪無禮的態度，與儒家「生，事之以禮；死，葬之以禮，祭之以禮」（〈為政〉）的論調雖然大異其趣，但是他的態度，正好表現對「生」、「死」、「葬」、「祭」的「禮」深刻的反省，進而更豐潤人對這四者的思考空間 [199]，這是一種經過超拔的自我意識的特殊表現。陸揚云：「死的恐懼猶如暮鼓晨鐘，使人猛醒，使人敢於直面死亡，在死的自覺意識中掙脫一切外在關係的束縛，保持人格的獨立和尊嚴。」[200] 惟有如此，人才能找回失落在世俗生死觀念中的「自我」，才能充分獲得自由，這也是在現代社會中，人免於遭受傳統或原封不動的思維所宰制的一條根本出路：在面對死亡時實現自由 [201]。這種死亡觀不僅與世俗觀念背離，同時挑戰了儒家循俗守禮，慎終追遠的人道精神。

　　然而，必須指出的是，莊子這種薄葬觀，實使喪葬的原有目的大為

的思維之中自由而自主地切入、詮釋，以「獨異於人」（《老子‧第20章》）的方式對待自己的身體，故其像一盞永不熄滅的孤燈，誰都可以藉其光重新審視內在的自己與外在萬物的關聯，從而在自己的世界中自由地盡情揮灑，活出一片完全屬於自己的天空。

[199] 到了莊子將死時，他的弟子依然跳脫不了語言概念的框架，他們想用人世間的禮法，即厚葬來加諸在莊子身上，因為弟子擔心莊子暴屍野外，會被烏鴉、老鷹吃掉。然而，人活於世，誰都無法逃脫社會的禮俗框架。社會普遍的價值、認知、信念、觀念等會影響人，世間的倫常規範、法度綱常界定了行為準則和看待事物的標準。而每個人又是獨立的個體，有其自身的侷限，當看待他人的時候，免不了要置放在認知系統的一個分類位置來思考他人，這就是人的自我主體中心。莊子的死亡智慧則啟發世人嘗試跳脫自我中心的角度，從廣大的自然世界意識出發，使畫地自限的自我意識與人世間的共識重新對話。

[200] 參閱陸揚著，《中西死亡美學》，頁28。

[201] 參閱朱莉美著，〈莊子與海德格爾「生死觀」的比較〉，頁158。

失色，更欠缺深層的文化意涵，也失卻人文理想和教化[202]。莊子在〈天下〉中就曾有一段文字批評墨子的薄葬論：「古之喪禮，貴賤有儀，上下有等，天子棺槨七重，諸侯五重，大夫三重，士再重。今墨子獨生不歌，死不服，桐棺三寸而无槨，以爲法式。以此教人，恐不愛人；以此自行，固不愛己。未敗墨子道，雖然，歌而非歌，哭而非哭，樂而非樂，是果類乎？其生也勤，其死也薄，其道大觳；使人憂，使人悲，其行難爲也，恐其不可以爲聖人之道，反天下之心，天下不堪。墨子雖獨能任，奈天下何！離於天下，其去王也遠矣。」這番話也適用於批評他自己的喪葬觀，況且其喪葬論比墨子更薄、更簡，故其行更難爲，更「反天下之心」更使「天下不堪」，更「不可以爲聖人之道」，是以自難行之久遠。莊子「雖獨能任」，但是「奈天下何」！

　　雖然墨子薄葬的目的與莊子的想法有所不同，前者因自我刻苦而落在經濟和社會結構之上言薄葬，後者則因自我超越而落在理想和精神王國之上言不葬；前者因過於自苦而「天下不堪」，「雖獨能任」，但是「奈天下何」！後者則因過於灑脫，同樣「天下不堪」，「雖獨能任」，同樣「奈天下何」！當然，人的生命主要在魂而非在魄。人撒手歸西之後，魂即離魄而去，此時的魄，只剩下一副等同廢物的骨骸，實可像莊子和墨子一般棄之或以極簡的方式加以處理。《禮記・檀弓上》即云：「葬也者，藏也。藏也者，欲人之弗得見也。是故衣足以飾身，棺周於衣，槨周於棺，土周於槨，反壤樹之哉！」雖然莊子不像墨子那樣把人「死而棄之溝壑」，但是他的行徑與之不遑多讓。《呂氏春秋集釋・節葬》即對墨子的薄葬加以批評云：「孝子之重其親，慈親之愛其子，痛於肌骨，性也。所重所愛，死而棄之溝壑，人之情不忍爲也，故有葬死之義。葬也者，藏也。」古代的喪禮之所以「貴賤有儀，上下有等」，天子、諸侯、大夫和士的棺槨皆因身分和地位的不同而有差異。人人都因不同的貢獻而死後獲

202 有關薄葬的問題，可參閱拙作，〈楊王孫裸葬論研究〉，載於《鵝湖月刊》，2012年5月，第443期，頁33-36。

得不同的待遇，人的尊嚴因之得到維持和保障[203]，這是人類文明發展的一大躍進。莊子的喪葬卻自出機杼，他不用棺木，不需任何儀式，直接以「不葬葬之」。這看似自由、平等、自主的方式，在意識形態上與上古時期人死則暴屍荒野、任憑其腐朽的心態不同，在處理的方式上兩者並無二致。但是人死之後要逕行如此方式的埋葬，實在超乎現今社會的一般常情，除非擁有一些特殊的信仰觀念，否則另當別論。無論如何，它抹煞人道的尊嚴，沒有實質的文化內涵，盡失喪葬原有的深層功能[204]。荀子曾言：「事生不忠厚不敬文，謂之野，送死不忠厚不敬文，謂之瘠。君子賤野而羞瘠。」（《荀子集解·禮論》）其中「羞瘠」兩個字，道破了莊子輕人文的困窘[205]。總而言之，莊子對喪葬的看法，讓人對徒具形式葬禮的僵化有更大的省思，並對自己的喪葬方式有更彈性的選擇，但是若要在廣大的社會群眾之間推展，則恐怕是窒礙難行[206]。因為喪葬，不只是為了死者，也是為了生者。

---

[203] 陳拱著，《儒墨平議》，頁58云：「必須有此差等，然後人在現實生活中，其客觀的價值等級、分際或分位始能得以保持，得以彰顯，亦即人道之尊嚴得以保持、得以彰顯，故喪禮之所以必有年、月數的不同，亦正所以保持此人道的尊嚴、彰顯此人道的尊嚴。這無論如何是不能隨便加以否定的。」臺北市：臺灣商務印書館，1969年9月。

[204] 方蕙玲著，〈喪葬儀式功能初探〉，頁203-204云：「喪葬儀式雖然像所有具備外在形式性之物一樣，具有容易因時空變易而僵化的特性，然而在形式背後所呈現出來的內在價值，卻往往具有肯定生命、深化生命意義的特性於其中，因此是不容取代與抹煞的。人們藉由儀式的進行，觸動其各自內在的情感，並因此而彼此結合在一起，除了強化了群體的力量之外，亦由此一力量的回饋之中得到支持，化解了因失落而產生的傷痛。此外，透過因儀式所塑造出來的虔敬、柔順的臣服心態，人們亦打破了基於現實利害所形成的既有成見，看到了每個生命體的獨特價值，並由尊重之中，得到了調整自我生命的機會。」載於《東吳哲學學報》，2001年4月，第6期。

[205] 唐君毅認為，莊子「以天為宗」尚自然而薄人文。參閱其所著，《中國人文精神之發展》，（臺北市：臺灣學生書局，1983年3月），頁26。

[206] 林素英著，〈先秦儒家的喪葬觀〉，頁108云：「孔子等儒家之徒遊於方內，自然要牽累於俗，成為桎梏纏身的『天之戮民』。然而莊子的『遊於方外』，是否就可行於現實生活之中，則不無商榷之餘地，蓋因擁有真知之真人難得，以致真能上體自然天道而超乎生死者也相對地不易得，所以『不受制於方』的『懸解』之境，實難暢順通行於一般的人情社會之中；並且其所標榜的『遊於方外』而不受俗禮拘限，在常人之性『易放難收』之情況下，卻足以使淫蕩之人假『自然』之名而壞『名教』之實，因此亦不適合推行於廣大的群體社會中。」

第六節　相輔相承的死亡哲學

　　生與死乃二元對立的觀念，生命的意義惟有透過對死亡議題的反思才能連貫與完整地呈現。因此，死亡意義的探討必須包含生命價值的內涵才能夠進一步地彰顯死亡意義的完整性[207]。《呂氏春秋》云：「審知生，聖人之要也；審知死，聖人之極也。知生也者，不以害生，養生之謂也；知死也者，不以害死，安死之謂也。此二者，聖人之所獨決也。凡生於天地之間，其必有死，所不免也。」（《呂氏春秋集釋‧節喪》）也就是說，生與死的現象及其本質問題都是聖人所要認真面對，並加以審慎思考的問題，對於生與死有正確的理解和把握，就會以相對應的態度處理。一個人對死的態度，也就是他對生態度的總結。人的「生」要由「死」來定義、彰顯。因此，當我們設想生的意義時，死的價值問題也就歷歷在目；同樣地，當我們決定了死的價值時，生的意義問題便可以迎刃而解。換言之，我願意為什麼而死？那麼價值問題也就立即呈現，而且也附帶勾劃出生的意義。因為只有深知生命意義的人，才知道犧牲生命的價值；死而無愧的生命情懷和道德力量。康德即指出，「德性之所以有那麼大的價值，只是因為它招來那麼大的犧牲，不是因它帶來任何利益。」[208]。無論如何，為何人生的眼淚總比笑聲還多？為何煩惱的心靈總是找不到出口？歲月漫漫，路途悠悠，物換星移，轉眼成空。生存在這婆娑世界中，生命一步一步地走向死亡的邊界，如何讓短暫的人生活出意義，是極需要思考和解決的課題。故認識死亡是什麼，是為了能更進一步解決在面對死亡時應

[207] 對人來說，死亡的意義遠遠大於肉體生命的終結這一生物學事實本身。因為只有死亡之鏡才能映襯生存的意義，從而使人向死而生。在這一絕對可能性同時又是絕對不可能性所決定的境況中，人對自我存在的探究才成為必要和可能。就此而言，人的存在意義的賦予，恰恰源於對死之虛無的巨大恐懼和深切領悟。死亡事實上構成人擺脫生存悲劇性的唯一可能的途徑。人的本體論悖論及其所引發的衝突，只有在死亡那裡才能夠被消解（不是解決）。一旦超越肉體層面而把死亡的意味昇華為一種哲學洞見，那麼它就成為人們走向超驗性的契機。因為對死亡的領悟，使人能夠實現由參與者向旁觀者的角色轉換，從而進入「以道觀之」的本體澄明之境。參閱何中華著，〈人學與哲學：一個再思考〉，載於《江海學刊》，1997年，第3期，頁68。

[208] 見其所著，關文運譯，《實踐理性批判》（Critique of Practical Reason），（北京：商務印書館，1960年3月），頁158。

怎麼辦，並探究爲什麼應這樣的問題[209]。

　　人的生命不僅不會由於它的有限性而貶值，反而是生命的這種有限性才賦予了生命以內在的價值。面對人生的「重壓」，與其說聽從命運的擺佈，不如說可以向它挑戰，死亡雖然可怕，但人在它面前並不是無所作爲，只能消極地接受它，而要保持積極的態度，表現出人的生命的張力與活力。即使在既定的劫數面前，也不能悲觀、消沉，而應勇敢面對，做個「大丈夫」，保持人的優雅風度。

　　極度重視生命、超越生命的時限，實現不朽是孟莊生死觀的共同目標，兩者的一切哲學活動，正是要追問：如何在一個罪惡黑暗的世界中，成就自我的「德」、「善」、「情」，進而成就人生的「樂」。在中國數千年的歷史中，先哲前賢不就是靠這種人格的信念，才得以將中國文化的精神世代相傳。但實現的途徑各不相同，孟子從現實的理性主義出發，認爲生命的不朽必須通過品德修養，及在現實生活中積極進取才能達到。而莊子則從超越的玄虛之路出發，認爲生命的不朽只有通過與「道」合而爲一才能達到。從以上所論，可知他們的本質區別，在於孟子生死觀的重心是「生」，言道德，論有爲，注重生命的社會價值，讓人以積極而樂觀的態度面對人生，使人生充滿快樂和期望。莊子生死觀的重心是「生與死」，尚自然、無爲，注重生命的個體價值，要人灑脫地與死亡面對面，並使人避免形而上追索的自我焦慮，進而從對死亡意義的領悟中獲得如意的人生。可是兩者異中有同，兩者都極重視生命，都希望超越死亡。這兩種生死觀在歷史上產生極大的啟蒙作用，兩者相互聯繫，相反相成，共同影響人的心靈和行動，兩者是眞的不朽。

　　無論如何，莊子只能作爲一種具備極大魅力的完善人格而存在，而不直接干預社會。這種內斂性的完善個體的生命形態沉醉於一種對自然的追

---

209 郭于華著，《死的困惑與生的執著》，〈緒論〉，頁1云：「死亡雖被稱爲生命不受歡迎的結局，卻從古到今不斷地糾纏著人類的思考：或是引出哲理的冷峻思辨，或是導致宗教的迷狂與執著，或是觸發藝術創造的衝動。在人類的思想史和文化史中，死亡與愛情一樣也是一個永恆的主題。」臺北市：洪葉文化事業公司，1994年10月。

求——一旦作爲普遍性的價值取向和心理嚮往的現實後，就必然會以一種柔弱但恆久的形式對現存社會產生影響，比如對現實的冷漠態度，棄絕人世等，這正是莊子思想影響社會的一個面向。然而，由於他更多地將這種追求指向了自然，所以在棄絕人世的同時又陷入了玄思冥想，而不要求實踐，無論是積極還是消極的，都與孟子思想強烈的實踐精神不同。雖然孟莊都十分注重內在的修養，但是兩者的指歸不同。莊子以至高之德從紛繁複雜的現實社會中超脫而出，將目光與注意力指向廣闊的精神自由境界，追求完美的個體生命狀態，從而眞正實現「獨有之人」（〈在宥〉）的理想。換言之，爲解決現實世界中安身立命的問題，莊子沒有把人生終極的關懷投注在死後的世界上，也沒有刻意構築死後的世界。他不迴避談論死亡的議題，而是直接面對它、戰勝它。超越生死的命限，就是要人直接面對生死的問題，以超然的態度接受它，才不會受其影響而恐懼焦慮地生活著。超越生死的命限就是領悟死亡的終極意義，轉化爲正面積極的力量來化解死亡的恐懼，從而正確地看待死亡，反而更能促使人意識到生命的短暫與有限，窮究生命的豐富涵義。

孟子的生死觀具有深沉博大的憂患意識和成己成物的強烈責任感，故最終還是投向了道德自律，落實到人生存境況的改善上，並作爲社會中卓越的個體，在現實世界中尋求人生的意義與價值[210]，費希特云：「我們的一切研究都必須以達到人類的最高目標，即達到人類的改善爲歸宿。」[211]故他重生而輕死，重義而輕生，但是又能權變地看待生死，只是在對生的看法中，更強調個人的自我意識，並把這種意識放在社會責任內，「配義與道」（〈公孫丑上〉），因而具有一種「舍我其誰」（〈公孫丑下〉）沛然、勃然的豪氣，充分顯示生命的光輝[212]。牟宗三稱讚孟子「通體是文化生命，滿腔是文化理想，轉而爲通體是光輝」[213]。死亡

[210] 參閱常爲群著，〈孟子、莊子比較研究三題〉，頁105。
[211] 見其所著，梁志學等譯，《論學者的使命、人的使命》，頁57。
[212] 蔡仁厚著，《孟子要義》，頁156-157云：「孟子有英氣，有圭角，其才雄，其迹著，儘雄辯。這都表示孟子生命的光輝。」
[213] 牟宗三著，《道德的理想主義》，（臺北市：臺灣學生書局，1985年9月），頁232。

對他而言，就是最強烈的一種生命狀態。孟子的死亡觀是一個開放的體系，它不斷地提醒和激勵世人努力奮鬥，然而不會束縛他們對價值的追求。它是一個與時共進的體系。而生與死的因果關係，體現生與死的必然聯繫，這一方面予人壓力，一方面也予人把壓力轉化為動力的途徑。他的思想體系應是開放的、與時代同步的。最重要的是應有一種對待人生的積極態度，這既是對人性的解放，也是對社會進步的貢獻，也做成了古今文化的區分。總之，孟莊十分重視個體死亡的意義和價值，並以理性的思考逐一剖析，提出了不少極深刻的看法，他們不僅形成了一種內涵豐富且影響深遠的死亡觀，更貫穿了中國傳統文化的主要課題。個體的有形生命終究是有限的，如何開創無限生命價值，他們不斷找尋、發掘、提點，啟發後人如何聆聽生與死真理的對話。

孟莊一致的思想理路表現在死亡觀上，所以在面對生死的困惑時，並沒有侷限在如何具體解決困惑上，而把視野投注在更高「道」的層面上，經過由「命」而「道」的跨越，以「道」統領生死。孟子以仁義道德權衡死亡的輕重，樹立超越死亡的方式；莊子則以自然的「道」為標尺，丈量人生的寬度，選擇克服死亡的途徑。孟子死亡的最高價值是通過死亡行為實現對家國天下的拯救；服從仁義，達到成仁的道德至高點；莊子的死亡則以遠離政治的個體逍遙回歸自然之本，從而達到合道的智慧高峰。如此一來，在面臨死亡時，儒家就能因為「生作死息」而「無怨」；道家則由於順應：「生，寄也；死，歸也。」（《淮南子·精神訓》）而「無畏」。最終兩者殊途同歸，因為「無怨」而能「無畏」，因為「無畏」而能「無怨」，均能做到安心而死，從而使生與死的意義相互建構、融貫一體[214]。

孟莊的分歧，在於對同一問題作哲學反省時關注的重點不同。在生死思想上，孟子重視的雖然是「精神不朽」，莊子則是「生死如一」，是在追求生命的本質和意義方面，兩者是相輔相成的，而對超越死亡、追求永

---

[214] 參閱程志華等著，〈「無怨」與「無畏」：先秦儒道死亡觀分疏〉，載於《倫理學研究》，2010年，第6期，頁58。

恆的心態更如出一轍。孟子予有限的人在現實世界實現無限的可能，莊子則予有限的人在精神世界實現無限的可能，兩者如山、水，或牡丹、綠葉，相得益彰，共同構築一幅絢爛奪目的畫面。這種相反相成、互存互補的辯證關聯，才使得我國的死亡觀從總體上獲得了一種平衡，並推動死亡哲學不斷地向前演繹，更為死亡之謎憑添積雨，瀉向謎底。孟莊的生死哲思不僅有智慧，而且有境界，他們共同書寫了一體兩面的生死圖景，描繪了人的生死之美，兩者的死亡觀彰顯了中國「哲理人生」、「審美人生」的特點，飽含了對生死思考的智慧與境界。

總之，個人對自我生命的執著和無條件追求，往往會危及群體的生死和損害他人的生命，由此產生了以群體生存為本位的孟子生死智慧。然而反過來，對群體生存的刻意追求又時時戕害個人的精神生命，因而產生了以維護個人生命本質為核心的莊子生死智慧[215]。人固然受自然規律所限而不能永生，然而人仍不斷提出超越死亡的主張，反映人為化解死亡的恐懼所作的努力，也展現人繼續在尋求超越時，仍只能根據生的本質特徵加以提升，故人縱使在現實生命上無法做到超越死亡，但是仍可以因超越死亡的意念而克服對死亡的恐懼，進而為人生創造傑出不凡深刻的意義，及具價值的道德抉擇路徑與方式[216]。生命的過程短暫而千變萬化，人要為自己有限的生命尋找一個合理的理由。人始終走在不斷地為自己的存在尋找意義和為自己的人生打一個總分。我們關於人生意義的尋求，總要在我們的人生之內。托馬斯‧內格爾（Thomas Nagel）指出：「如果說我們所做的事情有什麼意義的話，我們也要在自己有限的生命中去尋找。」[217] 人的肉體雖然可以被消滅，但是不能從精神上被打敗；人要在重壓下努力

[215] 參閱袁陽著，《生死事大：生死智慧與中國文化》，（北京：東方出版社，1996年12月），頁92。
[216] 死亡是最可怕的東西，而要保持住死了的東西，則需要極大的力量，不過精神的生活不是害怕死亡而倖免於蹂躪的生活，而是敢於承擔死亡，並在死亡中得以自存的生活。精神只當它在絕對的支離破碎中能保全其自身時才贏得它的真實性。參閱黑格爾，賀麟等譯，《精神現象學》，卷上，頁21。
[217] 見其所著，寶樹譯：《你的第一本哲學書》（What Does It All Mean？A Very Short Introduction to Philosophy），（北京：當代中國出版社，2005年2月），頁122。

保持優雅風度，弘揚個性，歌頌個性，以找回被死亡陰影所掩蓋的生命意義和價值。兩者的生死觀就是針對生命價值的理解和設定，解讀其思想可以爲人提供一種價值選擇，從而確定生命行進的方向。對死的選擇，是對「眞」的坦白，對死亡皈依之際，就是靈魂昇華之時。兩者死亡哲學的積極意義在於他們是建立在對死亡不可避免性和不可抗拒性的充分認定的基礎上，以一種超然的態度去迎接死亡，並在與死亡抗衡的過程中產生征服感與滿足感，以減輕、忘卻死亡帶來的痛苦，這無疑突顯了生活的本質特徵 [218]。至少兩者能把死亡昇華爲歡愉，這種昇華的關鍵在於人意志的自我突破，也就是能在人生的痛苦中看到幸福。

就此而言，孟莊確能精確地剖析和突顯人生的深層思維，而不致於陷入自憐的溫情陷阱。無論如何，對生與死的態度，孟莊的相關思考形成了某種對照。前者所關注的，就是以積極、戒愼的態度承擔和履行自身的社會責任，直到生命的結束。作爲一種人生的取向，「舍生取義」體現了積極擔當的意識與執著「道」的精神，闡述了生命價值的體現，以及人面臨生死考驗時，如何克服死亡的恐懼，展現生存的意義，以安頓生命，進而體現生命永恆流動之具體內容，生命的意義又進一步與文化綿延相聯繫，亦即爲來者與今者之間找到另一個聯繫。所謂「來者」是指文化的繼承者，對孟子而言，「來者」與「今者」之間存在歷史的聯繫，每個個體在今天所創造的不少文化成果，並不會在未來消逝。相反，它們將爲後人所繼承，並發揚光大。在「來者」與「今者」的前後相承中，個體本身存在的意義也在文化的演進中得到延續。故他既無須通過超越現今的世界，走向彼岸世界，以獲得永恆的歸宿，也不因爲生命的有限而畏懼死亡 [219]。

---

218 赫伯特・瑪律庫塞著，羅麗英譯，《愛欲與文明：對佛洛伊德思想的哲學探討》（Eros and Civilization：A Philosophical Inquiry into Freud），頁178云：「死亡可以成爲自由的一種表徵，死亡是必然的，但它的必然性並不排斥最終解放的可能性。就像其他必然性的事物一樣，我們可以把它合理化，使它無痛。」臺北市：南方叢書出版社，1998年2月。

219 「當一個人步入老年而審視自己的人生之路時，由於他看到自己所關愛的事情將會繼續下去，將不會因為害怕死亡而遭受精神上的苦痛。而且，由於個人生命精力的衰退，疲乏之感日漸增加，告別人世是值得歡迎的。我渴望在我依然從事所熱愛的工作中與世長辭。當我知道其他人將繼續推進我畢生從事的事業，我將會因為自己已經為之竭盡所能而感到莫大欣慰」。Bertrand Russell,

因為在生命之花的凋殞面前，每一個自覺的存在者都不會無動於衷，戀生畏死本是人類的本能，正是畏死的死亡感傷和死亡憂懼激發了生命意識的覺醒，同時又是這種覺醒的生命意識的體現。惟有在認識到自己必死性的畏懼之中，自我轉化的天賦便會在這種狀態下覺醒，生命的本真存在得以敞開。故死亡對個體而言，不再意味著虛無。相形之下，莊子以內在精神超越死亡的焦慮與恐懼，期能在與道同體、同於大通的境中了脫生死的界限，他對死亡的達觀思考，給後人創造了充裕的空間去寄託自己浪漫的情思。但是他齊生死所蘊涵的人生崇高性的退隱，未能導向勉力踐行、積極在世的價值取向，而與「无與人滅天」（〈秋水〉）這個價值立場對文明演進的質疑、責難，則使他對生命意義的理解相應地缺乏歷史的深沉性[220]。

若死亡是一堵厚實的牆，則整個人生無論過得如何精彩、富足，人生的結局就是撞牆，永無去路。反過來看，若死亡是一扇門，那麼，人對於自我既超越又內存的體察、對於意義的追求、對於真善美聖的嚮往，以及對永恆的盼望，就都能得到某種合理與融貫的理解。總之，死亡是通往永恆之門，而無常人生中的愛與被愛才能真正具有永恆的價值！兩者死亡價值的哲學就是一扇智慧之門，令人養成更開闊的心境和更加深遠的感情，也使人在內心裡樹立一種堅強兼順應的力量，成為一個無法從外面加以擊敗的巨人。孟莊分別從人倫與自然兩方面渴求生命的永恆和死亡的超越、由此顯示中國文化中兩種不同的崇高價值取向。

這兩個舉世聞名的哲學家，正是由於他們對生存有著巨大的欲望，對黑暗有著強烈的反抗精神，才使得他們與其人格、作品得到世人的崇敬和仰慕。也正因為如此，他們的人生哲學和人格得以不朽，就像其本身一樣魅力四射[221]，表現形式既有儒家的宏大、雄渾、剛勁、樸直，也有道家

How to Grow Old：Portrait from Memory ,L.G. Alexander,Fluency in English,Shanghai Foreign Languag eEducation Press,1985, p.46.

[220] 參閱楊國榮著，《以道觀之──莊子哲學思想闡釋》，頁270-271。

[221] 肉體死後人留下的須是能夠「被其他人意識到」的人格存在才是「意識不死」，所以「不朽者」意識必須留下能令後世意識到的不朽事件，這是他們歷史意識下的必然使命，所謂「意識不死」乃

的纖細、俊逸、柔美、傲骨。兩者為死亡提供了人認識生命的多重視角。沒有死亡，人對生命本身內涵的理解和體驗也許不會加深，而正視死亡，人才能學會如何珍惜時光、敬畏生命，從而相對延長生命的有效時間，提升生命的有效品質。同時，與死亡相對抗的意識也來源於人們對生命的不可屈服性的堅定信念，正視死亡也是走出生命困境的起點。從這個角度而言，死亡是生命的終點，也是起點。兩者的死亡智慧破解了恐懼死亡所帶來的個體生命的悲劇性，在「舍生取義」與「齊生死」的超越之境中，人的精神得以自由自在地歡唱人生凱旋之歌。可見儒道生命哲學幾乎是在祛除恐懼死亡的意念中獲得了死亡的真正的價值。這個價值以人「普遍的不朽」取代了人「特殊的死亡」。

「從自身之外的對方意識自己」，即「不朽者」舉目望向未來不確定的群體意志，從未來意識到自身所從事之重要性，如此英雄事蹟才可以無時空阻擾地繼續傳述並留下持續影響力。齊格蒙特・包曼認為惟有意識不死，人才可以持續對話，他甚至提出有某類人是「專業的不朽仲介者」，這類人可以為「不朽個體」與「公眾記憶」兩者作一中間的聯繫者，其實他們就是「不朽的記錄者」。因而他認為有意識地傳述「不朽的歷史意志」本身遠比「不朽者」來得更重要。參閱陳莉玲著，〈從歷史意識談死亡與不朽〉，載於《育達學院學報》，2004年5月，第7期，頁112-113。

　　動盪不安的時世以及憂患艱困的人生，並沒有使孟莊求助於神明，而是進而思索、創造出一條嶄新的人生出路。他們相信，人生的過程亦僅是宇宙生命全體中一個非常短暫的插曲或過客，故人無非是一種自然物的存在，與他物在本質上無別。既然如此，人的存在必然顯示其短暫無常的本性。這種侷限於現象界的人生即非圓滿，而始終使人籠罩在無法排遣的無常陰影之中，伴隨無限的憂懼和苦惱[1]。他們也意識到人類個體生命的存在，與群體社會所欲達到的目的之手段有強烈的衝突，故作爲個體的人在塵世中，就易於被捲入社會的漩渦之中，「一受其成形，不忘以待盡。與物相刃相靡，其行盡如馳，而莫之能止，不亦悲夫！終身役役而不見其成功，苶然疲役而不知其所歸」（〈齊物論〉），以致「馳其形性，潛之萬物，終身不反」（〈徐无鬼〉），人終其一生雖然猶如在苦海中浮沉，歷盡千辛萬苦[2]，但是仍沒有獲得平靜的心境和安逸的生活。如此，生命的存在必流於純粹表象，除了死亡外，還無可逃避地面對制約人生的無常陰影及各種障礙：時命的限制、功利的追逐、仁義道德的束縛等，使人產生「存在之悲感」[3]。個體生命一旦淪陷其中，就難免爲其所累，成爲人生的障礙。現分別析論如下：

177

---

[1]　參閱董平著，〈論莊子的人生哲學〉，載於《中國文化月刊》，1993年8月，第166期，頁11。

[2]　叔本華指出，生命中的每件事都宣告著：俗世的幸福終將歸於幻滅，不然就是被視為幻覺。之所以如此，其根源深植於萬事萬物的本性之中，故大多數人的生命都是多災多難而短促。相對的歡樂經常只是表面如此。參閱麥可‧坦能（Michael Tanner）著，黃希哲譯，《叔本華》（Arthur Schopenhauer），（臺北市：麥田出版社，2000年1月），頁63。

[3]　牟宗三著，《才性與玄理》，頁196云：「〈齊物論〉自『大知閒閒，小知閒閒』起，直至『其我獨芒，而人亦有不芒者乎』止，則低回慨歎，對於現實人生最具『存在之悲感』。」臺北市：臺灣學生書局，2002年8月。

　　在人類有了自我意識之後，最疑惑的顯然是命運的問題。因為個體生命除了難逃死亡的制約之外，還受到命運這種同樣是人無法主控的外在力量所牽制。孟莊亦常探究有關命運的問題，莊子認為，命與性是屬於同一範圍的東西[4]，故他云：「性不可易，命不可變。」（〈天運〉）「聖人達綢繆，周盡一體矣，而不知其然，性也。」（〈則陽〉）但「性」是什麼？莊子云：「性者，生之質也。」（〈庚桑楚〉）性，是萬物受命得生之後所得物之秉性。他通過這段文作詮釋：「留動而生物，物成生理，謂之形；形體保神，各有儀則，謂之性。」（〈天地〉）此即是說，任何一物的存在，必具有一定的形體與樣態，這兩者也必具有一定的構造與規律。他將此兩者謂之性。

　　萬物之有「性」，是其之所以存在的理。一物有一物的「性」，故此物以其樣態或特色而存在。這理是無物不有的，不論是什麼物，只要存在，皆有其存在的理。世上物類眾多，樣態萬千，不勝枚舉，鮮花的開謝、潮水的漲退、風起、雲湧、雨落、鳥鳴、馬嘶、獅吼，其存在和作用，都有各自不同的「儀則」。莊子認為，此種「儀則」，就像「吹萬不同，而使其自己也，咸其自取，怒者其誰邪」（〈齊物論〉）！風吹萬種不同孔竅所發出的每種相異的聲音，是由於各個孔竅的自然狀態所致。「咸其自取」，正好說明萬物的樣態、規則都是自然產生的，自始至終皆是如此，故〈至樂〉云：「天无為以之清，地无為以之寧，故兩无為相合，萬物皆化。芒乎芴乎，而无從出乎！芴乎芒乎，而无有象乎！萬物職職，皆從无為殖。」據此可知，莊子所言的「性」，乃是天然的、自然的、生而有之的。萬物雖然都有各自的「性」，但是「性」又有各自不同的差異。莊子云：「夫尋常之溝，巨魚无所還其體，而鯢鰌為之制；步仞之丘陵，巨獸无所隱其軀，而孽狐為之祥。」（〈庚桑楚〉）大物的處大，小物的處小，都是其性自然如此。若違反之，則如同大魚無法在小水

---

[4] 參閱徐復觀著，《中國人性論史・先秦篇》，頁376。

溝裡翻動身軀，小丘陵無法隱蔽巨獸的形體。

總而言之，莊子以爲物之所以有「性」，乃一方面規定事物間的區別，又規定事物存在或生存的界限，使之無法逾越，而必須遵循固定的形態存在和活動，同時在固定的規律下產生作用。任何事物都不能不按照其本性，不能不遵循其原來的樣貌存在或生存，不能「淫其性」、「遷其德」（〈在宥〉），這種界限內在於物之間，而非由外物所附加，它是被動而非主動的；必然而非偶然的；皆出於不得不然而非其自身欲然而然的，故他也稱此必然性爲「命」[5]。有關這方面，莊子有很貼切地說明：「天地固有常矣，日月固有明矣，星辰固有列矣，禽獸固有群矣，樹木固有立矣。」（〈天道〉）「天不得不高，地不得不廣，日月不得不行，萬物不得不昌，此其道與！」（〈知北遊〉）任何一物都有其獨特的「性」，也一定有其獨特的「命」。「性」與「命」兩字常合在一起出現。他說：「性不可易，命不可變。」（〈天運〉）。事物各自的性皆受命而成。受命後才有性，它是萬物所具形體的本質特徵。也可以說，性是「道」賦予每個個體成其爲自身或者它所屬種類的內在稟性。「魚處水而生，人處水而死。」（〈至樂〉）這源於人與魚之間「性」的不同，故人與魚相別；然其得道受命的本源是一致的，人有人性，魚有魚性，其存在並沒有高下貴賤的差別。因此，人皆應接受萬物之間遵從於物得以生所具有的本然樣態。

因此，其存在、作用、活動和發展已固定了。〈至樂〉即云：「褚小者不可以懷大，綆短者不可以汲深。夫若是者，以爲命有所成而形有所適也，夫不可以損益。」「性」之於物是普遍而絕對的，故「命」的實存與力量也亦然。宇宙萬物全都受其控制，無一物可逃避。人當然也難逃受「命」所支配，世間紛紜的人情世態也都受其掌控、牽制。鄙夫登臺閣，良驥拉馬車，只是命的使然。

---

[5] 任繼愈著，〈莊子的唯物主義世界觀〉，頁184-185云：「他提出了事物發展變化中的最堅強有力的必然性——『命』。莊子是世界哲學史上第一個接觸到自由和必然的關係的哲學家。關於這一方面的巨大成就，只有斯賓諾莎和他可以相比。」。

孟子也以「性」言命，〈盡心下〉云：「口之於味也，目之於色也，耳之於聲也，鼻之於臭也，四肢之於安佚也，性也，有命焉；君子不謂性也。」但是孟莊顯然不同，因為孟子以性、命並言，是落在人對味、色、聲、臭來說。由此等要求而說性，則是指情慾的性。由此等要求而說命，則確是命。而這所謂命，又是從人對於此等要求必有其限定而說的。孟子以為人對美食有所追求、對美好的景物有所追求、對美好的音樂有所追求、對芳香的氣味有所追求，四肢活動則貪圖安逸，而人總是想盡其所能求取滿足的，而且這些性是生而即有的。實際上，能否都如願以償，絕非人自己所能主宰的，表示人在現實生活中遭遇的一種限定，可歸屬於命，故說「君子不謂性也」[6]。耳目口鼻身之欲的「得與不得」，和人對仁義禮智天道的「體現」，都同樣有「命」的限制，但是孟子認為前者「君子不謂性」，後者「君子不謂命」，這表示對自然的欲求，君子所重在命而不重在性；對仁義禮智天道的體現，君子不重在命而重在說性的不容已[7]。唐君毅對此提出進一步的見解云：「孟子之所以不以耳目口鼻四肢之欲聲色臭味安佚，以及食色等自然生命之欲等為性之理由，乃在此諸欲，既為命之所限，即為人心中所視為當然之義之所限，亦即為人之心之所限。此即見此諸欲，乃在心性之所統率主宰之下一層次，而居於小者；而此心性則為在上一層次而居於大者。故孟子有大體小體之分。此中大可統小，而涵攝小，小則不能統大而涵攝大。故以心言性之說，亦可統攝以生言性之說。此方為孟子之必以仁義禮智之根於心者，為君子所性，而不即此自然生命之欲以謂之性，以心言性，代其前之以生言性，其決定的理由之所在也。」[8]

---

6 參閱陳拱著，《儒墨平議》，頁91。又牟宗三云：「口之於味方面皆喜歡美味，目之於色方面皆喜歡美色，耳之於聲音方面皆喜歡悅耳之音，鼻之於臭覺方面皆喜歡香味，四肢之於安佚方面皆無不悅安佚之舒坦以及觸覺之柔滑：凡此皆發自感性（動物性）之本性自然如此，無人得而否認，然而此中得不得卻有命存焉，你不可藉口說是性便可妄求，是故君子於此便不說是性，而重在命之限制。」見其所著，《圓善論》，頁151。

7 參閱何淑靜著，《孟荀道德實踐理論之研究》，（臺北市：文津出版社，1988年1月），頁168-169。

8 見其所著，《中國哲學原論·原性篇》，（臺北市：臺灣學生書局，1979年2月），頁24。

孟子進一步開發儒家「命」之意涵說：「孔子進以禮，退以義，得之不得，曰有命。」（〈萬章上〉）並以舜、禹之子賢或不肖的差別皆非人之所能爲作例子，對命作出一般的界定：「莫之爲而爲者，天也；莫之致而致者，命也。」[9]（同上）焦循《孟子正義》引趙歧注云：「莫，無也。人無所欲爲而橫爲之者，天使爲也。人無欲至此事而此事自至者，是其命祿也。」凡出乎於人力所能掌控範圍而發生之事，便將其原因歸之於天、歸之於命。朱熹注云：「蓋以理言之謂之天，自人言之謂之命，其實則一而已。」（《四書集注》）非人所爲而自爲，此由天也；非人所致而自致，此乃命也。命非是人之所爲，而爲者爲誰？天也。命之進程，超乎人力之上，故歸之於天。於〈梁惠王〉中，樂正子以爲魯平公因爲嬖人臧倉阻礙而無法見到孟子，孟子卻答曰：「行或使之，止或尼之。行止，非人所能也。吾之不遇魯侯，天也。臧氏之子焉能使予不遇哉？」世事有定，遇與不遇在於天，亦是孟子的命。他所言頗有道家的色彩。孟子把「天」解釋爲一種「不仁」，無親無疏、沒有任何目的的力量。這種力量當然是任何人也無法掙脫的；把「命」解釋爲不是能憑人的意志招致的機遇，也是不依人力而存在的必然力量。於此，他從「天」和「命」兩者說明瞭「天命」就是一種無法改變的客觀必然力量，它超越人的主體意志之上。

〈盡心上〉又云：「求則得之，舍則失之，是求有益於得也，求在我者也。求之有道，得之有命，是求無益於得也，求在外者也。」「求在我者」，是盡其在我，故朱子注云：「在我者，謂仁義禮智，凡性之所有者。」（同上）孟子認爲，人的「求」和「得」之間，即行爲與結果間能否作到有「求」必「得」？要看「得」的充分條件是「在我」還是「在外」？凡是人自身就可以滿足「得」的充分條件，當然就可以做到「求則得之」，就看你自己有沒有「求」的決心。例如，求「仁」求「義」，

9 翟廷晉著，《孟子思想評析與探源》，頁49云：「孟子的這段話，顯然受了道家的影響。他在這裡，把『天』解釋爲一種無親無疏、沒有任何目的的力量。這種力量當然是無法違抗的。把『命』解釋爲不是能憑人的意志招致而來的機遇，也是不依人力而存在的必然力量。這裡，他從『天』和『命』兩方面說明了『天命』就是一種無法改變的客觀必然力量。」

只要自己有決心，必然會求有所得。就是最後「殺身成仁，舍生取義」
（〈告子上〉），還是得到了「仁義」，其他人無法剝奪，也不需要聽從
命運的安排。但是要追求身外之物，自身無法滿足「得」的充分條件，那
麼得與不得，就與身外的條件有關，例如一個人想求富貴，或者企求實現
自己的政治主張，這些固然也「求之有道」，即都能按照一定的方法去
做，而且意志非常堅定，可是最後並不像「求仁」、「求義」那樣一定能
得到，也可能得到，也可能得不到。孟子以為，這種情況就要「得之有
命」了[10]。

進而言之，充分條件即指仁義禮智等是天所賦予人者，「求」是有益
於增加德行，故應勉力而為。「求則得之，舍則失之」則為工夫論，反
求諸己便可發揚自己的四端之心，強化的道德與學問器識的擴充，其得
失全操之在己，一切端視自己為與不為。他不厭其煩地告誡人的，就是勸
勉人切勿自暴自棄，「舜何人也，予何人也，有為者亦若是」（〈滕文公
上〉）。這對人能從有限到無限的信心和樂觀溢於言表，這近於孔子所
云：「我欲仁，斯仁至矣。」（〈述而〉）強調善性根植於心。「求在外
者」，朱子注云：「謂富貴利達，凡外物皆是。」（《四書集注》）因為
富貴利達並非自己所能常有之物，能否得到都取決於「命」的安排，也因
其為「求在外者」，人無法掌握，這裡的「求在外者」又將命增加了一個
新的意思，即命是由身外各種條件構成的，不是人本身的東西，故言「求
之有道」，不能枉道索求非其本分應有之物。綜合以上所論，可知孟子的
「命」主要以命運的命為主，帶有人無法控制，求之不一定得、捨之不一
定去的外在限制。可是他並不認為人在這樣的限制中就應屈服命運的安
排，藉由「性」、「命」的對舉，說明人應勉力實踐「性」中本體具有
的德性，不為了實現無常之命而鑽營[11]，故蔡仁厚云：「孟子此章，藉
『性』與『命』對揚，以指出人的真性正性，不在自然之性一面，而在仁

---

10 參閱翟廷晉著，《孟子思想評析與探源》，頁50。
11 參閱林季芸著，〈論王充對孟子命之理解〉，載於《東吳中文研究集刊》，2015年10月，第21期，頁20。

義禮智天道一面。自然之性爲形軀生命所侷限，實已落於『命』的限制網中而不能自主自足，惟有超越感性欲求而不受形軀生命約制拘限的內在道德性，才是人人性分本具的眞性、正性。」[12]

　　莊子也大爲感歎云：「死生存亡，窮達貧富，賢與不肖毀譽，飢渴寒暑，是事之變，命之行也；日夜相代乎前，而知不能規乎其始者也。」（〈德充符〉）生命的存亡、人生的窮達貧富，乃至人的基本欲求都是由「命」所導向，它是決定人一切作爲和際遇的必然力量與趨勢，但是人在那無垠的長空、蒼茫的大地、浩瀚的江海面前，就如滄海一粟，顯得那麼渺小與卑微。在永恆的時間長河裡，人生相對地短暫，在偉大自然面前的這種渺小短暫之感，是一種深沉的哀痛，也是一種人生的自覺。它雖然帶給人一種難以平息的激動，驅使人去尋求一種解脫，從理解之中超脫這些罣礙。不過對於深邃而玄妙的「命」，任何人妄想脫離和拒抗都是白費心機的。「命」的根源是人的智力難以理解通達的，人生的各種際遇，都是按照「命」必然的趨勢所發展的。它就像一隻看不見、摸不著，可是又如此無可抗拒的手在撥弄人間歷史，更像一雙毫不動情的冷眼，默默地靜觀人在悲歡離合中掙扎。在孟莊的心目中，「命」即爲完全掌握於外界控制的力量，非人的智慧所能干預或改變，如此實際上是把客觀的必然性抽象爲至上的異己力量。莊子說：「不知吾所以然而然，命也。」（〈達生〉）「莫知其所終，若之何其无命也？莫知其所始，若之何其有命也？」（〈寓言〉）孟子也說：「莫之致而至者，命也。」（〈萬章上〉）「莫之致而至者」，朱子解作「非人力所致而自至者」（《四書集注》），而此即爲「命」。「非人力所致而自至者」可理解爲：一件事的發生，不論是我有意或無意去招致，它自然而然地就降臨或發生在我身上，如生死、壽夭、禍福等都非操之在我，也非我所能決定的。面對這些狀況，人在積極地求取亦不可必得時，便會感到一種「客觀的限制」，這是人的德、智、能、力無消解的。既然無力回天，只可歸之

---

12 蔡仁厚著，《孔孟荀哲學》，頁221。

於命，這就是「命定義」的命。而「莫之致而至」的「命」，徐復觀云：「按孟子以『莫之致而至者』為命，在這一點上，性與命是相同的。所謂生而即有（此在孟子則稱為『固有』，如『我固有之也』），亦即是莫之致而至。同時，孟子以『分定』二字解釋性，實則亦可以用分定二字解釋命。」[13] 他將由「莫之致而至者」來了解的命義解釋為「生而即有」，也就是我所「固有」的，並依此來了解「性命對顯」的「命」與「性」字，如此，按其所云：「命」與「性」是相同的，都是我所「固有」的。有關這方面，陳大齊亦有相似的見解：「『性也，有命焉』及『命也，有性焉』的『有』字……是『又』字的意思。……命字，與其著重於《萬章》上篇所說『莫之致而至』的意思，不如著重《中庸》所說『天命之謂性』的意義，解作天所賦予，似更顯豁。……命合性，義相近似，命，言其為天賦，性，言其為固有。命與性其由來相同，自此點言之，則『口之於味也』五事與『仁之於父子也』五事，同可謂是命又是性。」[14] 意即此「命」即「命定義」之「命」，是「客觀的限制」，而由「客觀的限制」來看，孟子對於此義的「命」，亦透露出無可奈何的感嘆。楊海文即云：「跟一般人一樣，孟子未嘗不認為命是人生經歷中的一種消極，人對這種特殊的必然性可不能作出絲毫的改變和選擇，只能接受和默認之。」[15] 可見人在現象界的存在是極度不自由的，它不光使人陷於不可自主的現象變遷之中，並且令人不得不隨其變化。而此同時，因人的知覺、偏見和信仰等在其生存過程的充分和盲目的介入，使原來已極不自由的生命更添痛苦、憂懼及變數，故「命」的觀念來自於理性所不能通達的極端痛苦，這種不可忍受而又無法理解的痛苦，人只能帶著自虐式的快意，任憑命運的擺佈，有如看著火葬時光苗的舞躍淒淒，令人低迴不已！

　　人類曾一度幻想擺脫自己的命運，或主宰自己的命運，最終發現無法

13 見其所著，《中國人性論史‧先秦篇》，頁167。
14 陳大齊著，《孟子待解錄》，（臺北市：臺灣商務印書館，1991年9月），頁16。
15 見其所著，〈孟子的性命之辨及其內聖學走向〉，載於《中國文化月刊》，2001年，第252期，頁2。

擺脫命運，就像他無法擺脫死亡，人類慢慢有了自知之明[16]。孟莊皆充分了解「命」與生和死一樣，是限制個體生命的本性得以完全自由表達和發揮的外在必然性，或客觀制約性，是造成生命困境的外在力量。「吾命有所制矣」（〈秋水〉），確為人生的眞實情況，故兩者皆通過最原初的存在體驗，將生命遭逢中的種種限制與不合理，歸之於「命」。並且都不將「命」僅僅視為限制，而著力於對此限制的超越。因為人的性命既然有所限制，就應明白生命的價值不在於擺脫命運，而是理解命運和重建自己與命運的關係，著眼於精神上超越「命」的限制，才能安然處於人世，也才能突顯生命的價值。

第二節　孟子言立命

　　孟子雖然以心說性，以純然無摻雜利欲的道德心為人的本性，且此本性即為人所本有、固有，無須透過外在的經驗證明。因為他言性，是從人的價值方面立論，說明道德既超越又內在。但是人畢竟為氣化的生命，必然受到一定的限制，此即所謂命限，亦即命運。而道德的發揚，則必須是在此限制的情況下把道德積極地加以實踐，人固然有命運的遇或不遇的分別，然而君子並不以不遇作為無法實踐道德的藉口，反之，君子是在這不遇的命運中，只以應不應當作為實踐道德的準則，此即為性命對揚，故孟子云：「盡其心者，知其性也。知其性，則知天矣。存其心，養其性，所以事天也。殀壽不貳，修身以俟之，所以立命也。」（〈盡心上〉）孟子即心見性，內在的道德心即內在的道德性。性不可見，由心而見，能充盡四端之心，即可以證知仁義禮智之性受之於天，通過天所命於人之性而反本溯源，即可知天的創生不已。天道深邃玄奧而不可測，所以知天的知，

---

[16] 哈耶克著，鄧正來等譯，《法律、立法與自由社會》（Law, Legislation and Liberty），共3卷，卷3，《自由社會的政治秩序》（The Political Order of a Free Society），〈跋文〉，頁428-429云：「人不是而且也永遠不會是他自己命運的主宰：因為人的理性乃是通過把他引向他可以習知新東西的未知且未可預見的境況之中的方式而持續不斷地取得進步的。」北京：中國大百科全書出版社，2000年10月。

是一種遙契默契的證知，故孔子必踐仁以知天，孟子必盡心知性以知天。這表示契知天命必須通過一段道德實踐的工夫，否則就無法遙契天道[17]。年壽的長短，由天不由人。君子修身以俟死而已，不可因殀壽而疑貳其心，以使存養之功有所怠忽，故俟死是積極地修身成德。人能使自己所得於天者，全受而全歸之，便是得其正命。人能得其正命，亦即「立命」了。[18] 如牟宗三說：「『命』是個體生命與氣化方面相順或不相順的一個『內在的限制』之虛概念。這不是一個經驗概念，亦不是知識中的概念，而是實踐上的一個虛概念。平常所謂命運就是這個概念。……即使你盡心知性知天，存心養性事天，以你大人的身分與四時合其序，與鬼神合其吉凶，你也不能沒有這些順不順的遭遇，你只能隨遇而安，而安之若命，還是有命存焉，不過你能心境泰然無所怨尤而已。」[19] 總而言之，「知天命」是在體認和踐行仁義禮智的德行中實現的，或者說就是這些道德實踐本身。孟子把「天命」詮釋為、內化為人的道德本性本身。把外在的「命」內化為人之性，消解了「命」的外在性、異己性，是儒學的超越理論的最大特色與最大成功，故他並非否定「命」，而是從人生價值的實現或意義的估量上，將義的實現置於「命」之上，以「求在我者」，即以對倫理原則、道德理想的自覺實踐，以回應被視為是一種客觀必然的超越存在。儒家生活方式中的莊嚴和崇高就在這裡展現出來。

　　從上述可知，孟子認為「命」為一渺茫、無法掌握、需外求且有限制的概念，不是屬於道德心性的範圍，而其實現是被動無權的。且命運並非一個可從過往經驗或知識中所能預料的事物，因此人應以何種角度面對「命」便相當重要。孟子面對「命」時，提出三種概念：正命、俟命、立命，層層推進。以下按此三種加以討論，冀能明白孟子「立命」之旨為何。

---

[17] 錢穆著，《世界局勢與中國文化》，頁77云：「儒家則謂人類文化雖以遠離自然而展出，但實質上則是由人文逆轉而還歸於天，始是人類人文自然展出之最高點。而使文化與自然合一，人道與天道合一，則須有人之修養。故孟子曰：盡心知可以知性，盡性可以知天。」臺北市：東大圖書公司，1977年5月。

[18] 參閱蔡仁厚著，《孟子要義》，頁9。

[19] 見其所著，《圓善論》，頁142-144。

⑴正命：「正命」出現於〈盡心上〉。孟子云：「莫非命也，順受其正。是故知命者，不立乎巖牆之下。盡其道而死者，正命也。桎梏死者，非正命也。」他先指出「命」的普遍性——「莫非命也」，朱子注云：「人物之生，吉凶禍福皆天所命。然惟莫之致而至者，乃為正命。故君子修身以俟之，所以順受乎此也。」（《四書集注》）萬事萬物的吉凶禍福、成住壞空都是由普遍存在於萬有之中的「命」所決定，人無法控制過程中的遭遇與結果，但是正因處於「命」的限制中，孟子認為人更應該選擇「正」者順受行事，「正」指的為盡其正道，即順受盡當所當為之「命」。犯下罪身入囹圄而死的，就不是正命了。可見他的正命，就是順天意而活，即是知道「天」託付己身的旨意並貫徹到底，反之，即是非正命。不過在孟子眼裡的非正命，是指違背善的行為。他的正命連結了天道與人道的關係，並以善端當作實行正命的具體管道。這說明孟子以固有的行為準則和應有的道德實踐和倫理的當然來回應命的必然態度。然而他絕不是宿命論者。他對命運的態度是，無論命運有多麼巨大的量，我還是依我的「仁義」而行，不無故送死。故順「命」者，受正而行，毋枉道而求。因此「知命」者了解應行的正道與命運限制，故「知命者不立乎巖牆之下」，恐其壓覆失身，無意義地葬送性命。「正命」為能盡其義者，雖然死，但是能成仁而死；「非正命」則反是，故牟宗三云：「盡道而死，則所受之命是正當的命。不盡道而死，如死於拘禁械繫，戕賊以死，則是死於非命，是不正當的命。（桎梏死不必是犯罪，凡亂來以戕賊自己之生命皆是桎梏以死。縱欲敗度，放縱恣肆，行險僥倖，置一己生命於危地，不順適其生命，皆是桎梏以死。）」[20] 桎梏以死不必是犯罪，凡隨意戕賊自己的生命、縱欲過度、放縱恣肆、行險僥倖、置一己生命於危地、不順適其生命、為了「生」而悖禮叛道，以及老子所言的「生生之厚」、入「死地」（《老子·第50章》）皆是

---

20 牟宗三著，《圓善論》，頁146。

桎梏以死。君子寧可選擇取義而死，此時的「死」便是盡道而死[21]。

　　但孟子認爲當時的人在富貴利祿與仁義禮智的選擇上，往往取利棄義，即便早先選擇了義[22]，可惜這也是有目的而爲之，故〈告子上〉云：「有天爵者，有人爵者。仁義忠信、樂善不倦，此天爵也；公卿大夫，此人爵也。古之人，修其天爵，而人爵從之。今之人修其天爵，以要人爵；既得人爵，而棄其天爵，則惑之甚者也。終亦必亡之而已矣。」孟子把爵位分爲「天爵」、「人爵」，前者稟受於天的自然之貴，如仁、義、忠、「樂善不倦」，皆本乎天性，這是人先天本有的自然尊貴，是永恆的道德人格[23]，也是價值世界中的道尊德貴，此操之在己，求則得之，可以常保，後者則爲世俗的官位利祿，爲政治等級中的尊貴，此爲感覺世界中的位尊爵貴，是隨時可變易的，操之在人，求而不可必得，得之亦難保長久[24]。深言之，人爵所顯示的價值並非是絕對價值，因爲其價值由他人所決定，而非由自己所決定。絕對價值只能由自己創造、決定，而這只能通過道德實踐加諸自己的道德尊嚴，此即「天爵」。古今之別，在於古之

---

21 陳拱著，《儒墨平議》，頁97云：「所謂『盡其道而死』，必有兩種可能的情形：其一、是人必須盡力避免枉死、桎梏而死，亦即必須好好地保持其天年而死；其另一、則是必須當死而死，如臨某種大節之際，必須成仁、取義之時，即死有所不辭。前者是處常，後者是處變。在這兩種情形之下而死，亦即『好好地保持其天年而死』和『當死而死』，都是『盡其道而死』。對於死須如此，對於生須如此，即對於其他一切如得失、禍福……等等亦須如此。能如此：方是『盡命之正道而處』。」

22 阿德勒著，陳珠泉等譯，《六大觀念：真、善、美、自由、平等、正義》（Six Great Ideas：Truth, Googness, Beauty, Luberty, Equality, Justice），頁252云：「爲了創造終極完善的生活，一個人當然必須正確地選擇他需要和想要的善事物，而道德上的美德正是一種堅定的習性，它使一個人做出這樣的選擇。一個在習性方面毫無節制的人，他往往會做出錯誤的選擇，他沉湎在對只能給他帶來一時快樂的純粹顯在善的過分追求之中，而把他長期需要的實在善置於腦後，因此，他就遠離了他追求終極善時該走的道路。」北京：團結出版社，1989年4月。

23 康德著，沈叔平譯，《法的形而上學原理——權利的科學》，頁26云：「道德人格不是別的，它是受道德的法則約束的一個有理性的人的自由。」約翰‧羅爾斯云：「道德人格以兩種能力為其特徵：一是獲得一種善觀念的能力，二是獲得一種正義感的能力。當其實現時，前者表現為一項合理的生活計畫，後者表現為一種按某種正當原則行為的起調節作用的欲望。所以一個道德的人是一個具有自己選定的目的主體，他的基本偏愛取決於條件，這些條件使他能去構造一種盡可能充分地——只要條件允許——表現他作為一個自由平等的理性存在物的本性的生活方式。」見其所著，何懷宏等譯，《正義論》，頁548。

24 參閱王邦雄等著，《孟子義理疏解》，頁88。

人由於有德行受擁戴而得位，這是個自然的過程，而今人則是有意把「天爵」當作敲門磚，一旦「人爵」到手後，便棄之如敝屣，這就是得位而失德，必然會導致滅亡的後果。〈萬章上〉也有類似的論述：「匹夫而有天下者，德必若舜禹，而又有天子薦之者；故仲尼不有天下。繼世以有天下，天之所廢，必若桀、紂者也。」「天爵」、「人爵」之論和孟子關於「天受」、「民受」、「天與」「民與」的思想是一致的，都是引用並發揮《尚書・泰誓》中「天視自我民視，天聽自我民聽」的思想，這為其政治思想中的民本主義傾向找到理論根據。

　　由上述的說明，可知透過「天爵」與「人爵」的對比，彰顯出人生中存在「命」的觀念與「德福一致」的問題[25]。「天爵」是稟受於天的道德心，具有絕對的價值；「人爵」則是人所賦予的政治名位，為相對性的價值[26]。但在現實世界中，有德者未必有位；有位者未必有德。因此，「性」與「命」的義理探討，透過人在面對外在欲望事物的追求下，因而產生的缺憾之感或德福不一致的各種問題。人雖然為有限的存在者，卻能憑藉內在道德意識的自覺，展開無限的道德創造動力，故能正視外在的得失橫逆而仍能黽勉力行，因此是否能「德福一致」，亦不影響人「由仁義行」的意志。從「義命合一」[27]的觀點而言，是由「天命之謂性」的層面看待「命」的根源之處，則天道賦予人本然之善性，如此則義與命相結合，「命」乃為「命令義」，人依天命而為即本乎仁義之心而實踐道德行為，故人之道德實踐活動皆是「命」，故「命」不再只是外在客觀事物的

---

[25] 蔡仁厚著，《孔孟荀哲學》，頁277云：「當天爵與人爵合一，便是『大德者受命』之時，在此可以說『有德即有福』（得位、得祿、得名、得壽，皆是福）。但有時『修其天爵』，而『人爵』未必從之，這時候，德與福便不能一致，而人生就有了缺憾。順此缺憾可以接觸『命』之觀念。在儒家，是『盡義以知命』而達到『義命合一』，然則，是否亦可以『修德以受福』而達到『德福一致』』呢？這是值得思量的問題。」

[26] 賓克萊（Luther John Binkley）著，馬元德等譯，《理想的衝突──西方社會中變化著的價值觀念》（Conflict of Ideals：Changing Values in Western Society），頁52云：「相對論的時代使人想要找到他能夠為之堅定地毫不含糊地獻身的終極價值的希望大大破滅了。」北京：商務印書館，1983年5月。

[27] 「義命合一」的觀點，乃唐君毅對於孔子之知命所提出的省思，認為「道之行與不行，皆為其所當承擔順受，而由堪敬畏之天命以來者」，並強調「義之所在即命之所在，明非天命為預定之義」。參閱其所著，《中國哲學原論・導論篇》，（香港：人生出版社，1966年3月），頁515-516。

限制，在盡義的同時亦是盡一己之天命，此即是「天道性命相貫通」[28]
之意，如此在盡義的實踐過程中，當下即消解因外在客觀環境或個人生死
得失而產生的傾軋與困頓，如此「德福一致」亦成為可能。由此可知，若
是將實踐觀念限於「命定」之命，則人的價值實踐將無超越性可言。但是
若能領悟「天命」的命令，則不論「命」的涵義為何，人皆可透過自身道
德實踐的努力，解消命的限制或限定，並能在實踐過程中，體證人生命主
體的超越根據，肯定人格的尊嚴。故不論就「盡義以知命」或「義命合
一」的觀點而言，人如何從「表示一種客觀限定或限制」的「命」感中，
確保內在道德心能夠充分的呈現。質言之，孟子透過釐清人之「天爵」與
「人爵」的相對關係，進而引入「性」與「命」的對顯關係，實亦隱含認
可兩者之間應有不容忽視的轉化作用，亦即如何將「命定義」的命感轉化
為積極的道德實踐動力，即在天道、天命的「命令義」下使人於道德實踐
活動中，由人的道德性涵融命限之感，而能獲致「德福一致」的滿足，故
〈告子上〉云：「欲貴者，人之同心也；人人有貴於己者，弗思耳。人之
所貴者，非良貴也。趙孟之所貴，趙孟能賤之。《詩》云：『既醉以酒，
既飽以德。』言飽乎仁義也，所以不願人之膏粱之味也。令聞廣譽施於
身，所以不願人之文繡也。」「貴於己者」，即「天爵」，是所有人心中
共同的欲求，但是一般人所謂的尊貴，總是意指人世間的爵位，殊不知所
有人皆有貴於己的先天之貴，只因人的心思常常外用，不知向內省思以求
諸己而已。「飽乎仁義」，乃指道德實踐的自主要求，一個人生命中充滿
仁義，自然就不希望別人的美食了。故仁義本身才是實踐的目的，從本我
道德心即能獲得滿足感。故人若能修養擴充此「天爵」，面對權勢名位的
傾軋，亦必能展現「自反而縮，雖千萬人，吾往矣」（〈公孫丑上〉）的
勇氣[29]。由此可推論，人在道德實踐過程中，雖然面對各種險阻困頓，只

---

[28] 「天道性命相貫通」的觀點，乃牟宗三於《中國哲學的特質》中，由天命下貫為性，言性與天道的
遙契作用，進而闡述人的生命主體具有既超越又內在的遙契天命、天道的作用，故能藉由人的實踐
體證，將性與天道、天命相貫通。參閱上述著作，頁29。

[29] 保羅・蒂利希（Paul Jahannes Tillich）著，成窮等譯，《存在的勇氣》（The Courage to Be），頁
26云：「勇氣是具有『不顧』性質的自我肯定，他不顧那些有可能妨礙自我肯定的東西。」又頁26

要能秉持道德本心的意志，由內心興起勇往直前的道德實踐動力，即能解消命感的限制[30]。故在人「性」與「命」的關係中，「性」是居於主宰的地位，在現實生活的實踐中，「命」雖然予人限制的感受，然而透過道德心的呈現，卻能將「命」涵融於「性」中，展現道德實踐的強大動力。故性、命之間也可說是一種聖、俗辯證之間的存有，因為人性向上直貫天命，使得性除了以生理機能存續為目的外，更有與天命同高的尊嚴和價值。而天命下貫人性，使得天命不再高蹈孤懸地冷眼俗世，將存在落實成為與人性同真的感受。孟子透過性、命二義的互涵互攝、互證互舉，同時將二義的理境顯揚、大幅提升至另一個不同的高度。

　　因此，君子在命運的限制下，不為了實現外在利祿而枉道求之，選擇「義」所當為，順受其盡義之道，此方為命之「正命」，故牟宗三亦言：「其所受之命是『合理合道盡了所當為』中的命，斯之謂『正命』。若受之而卻受了一個不正當的命，此便是『不合理合道而未盡其所當為』中的命。既然有正不正之別，則正不正之如何表示須看是何方面的『命』而定。」[31]顯示在「正」與「不正」間，應擇「正命」而勉力當為、求仁得仁。孟子以孔子為例：萬章問曰：「或謂孔子於衛主癰疽，於齊主侍人瘠環，有諸乎？」孟子曰：「否，不然也。好事者為之也。於衛主顏讎由。彌子之妻，與子路之妻，兄弟也；彌子謂子路曰：『孔子主我，衛卿可得

云：「正當的勇氣必須被理解為完滿生命力的表現。增強生命力就意味著增強存在的勇氣。」「浩然之氣」正幫助孟子強化生命力以「增強存在的勇氣」。貴陽：貴州人民出版社，1998年1月。

[30] 歌德（Johann Wolfgang von Goethe）認為：「一個人，即使駕駛的是一艘脆弱的小舟，但只要把舵掌握在他的手中，他就不會任憑波濤擺佈，而有選擇方向的主見。」見湯姆斯・貝利・桑德斯（Thomas Bailey Saunders）著，程代熙等譯，《歌德的格言和感想集》（The Maxims and Reflections of Goeth），（北京：中國社會科學出版社，1982年6月），頁6。卡西爾云：「孟德斯鳩之所以成為他的時代的代表和啟蒙運動的天才思想家，原因在於他從對歷史的一般原則和動力的認識中尋求在將來有效地控制它們的可能性。人並不簡單屈從自然的必然性，他作為自由的動因能夠並且應當塑造自己的命運，實現自己注定的和恰當的未來。」見其所著，顧偉銘等譯，《啟蒙哲學》（Philosophy of Enlightenment），（濟南：山東人民出版社，2007年4月），頁199。佛洛姆即云：「人類正像其他生物一樣，受制於決定他的外力，但是人類卻具有理智，他能了解決定他行為的外在支配力，而且能藉著這種了解，主動地參與支配他的命運，並進而能夠支配自己的命運。」見其所著，蔡伸章譯，《人類之路：倫理心理學之探究》，頁214。

[31] 牟宗三著，《圓善論》，頁146。

也。』子路以告。孔子曰：『有命。』孔子進以禮，退以義；得之不得，曰有命。而主癰疽與侍人瘠環，是無義無命也。孔子不悅於魯衛，遭宋桓司馬，將要而殺之，微服而過宋。是時孔子當阨，主司城貞子，爲陳侯周臣。吾聞：觀近臣，以其所爲主；觀遠臣，以其所主。若孔子主癰疽與侍人瘠環，何以爲孔子！」（〈萬章上〉）有義故有命，無義才無命，孟子以「義」來定出命的所限。義命合一就是「進以禮，退以義」，舉止行誼合於道，此爲「正命」；若行事違逆常理、常道，陽奉陰爲，終遭致桎梏而敗亡，此本來不在義命發展中，故孟子言「非正命也」。孔子也可以選擇住在彌子家中，而進一步獲得衛卿的高位，但是選擇放棄，而謂之「有命」，因彌子非義，此不在義命之中，是以孔子不爲也。孔子得之不得曰有命，即是得之不得曰有義，非義則不求得。孔子知天之道、知義之道，故他乃知命之人。「孔子主癰疽與侍人瘠環，何以爲孔子」！正指出孔子之所以爲孔子，在於他不曾因爲境遇困阨，就枉道而行。相反的，他從種種困阨中見義所當爲，知義之所生即命之所生，而有「不知命無以爲君子」（〈堯曰〉）之言。傅斯年也云：「孟子之言命，字面固爲天命，其內含則爲義，爲則，不盡爲命定之訓也。其爲義者，『孔子進以禮，退以義，得之不得曰有命，而主癰疽與侍人瘠環，是無義無命也。』此雖聯義與命言，亦正明其相關爲一事也。其爲則者，孟子引詩，『天生蒸民有物有則，』而託孔子語以釋之曰，『有物必有則。』孟子之物則二解皆非本訓，⋯⋯然既以爲天降物與則，是謂命中有則也，故謂『盡其道而死者正命也』。」又云：「所謂俟命論者，謂修得以俟天命也。凡事求其在我，而不責其成敗於天，故曰『不怨天』，盡人事而聽天命焉，故曰『丘之禱久矣』。此義孟子發揮之甚爲明切，其辭曰『修身以俟之』又曰『順受其正』又曰『盡其道而死者正命也』，此爲儒家天人論之核心。」[32]

　　他順此而發，賦予「命」這一概念一個價值上的意義，而對生命實踐有「正命」與「非正命」之評斷。孔、孟兩聖行道於世的經歷均非順遂，

---

32 見其所著，《性命古訓辨證》，（臺北市：新文豐出版公司，1985年7月），頁355、205。

兩者對於「命限」的存在感自然更深刻。但是兩者言「畏天命」（〈季氏〉）、「求之有道，得之有命」（〈盡心上〉）等語，卻不僅對道之行與不行的感慨，更在於通過「盡其道」而至「順受其正」的義理承擔。因此，對於「命限」的超克，孟子先是通過良知本心對價值理序的明見，而在限制之處感通義所當為，並順承孔子「知命」、「畏天」的義理，通過實踐此義所當為，直接回應天命對人的召喚。可見孟子是通過道德理想的承擔，由「立命」以超越「命限」。

(2)俟命：「俟命」是選擇「正命」後應具備的處世態度，先以「義」行事，持義而行後，便等待「命」的降臨，故孟子曰：「君子行法，以俟命而已矣。」（〈盡心下〉）朱子注云：「法者，天理之當然者也，君子行之，而吉凶禍福，有所不計。」（《四書集注》）根據上下文來看，此說不符合孟子的原意，楊倞註云：「禮義謂之法。」（《荀子集解・法行》）其說才得事理之實。《孟子》所說的原文為：「哭死而哀，非為生者也。經德不回，非以干祿也。言語必信，非以正行也。君子行法，以俟命而已矣。」（〈盡心下〉）哭死人而悲哀，並非給活人看的，只是按照天賦的善德實行而已；不走邪路，並非為了追求祿位；言而有信，並非以好行為求得好名聲。「哭死而哀」，是盡喪禮的親情；「經德不回」，是實行仁義大道；「言語必信」，信是善德存在於自身之中，可見這些都是善德，即仁義禮信，而不是法度，更不是朱子所言「天理之當然者也」。「法」的內容是仁義禮信，君子奉行天理之當然而行事，不因「命」的限制遭遇而改變法度，故不計吉凶禍福，單秉義而行。孟子以為仁義禮智至皆由心出，人人能由此心性而成聖人，此處的「法度」便是順行仁義禮智的天道法度，實踐上天所賦予的道德之性，不因命限之壽夭而易其行，故「行法，以俟命」，均是擴充性中稟於天的自然之貴，以此為立身處世的準則，不因命之吉凶禍福拂亂其心。又〈梁惠王上〉云：「君子創業垂統，為可繼也，若夫成功則天也，君如彼何哉，強為善而已矣。」孟子認為君子只要能奠定基業於前，不必強求成果實現於我，

致力於善行之實踐，遺統業於後世便可。因人間不測之事的成功與否在天，人能做的只有盡其在我，故修身以俟天，爲立命之要旨。因此孟子以上所言實將人生的情況分爲靜態與動態兩種，前者操之在我，當可努力修身以俟之。後者則操於外在的境遇，並非皆我所能盡心者，故當效法〈中庸〉所言，居易以俟命也，故「俟命」不是以「宿命觀」的方式靜態地等待，而是在有定的命中追求道德的提升，如蔡仁厚云：「『命』之意義，亦不是想像猜測而可知者，而必須在人修身成德之活動中始能步步逆顯而著明。命，是人生一大限制，人亦惟有在限制中奮鬥，乃更能顯出積極修身之意義。」[33]

(3)立命：雖然說孟子認爲「命」是人無法掌控與預測的，但是人不能因此而背棄天道，妄求有定之命，而是確立仁義禮智的德命，突破命定的桎梏，與天同德，故〈盡心上〉云：「盡其心者，知其性也；知其性，則知天矣。存其心，養其性，所以事天也。殀壽不貳，修身以俟之，所以立命也。」他儘管承認命運有某種超越人類意志能力的因素，可是又認爲這些因素能不能被最終認識，乃是「盡心」（它不只是認知的，更是實踐的）後的結果。在盡其所能後，仍不能改變的東西，才是「命」。承認命運的某種不可把握性，而又深情地關懷人類自身的命運，冀圖通過道德理性引領人類走出時代的困局和各種有限性，乃是先秦儒家思想的早熟之處，也是儒家精神的偉大之處。這種精神，能營造出一種寬巨集剛毅的悲壯氛圍，激勵一批志士仁人，前赴後繼，任重道遠。故李澤厚在評註「知其不可而爲之」（〈憲問〉）時，說這句話是「儒學骨幹」，「可稱悲壯」[34]。此爲孟子「天人合德」的思想，他以爲因「心」是「此天之所與我者」，故「君子所性，仁義禮智根於心」，人的善端是先天本有的。因此能完盡其善心者，便能證知其自然的貴性，因心性均是天所給予人者，故能完盡善心、證知善性者，就能知悉天人合德之意。操持本具善心，

---

33 見其所著，《孔孟荀哲學》，頁231。
34 見其所著，《論語今讀》，（北京：生活・讀書・新知三聯書店，2008年6月），頁438。

順受善性，以此心性奉承天德。前兩段「知天」、「事天」。爲人與天合德的步驟。末段爲面對「命」的態度，孟子以爲應「殀壽不貳，修身以俟之」，不因命限的壽夭改變自己應行的法度，面對注定的命限，君子進德修業以等待天命使之遇或不遇的降臨，但是孟子並非消極地等待，而是以不枉道求命之富貴的態度面對未知的命運，因此他言「君子行法以俟命」、「修身以俟之」，其重點在於「行法」和「修身」，以此確立「命」的道德天命以及有定之命限，不因其而易其志行。

綜合以上可知，孟子認爲人應要懂得「立命」，故牟宗三云：「它首先因著『修身以俟』而被確立，其次因著孟子下文所說的『順受其正』而被正當化。此皆屬於『知命』，故孔子曰：『不知命無以爲君子』。再進而它可以因著『天理流行』之『如』的境界而被越過被超化，但不能被消除。」[35] 了解「命」本身所帶有的不確定性與主宰性後，正因無法控制、超越，故不應追求「命」的必然實現，而是在有定的命限中追求自己所稟受的人性，立一不拔之超越，即使外在命定不允許道的實現，但是道仍立於內心，自身便是天道的所在，因此選擇正道而行、順受正命。因此「俟命」是了解在命定的限制中，選擇「正命」後的處事態度，順受「命」而行義，不枉道求得而違義。至此，則知道天命我面對順泰逆否，皆是促成我生命中「正命」的實踐，使我盡知、存養自己的心性，不違、天道之德。孟子言「俟命」、「立命」，是承孔子知命之旨而來，故唐君毅云：「孔子之知命，乃知：一切己力之所不能改變，而爲己之所遇之境，無一能成爲吾人之志道求仁之事之限極。孟子之立命，則承孔子之知命之義而發展。孔子之知命，在就人當其所遇之際說；而孟子之立命，則就吾人自身先期之修養上說。如在死生患難之際，當死則死，素患難行乎患難，此在孔孟，同是義所當受。」[36] 因此，命無論順遂與否，都是天所命其行義、盡道，人只要得命之正、俟命之臨，則履行當中所遇的一切外在環

[35] 牟宗三著，《圓善論》，頁144。
[36] 唐君毅著，《中國哲學原論‧導論篇》，頁522。

境的助力或阻力，皆是「道」的另一種存在，人只要肩負此道，則天道永無斷絕之時，故孟子的命論是積極修身處世，以此為立命之本，故「命」不是與價值理想實現無關的外在事實，也是對道德義理的正面承擔[37]。清代學者張爾岐對「以義知命」、「以義安命」的說法最為傳神，他說：「命不可知，君子當以義知命矣，凡義所不可，即以為命所不有也。故進而不得於命者，退而猶不失吾義也。小人嘗以智力知命矣，力不能爭則智邀之，智力無可施而後謂知命也。君子以義安命，故其心常泰；小人以智力爭命，故其心多怨。眾人之於命，亦有安之矣。大約皆知其無可奈何而後安之者也。聖人之於命安之矣，實不以命為準也，而以義為準。故雖力有可爭，勢有可圖，而退然處之，曰義之所不可也。義所不可，斯曰命矣。……亦曰義所不在耳。義所不在，斯命所不有矣。故聖賢之於命，一於義者也，安義斯安命矣。眾人之於命，不必一於義也。而命皆有以制之，制之至無可奈何而後安之。故聖賢之與眾人，安命同也，而安之者不同也。」[38]孟子重義甚於重命。義可安命，而命不可安義。為義而生，替天行道，贊天地之化育，是儒家不可逃避的宿命。

1990年，當代世界著名的物理學家史蒂芬・威廉・霍金（Stephen William Hawking）在一次演講中曾探討了「一切都是注定的嗎」的問題，分析了若相信宇宙間一切都是注定的話，將會引起一些難解或無解的問題。但他的最終結論是：「一切都是注定的嗎？答案是——是，的確是。但其答案也可以為不是，因為人永遠不能知道什麼是被確定的。」他的建議是：「因為人們不知道什麼是確定的，所以不能把自己的行為基於一切都是注定的思想之上。相反地，人們必須採取有效理論，也就是人們具有自由意志以及必須為自己的行為負責。」[39]

---

[37] 參閱陳政揚著，〈孟子與莊子「命」論研究〉，載於《揭諦》，2005年4月，第8期，頁142-143。

[38] 見其所著，《蒿菴閒話》，（臺南市：莊嚴文化事業，1995年），四庫全書存目叢書，子部，冊114，頁296。

[39] 見其所著，杜欣欣等譯，《霍金講演錄——黑洞、嬰兒宇宙及其他》（Stephen Hawking lectures：Black Holes And Baby Universes And Other Essays），（長沙：湖南科學技術出版社，1995年5月），頁100、97。

「人事盡處便是命」，作為一種思想，也是形成儒家生活中沒有遊離於世俗生活之外的終極關懷對象這重要文化特徵的主要觀念因素，因為作為儒家思想體系裡的最高超越性存在、精神生活的最後皈依的「命」，只存在於、實現於踐履人倫中；儒家生活能在「盡人事」中使人得到安寧、安頓的人生意義。這種人生終極的理性自覺，是儒家生活方式具有永遠生命力的精神因素[40]。

總之，修身而後能知命，知命而後能立命，立命才算得上是正命而終。盡性修心而後正其道而死才可謂「正命」。孟子將個人心性修養與社會使命充分融合，「窮則獨善其身，達則兼善天下」。（〈盡心上〉）因而焦循以為孟子「命」的思想是：「於己則俟命，於天下則立命，於正命則順受，於非正命則不受，聖賢知命之學如是。」（《孟子正義》）顯然，孟子一直強調的是修身的日益精進，惟有如此才能通於天，合於命，也就是「修身以俟命」的意義。這就不難理解孟子為何願意「舍生取義」，認為仁義重於自身性命了。其力求修善的命，體現了強烈的社會責任意識。然而，在嚴酷的社會環境中如何恰當地安頓自己，如何使自己在面對無可奈何的現實時仍然能夠有所作為，又如何使生活顯得依然有意義，進而使自己平靜而愉快地生活下去，這是知識分子普遍面臨的最現實和迫切的問題。以一定程度上的疏離實際政治為前提的挺立自我，是他們在如此的社會環境下最為現實也最易操作的途徑[41]。

孟子言：「可以仕則仕，可以止則止，可以久則久，可以速則速，孔子也。」（〈公孫丑上〉），可見他對待出仕的態度，端在「道」的本身，所以他說：「古之人未嘗不欲仕也，又惡不由其道；不由其道而往者，與鑽穴隙之類也。」（〈滕文公下〉），又言：「天下有道，以道殉身；天下無道，以身殉道；未聞以道殉乎人者也。」（〈盡心上〉），孟

---

[40] 參閱崔大華著，〈人生終極的理性自覺——儒家「命」的觀念〉，載於《孔子研究》，2008年，第2期，頁11。

[41] 「一定程度的疏離正是知識分子角色的先決條件」，不受束縛的批判精神是知識分子的標誌，這使「他總是在一個社會中但又不屬於這個社會」，從而使自己做不到「和別人一樣」。參閱劉易斯·科塞著，郭方等譯，《理念人：一項社會學的考察》，頁392。

子所重視者，乃在「道」而不在祿位，對於出處的抉擇悉以「道」爲判準，所以當陳子問他：「古之君子，如何則仕」時，孟子云：「所就三，所去三。迎之致敬以有禮，言將行其言也，則就之；禮貌未衰，言弗行也，則去之。其次，雖未行其言也，迎之致敬以有禮，則就之；禮貌衰，則去之。其下，朝不食，夕不食，飢餓不能出門戶，君聞之，曰：『吾大者不能行其道，又不能從其言也，使飢餓於我土地，吾恥之。』周之，亦可受也；免死而已矣！」（〈告子下〉）由於君子之仕乃在「務引其君以當道，志於仁而已矣」（同上），所以對於國君有否行其言的可能，便成爲重要的判斷。若眞的是時勢未濟，無法一展抱負，那麼孟子也對仕的自處，備有自我的要求與安頓之方，故云：「尊德樂義，則可以囂囂矣。故士窮不失義，達不離道。窮不失義，故士得己焉；達不離道，故民不失望焉。古之人，得志，澤加於民；不得志，修身見於世。窮則獨善其身，達則兼善天下。」（〈盡心上〉）「居天下之廣居，立天下之正位，行天下之大道；得志與民由之，不得志獨行其道；富貴不能淫，貧賤不能移，威武不能屈；此之謂大丈夫。」（〈滕文公下〉）而此一「窮」、「達」；「得志」與「不得志」之道，經孟子提點後，似乎便成了後世深抱儒家情懷的知識分子對待進退出處的取捨準則[42]。

孟子接著孔子，對這些逸民的特質表達了自己的隱逸思想：「伯夷，目不視惡色，耳不聽惡聲。非其君不事，非其民不使。治則進，亂則退。橫政之所出，橫民之所止，不忍居也。思與鄉人處，如以朝衣朝冠坐於塗炭也。當紂之時，居北海之濱，以待天下之清也。故聞伯夷之風者，頑夫廉，儒夫有立志。……柳下惠，不羞汙君，不辭小官；進不隱賢，必以其道。遺佚而不怨，阨窮而不憫；與鄉人處，由由然不忍去也。『爾爲爾，我爲我，雖袒裼裸裎於我側，爾焉能浼我哉？』故聞柳下惠之風者，鄙夫寬，薄夫敦。」（〈萬章下〉）又〈公孫丑上〉對他們有類似的描繪：「伯夷，非其君不事，非其友不友；不立於惡人之朝，不與惡人言；立於

---

[42] 參閱黃偉倫著，〈六朝隱逸文化的新轉向——一個「隱逸自覺論」的提出〉，載於《成大中文學報》，2007年12月，第19期，頁8-9。

惡人之朝，與惡人言，如以朝衣朝冠，坐於塗炭。推惡惡之心，思與鄉人立，其冠不正，望望然去之，若將浼焉。故諸侯雖有善其辭命而至者，不受也；不受也者，是亦不屑就已。柳下惠不羞汙君，不卑小官；進不隱賢，必以其道；遺佚而不怨，阨窮而不憫。故曰：『爾為爾，我為我，雖袒裼裸裎於我側，爾焉能浼我哉？』故由由然與之偕而不自失焉。援而止之而止；援而止之而止者，是亦不屑去已。」這特別強調這些「逸民」人格上的影響力，可說有移風易俗的功能。比較而言，孔孟似乎相當推崇「逸民」的清高隱德，並不是十分認同隱姓埋名、沒世而名不稱的隱者。因為就儒家積極入世的原則而言，即使隱居，也應有隱的社會功能，即隱而有德，德而風行草偃，影響他人和社會，才是儒家「隱」最高的價值，〈季氏〉云：「隱居以求其志，行義以達其道。」正好說明，孟子雖然言隱，不過仍不忘為義而生，盡人事的初衷。這也說明儒者在遭逢志不能伸時，仍應挺立人之受諸於天的命！，

　　楊朱「不利天下」的主張，有類於隱者的心態，認為現實政治十分黑暗，非個人能力所能改變，倒不如採取捨離的態度。孟子之所以批評楊朱「無君」，是因為楊朱面對黑暗的現實政治，認為無可救藥，因而主張取消君臣關係，採取消極避世的態度，而沒有盡義以立命，盡心知性以知天。在人倫世界中，人要保存自我的高潔[43]，對同時代的人亦應有感情，對於受苦的百姓亦有應盡的責任。孟子批評楊朱，就是人本於在人倫世界中「立命」而言，也就是力拒時命的不濟而肩負人該肩負的責任而言，所以孟子是身隱而心不隱，與莊子雷同。

第三節　莊子言安命

　　在莊子之前，就有遠離現實政治的士人及思想。如〈微子〉中的長沮、桀溺、荷蓧丈人、楚狂接輿；如不食周粟的伯夷、叔齊。桀溺說：

---

[43] 斯賓諾莎著，賀麟譯，《倫理學》，頁173云：「保存自我的努力乃是德行唯一的基礎。」若人要達到自我保存的目的，就必須在理性命令的指導下過有道德的生活。

「滔滔者，天下皆是也，而誰以易之？」接輿歌曰：「已而！已而！今之從政者殆而！」他們皆因政治現實的動盪和黑暗避世而隱；伯夷、叔齊「危邦不入，亂邦不居。天下有道則見，無道則隱。」（〈泰伯〉）爲了堅守政治信仰和個人節操抱道而隱，被孔子稱讚曰：「不降其志，不辱其身，伯夷、叔齊與！」（〈微子〉）莊子外顯的「苟全性命於亂世」，乍看之下，似乎沒有別於一般隱者之流，但實則不然。〈人間世〉云：「仲尼曰：天下有大戒二：其一，命也；其一，義也。子之愛親，命也，不可解於心；臣之事君，義也，無適而非君也，無所逃於天地之間。」作爲士人的莊子，生來就被嵌入人倫與政治的社會結構之中，只要兩者皆屹立不搖，就不得不承擔父子之親[44]、君臣之義的義務，他身處於其間，知曉自己難以掙脫。雖然對宗法秩序的生存險境，莊子警之以大戒，可是亦毫不逃避地選擇接受其已然身處的社會倫理。「是以夫事其親者，不擇地而安之，孝之至也；夫事其君者，不擇事而安之，忠之盛也；自事其心者，哀樂不易施乎前，知其不可奈何而安之若命，德之至也。爲人臣子者，固有所不得已。行事之情而忘其身，何暇至於悅生而惡死」（〈人間世〉）！

在莊子看來，個體的「不擇地」而孝以愛親、「不擇事」而忠以事君，並非一種主動的承擔，子女對雙親是「不可解於心」地孝與愛，絕沒有從心中卸下的時候；這種盤根錯節的情感將表現爲「不擇地而安之」的外在具體行爲，不論何時何地都會努力讓雙親得到安適，這就是命。個體之所以放棄自己的意願（「忘其身」）而安之若命，是爲了避免遭受因違逆「行事之情」而產生的困擾。相較於一般隱者的「欲潔其身，而亂大

---

[44] 蔡璧名著，〈《莊子》的感情：以親情論述爲例〉，頁55-56云：「爲人子者對親上的『愛』、『事』與『孝』，莊子用『無所逃於天地之間』的『大戒』來說明。人作爲在世存有（Being-in-the-world），是投身於世界的主體（subject destined to the world），只要還活在『天地』這個場域（field）裡的一天，對於親上就有分『無所逃』、必須面對、定得承擔的分位與牽繫。人秉受父精母血，始得以投身於世、存有於世。但對蒙此緣起，即將開展人生豐富之旅的人子而言，無論是父精母血的結合、十月懷胎的孕育、繈褓啼笑的看護，抑或教化養育等難能數計的深恩厚情，都是在未知裡、無從選擇、無法抗拒的情況下被決定的。更何況遭逢千差萬別的父母，構築千差萬別的家庭，或坐落於大城小鎮，或設籍於僻壤窮鄉，就此陶養千差萬別的人生。影響『爲人子者』一生之巨，照單全收之『不得已』。」

倫」（〈微子〉），他則以「无所逃」而對義「安之若命」。無論如何，莊子把「无所逃」的君臣之義當作不可解的父子之命，及逃不開的災難，不像孟子把君臣之義植根於本心良知的四端之一。反而將臣之事君看作良知善端的德性本分，那就不再是人間世的「无所逃」，而是良知本心的「无所逃」了[45]。孟莊在倫理思想上的一個重要差異，就在於孟子將父子之仁與君臣之義從「命」限提升到「性」理的層次，而莊子則將父子之親與君臣之義下降至「命」限的層次，只能視爲不可解、「无所逃」的既成事實接受之、認命之[46]。

　　進而言之，「知不可奈何而安之若命」，但是知可奈何者，則不應「安之若命」。士人承擔君主使命的義務是不可奈何的，也是人形體及其所遭遇的事物變化，如天災和橫禍，亦皆爲迫不得已的事情，自當「安之若命」，這也是存身保命的不得已之舉。但是如何有效地完成君主所托，則是可奈何的，而且個體生命精神的超拔更是可奈何的，故應勉力達成之、完成之，如此，才是「德之至也」。同樣，「子之愛親」是命，是「不可解於心」的不可奈何，可是孝順、敬愛雙親是可奈何的，即不應「安之若命」。易言之，德性的實現，就是能將「不可奈何」的事視爲「命」而安之；「可奈何」的事則不得視爲「命」而安之。很顯然地，德性的作用，在此改變了主體領悟世界的方式，這才是「知其不可奈何而安之若命」的實義，也才是「德之至矣」！但是這種「至德」只是莊子的第一層意義，而且本身是背反的！若從莊子〈大宗師〉開宗明義所言：「知天之所爲，知人之所爲者，至矣。」及從最後這個寓言所云：「子輿與子桑友，而霖雨十日。子輿曰：『子桑殆病矣！』裹飯而往食之。至子桑之門，則若歌若哭，鼓琴曰：『父邪！母邪！天乎！人乎！』有不任其聲而趨舉其詩焉。子輿入，曰：『子之歌詩，何故若是？』曰：『吾思乎使我至此極者而弗得也。父母豈欲吾貧哉？天无私覆，地无私載，天地豈私貧

---

[45] 參閱王邦雄著，《21世紀的儒道》，頁12。
[46] 參閱王邦雄著，〈道家思想的倫理空間——論莊子「命」、「義」的觀念〉，載於《哲學與文化》，1996年9月，卷23，第9期，頁1967。

我哉？求其爲之者而不得也。然而至此極者，命也夫！』」作一對比，可發現兩者是欠連貫性的，並可發現莊子對命的看法是不一致的。天地無私心、「不仁」，爲何讓子桑貧病潦倒至如此悲慘的境況。這是他們三者力圖探究此困惑，卻始終無法得出合理的答案。這到底是生命歷程中必然會出現的際遇，到底是「天」或「命」之所爲而不可奈何，抑或子桑知其可奈何而不夠努力，故落得如此下場！莊子也只能破解這無法言狀、探究及不可知的狀況，到底是天之所爲，或人之所爲，可惜蒼天依然無語！一切就是如此這般眞實地上演！

　　無論如何，莊子在歷經人生的波折後，依然認爲人受命所限制！世上難有完全可奈何之事，卻有完全無可奈何之事，這些無法完全可奈何者，豈非等同無可奈何者！而且知人所爲者爲可奈何者，和知「天」或「命」所爲者爲可奈何者；或者知人所爲者爲完全無可奈何者，和知「天」或「命」所爲者爲完全無可奈何者，這在現實的人生中，莊子都很容易找到不同的反證！其實，就莊子而言，可奈何者或不可奈何者都是命，這才在邏輯上不會產生悖論！人世間任何的大小事，要知道其爲天爲或人爲，這是不可能而沒有必要的！因爲人與天分別的界線是如此細微難分，兩者相互重疊，互爲表裡，人是沒法站在道的高度和廣度分判那件事是天爲或人爲。即使知道某件事是天爲或人爲，這並不重要，孟莊的思想並非指導人如何分判何事是天爲或人爲，而是告諭人在面對問題時的心態和解決的方法。

　　在上述葉公子高的例子中，孔子勉他兩種對待生命的態度：一方面「安之若命」，一方面力求完成使命以存身，看似相反，實則相成，所以面對「知其不可奈何而安之若命」的說法，與其將之視爲「對限制性的強調」，還不如理解作「對限制性的消解」。因爲這裡所講的「命」，重點不在於強調人「不可奈何」的那種無力感，而是在於它可成爲「生命本然」的莊嚴性。唐君毅云：「此種人在無可奈何之境中，所生出之『死生亦大矣，而不得與之變，雖天地覆墜，亦將不與之遺』（〈德充符〉）之安命精神，其所嚮往者之積極之一面，即爲『與造化者爲人』，『天地與我並生，萬物與我爲一』，而『遊乎天地之氣，以命物之化，而守其宗』

孟子與莊子的生命價值哲學

202

之精神。此命物之化之『命』，則爲人之既達其所嚮往之『與造物者爲人』時，所感之一種即在天亦在人之一種命也。」[47]

〈德充符〉云：「死生存亡，窮達貧富，賢與不肖毀譽，飢渴寒暑，是事之變，命之行也；日夜相代乎前，而知不能規乎其始者也。故不足以滑和，不可入於靈府。使之和豫，通而不失於兌；使日夜无卻，而與物爲春，是接而生時於心者也。是之謂才全。」所謂「死生存亡，窮達貧富，賢與不肖毀譽，飢渴寒暑」諸事的變迭，都是指人的客觀環境或條件，亦即人生的際遇，郭象註曰：「人之生也，非誤生也；生之所有，非妄有也。天地雖大，萬物雖多，然吾之所遇適在於是，則雖天地神明，國家聖賢，絕力至知而弗能違也。故凡所不遇，弗能遇也，其所遇，弗能不遇也；凡所不爲，弗能爲也，其所爲，弗能不爲也；故付之而自當矣。」故人生的境遇、事物的變化，都是天命的流行，惟有「才全」者才能隨其所遇而安之、順之，但人的形體及其所遇的事物變化，相對人內在的生命性情而言都是物外，這也就是莊子視爲不可奈何的天命範域。至於可奈何者，則是指人內在生命精神完成的可能。在此，他似乎將人之生作了「性」與「命」的內外分判，「性」所指的是人的生命精神，是可奈何者，是人能存養完成而達至「和」的境界；而「命」所指的則是外於生命精神的事物，是人不可奈何者，當不以外物擾亂內在的精神，故郭象云：「苟知性命之固當，則雖死生窮達，千變萬化，淡然自若而和理在身矣。」所謂「不足以滑和，不可入於靈府」，就是要使內在精神和諧而不亂，亦即不讓外物的變異煩擾精神的意思，故「安命」之說，即莊子欲完成「離形去累」的重要觀念。

他的「安之若命」，實則是一種「不得已」，而力求全生這種可奈何的事，〈人間世〉云：「一宅而寓於不得已，則幾矣。」「且夫乘物以遊心，託不得已以養中，至矣。」〈達生〉說：「達命之情者，不務知之所无奈何。」可奈何者是「不得已」，不可奈何者也是「不得已」。在

---

[47] 見其所著，《中國哲學原論‧導論篇》，頁530。

他看來，在人世之中，每一存在物皆有一定的形態，每一物的作用皆有一定的規律。人生存的本質早就被「道」所先行規定了，毫無能力掌握自己的「命」，命定固然是人生的苦惱，但是欲以人力改變不能絲毫改變的「命」，只不過是在原有的苦惱上再添加新的苦惱，故莊子云：「以不平平，其平也不平；以不徵徵，其徵也不徵。明者唯爲之使，神者徵之。夫明之不勝神也久矣，而愚者恃其所見入於人，其功外也，不亦悲夫！」（〈列禦寇〉）一切既然都是造化的必然，所以都應因之、任之。對於生命之中無端降臨的災禍，人無法預知和控制，因此抵抗也毫無意義。若不安「命」而採取埋怨或強行迴避、極力抗拒的態度，則只徒增憤懣之情，正如〈知北遊〉所說：「夫知遇而不知所不遇，知能能而不能所不能。无知无能者，固人之所不免也。夫務免乎人之所不免者，豈不亦悲哉！」有所不知，有所不能，實是人所不能避免的。要是追求人所不能避免的事，豈不是可悲嗎？因此他主張「无以人滅天，无以故滅命」，若能「謹守而勿失，是謂反其眞」（〈秋水〉）。不以人力改變「命」，不追求「命」中無可奈何之事，不僅可以安於外在的變化，還可以保持精神的平和安然。「不得與之變」、「不與之遺」、「不與物遷」、「守其宗」，便「不以好惡內傷其身」（〈德充符〉）而「反其眞」，故莊子云：「若夫乘道德而浮遊則不然。无譽无訾，一龍一蛇，與時俱化，而无肯專爲；一上一下，以和爲量，浮遊乎萬物之祖；物物而不物於物，則胡可得而累邪！」（〈山木〉）若人在生活上去除美譽與毀辱的分別，內心不因被譽而喜，被辱而怒，時顯時隱，如龍現和蛇蟄，皆順著時序而變化，不偏滯於任何一個固定點，以順任自然爲原則，遊心於萬物的根源，主宰外物而不爲其主宰，人又怎麼會爲所遭遇的「時」、「命」所累？這便是「隨物變化而變化」最終的意義。

所以各物所具的形雖然相異，但是各安於性命的自然，何須刻意改變？莊子由是進一步提出以「不改改之」來對治「命」的問題。所謂「不改」，就是不強求，不造作，不以個人私見違逆「命」的安排；所謂「改之」，就是以超越的精神消除煩惱，鬆解精神的束縛。他並以這無可奈何

而又不知所以然的狀態視爲自然，而不需致力於「命」的無可奈何，故順從「命」，也就是順從自然。這就是「遊心於淡，合氣於漠，順物自然而无容私焉。」（〈應帝王〉）所謂「淡」與「漠」，意即無心，不以己見強人所難，不攖人心，也就是「安其所安，不安其所不安。」（〈列禦寇〉）心若能如此「安命」、順從自然，則「天下誘然皆生而不知其所以生，同焉皆得而不知其所以得。」（〈駢拇〉）「光矣而不燿，信矣而不期。其寢不夢，其覺无憂。其神純粹，其魂不罷。虛无恬淡，乃和天德。」（〈刻意〉）是以「命」雖然定，但是不以累心，於己不傷，於物無忤，而各適其性，故精神純粹而契合天道，並臻於自由之境。黑格爾曾嘉許古代人「沉靜的委諸命運的態度，並承認這種態度較之近代人的態度尤爲高尚而有價值」[48]。這是因爲「當我們把人世的事變認作有必然性時，……則這種命運觀不但不會予人以不自由的直覺，反而足以示人以自由的洞見」[49]。

莊子提出的「安命」，實際上是渺小孤弱的個體身陷動亂之世的無力感與無奈感，如同個體被迫放棄自身立場以求保形，他所謂的「忘其身」，也是個體精神不得已的自我內縮和退卻，〈大宗師〉記載身體極畸形的子輿的故事，他「曲僂發背，上有五管，頤隱於齊，肩高於頂，句贅指天」，子祀問他：「女惡之乎？」子輿答道：「亡，予何惡！浸假而化予之左臂以爲雞，予因以求時夜；浸假而化予之右臂以爲彈，予因以求鴞炙；浸假而化予之尻以爲輪，以神爲馬，予因以乘之，豈更駕哉！」對於造物者無情的處置和任意的擺弄，子輿的態度是聽天由命、因之、順之，其內心油然徹底地無動於衷，甚至在隨緣度日之中對造物者充滿讚歎。個中緣由，正因爲他已領會「物不勝天久矣」（〈大宗師〉）的至理，而眞正達到順命而處的安適之境，故莊子云：「古之眞人，以天待人，不以人入天。」（〈徐无鬼〉）他們即以自然的態度對待人事，不以人事干預自然，若強而爲之，不是以悲劇就是鬧劇收場。

---

[48] 黑格爾著，賀麟譯，《小邏輯》，頁309。
[49] 同上，頁308。

因此莊子的順「命」是萬不得已，也是知「命」自適的。這有類於孟子所說：「莫非命也，順受其正。是故知命者不立乎巖牆之下。盡其道而死者，正命也。桎梏死者，非正命也」（〈盡心上〉）[50]。他以壽夭歸之於「命」，也絕不自趨桎梏，且不會同意孟子的「盡其道爾死者正命也」（同上），而會以「終其天年而不中道夭者」（〈大宗師〉）爲「正命」。這說法雖然多少帶有悲劇的色彩，然而也是一個懷有救世之志者的無可奈何，或者是不得已的選擇，與孔子的「知其不可而爲之」（〈憲問〉）不同，莊子是「知其不可奈何而安之若命」（〈人間世〉）。「得者，時也，失者，順也；安時而處順，哀樂不能入也。此古之所謂縣解也，而不能自解者，物有結之。」（〈大宗師〉）但「安時而處順」本身並不是目的，其用意還在於「哀樂不能入」，而其用意還在於保守精神的自由與心靈的寧靜，這兩者才是最終的目的，故那些無法從「命」之中超脫而出的人，都是被自己和外物所禁錮，不能因任時變、自然應物。只有那些安命、處順的人，才能擺脫外物的紛擾、情感的波動，達到精神的超然、寧靜。由於堅定的生命意志力，莊子雖然面黃肌瘦、衣粗布、穿破鞋，過著困窘不堪的生活，但是從未喪失自己的生活尊嚴，甚至對貶損自己的言行一點也不假辭色[51]。他身處困境而不沮喪，從容面對的態度，正是對「命」最真實的寫照，因爲他對什麼是「可奈何」之事了然於胸。是以人生雖然無法逃避「命」的限制，然而可以改變對待它的態度。他認爲，由「命」的制約所帶來的痛苦、無奈、不得已的問題，解決的方法不在於改變「命」的問題，而在於取消問題[52]，使之不再成爲困擾精神的

---

[50] 王邦雄著，《21世紀的儒道》，頁39云：「死是命限，人僅能順受，惟當盡其道而死，才是正命；若立身巖牆之下，或在桎梏之中，則非正命。盡其道，在盡其心。在盡心處修身，面對死的命限，亦可扭轉乾坤，不讓『命』來限制我，而是我來立出『命』的價值。在即有限的命中，活出『天命』的無限來。」

[51] 〈山木〉云：「莊子衣大布而補之，正緳係履而過魏王。魏王曰：『何先生之憊邪？』莊子曰：『貧也，非憊也。士有道德不能行，憊也；衣弊履穿，貧也，非憊也；此所謂非遭時也。王獨不見夫騰猿乎？其得柟梓豫章也，攬蔓其枝而王長其間，雖羿、蓬蒙不能眄睨也。及其得柘棘枳枸之間也，危行側視，振動悼慄；此筋骨非有加急而不柔也，處勢不便，未足以逞其能也。今處昏上亂相之間，而欲無憊，奚可得邪？此比干之見剖心徵也夫！』」

[52] 馮友蘭著，《中國哲學史新編》，冊2，頁150云：「歷史中的任何時代，總有不得志的人，在一個

問題。如此一來，人便能對所遭遇的一切不幸事件和悲劇的「命」安然若泰，隨遇而安。〈秋水〉即云：「知窮之有命，知通之有時，臨大難而不懼者，聖人之勇也。」若能把個人的一切莫可奈何的事，都看作是自己生命本身必然組成的部分，坦然接受之，則「命」不僅不再成為問題，而且成為疲憊心靈的歸宿[53]。斯賓諾莎亦云：「只要心靈理解一切事物都是必然的，那麼它控制情感的力量便愈大，而感受情感的痛苦便愈少。〔附釋〕對於事物必然性的知識愈能推廣到我們所更明晰、更活潑地想像著的個體事物上，則心靈控制情感的力量將愈大。這是經驗也能加以證明的事實。因為我們看見，一個人對於所失掉的有價值的東西的痛苦一定可以減輕，如果失者認識到他所失掉的東西，在任何方式下都是無法保存的。同樣我們也看見，絕沒有人會憐憫一個嬰孩因為他不知道說話，不能走路，或不會推理，或因為他生活了幾年，還沒有自我意識。但假如大多數的人生來就是成年人，而只有這人或那人，才生來是嬰孩，那麼人人將會憐憫那嬰孩了。因為人們將不會認幼稚時期為自然的或必然的，而會把它認作自然的缺陷或過失了。」[54]

然而，莊子並非否定必然性所帶給人生種種的問題，而是對必然性的超越。「命」雖然是人不可違抗、跨越的，同時是無法解脫的，不過可以把其問題取消，因為「命」欠佳，根本不是什麼問題，也不是人能解決的問題，況且禍福是相倚伏的。人只要活著，就不必過於考慮自己能力可以控制範圍之外的事情，而應快樂地體驗生命的意義和價值。「達生之情者，不務生之所无以為；達命之情者，不務知之所无奈何」（〈達生〉）。所謂「達於情而遂於命」（〈天運〉），就是通達情理而順於

第四章 孟子與莊子的命論

207

人的一生中，總要遇到些不如意的事，這些都是問題。莊周哲學並不能使不得志的人成為得志，也不能使不如意的事成為如意。它不能解決問題，但它能使人有一種精神境界。對於有這種精神境界的人，這些問題就不成問題了，它不能解決問題，但能取消問題。人生之中總有些問題是不可能解決而只能取消的。」

[53] 王博著，《莊子哲學》，頁110云：「正是對於不可抗拒的命運的肯定才可以最終安頓敏感而疲憊的心靈，才讓心靈有了想回家的想法，以及對回家的路的追求。」

[54] 見其所著，賀麟譯，《倫理學》，頁226。

「命」的安排，如此，才能掌握人生的眞諦，從而重現生機，也才能對現實的人生有所建樹，表現出崇高的精神[55]。換言之，莊子對命的思考理路，在於「由命運的痛苦而產生個體生命的自覺意識，由個體生命的自覺意識而要求理解命運的痛苦，把握生命的意義和實現人生的價值」[56]，就像在希臘神話故事中，西西弗斯（Sisyphus）因罪遭眾神懲罰，被判處將一塊巨石推向山頂。由於巨石本身的重量，使他推不到山頂，巨石便滾下來，於是他只好又得重來，就這樣永無止境。「諸神認爲再也沒有比進行這種無效無望的勞動更爲嚴厲的懲罰了」[57]，但是西西弗斯對於神荒謬的懲罰沒有絲毫的怨言，仍然「生活充滿激情」[58]，心安理得地接受了這個施加於己的厄運。他整個身心致力於這種沒有效果的事情上，使他必然承受非人的折磨。造成這種痛苦是由於他的意識，可是這種痛苦的清醒意識同時也造就了他的勝利，因爲生命敢於承受起超過其限度的災難，這本身難道不是一種勝利！他意識到自己身上的偉大品質，故在痛苦面前一直沒有失去自我；烏納穆諾（Miguel de Unamuno）云：「所有深受苦難的人，雖然深受苦難，他們還是寧願是他們自己，而不願意成爲沒有經受苦難的其他人。因爲不幸的人，當他們不幸時，他們仍然能夠保持他們的正常狀態。當他們努力堅持他們的存在的時候，他們寧可選擇不幸，也不願意選擇不存在。」[59]他是人生存在的主人，在痛苦面前始終沒有失去自

---

[55] 劉昌元云：「人之受苦難總是有原因的，雖然我們不一定能把原因說得完全清楚。可是這不等於說所有的災難都是合理的或應該的。因果的必然性並不等於道德的合理性。而在黑格爾的論述中，這兩點似乎並無加以應有的區分。一個無辜的受難者像那些合理的受難者一樣可以給我們黑氏所謂之精神安慰或和解感，但這不是來自對命運之合理性的體認，而是來自人在這種受難中所表現的崇高精神。」見其所著，〈黑格爾的悲劇觀〉，載於《中外文學》，1982年12月，卷11，第7期，頁24。

[56] 崔宜明著，《生命與智慧——莊子哲學的現代闡釋》。

[57] 加繆（Albert Camus）著，杜小真譯，《西西弗的神話》（The Myth of Sisyphus），（西安：陝西師範大學出版社，2003年10月），頁142。

[58] 同上，頁143。

[59] 見其所著，段繼承譯，《生命的悲劇意識》（Tragic Sense of Life），（廣州：花城出版社，2007年6月），頁13。弗里德里希·包爾生著，何懷宏等譯，《倫理學體系》，頁354云：「不幸鍛鍊了意志，能忍受困苦的意志在壓力下變得堅韌和強健起來。它也給了我們以忍受不可避免的痛苦的耐力，訓練了我們考驗和測試自己及自己的各種力量的能力，使我們節制我們的要求，評判他人的失敗時富有同情心。」

我，故能承擔命運的變幻無常，堅信沒有不通過蔑視、折磨而自我超越的命運。因爲「美德可以戰勝命運」[60]。在這種狀態下，他終身不斷地抗爭與如此不堪的荒謬人生，便成了一種絕地逢生，一條通向荒謬的孿生兄弟——幸福的路。因爲「幸福是一種力量增長和阻力被克服的感覺」[61]西西弗斯接受事實，在結果上卻顚覆了其消極的表象，令人看到，他恰恰是以承擔的方式表示了自己的拒絕。他認眞履行苦役的沉默，喊出的卻是這樣一種不屈的聲音：神啊，祢除了讓我接受懲罰，還能對我做些什麼呢？

加繆表達了人的荒誕性以及在這種荒誕中的一種自我堅持，和永不退縮的存在勇氣。蒂利希說：「正當的勇氣必須被理解爲完滿生命力的表現。增強生命力就意味著增強存在的勇氣。」[62]毫無疑問，這種如史詩一般的現代人類悲劇性畫面的自我描述，以及其中所體現高昂的抗爭格調極具感染力和鼓舞性。人在荒謬境況中的自我堅持，永不妥協、絕不氣餒的強韌勇氣，尤其是作爲一個被永久性放逐的個人，徒勞而無止境地重複著被消解了意義的苦役，仍強烈地感到幸福和滿足和歡樂[63]。推著巨石上山、永無止境地曝曬在烈日之下的西西弗斯擁有崇高、莊嚴與神聖。故整個人類生存的荒謬性都濃縮在這個角色中，其中同時飽含人與荒謬命運抗爭的所有神性、人性及激情[64]。荒謬無處不在，人應該像他那樣，用一種積極的、創造性的眼光和態度面對非理性的世界，勇敢地走把石頭往山上推，一直走向生命的終點，這反使他在苦難中獲得生命的力量和心靈安

---

[60] 昆廷・斯金納（Quentin Skinne）著，奚瑞森等譯，《近代政治思想的基礎》（The Foundations of Modern Political Thought），共上下卷，（北京：商務印書館，2002年10月），卷上，頁288。

[61] 尼采著，劉崎譯，《上帝之死：反基督》（Der Antichrist），（臺北市：志文出版社，1991年12月），頁61。

[62] 見其所著，成窮等譯，《存在的勇氣》，頁61。

[63] 尼采著，周國平譯，《悲劇的誕生》，頁46云：「每一部真正的悲劇都用一種形而上的慰藉來解脫我們：不管現象如何變化，事物基礎之中的生命仍是堅不可摧和充滿歡樂的。」北京：生活・讀書・新知三聯書店，1986年12月。郭玉生云：「悲劇給予人的感受不僅是恐懼與憐憫，而且是心靈的震撼，精神的振奮以及對社會人生的深沉思索。它讓人悟出人的精神意志的豐盈和不可毀滅，從而產生審美快感。」見其所著，《悲劇美學：歷史考察與當代闡釋》，（北京：社會科學文獻出版社，2006年9月），頁142-143。

[64] 「悲劇一定是極大痛苦，因爲它乃是強壯的、豐富的、足以爲此而神聖化的」。見尼采著，張念東等譯，《權力意志——重估一切價值的嘗試》，頁531。

寧，也是對神懲罰的最好反抗。這是真正的勝利[65]！他懷著不懈奮鬥的激情投身其中，以自己生命的最高強度獻身於自己的理想和事業，實現了個體生命的自我創造和永恆，追求一種巔峰狀態的人類生命的存在之境，他在行動中無限地趨近真理，趨近一種自由意志的把握。而在他生命的終結處，這種生命力量和生命意志給人類的心靈帶來了無窮盡的福祉。

可見生命本來就是個悲劇，而悲劇的表現則是認識到悲劇的一種自我毀滅的痛苦超越。悲劇的真正價值不在於它是一種藝術形式，而在於它對人性的激勵[66]。它不是一種空洞的、單純以美感享受為基礎的藝術現象，而是一種強烈的精神刺激。希臘悲劇是一種極度痛苦的生命意義的尋求。在悲劇的過程中，表面寓於痛苦，深層則充滿向生的希望。悲劇展現的是人的現實生活，它把具有普遍意義的苦難連接為燦爛耀目的光芒而散發邪惡魔力的珍珠，讓人在欣賞它美麗的同時在無知無覺中迷醉於其隱藏的激烈撞擊，雖然這種是一種痛苦、矛盾的心理感受，它所帶來猛烈的精神快感、撼人心靈、動人肺腑，卻是無與倫比的。但是在悲劇之後，這種精神衝擊所激發的內心思考，則把我們帶入到一個嶄新的生命境界，那裡充滿各種矛盾和痛苦，讓人感到生命的卑微和脆弱。然而正因為有這樣的衝擊，才讓人用一種嶄新的態度去感悟生命，理解生命。也正是這樣的心理刺激，激勵人超越痛苦，駕馭生命卑微之上，直面人生而感受生命的快樂。故這樣的快樂，是一種深埋於痛苦之下的快樂。悲劇的藝術美讓人感受到的，不是輕鬆自然的快意，而是沉重而激烈的心靈苦酒[67]。

---

[65] 他們的死亡都是為了成就悲劇的超越，他們先是在與命運、社會甚至與自身的抗爭中展現出巨大的精神力量，繼而以失敗或死亡的結局，證明「勝利並非屬於成功者而是屬於失敗者，在痛苦的失敗中失敗者勝利了。表面上的勝利者在真理中處於劣勢，他的成功是轉瞬即逝的過眼雲煙」。見雅斯貝爾斯著，余靈靈等譯，《存在與超越——雅斯貝爾斯文集》，頁103。

[66] 悲劇最能體現主體的有限性與超越性統一的藝術表達形式，並且不斷地激發自我、建構自我。因為悲劇探討的是關於人面對死亡的極限地帶。「在悲劇中使得生活充滿意義的不是愛情或友誼，而是死亡」。見伊格爾頓著，方傑等譯，《甜蜜的暴力——悲劇的觀念》，頁218。使死亡獲得意義的方式是擁抱死亡，並將命運變成一種主體的選擇，死亡也就成了人生命中的事件而不只是生物意義上的終結。在悲劇中，儘管悲劇的命運是注定的，但是面對死亡的悲劇主人翁並非被動地等待，反而在倍增的悲慘境況中，更能激發出希望，力求起死回生。

[67] 尼采認為：「在舊悲劇中，對於結局總可以感覺到那種形而上的慰藉，捨此便根本無從解釋悲劇快感。」見其所著，周國平譯，《悲劇的誕生》，頁75。

西西弗斯的石頭，是悲慘的淵藪，亦是重獲幸福的源泉，「他爬上山頂所要進行的鬥爭本身就是足以使一個人心裡感到充實。應該認為，西西弗斯是幸福的」[68]。正如佛洛姆所云：「幸福地生活在自身活力不斷增長的進程中，不管命運所允許我們達到的至遠點在何處，因為人盡可能地去豐富和充實自己的生活，因而是那樣地滿足，以致於我們根本不考慮能達到或不能達到什麼目標的問題。」[69]尤金·奧尼爾（Eugene O'Neill）曾說：「一個人只有在達不到目的的時候才會有值得為之生、為之死的理想，從而才能找到自我。在絕望的境地裡繼續抱有希望的人，比別人更接近星光燦爛、彩虹高掛的天堂。」[70]因為「希望的情緒堅如磐石，其意向始終如一」；「希望不承認失敗，它有最後的發言權」[71]。希望的條件，與個人對信仰的體驗有關。若非有真正的體驗，就很難明白希望之於個人生命的魅力[72]。無論如何，對於宇宙而言，西西弗斯是微不足道的，對他自己而言卻是一切。他沒有受到命運的折傷，與其說被奪去了生命，毋寧說從生命中得到解脫，西西弗斯擁有一切！

　　上帝所能控制的，只是使西西弗斯永遠無法把巨石推至山頂，卻無法控制他推動巨石的心志和從中的生命感受的強烈程度！他的行動與孔子所言的「知其不可為而為之」（〈憲問〉）相仿。「為之」，正突顯上帝對他的處罰只是一場無聊的喜劇，故他的成功，不在於達成目的，而在於從過程中體會和享受到的悲壯、淒美、崇高、可歌可泣生命的審美悲劇！就如〈養生主〉中的「右師」，對於已失去的一隻足沒有過度的憐惜及懊惱，因為他了解，無論如何，自己的斷足完全是既成而不可移的事實，再多的感慨與歎息也於事無補，生活仍需依照常態的規律繼續運轉。人活

---

68 加繆著，杜小真譯，《西西弗的神話》，頁148。

69 見其所著，關山譯，《占有還是生存》（To Have or To Be），（北京：生活·讀書·新知三聯書店，1989年6月），頁181。

70 見其所著，荒蕪等譯，《天邊外》（Beyond the Horizon），（南寧：灕江出版社，1992年2月），頁100。他肯定人的追求，尤其肯定人在物欲面前仍堅持自己的追求，保持自己的良知和理想的崇高精神價值。

71 恩斯特·布洛赫著，夢海譯，《希望的原理》，卷1，頁117、118。

72 程立濤著，〈人生理想的希望哲學闡釋〉，載於《教學與研究》，2015年，第7期，頁92。

著，就應承載世界賦予人的破裂去生活，用殘損的手掌撫平彼此的創痕，固執地迎向幸福。因為沒有一種命運是對人的懲罰，人只要竭盡全力、虔誠地度日，就應是幸福的[73]。

　　什麼是幸福？康德的理解正符合「右師」的幸福：「幸福乃是這樣一種狀態：這塵世中的理性生命對他的一切際遇都稱心如意。因此，幸福依賴於物質自然界和人的全部目標之間的相互和諧，也依賴於物質自然界和他的意志的必不可少的決定原理之間的相互和諧。」[74]「幸福」的基礎是理性生命的「際遇」，因而具有客觀性；這種「際遇」不是個別的、偶然的，而是「一切際遇」，因而是終極的；幸福是對「一切際遇稱心如意」的「和諧狀態」，因而又具有一定的主觀性和主體性。由此，「幸福」對於「德性」的回報，善惡所作出的報應，就不是對「福」的謀求，而是對「幸福」的享受。「現在我們可以很容易地看出，分享幸福完全是依靠道德行為，因為在至善概念中，道德行為就構成那另一要素（那屬於一個人的地位）的條件，那分享幸福的條件。」康德進一步指出，「如此說來，道德學本來就不是教人『如何謀求幸福』的學說，而是教人『怎樣才配享受幸福』的學說。」[75]於是，他認為，道德學不可能就是幸福論的。「絕不要把道德學當作一種幸福學來對待，也就是說，道德學並不是教導人如何去謀求幸福的；因為它們只研究幸福的合理條件（必要條件），而不研究獲得幸福的手段」[76]。

　　擁抱當下的陰光，不寄望於空渺的海市蜃樓，振奮昂揚，因為活生生地存本身，就已經是對荒謬最有力的反抗。況且一個人的事業是否成功，人格是否高尚、偉大，並非取決於外在形軀是否完整無缺，故不論斷足是天生自然如此，或後天人為所造成，他都能甘之如飴，將之轉化為生命的

---

[73] 蒙田著，陸孝棟譯，《蒙田文選》（Montaigne's Essays），頁82云：「命運在進行方向時超過了人類智慧範圍，許多事情不是常理所可推測。可是歸根結底，在這行動裡對於善良，虔誠的人，她加以看護賜福於他們，豈不是表示得很清楚明白？」臺北市：協志工業叢書出版公司，1973年11月。

[74] 見其所著，劉克蘇等譯，《康德文集》，（北京：改革出版社，1997年7月），頁274。

[75] 同上，頁281。

[76] 同上。

自然。在未斷足之前，善加保存和養護乃天經地義的事，但他同時洞悉，世事往往如白衣蒼狗，出人意表，而且無法逃避，斷足之事隨時都有可能發生，故既來之，則安之，實無需大驚小怪，惶恐終日而自苦。即使其足是後天人爲所造成的損害，也沒有自怨自艾，因爲他體會到，人生所有的際遇都是天意的安排，故應欣然接受，也就是說，他能把斷足之事視爲不可抗拒的「命」而安之。能安，則斷足即自然，刑亦無刑。因此他處之泰然，神情安定，心境就能平和不擾；喜、怒、哀、樂絲毫不入於胸懷，精神便永遠自在、自得。就在此超拔的心境之下，「右師」自能無牽無累地創立一番事功，這也是〈天下〉所謂「內聖外王」的意義。這個世界的殘酷與不完滿，荒謬是無從消除也不需要消除的。因爲他面對荒謬的、無意義的現實所做出的人生選擇是正確的。

荀子提出「物類之起，必有所始。榮辱之來，必象其德。肉腐出蟲，魚枯生蠹。怠慢忘身，禍災乃作」（《荀子集解·勸學》）的論斷，意指魚餒肉敗，就會生蛆蟲，意味事物的毀滅往往釀生於自身，物自敗，然後生機失；物不腐，蟲何生？事物興衰存亡，內因是決定性因素。由此推及人事，古代哲人尤其強調求仁在己，禍福在我。孟子云：「夫人必自侮，然後人侮之，家必自毀，而後人毀之；國必自伐，而後人伐之。《太甲》曰：『天作孽，猶可違，自作孽，不可活。』」（〈離婁上〉）這些都強調人是自己命運的主宰，若放棄了這種主宰，就是「自侮」，必然導向「自毀」，意味著「不可活」的自取滅亡。故孟子堅決地拒絕「自暴自棄」，他云：「自暴者，不可與有言也；自棄者，不可與有爲也。」（同上）他認爲，仁、義都爲人性天生所具有，不按照這些準則行事就是自暴自棄。而大力倡導「萬物皆備於我」（〈盡心上〉）的「強恕而行」（同上），即不斷自我省視、激勵與自進取的自我造命，「愛人不親反其仁，治人不治反其智，禮人不答反其敬。行有不得者，皆反求諸己，其身正而天下歸之。《詩》云：『永言配命，自求多福。』」（〈離婁上〉）這類「人能弘道」（〈衛靈公〉）的主體精神，正是宣揚天助自助、不自侮而自強，從而保有永不磨滅的生機。

「命」是人生種種的際遇中無可抗拒的外在的壓迫，也是人的困境轉為人生應有的必然的狀況，而「安命」，就是調節自我內心的感受，對人生遭遇作合理的重構和詮釋。「安命」通過內心修持的「德」而實現，也即通過人的內在超越而實現，也因超越而逍遙，故莊子意味的逍遙，是超越於心、順應於物，定於性而安於命；逍遙以超越實施安命，以安命完成超越；逍遙對於己是自由，對物則是宿命。易言之，人兼具逍遙的自由與宿命的不自由兩重內涵，逍遙是其內心狀態的寫照，宿命則是其處境的化身[77]。

就人類社會整體而言，安順命運就要「无為」。〈在宥〉云：「故君子不得已而臨蒞天下，莫若无為。无為也而後安其性命之情。」百姓之所以不能「安其性命之情」，就是因為在位者「為」得太多。一切人為「文明」的建構，如法律制度、倫理道德等，在莊子看來都是使人不能「安其性命之情」的原因[78]。究其實，人在遭遇極不幸的事故所產生的痛苦之中，才會有「命」的意識，故其意識源自理性不能理解或參透的痛苦，是以在思想上對它有所認識或了解，同時對以上兩者產生自覺及認同之後，無論遇到什麼情況，處於什麼環境，精神就不會感到痛苦，形體也不會受到傷害，兩者就能處於和平、寧靜的狀態，從而體會到一種絕對自由的滿足，故莊子之所以要對「命」抱持這樣的態度，在於他對兩者理性考察的結果：根植於對「命」的痛苦，可在精神超越之中走向生命的自由[79]，亦即在對必然性的深刻理解或通透之中，人的精神從自然、社會和政治的沉重壓力中超脫而出，得到一種如釋重負的恬靜和充實感。人的精神在歷盡「命」最困難的路程之後獲得了全面的提升，這正是悲劇美感的心理特徵。在解不開的「命」背後，涵藏不必解又何需解的尊重與包容。

孟子通過「由義見命」、「以義立命」的道德生命實踐，不斷的在

---

[77] 楊國榮著，《重回戰國──孟子新論》，頁58云：「人類在從自然分離出來之後，便開始了走向自由的艱難跋涉，而這一過程又始終是在必然性的制約下逐漸實現的。」
[78] 參閱徐克謙著，《莊子哲學新探──道‧言‧自由與美》，頁184。
[79] 參閱崔宜明著，《生命與智慧──莊子哲學的現代闡釋》，頁108。

人生中展開「天道性命相貫通」的雙向歷程。在莊子思想中，也不是將「命」僅視為人世間的已然如此與遭逢偶遇，或不以人力而轉移的既成事實，而是將一切追問的終極原因止息於「命」這一概念中。莊子雖然先就人生歷程中不以人力而能轉移的種種限制而「命」，但是著重於對此一限制的超越，代之以「安命」思想。〈人間世〉曰：「知其不可奈何而安之若命，德之至也。」〈德充符〉曰：「知其不可奈何而安之若命，唯有德者能之。」這實為莊子「安命」思想的重要關鍵。

儒家所言之事親忠君，實是克盡一己之責任，為一積極的態度，孟莊兩者論「命」雖然有些神似，但骨子裡全不相同。儘管莊子的「命」有「命限義」，但其「安命」思想是否僅為一種苟活於世的消極思想呢？實則，若回歸〈人間世〉與〈德充符〉的文脈中，「安命」思想的提出，則是對應於人如何從種種命限中超脫而不至於殘生損性。在〈人間世〉中，要人面對君臣之義與父子之親兩大戒時，是通過「不易施乎前」、「乘物以遊心」的態度，而能不擇地而安之、不擇事而安之，以完成盡忠盡孝之行。因此，莊子不是消極的應世主義，儘管以義、命為限制，卻著力於如何通過此內聖的修養以超克種種可奈何的限制。將人生中的死生壽夭、先天的殘缺或遺憾等既成事實的「命」限，以阻斷人怨天尤人地窮究何以如此如此。孟子曰：「盡其道而死者，正命也。桎梏死者，非正命也。」是將「死生存亡」之命限置於「道能否彰顯」之下，而以能否「盡其道」為命之正與不正的判準。在這一點上，孟莊皆不以命限為限制，而旨在對於命限的超越，故孟莊「心－性－天－命」這一形上進路的開展過程，即是人從有限超脫而進入無限的歷程。然而，孟莊所不同的是，前者對於人倫之義有道德理想和人文的承擔，是以不僅言「知命」而且還要「立命」；莊子則重於解脫生命的窒礙，將焦點放在人如何能在人倫的秩序中不至於損傷真性，是以不言「立命」而僅說「安命」。

在人生問題上，孟子的「立命」與「安身」或「安心」也要從「仁」與「道」開始理解。天道的根本為仁，所以儒家君子的最高人生理想是「成仁」。仁德生生不息，因而，「成仁」要積極入世，要以「舍我其

誰」的氣度承擔屬自己的使命，爲家國天下而努力不懈，這才能成人成己，所以對儒家君子而言，只有「立命」方能「安身」；道家用「道」自然無爲的原則指導人世，所以人生應自然無爲，道家眞人寄情山河、享受自然，追求心靈的絕對自由，以「安身」或者說「安心」爲要，在他們看來，「安身」即「立命」。

孟子認爲人的德行與天命之間相互關聯，只是具體所詮釋的內涵和側重點有所差異。他大多將視線停留在人的身上，認爲人應以德俟命，使命感比孔子更濃。莊子論「命」，則將其落實到自然之大道與人的關係中。因爲在他的思想中，大道爲自然，而不存在具有主宰意識的天，因而對命的詮釋集中體現在人應對「命」的態度上。君子只求其在己，不在命，在面對命的得失、禍福，孟子一貫地主張「盡心」而已[80]。

「命」在人的心目當中一直是神祕，虛無縹緲的，誰也無法探究其根源，卻又時時刻刻被它纏繞，人生的究竟與奧妙都蘊涵在其中。孟莊所謂的「知命」，只是要人知道「理」雖然可知，但宇宙與人生一切的事變是不可知的。它作爲中國哲學體系中根源性的命題，是探討天人關係時必然要面對的問題，先秦哲人總是將它作爲天人之際的橋樑進行討論。「中國哲學之言命，則所以言天人之際與天人相與之事，以見天人之關係者。」[81]天人關係，通過命串接起來，呈現權威與服從或自然與和順的關係。如《詩經・大雅》云：「有命自天。」「命」最初與天聯繫在一起，體現一種從上至下的權威性指令，是凌駕於人之上不可違背的天的意志。孟子的思想中也有此一層意涵。直到莊子思想的出現，有關「命」的詮釋才煥然一新。

「命」是孟子與莊子從最本己的存在體驗出發，針對生命中種種的不合理所提出的解釋。然而，「命」概念的稱引，在孟莊中，皆不停留於消極的限制意義中。對於孟子而言，「命」是人對「天」的回應，「天」是人理解自身存在於世的意義基礎與價值根源，人在「命限」中，順著良知

---

80 參閱朱榮智著，《孟子新論》，頁86。
81 唐君毅著，《中國哲學原論・導論篇》，頁500。

本心對價值理序的明察洞見，做出「義所當爲」的決斷，即是通過道德義理的承擔以回應人存在的價值，亦即是在「天命」與「自命」的相互往復中，由「立命」以「事天」。對於莊子而言，「命」是對人心追究人間種種不合理的止息，「天」是包容「命限」、給出生命自由的形上境界，將人生遭逢遇合的無可奈何安立在與大化同流的天命中，即是莊子對於「命限」的超越。通過人文精神的開創與道德義理的承擔，孟子以「自命」回應了「天命」。在莊子則無此義理承擔，而是通過無心而應化的融通工夫，將人間的複雜抵觸還歸於「天」的自然和諧中。這是兩者命概念的另一不同點[82]。

在當時中國的人倫社會背景下，倫理綱常紛繁複雜，人趨於名利、權勢的追逐，人心渾沌，無法保有生命的價值，故而性命之情不得安順。據此，莊子反復探討「命」的意義，提出一種對待命的逍遙而無爲、自由而灑脫的精神境界，對懸解人困頓於物欲的生命具有重要的意義。處塵世而不爲之羈絆，遊刃有餘、悠遊於世。這是兩者所論「命」的時代意義，及彰顯現實人生的意義。孟莊在當時的時代背景下所提出的安頓性命之情的學說，其實是對人的生命價值的一種反省。他們大費周章地探討「命」的各種意涵，都旨在勸導人關注自身存在的價值。每一個生命的意義，並不是由外在因素來判斷；人得其所生，最大的意義在於內在精神境界的展開、眞我的實現[83]，這是孟莊思想的先見之處。人要活出眞我，必然需要心靈與精神境界的修養和改善。他們重視個體生命價值的思想，至今仍深具意義。

---

82 參閱陳政揚著，〈孟子與莊子「命」論研究〉，頁157。

83 施韋澤著，陳澤環譯，《敬畏生命——五十年來的基本論述》，頁130云：「作爲受動的生命，人通過順從命運建立與世界的精神關係。但是，真正的順從命運則是：人在其對世界過程的從屬地位中，內在地擺脫決定他的外在存在的命運。內在的自由要表明，人找到了能對付各種困難的力量，並因此變得深刻、內心豐富、純潔、安靜和溫和。然而，順從命運是對自己存在的精神和倫理的肯定。」

第五章

孟子與莊子對利及欲的消解

第一節　人人皆爲利及欲所困

　　莊子以個體生命保全爲基本的關照，引申至心靈自由的全面探求。他以爲「人之所取畏者，衽席之上，飲食之間」（〈達生〉）的生理需求，到「天下之所尊者，富貴壽善也；所樂者，身安厚味美服好色音聲」（〈至樂〉）的物質需求，皆有著無窮的欲望。馬斯洛即云：「人是一種不斷需求的動物，除短暫的時間外，極少達到完全滿足的狀態。一個欲望滿足後，另一個迅速出現並取代它的位置；當這個滿足了，又會有一個站到突出位置上來。人幾乎總是在希望著什麼，這是貫穿他整個一生的特點。」[1]

　　對置於每個個體生命面前的這些功名、利祿、權力的誘惑，他將之視爲精神自由的巨大負累。奈何「眾人重利」（〈刻意〉），仍對這些的現實誘惑趨之若鶩[2]，費爾巴哈認爲，人最內祕的本質不表現在「我思故我在」的命題中，而表現在「我欲故我在」的命題中[3]。黑格爾認爲，私人利益與自私欲望爲人類一切行爲最有勢力的源泉。無論是普通人還是偉大人物，不管他們怎樣行動、活動與奮鬥，都受「絕對精神」理性的支配。這種有「狡計」的「理性」利用人的「熱情」，也即「私人的利益」、「特殊的目的」、「利己的企圖」來實現個人的目的[4]，故他說：「我現在所表示的熱情這名詞，意思是指從私人的利益、特殊的目的，或

1　見其所著，許金聲譯，《動機與人格》（Motivation And Personality），（北京：中國人民大學出版社，2007年4月），頁29。
2　佛洛伊德著，劉福堂等譯，《精神分析綱要》（An Outline of Psychoanalysis），頁89云：「凡存在著禁忌的地方，就必然有潛藏著的欲望。」合肥：安徽文藝出版社，1987年1月。
3　見其所著，榮震華等譯，《費爾巴哈哲學著作選集》，卷上，頁591。
4　參閱黑格爾著，王造時譯，《歷史哲學》（Lectures on the History of Philosophy），（北京：生活・讀書・新知三聯書店，1956年12月），頁72。

者簡直可以說是利己的企圖而產生的人類活動，——是人類全神貫注，以求這類目的的實現，人類為了這個目的，居然肯犧牲其他本身也可以成為目的的東西，或者簡直可以說其他一切的東西。」[5]約翰‧菲尼斯（John Finnis）指出，生命是人格載體，為維持主體的地位，法律不允許「把生命直接作為實現任何進一步目的之途徑」[6]。

斯賓諾莎亦云：「人性的一條普遍規律是，凡人斷為有利的，他必不會等閒視之，除非是希望獲得更大的好處，或是出於害怕更大的禍患；人也不會忍受禍患，除非是為了避免更大的禍患，或獲得更大的好處。也就是說，人人是會兩利相權取其大，兩害相權取其輕。」[7]在馬基雅維利看來：「一般說來，人們是忘恩負義的，變化無常的，好作偽的，急於避免危險而貪求無厭的；只要你能給他們些利益，他們就全歸屬於你。」[8]霍布斯同樣認為，「欲望終止的人，和感覺與映射停頓的人同樣無法生活下去」，「欲望從一個目標到另一個目標不斷地發展，達到前一個目標不過是為後一個目標鋪平道路」[9]。「人最深層次的存在就是自然狀態展現出的樣子：一隻狼、邪惡、只關心自己。因此，在這種狀態中，只存在無法無天的個體」[10]。人的本性趨利避害、自私自利、欲望無窮、得隴望蜀、死而後已，它們是「支配個人的一切行動、使其在某一問題上根據利害觀點採取某一行動的原則」[11]。但是競爭這些外在的東西相對地成為煩惱的根源[12]，這不僅使人犧牲精神自由和耗損生命，並在追求外物的熱情中迷

5　同上，頁62。
6　參閱其所著，董嬌嬌等譯，《自然法與自然權利》（Natural Law and Natural Rights），（北京：中國政法大學出版社，2005年1月），頁179。
7　見其所著，溫錫增譯，《神學政治論》（A Theologico-Political Treatise），（北京：商務印書館，1963年11月），頁214-215。
8　見其所著，何欣譯，《君王論》（The Prince），（臺北市：臺灣中華書館，1975年3月），頁76。
9　見其所著，黎思復等譯，《利維坦》，頁72。
10　海因里希‧羅門（Heinrich A. Rommen）著，姚中秋譯，《自然法的觀念史和哲學》（The Nature law：A Study in Legal and Social History and Philosophy），（上海：上海三聯書店，2007年5月），頁76。
11　亞當‧斯密著，郭大力等譯，《國民財富的性質和原因的研究》，卷下，頁260。
12　羅素著，王正平等譯，《快樂哲學》，頁29云：「過於重視競爭的成功，把它當作人生快樂的主要源泉，這才是煩惱的病根。」

孟子與莊子的生命價值哲學

失了自我。

孟莊的時代，除了戰爭和殘殺之外，就是人拚命追逐權力。他們對權力的想像，遠遠超過了對自身文化傳統的想像。權力就像一張變化莫測、隨時可以呈現不同形狀，並具有極不相同的臉。當仔細查看這張臉，試圖解開隱藏其表面背後的祕密時，人往往會深感迷惑、百思不得其解。有關權力的問題，趙汀陽有一針見血的剖析：「秦漢以來的絕對權力導致了人們對權力的變態迷戀，對權力的迷戀是帝國以來幾乎所有中國人的普遍意識，無論權貴還是普通百姓，都把權力看作是最高價值。權力能夠支配和兌換一切東西，這使得其它所有東西都貶值了。權力的誘惑力無法抗拒，連鼓吹倫理的儒家們也不能成為例外，儒家們對權力的渴望和迷戀使儒家的倫理追求變成了一種自欺欺人的修辭。一般都把倫理看作是古代中國的基本精神，這一點其實很可疑。權力意識就很可能比倫理意識更為普遍，而且也更強烈。但這絕不意味著帝國有著強烈的政治意識，恰恰相反，權力意識並不等於政治意識，而是對政治的否定。毫無疑問，權力的分配和權力的合法性證明是最重要的政治問題，可是當人們不去思考關於權力的政治問題而只追求權力本身，權力意識就變成了反政治的意識了。它意味著『天下人的天下』變成了『一家一性之天下』（這正是黃宗羲批評秦漢以來帝國制度的理由），權力問題由權力的正當安排和使用變成了如何奪取和維持權力，政治問題變質為統治問題。這種萎縮和變態了的政治意識不僅使統治者不再關心萬民，而且也不再關心世界。」[13] 無論如何，權力是人類與生俱來的天賦。它是自尊的來源，也是相信個人在人際關係中受重視的根基。當個人的權力延伸為社群、國家的權力時，就能掌控他人的權力，當權者可從中獲得自尊無上的滿足，因此格外顯得迷人。

中國傳統的權力關係是「剝削的權力」。這是一種任意支配他人，並讓他們臣服於當權者的權力。被剝削的人既無選擇，也無自發性可言，這種操縱他人的絕對權力使人著迷。為了追求這種「剝削的權力」，就出現

---

13 見其所著，〈反政治的政治〉，載於《哲學研究》，2007年，第12期，頁2。

「競爭的權力」，這是一種對抗的權力，形式是「讓對手倒下」，其實，權力本身並不是一件壞事。人類需要運用權力，以便在大自然中生存、分流築渠以便灌溉、開墾土地以及運送貨物。但是人類投注在權力之上的心思，已遠遠超出了這些用途。人不斷被灌輸如下的觀念：人只有在擁有足夠的權力時，才能夠順利地過想過的生活。故人深信，若有權力控制整個狀況，就會覺得更安全。事實上，人迷戀權力，或許只是因為感受到自身的無力感而已[14]。羅洛·梅便認為，歷史是「人類原罪與邪惡的紀錄，也是權力的戰爭與衝突的紀錄，更是人類長期朝向深廣意識發展的掙扎過程的示現。」[15] 人在財富與權力追逐之中，羞恥感只是自我恐懼的藉口[16]。對他來說，這種追逐，意味著一種比戰爭和殘殺更深和更可怕的心理創傷。因為人活著的意義，在這種無窮的追逐之中完全被扭曲了，生命本來的生機也被無謂地耗盡了[17]。所有的人，彷彿都被一種看不見的巨大外力所驅使，對主宰自己無能為力。他們隨波逐浪地盲目追求或附和世間共同認可的目標，陷溺於共同的困惑而不自知。佛洛姆發現二十世紀的社會雖然愈來愈富有，人類的精神卻愈來愈貧瘠，彷彿大家什麼都有，就是缺乏靈魂，人使自己變成了東西，而使人生變成財物的附庸，「生活」

孟子與莊子的生命價值哲學

---

[14] 參閱布瑞格（John Briggs）等著，薑靜繪譯，《亂中求序——渾沌理論的永恆智慧》（Seeking the Order in Chaos：The Eternal Wisdom of Chaos Theory），（臺北市：先覺出版社公司，2000年6月），頁51-54。霍布斯認為：「我首先作為全人類共有的普遍傾向提出來的便是，得其一思其二、死而後已、永無休止的權勢欲。造成這種情形的原因，並不永遠是人們得隴望蜀，希望獲得比現已取得的快樂還要更大的快樂，也不是他不滿足於一般的權勢，而是因為他不事多求就連現有的權勢以及取得美好生活的手段也保不住。」見其所著，黎思複等譯，《利維坦》，頁72。

[15] 羅洛·梅著、朱侃如譯，《權力與無知：探索暴力的來源》，頁54。

[16] 福柯著，劉北成等譯，《規訓與懲罰》（Discipline and Punishment：The Birth of the Prison），頁29云：「權力關係實質上就是為了否定人類侷限性，控制死亡和死亡恐懼的產物。一方面控制關係需要創造恐懼，另一方面社會關係需要驅除恐懼，在恐懼與反恐懼之間人類催生了權力關係，而權力關係又形成了許多綜合效應，其中當恐懼與權力結合時，恥辱產生了。」北京：生活·讀書·新知三聯書店，2012年9月。

[17] 佛洛伊德云：「為自己追求權力、成功和財富，並羨慕別人擁有這些東西，他們低估了生活的真正價值。」見其所著，傅雅芳等譯，《文明及其缺憾》（Civilization and Its Discontents），（合肥：安徽文藝出版社，1987年4月），頁1。現實世界既能完全滿足「本我」無休止的欲求，幸福總是或多或少地受到限制。「本我」並不考慮安全，更不會因現實的限制而減少欲求，欲求的不滿足又導致各種身心的痛苦、精神沉淪，生命毫無生機可言，故尋求一條出路勢在必行。

（to be）也成了「擁有」（to have）的部屬。大家關心的不再是「人的完美」，而是「物的極致」[18]。似乎很少有人能眾醉獨醒地看清楚實況，整個社會都陷在混戰和搏殺之中，他們苦心追逐的東西在本質上是轉瞬即逝，很難真正掌握的。一旦身敗名裂，固然可悲，更可悲者，在於追逐外物的過程本身，人必然無休止地處於憂慮和緊張之中，以致疲憊、憔悴、痛苦不堪，這樣的「生」還有什麼意義可言？莊子自己就曾說：「軒冕在身，非性命也，物之儻來，寄者也。寄之，其來不可圉，其去不可止，故不為軒冕肆志，不為窮約趨俗。」（〈繕性〉）他把功名，利祿、權力視為身外之物，所以對那些追名逐利的奸巧之徒是唾棄如糞土的。歷史學家湯恩比（Arnold Joseph Toynbee）亦指出：「貪欲本身就是一種罪惡。它是隱藏於人性內部的動物性的一面。不過人類身為動物又高於動物，若一味沉溺於貪婪，就失掉了做人的尊嚴。因此，人類若要治理污染，繼續生存，那就不光不應刺激貪欲，還要抑制貪欲。」[19]因為潛藏在萬物之中豐沛而又無止盡的生之欲導引在有限的人身上，便往往轉化為一種近乎狂暴、失控的猛獸，一方面使人產生強烈的行動，一方面卻又引發亙古以來永難滿足的欲望，使人的行動失去安全的節制[20]。欲望在放縱與克制之間把人的靈魂扯撕成薄弱的碎片，讓人在矛盾而激烈的情感之中呻吟、哀鳴[21]，最後所有配得上欲望的東西就是欲望本身[22]！尼采即云：「每一

---

18 佛洛姆等著，徐進夫譯，《心理分析與禪》（Zen Buddhism and Psychoanalysis），（臺北市：幼獅文化事業公司，1976年10月），頁110。

19 湯恩比等著，荀春生等譯，《展望二十一世紀——湯恩比與池田大作對話錄》（Choose Life：A Dialogue：Arnold Toynbee and Daisaku Ikeda），（北京：國際文化出版公司，1996年6月），頁56-57。

20 伊格爾頓著，方傑等譯，《甜蜜的暴力——悲劇的觀念》，頁229-230云：「欲望成了現代性了不起的悲劇主人公，努力奮鬥並且永遠達不到目標，糾纏於自己不能為之事。」

21 亞里斯多德著，顏一等譯，《政治學》（Politics），頁110云：「因為欲望就帶有獸性，而生命的激情自會扭曲統治者甚至包括最優秀之人的心靈。」北京：中國人民大學出版社，2003年12月。恩格斯云：「人來源於動物的事實已經決定人永遠不能擺脫獸性，所以問題永遠只能在於擺脫得多些或少些，在於獸性和人性的差異。」見中共中央馬克思恩格斯列寧斯達林著作編譯局編譯，《馬克思恩格斯全集》，卷20，頁110。

22 伊格爾頓著，方傑等譯，《甜蜜的暴力——悲劇的觀念》，頁261云：「欲望越是膨脹，就越是貶低它試圖在其中尋求實現的經驗主義世界，因此它就越是向後彎曲變成其自己的目標，因為沒有值得它追求的其他目標。到頭到，所有配得上欲望的東西就是欲望本身。」

種動物，包括La bête philosophe，本能的爲它生存的最佳條件而奮鬥，在那種條件下它可以釋放它的力量。每一種動物，本能地並且以一種微妙的察覺力把理性留諸背後，痛恨所有那些阻礙它達及生存最佳狀態道路的干擾。（我所說及的道路並不導向『幸福』，而是導向力量、導向充滿精力的活動，且在大多數的情形實際上是導向不幸福。）」[23] 叔本華描述那些只追求自己感性欲望和感官享樂的人：「那些最高的快樂，亦即理智的樂趣。仍是他所望塵莫及的；他恣情縱欲，徒勞地以那些瞬息即逝的快感來代替理智的愉悅，並以巨大的代價來延續這種短暫的時刻。如若他運氣好，那麼他的努力會使他眞的積聚起萬貫家產，他或者將這些財產留給自己的子嗣，或者繼續增加這筆財產，或者揮金如土，浪費這筆財產。這樣的一生，儘管他有著眞誠執著的追求，也仍然像頭戴錐形小帽嘩眾取寵的小丑一樣愚蠢。」[24]

雖然福柯以爲：「權力製造知識（而且，不僅僅是因爲知識爲權力服務，權力才鼓勵知識，也不僅僅是因爲知識有用，權力才使用知識）；權力和知識是直接相互連帶的；不相應地建構一種知識領域就不可能有權力關係，不同時預設和建構權力關係就不會有任何知識。」[25] 可是在追求權力將與人的知識產生衝突時，兩者勢必難以均衡地消長，因爲權力主要是處理主觀的利害問題，知識則是討論客觀的是非問題。利害及是非時常交融在一起，出現權力干預知識，或知識評論權力的過與不及等現象。如此一來，雙方就會爲自己的立場據理力爭而產生矛盾。當權力膨脹和強化時，就會竭力對認識加以控制和干預，甚至把認識禁閉在一定範圍之內，不得跨出一小步，若知識一旦觸犯權力的規定，掌權者對權力的欲望之火一時之間又無法熄滅，就會施以淫威和破壞正義及法制[26]，康德說：「不

---

23 見其所著，陳芳郁譯，《道德系譜學》，頁84。

24 見其所著，范進等譯，《叔本華論說文集》（The Essays of Arthur Schopenhauer），（北京：商務印書館，1999年9月），頁11。

25 見其所著，劉北成等譯，《規訓與懲罰》，頁29。

26 羅洛・梅著，朱侃如譯，《權力與無知：探索暴力的來源》，頁216云：「在暴力的狂喜中會有破壞的饑渴。」

能期待著國王哲學化或者哲學家成爲國王，而且也不能這樣希望，因爲掌握權力就不可避免地會敗壞理性的自由判斷。」[27] 這種事情在歷史黑暗的一頁之中屢見不鮮，而且是一條不變的法則[28]，也是民主社會最困難、最後爲人類解決的問題[29]。因爲人人皆有私欲，除非受到當權者的限，否則總會濫用其自由，而當權者也是人，亦有同樣的問題[30]。雖然「對權力的理性追逐是可以被允許的，其本身也是有限的。受理性指引的人，往往都安分守己，滿足於一般的權勢。而對權力的非理性追逐則是不被允許的，其貪婪成性，無窮無盡。對權力的非理性追求，即人的自然欲望，其本質上是追逐優越於他人及他人對此認可的各種激情，其基礎在於人在端詳他自己的權力時，所體驗到的歡愉滿足，也就是虛榮自負」[31]。霍布斯曾詳述對權力的理性追逐和對權力的非理性追逐。「由於有些人把征服進行得超出了自己的安全所需要的限度之外，以詠味自己在這種征服中的權勢爲樂；那麼其他那些本來樂於安分守己，不願以侵略擴張器權勢的人們，他們也不能長期地單純只靠防衛而生存下去。其結果是這種傳統權的擴張成了人們自我保全的必要條件，應當加以允許」[32]。

公共權力的本來目的是爲人們謀取福利，但是人性中固有的缺陷和權力的支配特性，致使掌握公共權力者有濫用公共權力的可能性。約翰‧密

27 見其所著，何兆武譯，《歷史理性批判文集》，頁129。
28 孟德斯鳩云：「一切有權力的人都容易濫用權力，這是一條萬古不易的經驗。有權力的人使用權力一直到遇有界限的地方才休止。」見其所著，張雁深譯，《論法的精神》，冊上，頁154。
29 林毓生認爲：民主的致命缺陷在於，一是在民主參與中，人面臨著兩相混淆的危險，即「自己有權利做決定」卻很容易滑落成「自己有能力做決定」。而一旦「能力」被當做「權利」加以運用時，伯林所謂的「積極自由」就被當做「消極自由」來實施了，其危險不言自明。因爲當能力大於權利時，就會出現僭越，這是對自由的濫用；相反，當權利大於能力時，平庸在權利的保護下得到不應有的肯定。二是民主的結果不是求「正確」，而是求「多數人同意」，由此決定了它所獲致的不是「公意」，而只是「眾意」，這就使得民主的出發點雖然是尊重每個人的主體性，其歸宿卻是「多數人的暴政」，這正好是民主的悖論和反諷意味所在。參閱其所著，《中國傳統的創造性轉化》，頁95-96。
30 參閱李明輝著，《孟子重探》，（臺北市：聯經出版事業公司，2001年6月），頁163。
31 列奧‧施特勞斯（Leo Straus）著，申彤譯，《霍布斯的政治哲學》（The Political Philosophy of Hobbes：Its Basis and Its Genesis），（南京：譯林出版社，2001年9月），頁13。
32 見其所著，黎思復等譯，《利維坦》，頁93。

爾對人性惡以及由此帶來的權力異化保持清醒的警惕和審慎的態度，他斷言統治者的權力「被看作是必要的，但也是高度危險的；被看作是一種武器，統治者會試圖用以對付其臣民，正不亞於用以對付外來的敵人」[33]。總之，權力之欲深植於人類的基本動機之中，那麼，反抗權力還有何意義？雖然人人都不喜歡受他人支配，但是大多數人仍傾向於支配他人，所以對權力的反抗很可能導致新的權力壓迫而走向其反面，不過是一種權力和另一種權力之間永無休止的此消彼長的拉扯而已。事實上，根本不可能存在沒有任何權力支配的社會。故最重要的並不是對權力的單純反抗，而是對權力的監督和制衡，目的是保護每一個個體的生命和自由，並以此為基建立一個程式意義上正義和公平的社會。否則這類研究只會陷於對種種權力表徵的辨認亢奮而不可自拔，究其實卻仍不過是一種對權力變相的迷戀而已[34]。歸根結蒂，人為外在的物欲所困，人的價值便頓失，這也是孟莊力圖消解的要因。

第二節　孟子消解利及欲之方

否定欲望，主要產生於欲望的特點。孟子指出，欲望本身是非理性的，如不能加以節制，就會「不奪不饜」（〈梁惠王上〉），無節制的欲望發揮出來，必然會造成肆意爭奪的結果。由於欲望具有不知足和不厭多的特點，因而過多的欲望是有害的。欲望的危害主要是會妨礙人的德性的完善。孔子說：「棖也欲，焉得剛？」（〈公冶長〉），認為申棖欲望過多，所以不能剛毅不屈。孔子把人從道德是否完滿的角度分為小人、君子、仁人等，「君子喻於義，小人喻於利」（〈里仁〉）。小人之所以是小人，在於只知追求利欲，故而德性不能完滿[35]。孟子認為過分的欲望

---

[33]　約翰‧密爾著，許寶騤譯，《論自由》，頁2。

[34]　參閱邱曉林著，〈權力〉，收錄於王曉路等著，《文化批評關鍵字研究》，（北京：北京大學出版社，2007年7月），頁98。

[35]　德性可從反面進行觀察，故「我們的德性經常只是隱蔽的惡」。見弗朗索瓦‧德‧拉羅什富科（François de La Rochefoucauld）著，何懷宏譯，《道德箴言錄》（Réflexions ou sentences et maximes Morales），（北京：生活‧讀書‧新知三聯書店，1987年11月），全書題詞。

及仁心之間存在著矛盾衝突的一面，「耳目之官不思，而蔽於物；物交物，則引之而已矣」。（〈告子上〉）「其爲人也多欲，雖有存焉者，寡矣。」（〈盡心下〉）蔽於物也就失去了仁心，因此，「雞鳴而起，孳孳爲善者，舜之徒也。雞鳴而起，孳孳爲利者，蹠之徒也。欲知舜與蹠之分，無他，利與善之間也」（〈盡心上〉）德性不能完善的人，必然會因爲對利欲追求而導致人與人之間的鬥爭，擾亂社會秩序。「放於利而行，多怨」（〈里仁〉）。孟子認爲在社會生活中，人若都以追求自己的利欲爲目的，則必然造成利益衝突，「不亡者，未之有也」（〈告子下〉）。故他主張人之所以受制於利及欲，主因有如下數點：

(一)儒家在利及欲的問題上的一個基本立場，就是認爲兩者不應當無限度地放縱，而需受到一定社會規範的制約。孟子認爲，除了客觀存在的利與欲之外，人之所以爲權力、私欲和利益所困的原因，首先在於一個人若不善加保存天生的善良本性，將導致本性逐漸流失，若喪失了善良本性，也就是喪失了人之所以爲人的基本條件，如此，人與禽獸則無太大的差別。孟子云：「牛山之木嘗美矣，以其郊於大國也，斧斤伐之，可以爲美乎？是其日夜之所息，雨露之所潤，非無萌蘗之生焉；牛羊又從而牧之，是以若彼濯濯也。人見其濯濯也，以爲未嘗有材焉，此豈山之性也哉？雖存乎人者，豈無仁義之心哉？其所以放其良心者，亦猶斧斤之於木也，旦旦而伐之，可以爲美乎？其日夜之所息，平旦之氣，其好惡與人相近也者幾希；則其旦晝之所爲，有梏亡之矣。梏之反覆，則其夜氣不足以存；夜氣不足以存，則其違禽獸不遠矣。人見其禽獸也，而以爲未嘗有才焉者，是豈人之情也哉？故苟得其養，無物不長；苟失其養，無物不消。孔子曰：『操則存，舍則亡；出入無時，莫知其鄉。』惟心之謂與！』」（〈告子上〉）孟子以牛山之木嘗美，喻人天生的善性，但人因爲外在的限制使人的天生善性未顯，即使如此，人本善之性依然自若。故因山的自然本性，山仍生木；順人之情，人必爲善。人經過一夜的養息，天初明時，未與事物相接觸，生理欲望及心理情緒尚未開始活動，所以神氣

清明，良心亦有所發現。可是他本於平旦之氣而引發的這點好善惡惡之心，與人之純善的本性相合之處，本來就幾希而為，而他自己的所作所為又與良心之端攪亂而忘失了。此清明之氣經過一再的攪亂，最後連本乎清明之氣而引發的良心之端亦將不能呈露，如此便離禽獸不遠了[36]。人每天的行動舉止，有些往往反仁義而行，故良心斷喪，失去德性之美。身不能操持「清明之氣」，而使其本心陷溺、放失梏亡。善心本性自然受到權力、聲色、名利等外在物欲方面的引誘，遂一陷溺就難以自拔、蕩然不存。是以人的受到外在物欲的影響，皆因良心的自我迷失！總之，良心若沒有發揮反思能力，不能審視心靈自身的運作，直接而明白地透出有效地主宰指揮其言行，也是有等於無的[37]，這便是良心的迷失，以致淪為物質的奴僕！

㈡人天生即有仁、義、禮、智四端的善良本性，所以一個人的行為必會本此善良之性而為，也就是說，在做任何事之前都會想到，如此行為是否合乎或是否發自於自己的善良本性。孟子云：「仁、義、禮、智，非由外鑠我也，我固有之也，弗思耳矣。故曰：求則得之，舍則失之。或相倍蓰而無算者，不能盡其才者也。」（〈告子上〉）「拱把之桐梓，人苟欲生之，皆知所以養之者；至於身，而不知所以養之者；豈愛身不若桐梓哉？弗思甚也！」（同上）「欲貴者，人之同心也；人人有貴於己者，弗思耳。人之所以貴者，非良貴也。趙孟之所貴，趙孟能賤之。詩云：『既醉以酒，既飽以德。』言飽乎仁義也，所以不願人之膏粱之味也。令聞廣譽施於身，所以不願人之文繡也。」（同上）

這可以說是孟子對人為什麼「能而為」和「能而不為」提供的最

---

[36] 參閱蔡仁厚著，《孟子要義》，頁17。

[37] 邁克爾‧弗雷澤（Michael L. Frazer）著，胡靖譯，《同情的啟蒙：18世紀與當代的正義和道德情感》（The Enlightenment of Sympathy: Justice and the Moral Sentiments in the Eighteenth Century and Today），頁34云：「進行權威性道德立法的並不是某個單獨的心靈能力（比如理性），而是全面的心靈反思能力——也就是我們之前提到的『良心』。良心同時綜合了理性和情感的觀察和判斷能力，來審視心靈自身的運作。」南京：譯林出版社，2016年11月。

終答案。按照這個答案，人的耳目等感官沒有「思慮」的能力，它們一旦受到外物的影響就會被外物誘惑、蒙蔽和左右。心靈能夠思考、衡量，它能認識到人自己固有的倫理良知。人只要確立了對他來說根本的東西——倫理價值，那麼耳目等欲求就不能影響他。換言之，雖然人的天生本性屬於善的，但是耳交於聲，目交於色，使人目不暇視，耳不暇聽，在此應接不暇的情況下，人將無法省思而為耳目之欲及聲色之娛所陷溺，所牽引，欲望自然不受道德理的指引，只能接觸到事物的表層，只能見末而失本，精神生命頓失[38]。當一個人只知感官方面的享受，完全被動物生理本性所牽引，自然而然其善良本性即漸漸失去。「心」是能省思的，能省思則能得心所同然的「理」和「義」，心有同然，即表明心有「普遍性」，惜人不從心走，而從感官的動物性走，換句話說，依善良本性而行必會思，是有經過心的，必為大人；依感官、生理之性而為者必無思，是沒有經過心的，必為小人。人之所以受外物所困，並陷溺於其中而不能自拔，是因為不從「心」、不從「本性」，而非「心」、「本性」從不善了。若弗思，不能超越世俗的富貴名利，心靈長期處於「貧富常交戰」的分裂狀態，精神如何能灑落[39]？胸次何以得悠然？人性最大的光輝是：我們有天生的道德資質，以及在思想上經由反省而能自我改進的理知能力[40]。

---

[38] 弗里喬夫・卡普拉（Fritjof Capra）指出：「完全以笛卡爾方式活動的人可以不表現出什麼症狀，但卻不能被看作精神健康的人。這種人過著一種典型的以我為中心的，富於競爭的，執著追求目標的生活。他們過度地考慮自己的過去和未來，對目前沒有足夠的意識，因而不能充分地從日常生活的普通活動中得到滿足。他們全神貫注於操縱外部世界，用物質財富的數量作為衡量自己生活的標準，因而他們的內心世界更加異化，不能欣賞生活的過程。」見其所著，衛颯英等譯，《轉捩點——科學、社會和正在興起的文化》（The Turning Point：Science, and the Rising Culture），（成都：四川科技出版社，1988年11月），頁373。又丹尼爾・貝爾（Daniel Bell）著，嚴蓓雯譯，《資本主義文化矛盾》（The Cultural Contradictions of Capitalism），頁131云：「享樂主義的生活缺乏意志和剛毅精神。更重要的是，大家爭相著侈，失掉了與他人同甘共苦和自我犧牲的能力。」南京：江蘇人民出版社，2012年5月。

[39] 尼采即云：「你是否決心要贏取聲望？我的看法是——你不需盛名，而必須學習去超越它！」見其所著，余鴻榮譯，《歡悅的智慧》，頁49-50。

[40] 參閱林毓生著，《中國傳統的創造性轉化》，頁42。

㈢人之所以爲人，完全是因爲心沒有陷溺，心之所以陷溺，是因爲沒有依順善良本性而行，是不思的結果，放棄自己爲人的本心，此便可視爲「自暴自棄」。孟子曰：「自暴者，不可與有言也；自棄者，不可以有爲也。言非禮義，謂之自暴也；吾身不能居仁由義，謂之自棄也。仁，人之安宅也；義，人之正路也。曠安宅而弗居，舍正路而不由，哀哉！」（〈離婁上〉）所謂「自暴自棄」，是自己放棄了可以當人的可貴，自願淪爲禽獸，並與禽獸爲伍。如此，他們重生理的滿足而輕精神的充實，故所出口皆言不及義，誰又能與他們談論仁義道德！既爲禽獸，他們的分內事只著重在耳目聲色的選取和享受，誰又能和他們有什麼作爲！於是「爲人者」與「爲禽獸者」當然不能溝通，自然不可與「有言」、「有爲」。

孟子亦不否認說：「衣食足而知禮儀。」（〈梁惠王上〉）也認爲：「口之於味也，目之於色也，耳之於聲也，鼻之於臭也，四肢之於安佚也，性也。」（〈盡心下〉）人之所欲分兩個層面，一是從動物天性而來，維持生命與繁衍後代的目的，同於告子所說「食色性也」。基本上肉體感官的滿足皆同於此目的。人進一步對權力、名利之欲，目的也是爲了讓眼睛可看得到更多美色、耳朵可聽得到更多美音、口舌可吃得到更多美食、四肢可感到更多安逸。追究到底，仍不離肉體之欲。此欲望同於動物本能，一旦對這些天性作過度的欲求，凡事以食色利欲爲重，良心就會喪失不存。萬鐘之祿，不合禮義，若僅因物質條件優渥便接受，則是爲食色利欲喪失了本心，而滋生了惡。〈萬章上〉云：「萬章曰：『父母使舜完廩，捐階，瞽瞍焚廩；使浚井，出，從而揜之。象曰：「謨蓋都君，咸我績！牛羊父母，倉廩父母，干戈朕，琴朕，弤朕，二嫂使治朕棲。」象往入舜宮，舜在牀琴。象曰：「鬱陶，思君爾！」忸怩。』」

象並非沒有良心，只因爲他沒有對自己的欲望回絕，也沒有放棄

自己的本能[41]，所以當他見到舜時便很「忸怩」，一副很不自然、不自在的樣子。他的行徑之所以會如此惡劣，全是爲了想分得牛羊、倉廩；佔取干戈、琴弓等，也就是由於被食色利欲和狡智所迷惑。食色利欲和狡智不僅敗壞人類的德性，而且是破壞人間正義的兩大罪魁禍首。在人類文明的演進中，由於受利欲之心的驅使，或受到「成者爲王，敗者爲寇」這種價值觀的誤導，不少人不僅迷信狡詐的騙術，並深信「強權即公理」，因而總想借助騙術和強權以遂個人的目的，滿足自己貪欲，最終上演了一幕幕敗壞人間正義及秩序的鬧劇。

有關孟子如何去私欲，使人有別於禽獸，進而成爲聖賢，杜威認爲，道德生活是自然的，不得不然的，因此它不是一種強制的造作，而是一種不能不學、不能不長的品質和能力。禽獸沒有道德的誘發，所以無法過道德的生活，也談不上道德的奮鬥。人類的生活是一種必須要學習和生長的生活，這種學習和生長並不專指肉體方面，最要緊的是精神的觀念和知識能力的生長，加上對德行的不斷重複，則我們通過重複正義的舉動而變得正義，通過重複節制的舉動而變得節制，重複關心正確的事情，就是一個有德性的人，他因而能作出正確的判斷[42]。杜威云：「但是這種生長，大部分都與人生願望和衝動反對，所以不能專靠本能的發達，還要有自覺的努力，去求正確的觀念和能力，還要有自覺的奮鬥，去袪除私欲的反動」[43]。這番話可說契合孟子去欲之方，現分數點析論如下：

---

41 佛洛伊德著，趙立瑋譯，《圖騰與禁忌》（Totem and Taboo），頁86云：「良心是一種內在知覺，它將對運行於我們內部的一種獨特願望予以回絕。」上海：上海人民出版社2005年5月。佛洛伊德著，楊韶鋼譯，《一個幻覺的未來》（The Future of an Illusion），頁61云：「良心是本能放棄的結果，或者本能放棄（外加的）產生了良心，因此就要求做出更多的本能放棄。」北京：華夏出版社，1999年1月。又佛洛伊德著，劉福堂等譯，《精神分析綱要》，頁21云：「良心最易脫離自我，與自我對峙。」因為「良心對我的呼喚是間接的，而非直接的」。見佛洛姆著，蔡伸章譯，《人類之路：倫理心理學之探究》，頁155。

42 「關心正確的事情是過一種美好生活的基本前提，而不是一個純粹的手段。做一個有德性的人，就是關心正確的事情」。見羅伯特‧所羅門（Robert C‧Solomon）著，陳高華譯，《哲學的快樂：乾癟的思考VS.激情的生活》（The Joy of Philosophy：Thinking Thin vs. the Passionate Life），（南寧：廣西人民出版社，2015年4月），頁107。

43 見其所著，胡適口譯，《杜威五大演講，倫理講演紀略》（Five Speeches by John Dewey），（合肥：安徽教育出版社，2005年5月），頁267。

1. 不動心

　　孟子的「性善論」是他的整個思想體系的出發點，從「仁義禮智」的四端開始到「不動心」，乃是「內聖」之學的完成。因此，「不動心」在孟子思想體系中占有很重要的地位。孟子論不動心的內容如下：「公孫丑問曰：『夫子加齊之卿相，得行道焉，雖由此霸王不異矣。如此，則動心否乎？』孟子曰：『否。我四十不動心。』曰：『若是，則夫子過孟賁遠矣！』曰：『是不難。告子先我不動心。』曰：『不動心有道乎？』曰：『有，北宮黝之養勇也，不膚撓，不目逃，思以一毫挫於人，若撻之於市朝。不受於褐寬博，亦不受於萬乘之君；視刺萬乘之君，若刺褐夫，無嚴諸侯；惡聲至，必反之。孟施捨之所養勇也。』曰：『視不勝猶勝也；量敵而後進，慮勝而後會，是畏三軍者也。舍豈能為必勝哉？能無懼而已矣。』孟施捨似曾子，北宮黝似子夏。夫二子之勇，未知其孰賢；然而孟施捨守約也。昔者曾子謂子襄曰：『子好勇乎？吾嘗聞大勇於夫子矣：自反而不縮，雖褐寬博，吾不惴焉？自反而縮，雖千萬人，吾往矣！』孟施捨之守氣，又不如曾子之守約也。」（〈公孫丑上〉）

　　孟子所以要由「養氣」來強化人的道德生命，也以此來應對那些「妨礙」他「自我肯定的東西」。故他要有「養勇」來強化自身以抗拒外物的誘惑，「養勇」、「養氣」，歸結到生活世界裡，就是他所說的「不動心」。所謂「不動心」，公孫丑問：「夫子加齊之卿相，得行道焉。雖由此霸王不異矣。如此則動心否？」孟子回答：「否，我四十不動心。」趙岐解釋「不動心」為：「如是寧動心畏難，自恐不能行否？」（《孟子注疏》）朱子則云：「非謂以卿相富貴動其心，謂伯王事大，恐孟子擔當不過，有所畏懼而動其心也。」[44] 蔡仁厚亦認為，「不動心是心不搖惑，無所疑懼」[45]。就這些理解而言，公孫丑之所以有此一問，是不清楚老師在卿相高位面前是否有自信。但是從「我四十不動心」的語氣來看，就表明自己早已不動心了。若像趙氏等的說法，則公孫丑對老師只是一知半解。

44　黎靖德編，《朱子語類》，冊4，卷52，頁1231。
45　見其所著，《孟子要義》，頁31。

《孟子》之所記，不止一次地表達他在對政治的自信，而且高度自信又是孟子的一貫作風，作爲學生的公孫丑豈不知道？〈公孫丑下〉云：「夫天未欲平治天下也，如欲平治天下，當今之世，舍我其誰也？」又說：「王如用予，則豈徒齊民安，天下之民舉安。」都是明確表示過人自信的證據。如此，「不動心」的發問，應是一個關於外在誘惑方面的議題。他口中的不動心，應是對功名利祿的不動心，而非不與外物交接的不動心。公孫丑實際是在問老師的修養境地，忽然之間有了權位，行王道、霸道都可以了，還會因此「動心」嗎？這「動心」是違離本心，爲欲望所動及洋洋得意等心理而失去本然的眞心。故孟子「不動心」的實際意義，應從「視天下悅而歸己，猶草芥也，惟舜爲然」（〈離婁上〉）來理解。因爲這顯示他對權位的態度。舜在豐功偉績面前不失去自我，正是孟子肯定的榜樣。公孫丑的問題，問在「居下位而不獲於上，民不得而治」（同上）的老師身上，實在是很合適的。如此，「不動心」就不是一個外在的害怕與否問題，而是一個儒者的內心世界是否還受外在的擾亂而失去自我的問題。

簡言之，「不動心」就是不論遭受何任何外在的誘惑，自己的心情不受影響。之所以能如此，就在於心中對人生的價值已有定見，只要肯定自己走在道義的路上，就不會把自己的心放在利欲的追求上，也不作無謂的幻想[46]。從整部《孟子》而言，不動心，保持自我，不受外在的物欲所影響而阻隔精神的自由，正是孟子掛慮的中心。但如何能讓人在面對誘惑時做到不動心。還需要存養的功夫。這就是他所講的養氣。從孟子對「浩然之氣」[47]的描述中可以看出，它是達到不動心的最終根源，因爲此氣「至剛至大」、充塞於「天地之間」。人身上若能存養這種氣，就可以在富

---

46 佛洛姆云：「貪婪，並不如一般人所想的，根源於人類的動物性，而是根源他的內心與幻想。」見其所著，蔡伸章譯，《人類之路：倫理心理學之探究》，頁175。

47 「其為氣也，至大至剛，以直養而無害，則塞於天地之間。其為氣也，配義與道；無是，餒也。是集義所生者，非義襲而取之也；行有不慊於心，則餒矣。」（〈公孫丑上〉）它是一種合乎自然、通於宇宙而具有某種實體意味的力量。這種力量的形成有一個內在的源泉，那就是人的心志，人的道德心靈，與道德勇氣近似。參閱同上，頁35。

貴、貧賤、威武面前不淫、不移、不屈。

2. 養其大體

〈告子上〉云：「人之於身也，兼所愛；兼所愛，則兼所養也；無尺寸之膚不愛焉，則無尺寸之膚不養也。所以考其善不善者，豈有他哉？於己取之而已矣！體有貴賤，有小大；無以小害大，無以賤害貴。養其小者為小人。養其大者為大人。……飲食之人，則人賤之矣；為其養小以失大也。飲食之人，無有失也，則口腹豈適為尺寸之膚哉！」

　　人是身及心結合一的存在，兩者都不能輕視。但是在先秦哲學中，心身關係是以一種主、從關係而被理解的。孟子也將心及耳目之官分為「大體」與「小體」，認為人的身心之間有大小、主從、貴賤之別；心是大體，身是小體；大體為主、貴，小體為從、賤。心是能省思，耳目感官卻只能視聽而不能思考。人若能順大體的心而走，心便能覺察義理或真理，不會陷溺於欲望與聲色犬馬中。孟子雖然並不否定小體的需求，可是主張不可以小害大，亦即不可為了滿足耳目感官之欲而使心放縱。心如同人生價值的根源，耳目感官則是實現此價值的工具，若能發揮心的能力，行為才有意義。孟子曰：「從其大體為大人，從其小體為小人。」曰：「鈞是人也，或從其大體，或從其小體，何也？」曰：「耳目之官不思，而蔽於物；物交物，則引之而已矣。心之官則思，思則得之。不思則不得也。此天之所與我者，先立乎其大者，則其小者不能奪也。此為大人而已矣。」（〈告子上〉）

　　孟子指出，作為「大體」的「心」具有「思」的能力，而作為「小體」的「耳目之官」則沒有這種能力。這裡的「心」並不是知識意義下的「思」，而是道德實踐的「思」。「思」的功用主要在反省及思考兩方面，尤其是孟子著重「反省」這層意義，徐復觀即說：「孟子以為耳目之官不思，而心之官則思。思包含反省與思考的兩重意思；在孟子則特別重在反省這一方面。仁義為人心所固有，一念的反省、自覺，便當下呈現出來。所以說『思則得之』。人在無反省時便隨耳目之欲逐去，仁義的善端，即隱而不顯，所以說『不思則不得也』。因此，孟子特別重視『思』

字。」[48]孟子指出，人的心之所以能獨立作爲主體，是因爲此心有比較高的價值，成爲一切事物判斷的根據。他所講的「大體」及「小體」並非爲了突顯彼此的輕重，或形體的大小。通過「思」的作用，人能從耳目之官的拘蔽中超拔而出，開闊自己的生命視野。而「思」不是認知意義的思考或對感官知覺的探索，而是一念的反省、思考。這裡的「思」並不是觀念上的思考或推論，而是仁義之心的自覺作用。由此，也可說明孟子對人爲什麼「能而爲」和「能而不爲」提供最終答案。因爲人的耳目等感官沒有「思」的能力，一旦受到外物的影響就會被外物誘惑、蒙蔽和左右。心靈能夠思考、衡量，它能認識到人自己固有的倫理良知。人只要確立了倫理價值，那麼耳目等欲求就不能影響他，他就「能而爲」有美德的人。

　　「先立乎其大者」的「立」，並不是人本來沒有的意思，而是彰顯之意。「大體」是固有的，只是因爲人常常受私欲感性的影響而遺失它。耳目本身不會思考，不能覺察，只是以感觸爲其本性之物，不會有自覺及道德判斷。耳目不能主宰自己，所以很容易會被外界事物牽引。此時，人的心亦會被外界事物蒙蔽。人的心並不會不在，所謂「得」及「失」之意乃是顯現與隱藏的意思。而且，在此段裡，孟子並未言及大體在上位或下位，更未言及大體統攝小體，小體不可統攝大體。反而是說：要「先立」大體，才能制止小體奪大體。「小者弗能奪也」的意思是：小體自然地去「奪」大體，除非大體先立於前。孟子所言的大體是心之官啟動的體系，小體是耳目之官啟動的體系。大體並未能統攝小體，反而小體會統攝大體。即便先立大體，小體仍然存在，只是小體奪不了大體而已。因此，必須先修養，以讓大體本來的作用發揮。「大體」乃是「人之所以異於禽獸者」的自覺、自反能力的心。因此，大人小人及大體小體的大小是價值意義的大小。從其大體，養其大體，先立其大，是一個價值的選擇，也是一個自覺的判斷，因爲心之官能思，故能統帥小體，可以成爲大人。小人從小體，故重視耳目之官的欲望或欲利，因此，很容易被小體蒙蔽。養大體者爲大人，絕不受制於耳目之官的欲望或欲利。人作爲動物，固然有權

---

[48]　徐復觀著，《中國人性論史・先秦篇》，頁171。

利追求動物的官能快樂，但是若僅此而已，放棄人生更高價值的追求，則他活得如同動物一樣。故孟子說：「持其志，勿暴其氣。」（〈公孫丑上〉）志屬於心靈，氣屬於身體。志有方向性，指向特定理想的實現。若能時時自覺並堅持心中的理想目標，就不容易受到欲望牽連。人應當兼顧官能快感和精神快樂，並以人生更高價值爲更高追求，以此統帥官能快樂，從而使自己活得眞正有意義和價值。

3. 寡欲

〈盡心上〉云：「飢者甘食，渴者甘飲；是未得飲食之正也，飢渴害之也。豈惟口腹有飢渴之害，人心亦皆有害。人能無以飢渴之害爲心害，則不及人不爲憂矣。」人若能不將由飢渴而來的肉身有限感誤轉爲心靈上的有限感，便不會產生心害，心便仍是舒暢剛健、自信自安[49]。這時雖然在名利權位、學識、容貌上或許有不及他人之處，也不會構成他內心的憂疑恐懼，以致於不擇手段來求自衛。是以人不擇手段地爲惡，並不是他眞心願意去做的。他之所以如此，是由於被心中的幻影假象所逼迫的。這幻影假象就是由心自己不思而妄造的，也就是蒙蔽良心的迷障或心害[50]。故人心正常發揮作用要靠有意識的修養。馬斯洛認爲其原因是，高級需要由於不與生存直接相關，所以可能被長期延遲，甚至永遠消失[51]。而這修養達到的較高境界正是在甚至生存需要都難以滿足的情況下，依然保持情境的高度，保持「心」的獨立性。孟子以爲最好的修養方法是「寡欲」（〈盡心下〉），因爲「人欲」愈多，愈強烈，人就愈容易受各種動機的支配，於是就愈不容易從中擺脫出來，以獲得獨立的全面性的視野。

〈盡心下〉云：「養心莫善於寡欲。其爲人也寡欲，雖有不存焉者，寡矣；其爲人也多欲，雖有存焉者，寡矣。」養心乃是統治心的工夫，即是存養的工夫。養心，即存養人的本然之心。養心之道首在減少嗜欲，使

孟子與莊子的生命價値哲學

---

[49] 在有限的範圍內尋求滿足無限的個人欲望，就注定如黑格爾所提出的「不快樂意識」一樣，人類注定走向永久的消極之物——死亡。參閱呂西安・戈德曼（Lucien Goldmann）著，蔡鴻濱譯，《隱蔽的上帝》（Le Dieu caché），（天津：百花文藝出版社，1998年5月），頁44。

[50] 參閱王邦雄等著，《孟子義理疏解》，頁126-127。

[51] 參閱其所著，許金聲等譯，《動機與人格》，頁72。

人心儘量不受物欲的誘惑及蒙蔽，恆存其本然之心及仁義禮智諸善端。人無嗜欲則常保其純良無偽的赤子之心，「非仁無爲」，「非禮無行」，宏揚其志，擴充其善端，自可以爲大人、賢人、聖人。「可欲之謂善，有諸己之爲信，充實之謂美，充實而有光輝之謂大，大而化之之謂聖，聖而不可知之之謂神。」（〈盡心下〉）這裡的「欲」便是人本心之欲，所以說「可欲之謂善」。據此，孟子並不認爲「欲」本身是惡，但是他爲何主張「寡欲」呢？孟子言之「欲」有兩種意涵：其一是耳目之官的生理欲求，其二是追求道德理想之欲，即是道德本心之欲，就如孟子曾言：「可欲之爲善」。因此，「寡欲」之「欲」，就是耳目之官的生理欲求。可是他並不輕視生理的欲望，而只是要求由心作主，合理地滿足這種欲望。所以孟子只主張「寡欲」，不主張「絕欲」。「寡欲」是對欲望所要求之適當的節制。換言之，感官欲求與道德欲求當中，要選擇道德欲求[52]。感官欲求本身雖然不是惡，但是若人要無窮地滿足，本心就會被「欲」蒙蔽，而若能勇於節制及控制生理欲望，本心便會發揮自己善的能力[53]。

　　孟子的「寡欲」是超越世俗的情慾，要求由本心作主，合理地滿足這種欲望。因爲欲望的本身並不是惡；只有無窮的欲望，一定會侵犯他人，也傷害自己，這才是惡。「爲其養小而失大」便是爲了欲望而淹沒了心。只要不養小而失大，則「飲食之人，無有失也，則口腹豈適爲尺寸之膚哉」。若耳目之欲，能夠由心作主，不被物所牽引而由心做判斷，則是「先立乎其大，則其小者不能奪也」，「耳目之官不思，不思而蔽於物，則引之而已矣」。孟子提倡寡欲是存心養性的方法。因爲多欲，則耳目的官能可以壓倒心得作用。寡欲，則心所受到的牽累少而容易將其本體呈露。爲了存養自己的良心，最好是減少私欲，人若能節制自己的私欲，則能保存與發揮良心的能力。人的欲望愈多，煩惱愈深，而良心所受的損害

52　鮑德里亞云：「我們相信一種真實的主體被需求所驅動，將真實的物作爲其需求獲得滿足的源泉。這完全是一種拙劣的形而上學。」見其所著，夏瑩譯，《符號政治經濟學批判》，頁60。

53　弗里德里希·包爾生著，何懷宏等譯，《倫理學體系》，頁417云：「節制可以被規定爲在滿足某種有誘惑力的享樂會危及基本的善的時候所表現出來的抵制這種享樂欲望的道德力量。勇敢則是出於保持基本的善的需要而抵制對於疼痛和危機的本能恐懼的道德力量。」

也愈重。感官的動勢牽引心動，若沒能適時調節，則逐漸失去人具有的「異於禽獸之幾希」，故必須用心之官去控制或約束感覺之官[54]。

　　總而言之，欲望是人生而具有，又具有不知足的特點，因此，對於利欲既不能一概肯定，否則就會導致縱欲；也不能一概否定，否則就會導致禁欲。據此，孔子提出了「欲而不貪」（〈堯曰〉）。所謂欲而不貪，也就是認為既要有自然而然的欲望，但是又有應當的欲望，有關這個問題，奧古斯丁（Aurelius Augustine）也有深刻的反省。他遇到的困惑是：「為維持生命本已足夠的，為了口腹之樂卻嫌不夠，往往很難確定是否為了身體的需要而進食，還是受饕餮的引誘而大嚼。我們這個不幸的靈魂對於這種疑團卻是正中下懷，樂於看不清什麼是維持健康的節制，乘機找尋藉口，以養生的美名來掩蓋口腹之欲。」[55] 他的困惑同樣源於人的「自然而然」及「應當」的界限難以確定。對於又不能將欲氾濫成貪婪，這樣，對於欲望的合理態度就是引導、節制。孟子所說「養心莫善於寡欲」（〈盡心下〉）的「寡」是針對欲「多」而言的，寡欲並不是要禁欲，而是勿使欲「多」而衝擊人道德的心。「欲而不貪」也就是要適宜的欲。欲望是否恰當，關鍵是看它是否是適宜的。因此，孟子主張遠離外在環境的誘惑，減少感官欲望增加的機會。由此可見，對待欲望的態度主要是源自於欲望的本身具有的特點以及特定社會中欲望呈現的不同形態。也就是說，對待欲望的態度及人如何看待道德的起源及性質有關，也與欲望的特點及具體形態相關。孔孟順性的道德，從其邏輯結構來說，道德及欲望不是本質上對立的，他們所反對的是妨礙道德養成的無節制的欲望。道德之所以是道德，正在於它經常是自覺的犧牲。亞當・斯密所倡立的「道德情操」便認

孟子與莊子的生命價值哲學

238

---

54 伯林著，胡傳勝譯，《自由論》，頁201云：「人難道沒有把自己從精神的或自然的奴役中解放出來的經驗？在這種解放的過程中，他們沒有一方面意識到一個居於支配地位的自我，另一方面意識到他們身上注定處於受支配地位的東西？於是，這種支配性的自我就等同於理性，我的『高級的本性』，我的『真實的』、『理想的』和『自律的』自我，或者等同於我的『處於最好狀態中的』自我；這種高級的自我與非理性的衝動、無法控制的欲望、我的『低級』的本性、追求即時快樂、我的『經驗的』或『他律』自我形成鮮明對照；這後一種自我受洶湧的欲望與激情的衝擊，若要上升到它的『真實』本性的完全高度，需要受到嚴格的約束。」

55 見其所著，周士良譯，《懺悔錄》（Confessions），（北京：商務印書館，1963年8月），頁213。

同「美德存在於對我們所有感情合宜的控制和支配中」[56]，「道德情操」實質上所要求的是行為的合宜性，是一種作出判斷克制私利的能力，是對利己心和私利的自我抑制[57]。

孟子是一位真正的哲學家，因此嚴正的義理的思辯，就是其天職。在古典哲學的領域，寡欲本來就是哲學的前提。柏拉圖就曾在〈斐多篇〉（Phaedo）中記載蘇格拉底的話說：「即使從通俗意義上來理解，自制就是不受欲望的驅使，對之保持一種體面的冷漠。這種品質不是只有那些極端漠視身體、終生獻身哲學的人才擁有嗎？」[58]孟子同樣擁有這種高貴的品質。孟子曰：「仁，人心也；義，人路也。舍其路而弗由，放其心而不知求，哀哉！人有雞犬放，則知求之；有放心，而不知求。學問之道無他，求其放心而已矣。」（〈告子上〉）「放心」，就是被丟失了的本心，就是被充斥在人的生活中的各種誘惑；牽引、玷汙了的「良知良能」。故「求其放心」就是他的學問要旨。

第三節　莊子消解利及欲之方

由儒、墨、名、法諸家所創造的所謂文明，只是以觀念「大惑」，面對天下大亂的現實。〈駢拇〉云：「小惑易方，大惑易性。」小的迷惑，使人不能正當地確定自己的價值選擇和取向；大的迷惑，導致人價值本性的喪失，以致於「天下盡殉」，出於自然人性的價值原則便徹底失落了。〈在宥〉云：「大德不同，而性命爛漫矣。」由於「大德」分歧，性命的情理就散亂，人心被扭曲，人性遭異化，沒有價值原則，這個世界當然會充斥利欲及利欲之間的抗爭，人的價值於是被淹沒了，莊子因此慨歎云：「悲夫！世人直為物逆旅耳！」（〈知北遊〉）成玄英疏云：「逆旅，客

---

[56] 見其所著，蔣自強等譯，《道德情操論》，頁351。
[57] 布熱津斯基（Zbigniew Brzezi ski）指出，幸福「必須建立在對自我滿足方面的自我抑制的基礎上」。見其所著，潘嘉玢譯，《大失控與大混亂》（Out of Control：Global Turmoil on the Eve of the 21st Century），（北京：中國社會科學出版社，1995年7月），頁241。
[58] 柏拉圖著，王曉朝譯，《柏拉圖全集》，卷1，頁63。

舍也。窮達之來,不能禦扞,哀樂之去,不能禁止。而凡俗之人,不閑斯趣,譬彼客舍,爲物所停,以妄爲眞,深可悲歎也。」世人只駐足在虛妄的外物之上,這眞是「深可悲歎也」!

莊子進而指出:「爵祿並至而不窮,物之所利,乃非己也,吾命其在外者也。君子不爲盜,賢人不爲竊。吾若取之,何哉!」(〈山木〉)一般而言,君子和賢人都以盜竊爲恥,然而只是空口說白話,他們暗地裡卻貪得無厭地追求官爵、俸祿或財富,這種行徑和勾當,實際上和一般的盜和竊沒有本質的區別。因爲正如盜賊所追求和欲得的東西本來就不是屬於他們的財物一樣,君子和賢人所追求和欲得的是本來就不是屬於他們的官爵、俸祿[59],故莊子對「喪己於物,失性於俗」(〈繕性〉)者一笑置之,認爲深陷於世俗價值而不能自拔的人爲「倒置之民」(同上)[60]。

儘管莊子強調自然生命的重要性,卻不主張縱欲。一方面,因爲欲壑難塡,爲了滿足不斷變化的無止盡的需求,世人必然陷入頻仍的你爭我奪,不是你死就是我亡的戰鬥之中,爲身外之物而備受創傷,精神生命就在明爭暗鬥之中全然流失,故他感歎云:「今世之人居高官尊爵者,皆重失之,見利輕亡其身,豈不惑哉!」(〈讓王〉)對於生理的利欲之求,莊子將其置於極低的位置,以爲「鷦鷯巢於深林,不過一枝;偃鼠飲河,不過滿腹」(〈逍遙遊〉),人若能像這些鳥獸一樣降低物欲的追求,僅止於維持生活的必要條件,並將目標單純化,避免野心太大,即可免於自取滅亡,遺憾終身。這與〈應帝王〉所言「鳥高飛以避矰弋之害,鼷鼠深穴乎神丘之下以避熏鑿之患」意義近似。

另一方面,世人在追逐外物的過程之中而爲物所役,始終處於緊張、焦慮、失意的狀態,「夫天下之所尊者,富貴壽善也;所樂者,身安厚味美服好色音聲也;所下者,貧賤夭惡也;所苦者,身不得安逸,口不得厚味,形不得美服,目不得好色,耳不得音聲;若不得者,則大憂以懼。其爲形也亦愚哉!夫富者,苦身疾作,多積財而不得盡用,其爲形也亦外

---

59 參閱韓林合著,《虛己以遊世──《莊子》哲學研究》,頁135。
60 郭象註云:「營外虧內,其倒置也。」

矣。夫貴者，夜以繼日，思慮善否，其為形也亦疏矣。」（〈至樂〉）
這些負面的情緒變化，不僅傷害身體，並構成精神沉重的負擔。李澤厚
云：「莊子及其後學在他們所處的歷史條件下盡可能地揭露了人的異化現
象，也就是他們以大同小異的方式反復地講到的以物『易性其』、『失其
性』、『傷其性』、『淫其性』、『遷其性』、『離其性』等，物本來是
低於人，賤於人，應該為人所支配的，實際上卻成了支配人、統治人的力
量。人處處成了物的奴隸，喪失了人所應有的一切快樂。」[61] 故〈在宥〉
云：「人大喜邪？毗於陽；大怒邪？毗於陰。陰陽並毗，四時不至，寒暑
之和不成，其反傷人之形乎！使人喜怒失位，居處无常，思慮不自得，中
道不成章，於是乎天下始喬詰卓鷙，而後有盜跖曾史之行。」失去節制而
過於激動的情緒變化，使人喜怒失常、行事輕舉妄動、思路紊亂及行為失
序，終而「迷亂而不自得」（〈秋水〉）。

　　在〈盜跖〉中，莊子更直接指出追求多餘的財富對人生是有害無益
的，並嘲笑那些以財富累身的人云：「平為福，有餘為害者，物莫不然，
而財其甚者也。今富人，耳營鐘鼓筦籥之聲，口嗛於芻豢醪醴之味，以感
其意，遺忘其業，可謂亂矣；侅溺於馮氣，若負重行而上阪，可謂苦矣；
貪財而取慰，貪權而取竭，靜居則溺，體澤則馮，可謂疾矣；為欲富就
利，故滿若堵耳而不知避，且馮而不舍，可謂辱矣；財積而无用，服膺而
不舍，滿心戚醮，求益而不止，可謂憂矣；內則疑刦請之賊，外則畏寇盜
之害，內周樓疏，外不敢獨行，可謂畏矣。此六者，天下之至害也，皆遺
忘而不知察，及其患至，求盡性竭財，單以反一日之无故而不可得也。故
觀之名則不見，求之利則不得。繚意絕體而爭此，不亦惑乎！」這不正是
以財富累身者真實的寫照！面對金錢、功名和權力，在欲望的瘋狂驅使之
下，鮮有人不「犯流矢，蹈白刃，涉血殷肝以求之」（《呂氏春秋集釋・
節喪》），「權力和暴力雖是不同現象，卻通常一同出現」[62]。有些人為

---

61 李澤厚等著，《中國美學史》，共3卷，（臺北市：里仁書局，1986年10月），卷1，頁224。
62 漢娜・阿倫特著，高紅等譯，《關於暴力的思考》（On Violence），收錄於羅伯特・希爾福特
　　（Robert Hilford）等編，《一個戰時的審美主義者：紐約書評論文選：1963/93》，（北京：中央編

了滿足個人的欲求而驅使身心去追求名利、權力卻迷失本性，因爲權力令人陶醉[63]，以致欺世盜名，完全罔顧人類的整體和長遠利益[64]。孟子對好名利者被扭曲的心態有生動的描繪：「好名之人，能讓千乘之國；苟非其人，簞食豆羹見於色」（〈盡心下〉），這就是莊子所謂「觀於濁水而迷於清淵」（〈山木〉），這難道不是人生的一大迷惑！故莊子「眞悲无聲而哀」（〈漁父〉），他所悲歎者並非他自己，「嗟乎！我悲人之自喪者，吾又悲夫悲人者，吾又悲夫悲人之悲者，其後而日遠矣。」（〈徐无鬼〉）而是那些爲追名逐利而迷失天性的人，又悲歎那些悲傷的人，進而又悲歎那使人悲傷的悲傷，莊子最終所深感悲歎者，乃天下的蒼生被外物力量所震懾和主宰，因而忽視對自身的精神、心理、信仰和態度等方面的自覺和認識，無法發現自身難以克服或改變如脫韁野馬的欲望，人與自身和他人之間的關係已異化，以致自身視功名利祿如糞土、心若死灰的境地日漸遠離[65]。《莊子》整本書的意旨在把人類從「自喪」解放出來，爲其靈魂打開了通向永恆的視窗，求眞、善、美，達到「至樂」之境。因此，莊子的思想雖然不是宗教，卻像宗教一般可以淨化人的靈魂；不是藝術，卻像宗教一般可以令人陶醉和快樂[66]。

譯出版社，2000年1月），頁24。

[63] 尼采著，張念東等譯，《權力意志——重估一切價值的嘗試》，頁355云：「人們稱之為陶醉的快樂狀態，恰恰就是高度的權力感。」

[64] 同上，頁457-458云：「人最可怕，最基本的要求是他追求權力的欲望——人們稱這種欲望為『自由』——應判它終生監禁。」

[65] 楊金華著，〈虛無主義生成的理性邏輯及其超越〉，頁6云：「人的技術化既是人生存的需要，也是人不可避免的命運。一個技術化的人是一個欲望的人，當有人將『目的即欲望』當作人生信條時，欲望推動了技術的發展，技術發展又擴大了欲望的空間並進一步刺激了欲望的發展。一個沉浸於技術世界的人只知尋求欲望的滿足，而不能反思技術理性本身的合理性及其邊界。理性精神使人們獲得前所未有的豐裕財富，極盡享樂的現代人希望從世俗生活中昇華出超越之物，獲得人生必備的終極關懷和意義世界。理性主義並沒有能夠建立一個美好社會，也沒有兌現解決一切問題的許諾，處於覺醒狀態的大眾對社會發展產生了悲觀焦慮的情緒。」載於《江漢大學學報（社會科學版）》，2013年，卷30，第4期。科技的濫用也導致了人的異化。技術理性「對自然界的支配是以人與所支配的客體的異化為代價的，隨著精神的物化，人與人之間的關係本身，甚至個人之間的關係也異化了」。見麥克斯‧霍克海默（Max. Horkheime）等著，洪佩鬱等譯，《啟蒙辯證法》（Dialectics of Enlightenment），（重慶：重慶出版社，1990年5月），頁24。

[66] 參閱姚曼波著，《莊子探奧》，（北京：人民出版社，2008年10月），頁51。

此外，人的欲望得到滿足就歡天喜地，得不到就愁眉苦臉，得到了，又擔心和恐怕失去，不論得到或得不到，人總是處在患得患失的憂慮之中，所以他說：「人之生也，與憂俱生，壽者惛惛，久憂不死，何苦也！」（〈至樂〉）總之，人的一生憂患苦多，無有止息，欲追求長壽，不過是無意義地把痛苦延長而已，對人又有什麼助益？

　　人被這麼多憂愁和痛苦所折磨，如何能保存性命？精神怎麼可能自由？個體生命在欲海之中失去了人本來的意義，人的樸素本性被嚴重地扭曲，生命的意義就毫無價值地被耗盡了。可見就人的生存和發展來說，利欲只有負面的價值。莊子甚至在〈駢拇〉指出，「以身殉天下」的「聖人」、以身「殉仁義」的「君子」與「以身殉利」、「殉貨財」的小人、伯夷及盜蹠都是以外物害其生。「故此數子者，事業不同，名聲異號，其於傷性以身為殉，一也。臧與穀，二人相與牧羊而俱亡其羊。問臧奚事，則挾筴讀書；問穀奚事，則博塞以遊。二人者，事業不同，其於亡羊均也。伯夷死名於首陽之下，盜蹠死利於東陵之上，二人者，所死不同，其於殘生傷性均也。」這兩類人的作法皆如以珠彈雀，不知輕重，「今且有人於此，以隨侯之珠彈千仞之雀，世必笑之。是何也？則其所用者重而所要者輕也。夫生者，豈特隨侯之重哉！」（〈讓王〉）聖賢之徒和盜蹠之徒的所作所為，都是所用的貴重而所求的輕微，換言之，兩者皆重物輕生，以身外之物害其生，如此不成比例的輕重，除了顯示世人的愚昧無知之外，也說明這種抉擇對生命的養護是本末倒置的。

　　因此莊子把「有欲」看成是個體焦慮、痛苦的一大根源，對身體和心靈皆有傷害。尤其重要的是，情慾傷性害德，〈庚桑楚〉云：「惡欲喜怒哀樂六者，累德也。」〈徐无鬼〉云：「盈耆欲，長好惡，則性命之情病矣。」〈則陽〉則云：「欲惡之孽，為性萑葦蒹葭，始萌以扶吾形，尋擢吾性；並潰漏發，不擇所出，漂疽疥癰，內熱溲膏是也。」可見欲望是人精神的一種負擔，使人的心性敗壞，品德日趨下流，顯然是「生之害」（〈天地〉），「天下之至害」（〈盜蹠〉），所以必須反對物欲及感官的享樂，並應完全加以滌除。在他看來，「能尊生者，雖貴富不以養傷

身，雖貧賤不以利累形」（〈讓王〉）。嗜欲的人絕不能保持生命價值的目的，因為「耆欲深者，其天機淺」（〈大宗師〉），天機充全，自然不嗜欲；天機淺薄，自然嗜欲良多，無法保持身體的健康和精神的寧靜，達到「真人」的境界[67]。要而言之，人類對每一小步的文明都付出相當大的代價，在莊子眼中，人類所付出的最大代價，就是人性的扭曲。人類失去了純然的真我，生存的方式和心態改變了，人人成為追求金錢、物欲、名利、權力的叢林怪獸，離幸福愈來愈遠[68]。「金錢是一種新的歷史經驗，一種新的社會形式，它產生了一種獨特的壓力和焦慮，引出了新的災難和歡樂」[69]。叔本華也說：「金錢，是人類抽象的幸福。所以，一心撲在錢眼裡的人，不可能有具體的幸福。」[70] 金錢還有更黑暗的一面。雖然金錢能建立起陌生人之間共通的信任，但是人信任的並非人類、社群或是某些神聖的價值觀，而是金錢本身以及背後那套沒有人性的系統。人不信任陌生人，現在連隔壁鄰居也不信任，而只信任自己手上的錢。沒錢，就沒有信任。等到錢滲透衝垮了社會、宗教和國家所築成的大壩，世界就成了巨大而無情的市場[71]。故這種信任的濫用只會導致災難性的結果，甚至使人類快速地走向毀滅。金錢促使人盲目地追求，從而走向墮落，是因為精神的匱乏，而要擺脫痛苦，就要捨棄欲求，擺脫意志的束縛，否定生命意志。生命意志的否定，就是「把『欲求』的千百條捆索，亦即將我們緊縛在這人間的捆索，作為貪心、恐懼、嫉妒、盛怒，在不斷的痛苦中來回簸

---

[67] 古希臘哲學家蘇格拉底認為只有擺脫肉體的羈絆，才能獲得真理。據〈斐多〉的記載，蘇格拉底說：「靈魂在什麼時候獲得真理？每當它在身體的幫助下想要對某事物進行考察，身體顯然就會把它引向歧途。」見柏拉圖著，王曉朝譯，《柏拉圖全集》，卷1，頁60。

[68] 莊子把人生看作一個「與物相刃相靡」（〈齊物論〉）的過程。在這個過程中，每個人都身心疲憊、滿懷悲哀，怨懟，沒有誰是真正的成功者。換句話說，每個人從出生開始，就是一個走向死亡的過程。這個「物」既包括與人相敵對的外部世界，也包括其他為有限的資源進行爭奪的同類。因此，爭的內容也不止於物質財富，更包括控制分配的權力，甚至由其派生出的名聲。財富、權力與名聲三者，表面有高低之分，但是對人的傷害別無二致。

[69] 齊奧爾格・西美爾著，費勇等譯，《時尚的哲學》，頁298。

[70] 叔本華著，李小兵譯，《意欲與人生之間的痛苦——叔本華隨筆和箴言集》，頁158。

[71] 參閱尤瓦爾・赫拉利（Yuval Noah Harari）著，林俊宏譯，《人類簡史：從動物到上帝》（Sapiens：A brief history of humankind），（北京：中信出版社，2014年11月），頁181。

弄我們的捆索，通通都割斷了。」[72]叔本華認為：「在外來因素或內在情調突然把我們從欲求的無盡之流中托出來，在認識甩掉了爲意志服務的枷鎖時，在注意力不再集中於欲求的動機，而是離開事物對意志的關係而把握事物時，所以也即是不關利害，沒有主觀性，純粹客觀地觀察事物，只就它們是赤裸裸的表象而不是就它們是動機來看而完全委心於它們時；那麼，在欲求的那第一條道路上永遠尋求而又永遠不可得的安寧就會在轉眼之間自動的光臨而我們也就得到十足的怡悅了。」[73]「那已經領悟生命意志之否定的人，從外表看儘管他是那麼貧苦，那麼寡歡而總是缺這缺那，然而他的（心理）狀況卻充滿內心的愉快和眞正的天福的寧靜」[74]。

莊子曾藉盜跖之口說：「今吾告子以人之情，目欲視色，耳欲聽聲，口欲察味，志氣欲盈。」（〈盜跖〉）自我意識與人的感性生命聲氣相投，人價值意識的一個方向就是追逐生命的存在，因而奔競於物的世界，滿足自己的欲求以免除延長的痛苦[75]，於是化爲行動，甚至違背自然而胡作妄爲。因此，必須先泯滅障礙精神獲得自由的欲望。〈庚桑楚〉云：「徹志之勃，解心之謬，去德之累，達道之塞。貴富顯嚴名利六者，勃志也。容動色理氣意六者，謬心也。惡欲喜怒哀樂六者，累德也。去就取與知能六者，塞道也。此四六者不盪胷中則正，正則靜，靜則明，明則虛，虛則无爲而无不爲也。」「无欲」才能恬淡，「无爲」才能虛靜；恬淡、虛靜，才不會遭殃，〈刻意〉云：「夫恬惔寂漠虛无無爲，此天地之平而道德之質也。故曰，聖人休休焉則平易矣，平易則恬惔矣。平易恬惔，則憂患不能入，邪氣不能襲，故其德全而神不虧。故曰，聖人之生也天行，其死也物化；靜而與陰同德，動而與陽同波；不爲福先，不爲禍始；感而後應，迫而後動，不得已而後起。去知與故，循天之理。故无天災，无无

---

[72] 叔本華著，石沖白譯，《作爲意志和表象的世界》，頁535。

[73] 同上，頁274。

[74] 同上，頁534。

[75] 叔本華著，石沖白譯，《作爲意志和表象的世界》，頁273云：「在欲求已經獲得的物件中，沒有一個能夠提供持久的，不再衰退的滿足，而是這種獲得的物件永遠只是像丟給乞丐的施捨一樣，今天維繫了乞丐的生命以便在明天又延長他的痛苦。」

累，无人非，无鬼責。其生若浮，其死若休。不思慮，不豫謀。光矣而不耀，信矣而不期。其寢不夢，其覺无憂，其神純粹，其魂不罷。虛无恬惔，乃合天德。」能如此，自然就不會對塵世的金玉滿堂、顯赫榮耀動心，也就不會爲了身外之物去爭奪。「无欲而天下足」（〈天地〉），但是若在滿足欲望的過程中不能自省，則精神將產生困惑，導致人價值本性的喪失，終而使人痛苦纏身[76]、精神淪喪，所以無論是一般人以滿足個人物欲而傷身害性，還是帝王因滿足個人的權力欲望而危害國家，莊子都嗤之以鼻。

因此，莊子還以爲，去除物欲的方法，在於個體應培養獨立自主的自我意識，也就是劃清自我與外物的界限，保持自我的獨立。對待事物，則要把名、利等得失，看作與己毫不相干，不作任何欲求，〈田子方〉即云：「其來不可卻也，其去不可止也，吾以爲得失非我也。」名位的來去，非我所能拒絕或挽留，而且即使我爲「令尹」，其貴在「令尹」之位，不在於我，於我無所增益；即使我爲「皂隸」，其賤在「皂隸」之名，不在於我，於我亦無所減損，故一切名位等外物完全與我無關[77]。如此，就會「貴在於我而不失於變」（〈田子方〉），不會在外物的來去變化之中喪失自我的尊貴而以身殉物。至於在待人方面，也不喪失自己的獨立，「順人而不失己」（〈外物〉），「其於人也，樂物之通而保己焉。」（〈則陽〉）雖然樂於順人，但是保持自我的獨立，自己決定自己

---

[76] 如叔本華所言：「人生在本質上就是一個形態繁多的痛苦，是一個一貫不幸福的狀況。……這些人好像鐘錶機器似的，上好發條就走，而不知道為什麼要走。……欲望和掙扎是人的全部本質，完全可以和不能解除的口渴相比擬。但是一切欲望的基地都是需要、缺陷，也就是痛苦，所以，人生就是痛苦的，……如果相反，人因為他易於獲得的滿足隨即消除了他的可能之物而缺少了欲求的物件，那麼，可怕的空虛和無聊就會襲擊他，即是說人的存在和生存本身就會成為他不可忍受的重負。」見其所著，石沖白譯，《作為意志和表象的世界》，頁427。但是這並不等於每個人都真正了解苦難的祕密。若從現世的角度看，苦難僅僅是一些經歷，一些遭遇，一些會在某一個時刻與它不期而遇的事物；而若從價值的角度來看，苦難就會成為可以意識到卻無法擺脫的存在的痛苦。

[77] 〈田子方〉云：「肩吾問於孫叔敖曰：『子三為令尹而不榮華，三去之而无憂色。吾始也疑子，今視子之鼻間栩栩然，子之用心獨奈何？』孫叔敖曰：『吾何以過人哉！吾以其來也不可卻也，其去不可止也，吾以為得失之非我也，而无憂色而已矣。我何以過人哉！且不知其在彼乎，其在我乎？其在彼邪？亡乎我；在我邪？亡乎彼。方將躊躇，方將四顧，何暇至乎人貴人賤哉！』」

的行爲，不「以己徇人」[78]，「不以物易己」（〈徐无鬼〉）。

其實，莊子並沒有徹底否定物欲或財富[79]，也未陷入禁欲主義之中，他承認物各有其用，人人皆有基本的物質需求和感官欲望。但是他更進一步意識到，由於外物的誘惑，人的生理和感官欲望便會同時無窮地擴大和膨脹，以致人役於物，爲物所累，而且進一步毀身傷性[80]。可知莊子並非斷絕人的欲望，只是不讓欲望在知識的推波助瀾之下，僭越出各自性分之外[81]，導致累己傷人。在性分內的欲望，他即視爲性分的自身，同樣是加以承認的[82]。孟子也從來沒有說過士大夫不能享受一定程度的利欲。彭更問孟子：「後車數十乘，從者數百人，以傳食於諸侯，不以泰乎？」孟子曰：「非其道，則一簞食不可受於人。如其道，則舜受堯之天下，不以爲泰；子以爲泰乎？」（〈滕文公下〉）他不是苦行僧，有車輛不坐，有隨從不要，有美餚不吃，因爲問題的關鍵在於有沒有道，若有，則最大的利也不爲過。若無，則最小的利亦不能接受[83]。可見孟莊皆不否定利欲。只不過莊子希望人能以空明、靈覺的心審視萬物，甚至在主觀上認爲「未始有物」（〈齊物論〉），如此才能「不以物挫志」（〈天地〉），「不以物害己」（〈秋水〉）。而上述所言空明、靈覺的心，較具體而言，就

---

78 《史記・李斯列傳》云：「夫以人徇己，則己貴而人賤；以己徇人，則己賤而人貴。故徇人者賤，而人所徇者貴，自古及今，未有不然者也。」

79 韓林合云：「莊子意義上的至人或聖人完全沒有必要『就藪澤，處閒曠，釣魚閒』，過離群索居的生活。在上面的故事中，莊子更進一步斷言，至人或聖人甚至也並非有意排斥（當然他也絕非有意追求）通常人們所希望得到的東西：『壽』、『富』、『多男子』等等。這當然是因為他安命，無條件地接受一切。而且如果他本來不是有意追求這些東西，那麼當他無意得到這些東西的時候，他完全可以本著無所謂的態度處理它們：將財富分給他人；讓自己的孩子各盡其職；虛己以遊世，因是因非，享盡天年。」見其所著，《虛己以遊世──《莊子》哲學研究》，頁232-234。

80 周紹賢著，《莊子要義》，〈序〉，頁1云：「莊子以人不可違自然，故其擯斥利欲，亦非禁欲主義；蓋天地畜養萬物，各賦以生存之道，而各有其定分，『鷦鷯巢林不過一枝；偃鼠飲河不過滿腹』（〈逍遙遊〉）。物質所需，足以養生足矣，若縱欲妄取，則侵及他人，『利害相摩』，『以利累形』，『見利輕忘其身』，所謂『危身棄生以殉物』（〈讓王〉），豈不違背自然而毀壞人生之道？」臺北市：文景出版社，1970年11月。

81 弗里德里希・包爾生著，何懷宏等譯，《倫理學體系》，頁242云：「知覺的快樂、那種使我們的童年時代那樣富有魅力玩藝的快樂也屬於生命；而且我們也不從完善的生命中排除吃喝以及類似的快樂，只是它們絕不能僭越為主。」

82 參閱徐復觀著，《中國藝術精神》，（臺北市：臺灣學生書局，1998年5月），頁73。

83 參閱楊澤波著，《孟子評傳》，（江蘇：南京大學出版社，2000年3月），頁244。

是〈人間世〉所提出的「心齋」。精神若能保持虛靜、靈明，便可渾然忘掉物我，就可以齊物我、齊是非，自能摒除欲望，不以己徇人和物，終而臻至「遊心於物之初」（〈田子方〉）、「浮遊乎萬物之祖」（〈山木〉）、「出六極之外」（〈應帝王〉）的境界。在莊子看來，人生的苦難根源於主觀的欲望，而欲望的擺脫依然得通過主觀的努力。解鈴仍需繫鈴人，心的問題仍得由心來解決。問題的癥結不在對象的存亡，而是視界的改變[84]。此「心」的解決，只得靠「心齋」了。

所謂「心齋」，〈人間世〉云：「若一志，无聽之以耳而聽之以心，无聽之以心而聽之以氣！聽止於耳，心止於符。氣也者，虛而待物者也。唯道集虛。虛者，心齋也。」「心齋」要處理的，就是心如何對待物，在物象與物欲的牽連之間，心如何保存本身的自由？人有感官物欲，自然物有物象，物象牽引物欲，人的生命就在物象流轉與物欲爭逐之中流落迷失。而物象進來的第一關就是要通過感官，故人與物接，不能用耳去聽，而要用心去聽，也就是要關閉感官的認知活動，因為耳的功能僅止於聽，聽到了也就被牽著走，它沒有反省和選擇的能力，一如孟子所云：「耳目之官，不思而蔽於物，物交物，則引之而已矣！」（〈告子上〉）不用感官聽，而用心聽，如此人生就可從往外求取的路上走回自己的身上，故〈人間世〉云：「夫徇耳目內通而外於心知。」可是「心知」的功能，僅能符應物象，並據之為是非的標準，形成「心知」的定限和執著，形神纏結而自困自苦，進而「與物相刃相靡」（〈齊物論〉），故〈德充符〉云：「不知耳目之所宜，而遊心乎德之和。」「以其知，得其心，以其心，得其常心。」「心知」困住自己，唯一可能是超越自己，不用心聽，「外於心知」，不知耳目之所宜，而用氣聽，氣就是虛而待物。氣就是無心，是常心；無心才可以遊心，不執著、不困陷，心掙脫「心知」，自我還歸真實，整體也可以和諧，所以說「德之和」[85]。換言之，「无聽之以耳」是「離形」，是超越感官認知的層次，「无聽之以心」是「去

---

84 參閱陳少明著，《〈齊物論〉及其影響》，（北京：北京大學出版社，2004年2月），頁83。
85 參閱王邦雄著，《21世紀的儒道》，頁141-142。

知」，是超越反省思慮的層次，這就如〈知北遊〉所言：「形若槁骸，心若死灰，真其實知，不以故自持。媒媒晦晦，无心而不可與謀。」「聽之以氣」，則是超越前兩者的層次，而「同於大通」（〈大宗師〉），正是「遊乎天地之一氣」（同上），在自我釋放之中釋放萬物，且在自我解消之中融入萬物，達到「天地與我並生，而萬物與我為一」（〈齊物論〉），如此一來，人與世界處在同一個層次上，「我在世界上，世界在我身上」[86]，人既不外在於世界，世界也不外在於人，人和世界兩者都置身於共感、共通的審美境界中，超越被主客對立關係抽象化、片面化了的存在，重返豐富多彩的感性的根源。從而建立人類與世界最深刻和最親密的關係，這即既合乎自然本性又合乎人性的關係。對莊子而言，審美是回歸自然本真的最為奏效的方法。進入審美的境地，也就是進入了「逍遙遊」的人生境界。在此境界中，像天地萬物般地自然祥和、寧靜自足，卻豐富精彩、巧妙活躍[87]，同時可感悟人生的真諦，回歸自然的本真。這種境界，是體道、悟道、達道所形成的超越現實，超越人生困境的自由精神境界。

這就如唐君毅所言：「則心之虛，至於只以氣待物，即謂只以此由心齋所見得之常心，以待物也。人不以一般耳目之知與一般之心聽，而只以此虛而待物之氣或常心聽，即足以盡聽人之言，而攝入之。是即不同於『聽之以耳者』，止於知其聲，亦不同於一般『聽之以心』者，只求其心之意念，足與所聽者相符合；而是由心之虛，至於若無心，使所聽之言與其義，皆全部攝入於心氣之事也。此時一己之心氣，唯是一虛，以容他人之言與其義，通過之、透過之。今以此為待人接物之道，即道集於此虛；而所待所接之人物，亦以此而全部集於此己之虛之中，故能達於真正之無人無己、忘人忘己之境。」[88]

86　杜夫海納著，孫非譯，《美學與哲學》，頁33。

87　海德格爾云：「作為寂靜之靜默（das Stillen der Stille），寧靜（Die Ruhe）總是比一切運動更動盪，比任何活動更活躍。」見其所著，孫周興譯，《在通向語言的途中》（On the Way to Language），（北京：商務印書館，1997年5月），頁19。

88　唐君毅著，《中國哲學原論・原道篇》，共3卷，（臺北市：臺灣學生書局，1980年3月），卷1，頁

從「心齋」的「心」而言，即是寂照的聽，唯「心」能止，氣始不滯，「虛而待物」，待物即應物，並非有待於物，故由氣的虛以示「心齋」。「心齋」即寂與虛。聽之以「心齋」，即聽之以「無」，此即謂「耳目內通」[89]。其實「氣」無法聽，亦無法與外界接觸，無聲無感，故是「虛」的，「虛」就能接納萬物，因而虛心應物，應而無心，自能無為、虛寂，應物而不為物累。此即致「虛」能使人的心胸無限擴大，但是惟有「道」才能集結在空虛之中，因為「道」本身也是虛的。心中的欲念虛空之後，自能得「道」，故無物不包、無物不容，「心知」自然不會定限於「是」，也不會定限於「非」，開放性地融入世界方有可能。可見莊子的「心齋」，透過氣的「虛而待物」和「集虛」，提出了一條探求內心世界而達到本真存在的新進路[90]，而這一探求過程，是不斷有意識地把原有被文明社會薰染和玷汙的「心知」所牽引出來的欲望徹底洗淨和忘卻。如此才能「應於化而解於物」（〈天下〉），即可「汎若不繫之舟」（〈列禦寇〉）地逍遙而遊，無入而不自得。

精神一旦進入空無一物的虛靜狀態，也就是「忘人」、「忘己」之境，人便可在寧靜的內心深處擯棄一切由生理產生的欲望。「心齋」作為一種精神修養的方法，就是要能「致虛守靜」，進而去掉思慮和欲望的過程，強調以「虛靜」的心領悟「道」的奧祕。莊子認為，人的精神沒有一刻不受諸多欲望的限制，這些欲望會影響和侵擾人往精神層面的追

367-368。

[89] 參閱牟宗三著，《智的直覺與中國哲學》，（臺北市：臺灣商務印書館，1974年10月），頁207。

[90] 楊國榮著，《以道觀之——莊子哲學思想闡釋》，頁142-143云：「從先秦哲學看，將『氣』引入精神領域，當然不限於莊子，事實上，孟子也曾從精神的層面解釋『氣』。在談到『浩然之氣』時，孟子作了如下闡發：『其為氣也，至大至剛，以直養而無害，則塞於天地之間。其為氣也，配義與道；無是，餒也。是集義所生者，非義襲而取之也；行有不慊於心，則餒矣。』（孟子‧公孫丑上）就其內容而言，這裡值得關注的，首先是孟子以『義與道』來規定『氣』，『義』表示價值的觀念或價值的規範系統，與『義』處於同一序列的『道』，其內容首先也涉及價值的理想。在此，以『義與道』為具體的內容，『氣』更多地與精神領域的積累、沉澱過程相聯繫，所謂『集義所生』，也表明了這一點。同時對『氣』的規定，孟子的『集義』與莊子的『集虛』無疑表現了不同的趨向：前者側重於形成、確立內在的精神境界，後者則更傾向於對其加以解構；而在以上二重趨向的背後，則蘊含著理性的強化與理性的規定、獨斷的走向與獨斷的抑制等張力。」

求。於是要求以虛無化的心靈去體驗整個世界的萬事萬物。要達到這種精神，就必須排除雜念和欲望；通過「心齋」，主體才能消解現實社會各種欲望的誘惑，並摒除盲目地追逐是非的判斷，使之得到精神的完全解脫與自由。莊子借用這種對話方式加以解釋云：「顏回曰：『回之未始得使，實自回也；得使之也，未始有回也，可謂虛乎？』夫子曰：『盡矣！』」（〈人間世〉）「未始有回」，指的是人格和觀念形態的轉換，在實現「心齋」後，原來「回」的精神層面便不已大大提高，取而代之的是經過淨化的自我及轉換的人格精神世界，體現了涵養的工夫和其效應。總之，只有超越時空，不讓經驗和偏見左右自己，才能進入無功利、無目的的自由境界[91]，故〈人間世〉云：「瞻彼闋者，虛室生白，吉祥止止。夫且不止，是之謂坐馳。夫徇耳目內通而外於心知，鬼神將來舍，而況人乎！是萬物之化也，禹、舜之所紐也，伏戲、几蘧之所行終，而況散焉者乎！」〈知北遊〉所言：「疏瀹而心，澡雪而精神，掊擊而知。」「疏瀹」、「澡雪」和「掊擊」，皆是指「虛」體現道的功能[92]。這種精神狀態對於為人、處世，皆具有決定性的意義。〈田子方〉云：「百里奚爵祿不入於心，故飯牛而牛肥，使秦穆公忘其賤，與之政也。有虞氏死生不入於心，故足以動人。」由於「百里奚」不把爵祿放在心上，「有虞氏」也不把生和死放在心上，是以他們的成就反能超乎常人，才能觸動別人的心靈，也才能「精神四達並流，无所不極，上際於天，下蟠於地，化育萬物」（〈刻意〉），這也是老子所言「無為而無不為」（《老子‧第37章》）的道理。〈天道〉亦言：「夫虛靜恬淡寂漠无為者，天地之平

91　弗里德里希‧席勒（Friedrich Schiller）提出，只有「超越實在」、「由形式征服素材」，「讓心靈插上蝴蝶的翅膀由地上飛起來」，讓想像力「飛躍到審美的遊戲」。見其所著，徐恆醇譯，《美育書簡》（Letters Upon The Aesthetic Education of Man），（北京：中國文聯出版公司，1984年9月），頁142。

92　蒙培元著，《中國心性論》，頁64云：「心齋就是養其虛靜之氣，使之虛而無物，無欲無為，便能體道。所謂『唯道集虛』，也就是『虛室生白』，不是說外在的『道』集於心中，而是以其『虛』體現道的屬性和功能。」臺北市：臺灣學生書局，1996年3月。可見「心齋」有三個要點：一是內心要絕對虛靜，二是心要與客觀外界完全隔絕，三是「道」因而「將來舍」，人與道通，這是一種澄澈明朗的境界。參閱束景南著，《論莊子哲學體系的骨架》，（桂林：廣西師範大學出版社，2003年7月），頁109。

而道德之至，故帝王聖人休焉。休則虛，虛則實，實者倫矣。」由虛而實，「實」指的是道真實的內涵，「倫」即是生命倫理，真實的道即生命本然的倫理，莊子倫理學的形上意義在此，而「虛」為倫理所以成其為倫理之道，故「虛」的原理完成了生命倫理的總相。「人能虛己以遊世，其孰能害之！」（〈山木〉）虛己然後能保守生命的體，收攝生命的用；用而不用，體不執體，精神自能專一，生命的自由即可徹底實現。「以虛靜推於天地，通於萬物，此之謂天樂。」（〈天道〉）「天樂」便是生命因「虛」而解決，進而自由的最佳寫照。其回返自然之正、心靈之正的意義十分明顯[93]。

「虛靜」作為一種修道的心態，最早是由老子提出的「致虛極，守靜篤」（《老子・第16章》）。他認為只有受控制的個人靜態情緒，保持無欲無為的心境，才能達到「靜勝躁，寒勝熱，清靜為天正」（《老子・第45章》）。這種「虛靜」的心境，本質上就是對自由精神的體驗。「虛靜」給人內心帶來的安靜、安寧，不是人類蒙昧初期的愚純，而是一種忘卻欲望之後的靜態。人類精神的領域極其廣闊，體現也是多方面的，這種對生命本然狀態體驗所產生的寧靜心境也不是唯一的寧靜，但是人的欲求解脫，道德責任的建立，宗教信念的確立，都會給人的心境帶來持久的寧靜，也正是這種寧靜心境的形成，給審美境界的重建成為可能。

莊子在老子的「虛靜」思想下所提出的「心齋」，就是一種無功利，超功利的純粹的審美途徑，是一種純之又純的審美心態。只有在這樣的心境下，才可能全勝、明察、使意志處於絕對的自由、排除外物、內情的干擾、超越人生的困境，到達無待、無累、無患的絕對精神自由的境界，讓情感進入一種理想性質的高遠、幽邃、自然而然的自由精神境界中。這樣才能觀照到大道和至美。莊子在〈田子方〉中，將「遊心於物之初」看成是「至美至樂」。「游心於物之初」的前提是能到達「喜怒哀樂不入於胸次」的境界。亦即〈人間世〉中所謂「哀樂不易施乎前」和〈達生〉所謂

93　參閱葉海煙著，《莊子的生命哲學》，（臺北市：東大圖書公司，2015年8月），頁213-214。

「死生驚懼不入乎其胸中」的境地。對審美生命的觀照和對生命憂懼的解脫，始終是莊子生命價值哲學的主題，他的「至樂无樂」（〈至樂〉）和「忘適之適」（〈達生〉），明顯地具有人生困境的解脫傾向，是莊子從生存意義上反思苦短憂懼的人生困境，從而尋找到的一條超越性和審美化的自由之路。人世間芸芸眾生都被物欲的欲求弄得身心疲憊，靈性消亡，實際上，身雖然存在而心早已死亡。故要從這樣可悲的現狀中解脫出來，必須虛以待物，靜以觀心，空無我欲，敞開心扉去容納宇宙的無窮之道，較量眼前的利益；「灑心去欲，而游於无人之野」（〈山木〉），正是其自由精神的棲息地。

　　以上所言，反映莊子有一個對人間生存狀態所出現的痛苦、憂患的主觀超越，這種超越迫使他找到了一個新的途徑，即藝術性的審美超越。莊子認為在這個超越的過程中首先必須去除人的精神壓力，而人的精神壓力大多數來自於兩者，政治和欲望，故在政治上莊子主張應忘懷治國平天下的宏大志願，更進一步「喪其天下」（〈逍遙遊〉）、「无公朝」（〈達生〉）、「不敢懷慶賞爵祿」（同上）。又由於人的感官生理欲望的追求使人喪失了自由，擾亂了人心靈的平靜，故莊子認為人必須「離形」（〈大宗師〉）、「墮肢體」（同上）。而更重要的是要否定人的心智活動，無論功名利祿也好，感官物欲也好，都是因為人心的感應所造成的，故對人生斬草除根的超越應該是「喪我」（〈齊物論〉）、「黜聰明」（〈大宗師〉）、「去知」（同上）、「无不忘也，无不有也，澹然无極而眾美從之」（〈刻意〉）。惟有如此，才能超越生死、感官物欲享受，與宇宙天地一起內化的至美至樂，才能達到精神的和諧之美。從以上這些表述可看到，這種超然世外的態度，集中表現在對人間世務的鄙棄和世俗道德的否定，這兩點又是以肯定「自我」的觀點而展開的。莊子認為「道」的本源是一種超越任何個體存在的自然整體實在。「心齋」就是在精神修養的體道過程中，表現為對更高遠境界的追求，對萬物本然狀態的返歸，因而在生活情態上表現出對世俗事務的鄙棄，「孰弊弊焉以天下為事」？「孰肯以物為事」（〈逍遙遊〉）？這孕育出清高孤傲的自我，也

浮現出他在精神上的自信。但是迴避人世的態度則表現了對世俗生活的冷漠，反映了世人情緒的消沉。若說莊子的超世態度，是他們追求自然，自由的人生理想的表徵，那麼不涉世的態度則更多的是莊子困頓、艱難的現實生活在精神上留下的烙印，這是在一個悲慘世界裡的悲慘經驗，一種滲透悲涼淒苦的智慧，然而並不是悲觀的經驗和智慧，悲觀是認為苦難是不可被克服、被戰勝的觀點，在莊子的觀念中，雖然也有不少艱困的逆境，不過它們是可以被克服，被超越的，這既包括了充滿自信、返歸自然而獲得精神自由的人生理想，也包括經歷人生艱苦而得到的處世經驗。

〈達生〉提出「梓慶為鐻」的寓言，說的也是同樣的道理：「梓慶削木為鐻，鐻成，見者驚猶鬼神。魯侯見而問焉，曰：『子何術以為焉？』對曰：『臣工人，何術之有！雖然，有一焉。臣將為鐻，未嘗敢以耗氣也，必齊以靜心。齊三日，而不敢懷慶賞爵祿；齊五日，不敢懷非譽巧拙；齊七日，輒然忘吾有四枝形體也。當是時也，无公朝，其巧專而外骨消；然後入山林，觀天性；形軀至矣，然後成見鐻，然後加手焉；不然則已。則以天合天，器之所以疑神者，其是與！』」他在雕造鐘架時，為了能全程聚精會神地發揮其高超的技藝，對自己的精神有所提煉，同時為了不耗損元氣，他得自覺地齋戒，使精神徹底淨化。他費了三天的工夫以消解欲得「慶賞爵祿」的俗念，這是三天工夫所修成的心境；等他用了五天齋戒的工夫，則超越了是非、巧拙等算計的意念 [94]；等他齋戒七天時，連自己的四肢形體都在心中了無罣礙。在完成「離形去知」的「吾喪我」之後，進入山林選擇合適的木材，用自己的自然本性來契合樹木的自然本性，這就是「聽之以氣」。此時，他心智上的一般思辨功能暫時休止而不運作，此即所謂「心齋」、「虛己」；心智的一般思辨性智巧暫時停頓，為的是能讓心靈上更高等級之「智的直覺」、「空靈明覺」得以湧現，去

---

94 所謂「不敢懷非譽巧拙」，就是心中沒有對功名的考慮，沒有立功、立名之心，即榮華富貴不入於心。這種「不入於心」，即是對功名的超越。在莊子看來，人要建立功名，但是不可存功名之心，否則就會為之所拘限，就有心理負擔，這種拘限、包袱，將成為人正常發揮自己的障礙。而沒有功名之心，便可擺脫一切束縛、壓力、雜念、干擾，達到渾然忘我的全身心的投入，即可以最大程度地發揮自己的能力和創造力，從而功成名就。

除普通經驗的物我封界、執著、紛爭、是非之知，以孕育無差別對立、順著物德、物性而上通於「道」的心，最終明心見性地達到「見道」[95]，故木匠最後終於能「以天合天」[96]，其所製作出的「鐻」，讓觀賞者驚呼為鬼斧神工，這便是「由技見道」的最佳佐證。

莊子所言的「技」，並不是淺層的操作技巧，亦非徒指純熟或習慣性的機械式技術，更不同於科學化的集體培養和複製模式，而是在日益月滋地反覆不斷練習之中體證與實踐的「技」。甚且「由技入道」者，並非以嫻熟為滿足和目的，而是在於直證人心。「梓慶為鐻」此寓言所要傳遞的訊息，是個人自由的創造與開展的這種藝術境界，不是一般標準化流程的學習與精確語言的口耳相傳所能達到的。「真知」，可從這樣的「技」之中取得驗證。「技」與「道」的融匯，就是「以天合天」的最佳註腳[97]。據此可知，梓慶之所以能達到如此高妙的藝術境界，在於他能「技進乎道」、「好道」而「忘技」。

莊子用此寓言比喻人生修養實踐，「體道」並非一個在勞動實踐經驗基礎之上，獲得規律必然性知識和自由的過程，而是一個在遵循和服從「道」的基礎之上，不斷排除一切的人為造作，消解主體與對象的對立，達到「道」的無差別、整體同一的過程。在這裡，主觀與客觀，必然與自由是統一的，天與人皆達到了內在的和諧渾融。梓慶所呈現的工夫，與〈達生〉所言近似：「以瓦注者巧，以鉤注者憚，以黃金注者殙。其巧一也，而有所矜，則重外也。凡外重者內拙。」用瓦塊作賭注，賭起來就心靈手巧；用帶鉤作賭注，賭起來就畏首畏尾，但是用黃金作賭注，由

95 參閱關永中著，〈不敖倪於萬物、不譴是非——與莊子懇談見道及其所引致的平齊物議〉，載於《國立臺灣大學哲學論評》，2006年10月，第32期，頁18。

96 涂光社認為：「『以天合天』是一種同於自然萬物的視角和態度，也是一種藝境。削木為鐻是一種樂器的工藝製作，雖然是寓言，卻直接描述了造藝上『凝神』（疑為神工）的最高境界——『以天合天』，即以創作主體之『天』契合自然和表現對象之『天』。是創作主體對『體道』前提下的『合』，是生命精神的原創力得到完全維護基礎上的『合』，是擺脫世俗名利機巧干擾之『合』，是『忘我』的『天合』——擺脫主觀感受、意識狹隘偏執的自然之『合』。」見其所著，《莊子範疇心解》，（北京：中國社會科學出版社，2003年12月），頁147。

97 參閱林俊宏著，〈《莊子》的語言、知識與政治〉，載於《政治科學論叢》，2001年12月，第15期，頁126。

於怕輸掉貴重的東西，賭起來就神志昏沉。因為「有所矜」，心中有顧慮，就會擾亂心智，頭腦不靈光而顯得笨拙，所謂「凡外重者內拙」，就是指過分重視身外之物而被利害、得失所牽制，必然導致內心笨拙，使人精神緊張過度，難以充分地、自由地發揮一己所長，巧對人生，實非養生要旨 98。這也就是為何莊子一再強調「无功」、「无名」、「无欲」、「无思无慮」（〈知北遊〉）、「无處无服」（同上）、「无從无道」（同上），惟有讓精神充分而全面地淨化，「靈臺一而不桎」（〈達生〉）99，才能獲得自由和智慧。換言之，只有心志專一，「虛一而靜」的心境，才能被「道」的智慧所充滿，獲得精神的解放和自由 100。

伴隨著物質生產和符號生產的雙螺旋上升，物欲、權欲、名譽欲等現代性負面因子已在世界範圍擴散，並滲入現代人的骨髓，直接威脅人類自身當下棲居和未來繁衍。莊子的「心齋」，不僅給予的是一種生存論上的內向自覺與修習，更在實踐論上的週邊營造與輻射，如切如磋，如琢如磨。

人常以為，名位、貨利、聲色，乃人生最快慰的事情，能齊此三者，我願足矣！然而，即使此三者已齊而心滿意足，也終歸不免有夢幻之虞。因為這三者只是一時的占有，並不能使人永恆，反而往往使人忘卻永恆。這並不是說，真實的生活不該有名位之爭，實際上，名位之爭、貨利之欲、聲色之娛永遠構成真實生活的一面，但它們要構成真實生活的一面，必須不能使人因它們而放棄或忘卻自己正當的真實身分，履行自己的神聖使命。只有在這一前提下，人的其他一切行動與追求才能構成其真實生活

---

98 莊子對養生云：「達生之情者，不務生之所无以為。」一個人是否通達生命之真義，就看他是否追求生命不必要的東西。從這個意義上講，養神於養生的要旨就在於它可以使人從精神上擺脫功、名、利、祿等身外之物的桎梏，返回到生命的本真，一方面「我與天地並生」，另一方面達到「我與天地同化」，從而使道德主體擁有一種「物物而不物於物」的逍遙生活。莊子把這種理想的生活方式稱作真人、聖人的生活方式，而他所孜孜以求且大力宣揚的正是這樣一種生活方式。莊子在〈田子方〉中曾藉孔子之口云：「哀莫大於心死，而人死亦次之。」他認為最可怕的死亡不是人之形體的死亡，而是精神的死亡。那些不能物物而物於物的人，都是不能與天地同一、同化的人，就是「喪己於物，失性於俗者」的「倒置之民」（〈繕性〉），是「形不離而生亡者」（〈達生〉）。

99 成玄英疏云：「任物因循，忘懷虛淡，故其靈臺凝一而不桎梏也。」

100 參閱馮友蘭著，《中國哲學史新編》，冊2，頁137-138。

的一面。這意味真實生活使人不能為所欲為；想過真實生活的人必須履行人的使命。真實的生活之所以不是夢幻般的故事，就在於它建立在人的真實身分基礎上，因而是建立在履行人的使命與職責基礎上。「我們只有不斷地消除重占有的，以及不是以生存為價值取向的生活方式（也就是說，不是通過依附於我們所擁有的物，通過占有和固守我們的自我和財產來尋求安全和個性），重生存的生活方式就會樹立起來。為了能夠這樣自在地去生存，我們必須放棄自我中心和自私自利的思想」[101]。

---

[101] 佛洛姆著，關山譯，《占有還是生存》，頁95。而「占有」是人所特有的一種關係，體現著現代社會所塑造的人所特有的存在方式及其基本姿態。在占有關係的建構中，人若淪為只會「占有」外物時，其神聖的光環不僅隨之消失，而且變成一種從屬性和工具性的規定，從而喪失自身的尊嚴和價值。主客體關係在現代社會中的實際展現，已把人拋入了一種「無根」狀態。誠如海德格爾所云：「技術越來越把人從地球上脫離開來而且連根拔起。」見其所著，孫周興譯，《海德格爾選集》，（The Selections of Heidegger's Works），共上下卷，（上海：上海三聯書店，1996年12月），卷下，頁1305。可以說，20世紀60年代突然出現的所謂「全球性問題」，不啻是「人之死」的一個不祥的症候。可見工業化和市場化使現代性意義上的「占有」成為可能。因為市場化孕育的貪婪提供占有的原始動機，而科學在生產上的應用的工業化帶來的人對自然的支配能力構成占有的有效手段。人的根基的顛覆使人面臨解構的命運，但這種解構不過是人的自我解構，亦即人成為自己的掘墓人。除了人，沒有任何一種可能的存在能夠為此負責。更深刻的在於，這種解構採取了貌似人的自我建構的虛假姿態。其中的吊詭顯示了人的現代性命運的悲劇性意味。參閱何中華著，〈現代性與「人之死」〉，載於《求是學刊》，2010年，第4期，頁15。

第六章

孟子肯定仁義道德，莊子否定仁義道德

第一節　孟子對仁義道德的肯定

　　孟子所處的時代可說是舉世滔滔，皆為利來；天下攘攘，盡為利往的亂世。他終其一生，與時代潮流頑強抗衡，並堅決與橫逆對抗，他之所以能如此，在於他全幅的強韌生命力和憂患意識，以及對現實社會的動亂極為不滿，並謀求對治之道。太濃的憂患意識使人變成驚弓之鳥；太淡的憂患意識使人麻木不仁。中國人又分趨兩個端，使災難更接二連三地發生，更難以擺脫[1]。身為儒家代表人物的孟子，他所提出解決問題的是一套仁義道德的學說。因為他以為仁義道德可以穩定社會秩序，也可以統一天下。故其提出仁義道德的動機是彰明較著的。

　　相對於生活在春秋時期的孔子而言，生活於戰國中期的孟子與其所處的環境，不論在政治、經濟、文化和學術等方面都產生了極大的變化。孔子原有的「仁」已無法適應時代的變化，也無法解決時代的現實問題。於是產生和形成了孟子特有「義」的思想。因為他吸收了孔子的思想，同時對「仁」加以繼承和發揮，並結合自己的經歷和不斷反省、思索，使自己的思想更具有說服力，更容易被人接受。他以孔子「仁」的思想為核心，並把「仁」作為家庭的宗法倫理原則，又把「義」視作君臣關係、長幼關係作為社會倫理的原則。「仁義」則是孟子「仁、義、禮、智」四德中的兩種德，雖然孔子也曾提出了這四德，但是重點強調的乃人和人之間要互相親愛的「仁」和維護周朝統治秩序的「禮」。孟子則用「義」對「仁」加以補充說明，使儒家思想更趨完善和合理。

　　許慎的《說文解字》云：「義，己之威儀也。從我從羊。」[2]義的本

1　參閱柏楊著，《柏楊品秦隋》，（臺北市：遠流出版事業公司，2014年9月），頁93。
2　段玉裁注，《說文解字注》，（臺北市：蘭臺書局，1974年10月），頁639。本書引用《說文解字》的文字，皆根據此版本，只註明書名，不另加註。

訓爲何？《中庸》云：「仁者人也，義者宜也。」這是在早期文獻中直接的解釋。在同期及以前文獻中的義字，漢代及以後的注家也大多採用此說，《尚書》云：「其義刑義殺。」孔安國傳云：「義，宜也。」《詩經》云：「不義從式。」毛亨傳云：「義，宜也。」〈公冶長〉云：「其使民也義。」皇疏云：「義，宜也。」如此訓義者頗多，故段玉裁云：「義之本訓，爲禮容各得其宜。」（《說文解字注》）

　　既然義之本身爲宜，但爲何許愼云：「義，己之威儀也」呢？也就是說：義和威儀的儀有何關係？鄭玄注《周禮・四師》云：「凡國之大事，治其禮儀，以佐宗伯。」實則，義每讀爲儀，古者書儀爲義，今時所謂義爲誼。段玉裁對此作了進一步的發揮云：「義，各本作儀，今正。古者威儀字作義，今仁義字用之。儀者，度也。今威儀字用之。誼者，但爲義。今情誼用之。」（同上）他又在誼字條下接著闡發其意云：「誼，義，古今字。周時作誼。漢時作義，皆今之仁義字也。其威儀字則周時作義，漢時作儀。凡讀經傳者，不可不知古今字。古今無定時，周爲古則漢爲今，漢爲古則晉宋爲今。隨時異用者謂之古今字。非如今人所言古文，籀文爲古字，小篆、隸書爲今字也。云誼者，人所宜則許謂誼，爲仁義字，今俗分別爲恩誼字乃野說也。中庸云，仁者，人也；義者宜也，是古訓也。」（同上）

　　至於義、誼、宜之間的關係，三字同聲同韻，宜、誼同音。《說文解字》云：「宜，所安也。」又誼，人之所宜也。音近義通，是同源字。在典籍中，誼、義本可通用，只有後起義只作誼，不作義。班固的《幽通賦》有「舍生取誼。」《孟子》則是「舍生取義」，可見在漢代誼、義、儀還是可以通用的。

　　關於義字從「羊」從「我」的探求，前人多有闡發。徐鉉在校《說文解字》時附有：臣鉉等曰：「此與善美同意，故從羊。」段玉裁云：「義之本訓，謂禮容各得其宜。禮容得宜則善矣。故文王、我將、毛傳皆曰：『義，善也。引申之訓也。……從羊者，與善、美同意。』」（同上）段氏沒有對此作進一步明確的說明。雖然對義與善、美義相通原因的探求意

見不一，卻一致認為義在字源上與善、美同意。在中華文明之初，義、善、美這幾個基本範疇是同源同義的。在上古的文字材料中表示，表現在外的禮節、容貌、法度等，此義後作儀[3]，而其本訓為宜，即社會認為合宜的道理和行為。

綜上所述：義之本訓為宜，在上古文獻中借用為儀，引伸之後，與善、美同義。至於今天所用的正義一詞。根據《辭海》止部正字條下有：正義：⑴公正的道理。如正義感、主持正義。《荀子集解·儒效》云：「不學問，無正義，以富利為隆，是俗人者也。」⑵古時注釋經史，常以正義為名。如孔穎達的《五經正義》。可知是正義是一種美德[4]，這個詞在中國由來已久。不像哲學、邏輯等，是今天為了翻譯西方文獻而新造的一個詞。而且正義與西方的justice的用法基本相同。不僅如此，西方的justice還含有審判、評判的意思，中文的義也有此意。由此可以看到，對正義一詞，中西方皆有共通的語義平臺，用法基本相當。因此儒家正義的思想便有了文字學的基礎，絕非空穴來風的無稽之談。

孔子也曾提過「義」，他把「義」作為人應該具備的一種高尚品德。他認為「君子義以為上」（〈陽貨〉），「君子義以為質」（〈衛靈公〉）。究竟孟子「仁義」中的「義」又為何意呢？〈公孫丑上〉云：「惻隱之心，仁之端也；羞惡之心，義之端也；辭讓之心，禮之端也；是非之心，智之端也。」「仁」、「義」、「禮」、「智」是孟子「四端說」的觀點，也是性善論的基礎。「羞惡之心，義之端也」，羞惡之心是義的萌芽。所謂義，即是羞惡之心，此心即是義判斷的根源和根據，它同

───────

3　參閱王力編著，《王力古漢語字典》，（北京：中華書局，2015年4月），頁962。

4　麥金太爾著，萬俊人等譯，《誰之正義？何種合理性？》（Whose Justice?Which Rationality?），頁35
云：「無論『正義』還指別的什麼，它都是指一種美德；而無論實踐推理還要求別的什麼，它都要
求在那些能展示它的人身上有某些確定的美德。」又頁56云：「對於按優秀善來定義的正義來說，
作為一種個體美德的正義，是在撇開並先於強制性正義規則的確立的情況下被定義的。正義是給每
個人──包括給予者本人──應得的本分，並且是不用一種與他們的應得不相容的方式來對待任何
人的一種品質（disposition）。當正義的規則按照這種正義概念來設置而處於良好秩序中時，它們就
是那些得到最佳設計來確保這一結果──包括正義的和不正義的結果──的規則，假如人人都遵守
它們的話。」北京：當代中國出版社，1996年5月。

時即具備推動行動者的動力。換言之，羞惡之心一方面是義的判斷，另一方面也同時是義動力的發源地。羞惡之心的動，即作判斷，即同時是動力，促使行動者去行動的根源力量。孟子就選惻隱（及羞惡），作為確定人禽之辨的界限。故它也是一種觀念價值，守住這條線，就有人性，就是人。守不住，或不承認，就沒有或喪失人性，就不是人。因此，可能存在不夠人性標準的人，即生物意義上是人，在道德意義上則不合人的要求。情形嚴重者，若不是精神狀態出問題，缺乏正常人的行為能力，就是有意違反人性，所以正常的社會便對之加以防範、限制，甚至懲治。當然，從達不到人性的標準，到為非作歹，甚至喪心病狂，還會有程度不同。孟子講惻隱的重點不在懲惡，而在揚善，即證明人向善發展的可能與必要。他的界限不是底線，而是基線，底線是防止沉淪的，基線則是激勵向上的。

在孟子的思想中，「義」往往和「仁」是聯繫起來說的。孟子云：「仁，人心也；義，人路也。」（〈告子上〉）仁是人的心，義是人的路，即是說仁是人的思想道德，而「義」便是將之付諸實踐的行動。「仁，人之安宅也；義，人之正路也」（〈離婁上〉），仁是人內心情感，屬於內在道德，就如同安適舒服的住宅，為人安身立命的根本，為人處世的出發點。孟子反覆說義是「人路」，又說：「義，人之正路也。」表明義是人的身心活動所應遵行的行為的原則或道路，帶有客觀的意義，而仁是「人心」的德，是人之所以為人的本質，亦是心之所以為心的本質，是主觀的品格或德性。值得注意的是，仁為人之「安宅」，批評不懂仁的人「曠安宅而弗居」（同上），而仁又為人的本心，批評不懂仁的人「放其心而不知求」（〈告子上〉），兩者的說法不同。總之，仁與義的區別，孟子似乎重視「心」與「行」的不同，即仁就「心」而言者多，義則就「行」而言者多[5]。

---

5 張京華著，《莊子哲學辨析》，頁106-107云：「『仁』與『義』雖然是兩個不同的概念，但二者在內涵上卻是可以合為一體，重合為一的。『仁』具體化就是『禮』，遵『禮』而行就是『義』。『義』和『仁』一樣，都是指尊尊親親的本義而言。……『仁』與『義』的差別，不在於概念的內涵上，而在於理論的實踐上。『仁』更接近於專有概念的名詞性，是理論上的，儒家本體論的，是靜止的。『義』則具有行為和實踐上的內容，具有動詞的因素，是一個實踐的概念。……『仁』是

然而，孟子以「仁」所發展出來的「義」，並不等同於西方倫理學中根據普遍性原則所做的道德判斷，它是一種「實質性倫理」，實踐程式是由親而疏，由近而遠，具有差序性；換言之，它是在各種不同的人倫關係中而有不同的展現。〈滕文公上〉云：「父子有親，君臣有義，夫婦有別，長幼有序，朋友有信。」也就是說，在五倫角色關係中，各有其應當建立在「仁」基礎上合宜的判斷與價值理念。《禮記・禮運》進一步闡述「義」的意義：「何謂人義？父慈，子孝；兄良，弟弟；夫義，婦聽、長惠、幼順、君仁，臣忠，十者謂之人義。」可見在這五倫關係中，義沒有絕對性，它是相對的。也就是說，在「尊卑、上下」的五倫差序關係中，雙方皆有具應當的義務與規範，例如父慈而子孝，才叫作義；父不慈而要求子必須孝，則是不義。可見義具有明顯的倫理性與差序性；而「義」及「不義」的判斷，應當以「仁」為基礎[6]。故孟子所言的正義，是人類社會追求的具有永恆價值的基本理念和基本行為準則。對正義的追求一直是人類社會的崇高目標。人追求正義，並不僅僅是獲取權利、功利、利益，而且是要解決人性、人的本質以及人的生活、人的世界、人的尊嚴、人的價值、人的意義、人的發展等問題。人性是正義的根據，正義是人性需要的反映。正義的核心，始終是人；正義的主題，是人的發展與人性的完善；正義的目標，是人的自由全面發展。因此，正義是以人為本的價值訴求。正義的人性追求，根植於人的包括經濟生活在內的現實生活中。正義理論關照的，是人及其行為、關係以及生活是否符合人性，是否促進人的發展。

　　在孟子的思想體系中，「義」是內在於人性之中的，然而又不是人的自然動物性本能。它源於人的羞恥之心[7]，也即源於人不同於動物的自覺

　　一個原則，一個標準。『義』是有所作為，有所取捨，以達到這個原則和標準。……『義』所不同於『仁』而特別強調的，就是實踐和取捨。」

[6]　參閱余安邦著，〈情、義論述：晚近人文社會科學的若干觀察〉，載於《漢學研究通訊》，2001年5月，總第78期，頁12。

[7]　馬克斯・謝勒著，陳仁華譯，《謝勒論文集：位格與自我的價值》，頁24云：「羞恥乃是一種個體的保護性感受，保護他或她的價值免於整個普徧、公眾世界的侵犯。」頁37云：「羞恥感乃是個

意識。其成熟的形態則是人的道德理性。孟子也承認人有食色等感性欲望，但是人和動物的區別就在於除了感性欲望之外還有理性之「義」。人類社會之所以有道德規範和禮法制度，就是因為人能夠用理性的「義」來約束自己的行為，節制自己的感性欲望，使自己不至淪為禽獸。

作為道德理性的「義」既是內在的，同時也必須具有普遍性。關於「義」的普遍性，《孟子》中也有所論證：「詩曰：『天生蒸民，有物有則。民之秉彝，好是懿德。』孔子曰：『為此詩者，其知道乎！故有物必有則，民之秉彝也，故好是懿德。』」（〈告子上〉）所謂「有物必有則」，即凡有一類物存在，就有該物內在的規則存在。這個「則」和這個「物」是不可分的。「則」對這一類「物」中每個個體來說具有普遍意義。而人作為一個類，也有與這個類相應的「則」，這就是所謂「懿德」，也就是「義」。這個「義」對屬於這個類的所有個體而言，當然也具有普遍意義。孟子論證道：「故凡同類者，舉相似也；何獨至於人而疑之？……故曰：口之於味也，有同耆焉；耳之於聲也，有同聽焉；目之於色也，有同美焉。至於心，獨無所同然乎？心之所同然者何也？謂理也，義也。聖人先得我心之所同然耳。故理義之悅我心，猶芻豢之悅我口。」（同上）「理也，義也」，就是人心所同然的東西。

從時間上看，「義」的普遍性表現為當代人與古代人在道德觀念和禮法制度上的繼承和連續性。古代聖人先我而得義，並使之外化為禮法制度，所以現存的禮法制度乃前人之「義」的載體，後人應當對之加以敬重。孟子說：「天之生此民也，使先知覺後知，使先覺覺後覺也。」（〈萬章上〉）「先知先覺」創制的禮法，是留給後人的文化遺產，應當繼承下來。個人不管多麼聰敏，多麼富於創造力，在一生當中所能創造的

體的一種反躬自省，有關保護自我免於身敗名裂的一種必然性的感受。它同時也是介於價值選擇的更高意識功能，與引向較低級之意欲、衝動的對象間的一種猶豫難定的感受。」但羞恥還應該指當他人對自己造成傷害或侵犯時所感到的羞辱，與這種羞辱直接相關的是憤怒或憎恨，羞與惡在此有交叉點。在羞恥中有一個內在化的他者，作為一個情感共同體中情感評判的一般性旁觀者或證人存在。參閱伯納德·威廉斯（Bernard Williams）著，吳天嶽譯，《羞恥與必然性》（Shame and Necessity），（北京：北京大學出版社，2014年1月），頁183。

東西，比起他能從先人那裡繼承下來的東西來，都是微不足道的。當然，禮法制度既有繼承的一面，也有變革的一面。無論是禮法制度還是人性本身，都永遠處於成發展、不斷完善的過程之中。但是禮法制度的變革，終究不能背離人類基本的理性之「義」。〈萬章上〉云：「孔子曰：『唐虞禪，夏後、殷、周繼，其義一也』」。唐虞三代禮法制度雖然不同，然而都遵循「義」是一樣的。故「義」的普遍合理性可以在歷史中找到證明。

從空間上來看，「義」的普遍性可以用「忠恕」的方法加以體認。「忠恕違道不遠」（《中庸》），通過忠恕的方法，可以獲得對於義的普遍性的體認。孔子曰：「己所不欲，勿施於人」（〈衛靈公〉），這就是忠恕。忠恕也就是要在人我相對待的關係中來體認自己所意識到的道德標準是否具有普遍性。「殺人之父，人亦殺其父；殺人之兄，人亦殺其兄。然則非自殺之也，一間耳。」（〈盡心下〉）由此可知「殺人父兄為不義」是具有普遍意義的。一種行為，我願意這樣施之於別人，而別人這樣施之於我，我也很樂意，這種行為便具有普遍合理性，便合乎義。否則便可能是不義的。「義」的合理性正在於它對於所有人來說是共同的、普遍的。如黑格爾所說：「人性只存在於意識與意識所取得的共同性裡。違反人性的東西或動物性，就在於只以情感為限，只能以情感來進行彼此的交往。」[8]

「義內」對於塑造儒家所提倡的特立獨行、獨立不倚的君子道德人格有重要意義。若把「義」看成是外在的，那麼所有的人都只能順從外在的規範，服從外在的權威，依照現成的條文、禮法行事。這樣就只會訓練出一個又一個「鄉愿」，而塑造不出特立獨行的君子，更產生不了聖人。而「義內」說卻告訴人道德和正義的本原就在每個人自己的身上。因此，君子不應當只是時時處處死守外在現成的禮法規矩而不敢有突破和創新的人。孟子曰：「大人者，言不必信，行不必果，惟義所在。」（〈離婁下〉）所謂「義之與比」、「惟義所在」，就是說內在的「義」才是君子

8　黑格爾著，賀麟等譯，《精神現象學》，卷上，頁48。

行爲的最根本的依據。因此，率義而行的君子，面對富者貴者，當無所缺憾，亦無所畏懼。所以孟子曰：「彼以其富，我以吾仁；彼以其爵，我以吾義，吾何慊乎哉！」（〈公孫丑下〉）孟子又說：「士窮不失義，達不離道。窮不失義，故士得己焉。」（〈盡心上〉）「窮不失義」之所以謂之「得己」，就是因爲這個「義」是人內在的自由意志。堅守住自己合乎理性的自由意志，也就把握住了自己，自己成了自己的主人。因而能夠窮則獨善，達則兼濟，自己決定自己的言行出處，無往而不自得。

最後，「義內」說使人認識到了人的道德行爲最終是由自己的理性作出選擇的，是由內在的「義」的尺度來衡量的。因而他應當對自己的行爲負責，勇於承擔自己的道德義務和責任。故道德行爲是以純粹義務爲本質，純粹義務構成唯一的整個目的。外在的禮法不可能規定所有的細節，人的每一次行動也不可能都是機械地遵守現成的規定，最終還要憑自己內在的「義」作出選擇。因爲他作爲一個人是有能力根據自己內在的「義」作出合乎理性的決斷的。每個人作爲道德主體，有能力用理性之義來判斷應當作什麼和怎麼做，所以也應當對自己的行爲承擔責任。若一個人放棄「義」，沒有勇氣承擔道德義務與責任，否認自己具有「居仁由義」的能力，那便是自己與自己作對，將自己拋棄了。

孟子「義」的意義不僅是指人與人之間普遍有效的良好關係，還有深層的形而上學涵義：它是人所以爲人的存在條件之一。概括地說，義就是做人意識。它意味把人當人，並且與人共建良好關係的心意，而互相把人當人的關係就是人成爲人的條件。義貢獻了一個重要的形而上學思路：它構造了人間目的論，從而無須求助於神學目的論去論證人的存在意義。仁意味在人之間能夠形成一個內在迴圈的價值證明，每個人作爲人的意義由他人作證。因此，互相把人當人的作證關係創造了人的價值。在理論上，價值的互相對比作證的模式，比自我作證和上帝作證更完善：只有在人的生活範圍內給出人的存在意義和一切價值的理由，才能證明人的世界具有存在論上的自足性和完整性。義的意識需要落實爲與之對應的實踐才成爲事實。也就是說，我思必須映照在我做中，知成於行才得到證實，所以義

心必須落實為義舉，沒有落實的義是不完整的。義就是以實際行為與他人共命運。任何人的命運都由人與人之間的關係所定義，每個人都需要他人的認可、支援、幫助和成全；在他人之外無拯救，在人間之外無拯救。故人對他人就有義不容辭的責任。

　　孟子常把「仁」和「義」並用，後來的儒家學者也把兩者作為倫理道德標準。在孟子的思想中，「仁」和「義」兩者既相輔相成，又相互區別，不過仁當然仍是居德行中最首要的地位，如〈公孫丑上〉云：「仁則榮，不仁則辱。今惡辱而居不仁，是猶惡濕而居下也。如惡之，莫如貴德而尊士。賢者在位，能者在職，國家閒暇，及是時明其政刑，雖大國必畏之矣。」「天子不仁，不保四海；諸侯不仁，不保社稷；卿大夫不仁，不保宗廟；士庶人不仁，不保四體。今惡死亡而樂不仁，是猶惡醉而強酒。」（〈離婁上〉）又云：「三代之得天下也，以仁，其失天下也，以不仁。國之所以廢興存亡者亦然。」上述三段引文所說的仁和不仁都不是僅指德性，而主要是指德行，指天子、諸侯有沒有仁的行為。可見古代儒家並不嚴格區分德性、德行，它們都是德目所在。無論如何，仁是孔子和孟子最重視的德目，但是兩者的最大差別，在於孔子以仁禮兼重，從不以仁義並舉；孟子則常仁義並提，義的地位比孔子高得多，成為仁以下第二個重要的德行，換言之，孟子所言的「義」乃承孔子而來，前者講「義」之準則外，更進而將「義」的實踐意義清晰化，「義」與「仁」在孟子中並列為道德的重要原則。孔子所強調和推崇的是「仁」，所以當生命與仁之間發生衝突時，應該「殺身成仁」。而孟子更強調的則是「義」，因此，面對此種情況時，他所要求的是「舍生而取義」。孟子所言的「義」的意涵比孔子的「義」概念還豐富。孔子雖然並非不強調「義」，不過他都把「仁」和「義」分開來說的。孔子談到的「義」，皆是指正當的行為。到了孟子，此「義」卻提高了地位，與「仁」並列，而且也由外在的行為，變成內在的德性[9]。

9　參閱吳怡著，《中國哲學發展史》，（臺北市：三民書局公司，1996年11月），頁129。

進而言之，孟子認爲「仁」是人情感的自然流露，存在人的內心，內心的東西需要通過某種方式傳遞出來，即怎樣把道德意識的「仁」變爲道德行爲的「義」。於是又提出「居仁由義」加以補充，在行爲處世要懷著仁愛的心，做符合義的事，這是作爲君子的要求，具備了「居仁由義」的思想，才能成爲有高尚品德的人，才能遊刃有餘地應付人生中的各種考驗，把逆境變爲順境。在孟子看來，「義」存在人的內心深處，不過與「仁」不同的是，它是人在「仁」指導下的道德標準，就像是一條正確的大道，是人通向「仁」的必經之路，強調人該如何行事，如何待物。兩者的聯繫就是通過「義」來實現「仁」這個目標，爲道德實踐確立了具體的途徑。兩者的區別在於產生的源流不同，「仁」源於「惻隱之心」，「義」則源於「羞惡之心」。前者是人的本能的情感流露，後者則是理性的，是人對自我的約束和控制[10]，「離開了自我控制，就沒有自由和個性」[11]。

孟子論述義範疇的著力點是放在個人道德修養上，還是在社會制度層面上？孟子云：「仁之實，事親是也，義之實，從兄是也。」（〈離婁上〉）「爲人臣者，懷仁義以事其君；爲人子者，懷仁義以事其父；爲人弟者，懷仁義以事其兄。」（〈告子下〉）他還說：「尊德樂義，則可以囂囂矣。故士窮不失義，達不離道。窮不失義，故士得己焉；達不離道，故民不失望焉。」（〈盡心上〉）士不因貧賤而失去「義」。很明顯，以上引文中的「義」是對個人的道德修養而言的。孟子還明言：「生，亦我所欲也；義，亦我所欲也。二者不可得兼，舍生而取義者也。」（〈告子上〉）雖然「義」在此有了超越個體存在的形上意義。然而它是作爲對個體而言的道德標準的形上意義。他基本上是把「義」在個人和社會中的顯發連在一起講的。著力點在把義作爲個體的道德標準而非社會制度的道德

---

[10] 吳怡著，《中國哲學發展史》，頁130云：「義比起仁來較爲強硬，而有軌範性，再一步步的由義，而禮、而智，可說是一步步的向外，一步步的具有強制性。」
[11] 弗里德里希·包爾生著，何懷宏等譯，《倫理學體系》，頁416。

標準[12]。

當然，在《孟子》中，仁義連用者雖然很多，對義作為德性的獨立意義來解釋者卻不多，孟子曰：「人皆有所不忍，達之於其所忍，仁也；人皆有所不為，達之於其所為，義也。人能充無欲害人之心，而仁不可勝用也。人能充無穿窬之心，而義不可勝用也。人能充無受爾汝之實，無所往而不為義也。」（〈盡心下〉）每個人皆有不忍心做的事物，把這種不忍心推及到原來所忍心做的事上，這就是仁。人的行為總有其界限，總有一些事情是他所不應做的，所恥於做或羞於做的，義便代表這個界限；界限之內的事情則是他可為的、容許的。劃在界限外的事情愈多，表示人的羞恥感愈強，這就是義。因為羞恥感是對於心中道德法則的敬重。若仁是不忍，義是不恥，那麼義在這裡已經不是就「行」而言，而是就「心」而言，與仁之就心而言，是一樣的，這樣的義便是德性了。總之，〈告子上〉云：「至於心，獨無所同然乎？心之所同然者何也？謂理也，義也。」如同人對美好事物的追求，內心所追求的是義，只要心中存仁，便是仁的表現，孔子云：「我欲仁，斯仁至矣！」（〈述而〉）義和仁一樣都是發自內心的道德原則。孟子云：「人之所以異於禽獸者，幾希。庶民去之，君子存之。舜明於庶物、察於人倫，由仁義行，非行仁義也。」（〈離婁下〉）蔡仁厚云：「『由仁義行』，是順我先天本有的仁義天理而行，這樣作道德實踐，是自覺的、自律的。」[13]梁漱溟也曾言：「所以孟子總要爭辯義在內而不在外。在他看，勉循外面標準，只是義的襲取，只是『行仁義』而非『由仁義行』。」[14]佛洛姆云：「人們有一個按照道德行事的根深柢固的需求。」[15]正因為道德是人內在的需要，成為一個有

---

[12] 萊茵霍爾德·尼布林（Reinhold Niebuh）認為，雖然人類的本性已被賦予了自私與非自私兩種衝動，但是個體的道德仍然在原則上要高於社會群體的道德。參閱其所著，蔣慶等譯，《道德的人與不道德的社會》，（Moral Man and Immoral Society），（貴陽：貴州人民出版社，1998年1月），頁203。

[13] 蔡仁厚著，《孔孟荀哲學》，頁218。

[14] 見其所著，《中國文化要義》，（上海：上海人民出版社，2005年5月），頁97。

[15] 見其所著，王大鵬譯，《生命之愛》（On Being Human），（北京：國際文化出版公司，2001年1月），頁36。

道德的人，也就是人聽從他內心的呼喚，按照他內心的聲音行動。道德是對自身的責任，是人聽從自身的呼喚。他的論點頗像孔孟所言的「為仁由己」、「由仁義行」。

人與動物最大的分別，在於人擁有自由意志去支配行動，去克服源自動物本能的欲望，當身處不利自己或沒有外在規則的情況下，也能行仁和義。人真正的存在，應該是真正的自由，若遇到周圍事物的阻撓、干擾，就該憑藉自己的思想去克服它、超越它，一直達到自己所要選擇的目標為止。孟子大聲疾呼「仁義」，不過其目的只是為己而非為他，行使仁義的目的並非要得到君主的賞識，只是為了使自己良心安適，為了使自己生命得到意義。人類與動物的差異，也就只有所謂的生命的意義而已。

在他看來，義比人的生命還重要，當義與生命發生衝突，兩者不能兼有時，人要「舍生取義」。孟子的「義」屬於道德判斷，本於善性，受制於禮，外顯於道德行為，其特點是以他人的角度思考問題，這正是批判性思維所需要的，這使達到「仁」這個目標更加具體，更有利於完善自我修養。豐富了孔子「仁」的思想，使儒家的文化更加深厚。

孟子把孔子的「仁」發展為「義」，除了表明他更注重對人外在行為的評價，他更希望人把仁心表現出來，施及於人，也表明他更注重實際——一個人內心的真實思想，外人無從知道，也無須知道，無須控制，也無從控制，只要他的外在行為符合道德規範即可。所以，「義」就是行為適當。孟子的「義」比孔子的「仁」更具體可行，更具有操作性。其實行義就像折枝一樣，並非「不能」，而是「不為」！人不論處在什麼樣的境遇、場合中，選擇道德還是非道德，如何選擇人生道路、怎樣保持獨立的人格和氣節，終究是每個個體自我作主的事。愛因斯坦認為：「人類最重要的努力莫過於在我們的行動中力求維護道德準則。我們的內心平衡甚至我們的生存本身全都有賴於此。只有按道德行事，才能賦予生活以美和尊嚴。」[16] 因此，他認為：「僅憑知識和技巧並不能給人類的生活帶來幸

---

16 海倫・杜卡斯（Helen Dukas）等編，高志凱譯，《愛因斯坦談人生》（Albert Einstein：The Human Side），（北京：世界知識出版社，1984年10月），頁83。

福和尊嚴。人類完全有理由把高尚的道德標準和價值觀的宣道士置於客觀真理的發現者之上。在我看來，釋迦牟尼、摩西和耶穌對人類所作的貢獻遠遠超過那些聰明才智之士所取得的一切成就。」[17]

第二節　莊子對仁義道德的否定

莊子崇尚自然，尊重生命的本然狀態和內在需求。他將事物天生之特質稱爲「性」：「性者，生之質也。性之動，謂之爲；爲之僞，謂之失。」（〈庚桑楚〉）。按照人類文明意願強行改變事物的本性，是對其生命的摧殘、壓抑、破壞。〈秋水〉云：「牛馬四足，是謂天；落馬首，穿牛鼻，是謂人。故曰，无以人滅天，无以故滅命，无以得殉名。謹守而勿失，是謂反其眞。」只有依循事物的天然性質，生命才能「不失其性命之情」（〈駢拇〉），而得到眞正的自由，使身心健全地發展和成長。

春秋戰國時期，由於受到西周以來天的觀念，以及宗法制度、仁義禮樂的影響，在社會生活中，形成了一種以等級秩序爲核心的價值觀念，就像一張密不透風的大網，籠罩整個社會每個生活的層面。它們雖然能穩定社會、讓人生活安定，但同時也給人類強套上一副無形的鐐銬，使人與人之間產生壓力、框限、不平等，讓人感到不自由，故莊子認爲，維繫現實社會秩序的傳統仁義禮樂的規範，皆屬於人爲造作，並非眞正和圓滿的德行，而且框限人的自由，變易人性的自然，使人產生欲望，逐物不返，以致傷神害形，〈至樂〉云：「故先聖不一其能，不同其事。名止於實，義設於適，是之謂條達而福持。」是以無須制定一定的規矩準繩迫使人遵從。既然道德是人性的自然，而仁義是人定的標準，禮儀是人爲的規矩形式，老子云：「失道而後德，失德而後仁，失仁而後義，失義而後禮。」（《老子·第38章》）愈劃一就愈混亂。但是義與禮的施行，純恃教育的鼓吹，及名譽的勸誘，尙沒有確切可見的權威以爲其後盾。禮爲「忠信之薄而亂之首」（同上），也只不過是亂的開端而已。失禮而後法，現在

---

17 同上，頁61。

所謂政治、法律，皆屬於法這一類，其精神在於以確切可見的權威，逼迫人必須依從其所定的標準，此即是道家所極爲厭惡的制度[18]。故他提出道德衰而仁義興的史觀云：「至德之世，其行塡塡，其視顚顚。當是時也，山无蹊隧，澤无舟梁；萬物群生，連屬其鄉；禽獸成群，草木遂長。是故禽獸可係羈而遊，鳥鵲之巢可攀援而闚。夫至德之世，同與禽獸居，族與萬物並，惡乎知君子小人哉！同乎无知，其德不離；同乎无欲，是謂素樸；素樸而民性得矣。及至聖人，蹩躠爲仁，踶跂爲義，而天下始疑矣；澶漫爲樂，摘僻爲禮，而天下始分矣。故純樸不殘，孰爲犧尊！白玉不毀，孰爲珪璋！道德不廢，安取仁義！性情不離，安用禮樂！五色不亂，孰爲文采！五聲不亂，孰應六律！夫殘樸以爲器，工匠之罪也；毀道德以爲仁義，聖人之過也。夫馬，陸居則食草飲水，喜則交頸相靡，怒則分背相踶。馬知已此矣。夫加之以衡扼，齊之以月題，而馬知介倪闉扼鷙曼詭銜竊轡。故馬之知而態至盜者，伯樂之罪也。夫赫胥氏之時，民居不知所爲，行不知所之，含哺而熙，鼓腹而遊，民能以此矣。及至聖人，屈折禮樂以匡天下之形，縣跂仁義以慰天下之心，而民乃始踶跂好知，爭歸於利，不可止也。此亦聖人之過也。」（〈馬蹄〉）

以上的引文，一方面指斥「聖人」利用有爲的仁義禮樂來代替「無爲」的道德，致使天下遠離原始素樸的風氣，而陷於人爲的繁文縟節之中；另一方面則抨擊仁義禮樂本身，認爲這些德行足以使人與人之間誠信的原則和文明的生活喪失，變而爲互相猜疑，互相責求，不能保持人的眞性。以繁瑣的儀文爲禮，本性即逐漸離失，因此仁義禮樂的興起，實使人喪失眞性，疏離於「道」，甚至背「道」而去[19]，而「聖人」則是引進

孟子與莊子的生命價值哲學

---

[18] 參閱馮友蘭著，《人生哲學》，（香港：太平洋圖書公司，出版日期不詳），頁28。然而施尼 德（Jerome B. Schneewind）云：「即使所有人都擁有銘刻在他們的心靈或良知上的最根本的道德法，大多數人還是需要某個適當的權威來教導他在特定情況下如何做才是有道德的。」見其所著，張志平譯，共上下冊，《自律的發明：近代道德哲學史》（The Invention of Autonomy：a History of Modern Moral Philosophy），（上海：上海三聯書店，2012年12月），冊上，頁4。道家厭惡權威，可能導致超越的個體，但不健全的社會。

[19] 陳徽著，《致命與逍遙——莊子思想研究》，頁166云：「從本根上說，仁義禮樂發之於生生之道，它們是心物交融、作用、沉澱與凝聚的結果。道者運行不已。仁義禮樂應道而生，亦當隨道而變。

仁義禮樂的始作俑者，這是其過失。若仁義的實踐在人心好名、好爭之下，便會成為互相傾軋的工具，失去原本純粹的美意。可見莊子所言的「至德之世」並非海市蜃樓，而是在上古時代真實的存在，它是沒有被異化的本來人生，「及至聖人，蹩躠為仁，踶跂為義」，「澶漫為樂，摘僻為禮」，人民才開始爭權奪利、耍弄智巧，導致人性敗壞。因此「至德之世」不僅是對歷史和現實的反思和批判，而且是對文明不斷過度發展所產生的副作用及負面影響的駁斥[20]。可見莊子的理想世界並非希企人與絕對的自然同一，因為這只是無意義的反本[21]，而是如何在現實社會中自在自得地生活，這是人精神的昇華！總之，「至德之世」寄託著莊子對理想的追求、對光明的嚮往，此乃是他的熾熱情感所鍾愛的一個神聖的世界，是他心靈最後的歸宿[22]。

　　莊子回顧歷史發展的軌跡，發現初民的本性原來就是極淳樸、自然、無知、無欲的，仁愛乃出乎人的天性，乃「不告則不知其愛人也。若知之，若不知之，若聞之，若不聞之，其愛人也終无已，人之安之亦无已，性也」（〈則陽〉）。自然而然地愛，卻不自以為是在愛，也不存在仁、義等概念之中。「自虞氏招仁義以撓天下也，天下莫不奔命於仁義」（〈駢拇〉）。在位者有意識地把倫理道德與君主專政制度緊緊連結在一起，使其異化為控制臣民的弋箭、釣餌及牢籠等利器，造成對人性的摧殘與扭曲。

即便如此，它們仍有『遲到』之虞（觀念或想法雖可『超前』，但這種『超前』是就『現實』而言的；相對於道，它們也總是『落後』的）；更何況仁義禮樂一旦產生，因相對獨立和穩定，它們又會滋生凝滯、僵化之弊，故道是行、是全、是動、是開放的，仁義禮樂則是跡、是偏、是靜，具有封閉性。在〈大宗師〉中，當『顏回』惑於何以孟孫才行不合禮節卻有『善處喪』之名時，『仲尼』以『造適不及笑，獻笑不及排』解之，一語道破了仁義禮樂與生俱來的『先天缺憾』和現實無奈。仁義禮樂疏離於道，實是其不可避免的存在傾向。」上海：復旦大學出版社，2012年8月。

20 佛洛伊德云：「我們所謂的文明本身應該為我們所遭受的大量痛苦而受到譴責，假如我們把這種文明放棄或者回到原始狀態中去，我們就會幸福得多。」見其所著，楊韶鋼譯，《一個幻覺的未來》，頁21-22。

21 因為人的理性是隨歷史演進而創生與發展的，處身於歷史洪流中的人沒有決定理性存滅的自由，若莊子以理性諭示世人棄理性而回歸與自然完全相同的自然境地，則無法避免內在的矛盾和衝突。

22 參閱王利鎖著，《智通莊子》，（北京：九州出版社，2007年9月），頁52。

統治者積極倡導禮樂教化，目的在利用禮樂感化人心的力量，讓百姓變得溫良恭順，消解其普遍存在的不滿情緒及反抗意志，以便能不費吹灰之力地加以控制[23]。又如〈外物〉云：「演門有親死者，以善毀爵爲官師，其黨人毀而死者半。」「演門」有個死了親人的人，因爲過於哀傷、容貌瘦弱變形而被封爲「官師」，他的鄰里人也學其哀毀而死的過半。行孝道，因親人的離世而哀戚，本來都是人的自然天性、人之常情，統治者卻有意識地把屬於血親關係範疇的「孝」，與屬於社會關係範疇的「忠」牽連在一起，把行孝道當作加強專制統治的基礎加以褒揚與利用，導致在「演門」這個地方竟異化爲一些人謀取官職的手段，「忠」、「孝」反成爲損人害人的東西[24]。「所有形式的玩弄人類、誘惑人類、違反他們的意志使他們適應你自由的模式的舉動，所有的思想控制與規訓……都是對人之爲人的否定，都是對他們的終極價值的否定」[25]。

可見其時傳統的道德規範和行爲準則，皆被強化到秋行夏令的地步，以致它們可以冠冕堂皇地剝奪和踐踏人本性的自由及應有的權力，抑制人的自然本性去迎合傳統的綱紀倫常。人類自然的本性遭受無情的破壞，使人失去了人的內在根據，人的地位、尊嚴、價值和自由意志也就淹沒在失序的人爲社會之中。〈繕性〉更進一步指出：「禮樂徧行，則天下亂矣。彼正而蒙己德，德則不冒，冒則物必失其性也。」以人爲制定的禮樂行之於天下，天下反而大亂。改正別人而強用一己的德行去掩蓋，德行反而無法推動，若勉強推動德行，則萬物必定失去自然的本性。在此，莊子狠狠地批判了唯我經式法度的偏執，使得禮樂徒具僵化形式，缺乏眞實，反使人民失性於俗。

在莊子心目中，上古的人，本來生活於無爲、虛靜的環境中。及至聖人「屈折禮樂以匡天下之形，縣跂仁義以慰天下之心」，人便開始陷溺於

---

[23] 陳贇著，《莊子哲學的精神》，頁179云：「以仁義爲工具，而以性命之情的淪喪爲最終的代價，而政治本身就會蛻變成一種爲了統治的達成而改造人民自然性命的工程，這一工程距離人的性命之正愈來遠愈。」上海：上海人民出版社，2016年7月。

[24] 參閱邊家珍著，〈論莊子散文的憤世傾向及諷刺特色〉，頁183。

[25] 伯林著，胡傳勝譯，《自由論》，頁207-208。

有為詐巧之中，奔競用智，一味以利益為依歸，心中不復有「道」的存在了。無論如何，仁義禮樂的制定，使人產生虛偽詐巧，掩蓋了人原本的性質，破壞了人素樸的天性，而且仁義的推行，本非出於自然，也不依順人性，必須堅決地加以摒棄，故莊子云：「且夫待鉤繩規矩而正者，是削其性者也；待繩約膠漆而固者，是侵其德者也；屈折禮樂，呴俞仁義，以慰天下之心者，此失其常然也。」（〈駢拇〉）所謂「失其常然」，也就是喪失人天然的本性。仁義規範只是桎梏人生的「鉤繩規矩」，使人拂逆性情行事，因而有過與不及之弊[26]。他進而認為仁義「殘生損性」，與為財貨而殉身大同小異。人原以為仁義的規範有利於實現人的社會價值，但是這些規範反而成為吞噬人性的元兇，出現了「以仁義易其性」（同上）和「殉仁義」（同上）的價值異化現象，這真是得不償失。

〈駢拇〉云：「天下盡殉也。彼其所殉仁義也，則俗謂之君子；其所殉貨財也，則俗謂之小人。其殉一也，則有君子焉，有小人焉；若其殘生損性，則盜蹠亦伯夷已，又惡取君子小人於其間哉！」莊子由是將矛頭指向儒家，認為它力圖把自己的「然」或「是」施行於天下，使天下人不能自為其「然」，〈田子方〉云：「溫伯雪子適齊，舍於魯。魯人有請見之者，溫伯雪子曰：『不可。吾聞中國之君子，明乎禮義而陋於知人心，吾不欲見也。』」直指禮義與人心衝突，且令人鄙視。

〈天道〉托稱老子對孔子的仁義提出質疑，並點出仁義的禍害云：「老聃曰：『請問，仁義，人之性邪？』孔子曰『然。君子不仁則不成，不義則不生。仁義，真人之性也，又將奚為矣？』老聃曰：『請問，何謂仁義？』孔子曰：『中心物愷，兼愛无私，此仁義之情也。』老聃曰：『意！幾乎後言！夫兼愛，不亦迂乎！无私焉，乃私也。夫子若欲使天下无失其牧乎？……夫子亦放德而行，遁道而趨，已至矣；又何偈偈乎揭仁義，若擊鼓而求亡子焉？意，夫子之亂人之性也！』」〈馬蹄〉則斷言：「毀道德以為仁義，聖人之過也。」〈天運〉再假借孔子與老子的對話，

[26] 參閱王雲五著，〈莊子的教育思潮〉，頁7。

討論仁義的問題，否認《六經》能代表「先王之道」而云：「夫六經，先王之陳跡也，豈其所以跡哉！今子之所言，猶跡也。夫跡，履之所出，而跡豈履哉！」莊子明示《六經》，只是「先王之陳跡」，並非「跡」的根源或「所以跡」。而「所以跡」必須向自然人性之中體悟，因為「性不可易」，故運用《六經》說教，以誘惑「民之常性」，出發點不僅不可取，而且是錯誤的[27]。天地萬物和人類社會有其自然本性和秩序，仁義只會擾亂人的本性，使人迷失本真，勞役人性，故〈天運〉云：「夫仁義憯然乃憤吾心，亂莫大焉。」又云：「夫孝悌仁義，忠信貞廉，此皆自勉以役其德者也，不足多也。」也「皆不足貴也。」（〈盜跖〉）孟子認為仁義出於天性，莊子則恰恰相反，認為仁義摧殘天性。

仁義、禮樂若只是「愛利出乎仁義，捐仁義者寡，利仁義者眾。夫仁義之行，唯且无誠，且假乎禽貪者器」（〈徐无鬼〉），則「仁義之行」不光成為貪求的工具，還產生完全相反的價值效應。孟子亦言，有些人「學古之道，則以餔啜也。」（〈離婁上〉）若說儒家仁義道德的規範和秩序，曾代表可以涵蓋、對治社會各階層，並能使人人皆可安適於其中的意義共同體，從而以其穩定的運轉，昭示了一個有意義的真、喜、美的世界；則莊子時期的天下大亂，就在宣告這些規範和秩序命運終結的同時，也完全突顯了一個毫無生機及意義的虛無荒原[28]。

尤其重要的是，有心人還會假借仁義之名，用來文飾其罄竹難書的邪惡勾當，以掩人耳目，使人覺得，即使是不法的行為，也有仁義可言。莊子云：「世俗之所謂至知者，有不為大盜積者乎？所謂至聖者，有不為大盜守者乎？何以知其然邪？昔者龍逢斬，比干剖，萇弘胣，子胥靡，故四

---

[27] 參閱盧國龍著，〈因循自然，性命雙修——莊子與道教〉，頁160。

[28] 春秋戰國時期，道家把焦點放在結構面的仁義禮樂體制之上，而對這種外在的體制抱持徹底懷疑的態度，認為它對愛好自由的人性是一種束縛與妨害，故主張拋棄所有人為的制度與知識，完全回歸人性的自然。由於莊子看到仁義禮樂結構負面效果對社會和家國所造成的傷害，亦會導致天下大亂。故他對此結構嚴厲的批評，不僅終結這些規範和秩序，也突顯其時仁義禮樂的人為化所造成的一個毫無生機及意義的虛無荒原。而在仁義禮樂體制未被異化之前，它的運作，當然使家國達到美好的世界。參閱曾昭旭著，〈孔子是一個怎樣的人？〉，載於《鵝湖月刊》，2012年5月，卷37，第11期，頁12。

子之賢而身不免乎戮。故蹠之徒問於蹠曰：『盜亦有道乎？』蹠曰：『何適而无有道邪！』夫妄意室中之藏，聖也；入先，勇也；出後，義也；知可否，知也；分均，仁也。五者不備而能成大盜者，天下未之有也。由是觀之，善人不得聖人之道不立，蹠不得聖人之道不行；天下之善人少而不善人多，則聖人之利天下也少而害天下也多。」（〈胠篋〉）世間所謂「至知者」和「至聖者」，往往為大盜所積聚和守備而加以利用。聖人所極力主張的「聖」、「勇」、「義」、「知」、「仁」，反而正好成全了偷盜的行為。因為猜測屋中所儲藏的東西以決定行事的是「聖」；帶頭進去行事的是「勇」；最後才出來的是「義」；酌情判斷能否下手的是「知」；分贓平均的是「仁」。這五種德行，其價值在於成就一個君子，卻正好成就一個成功的大盜，故盜蹠之所以能橫行無忌，完全是依賴這些德行，同時也使人相信，他自己即具備這五種德行。由於「聖人」經常講論和提倡這些德行，所以莊子指斥他們云：「聖人生而大盜起。」「聖人已死，則大盜不起。」並提出要「掊擊聖人，縱舍盜賊。」（同上）天下才能長治久安。

　　莊子由是進一步認為「聖人」所鼓吹的仁義，盜蹠及那些諸侯國君直接將之一併盜取，以掩飾其自私自利的陰謀與勾當。他說：「雖重聖人而治天下，則是重利盜蹠也。為之鬥斛以量之，則並與鬥斛而竊之；為之權衡以稱之，則並與權衡而竊之；為之符璽以信之，則並與符璽衡而竊之；為之仁義以矯之，則並與仁義而竊之。何以知其然邪？彼竊鉤者誅，竊國者為諸侯，諸侯之門而仁義存焉，則是非竊仁義聖知邪？故逐於大盜，揭諸侯，竊仁義並鬥斛權衡符璽之利者，雖有軒冕之賞弗能勸，斧鉞之威弗能禁。此重利盜蹠而使不可禁者，是乃聖人之過也。」（同上）諸侯盜竊仁義，等於盜竊「鬥斛」、「權衡」、「符璽」。此三者本來是有益於日常生活的工具，卻被人盜取之後拿來徇私舞弊。仁義也一樣當作工具被諸侯盜取，以遮掩自己不法的惡行，故李大釗說：「中國一部歷史，是鄉愿與大盜結合的紀錄。大盜不結合鄉愿，作不成皇帝；鄉愿不結合大盜，作

不成聖人。」[29] 可說是莊文的註腳，更可見君主的主觀意志甚於制度，這也是中國數千年來司空見慣的政治特色。〈應帝王〉云：「肩吾見狂接輿。狂接輿曰：『日中始何以語女？』肩吾曰：『告我君人者以己出經式義度，人孰敢不聽而化諸！』狂接輿曰：『是欺德也；其於治天下也，猶涉海鑿河而使蚉負山也。夫聖人之治也，治外乎？正而後行，確乎能其事者而已矣。且鳥高飛以避矰弋之害，鼷鼠深穴乎神丘之下以避熏鑿之患，而曾二蟲之无知！』」日中始告訴肩吾為君之道還是「出經式義度」，就是制度典法，以仁義法度治天下。狂接輿認為這是個錯誤的指導，要治天下須修其本性，這是大本大根，亦即「正而後行」，否則訂定仁義法度，那是「治外」，是捨本逐末[30]。

令莊子更憤憤不平的是，偷竊帶鉤者遭到殺害，竊取國家的諸侯，卻藉仁義之名而自鳴得意，享受富貴榮華，於是諸侯的門內就有仁義了。因此仁義必導致天下大亂、危害天下，甚至禍及後世，故莊子云：「大亂之本，必生於堯舜之間，其末存乎千歲之後。千歲之後，其必有人與人相食者也！」（〈庚桑楚〉）「昔者黃帝始以仁義攖人之心。堯舜於是乎股无胈，脛无毛，以養天下之形，愁其五藏以為仁義，矜其血氣以規法度。然猶有不勝也，……夫施及三王而天下駭矣。下有桀跖，上有曾史，而儒墨畢起。於是乎喜怒相疑，愚知相欺，善否相非，誕信相譏，而天下衰矣。」（〈在宥〉）是以仁義、忠信不僅意味道德的墮落，悖離「道」方向的人為機制，惑亂人的心性，使人不能保持內在的虛靜與清明，終至傷神害形。況且這四種所謂的倫理道德規範也是虛偽的、損害人的工具，成為掩護統治者逞一己私利的手段，並演變為統治者馴服士大夫的工具。他們的行為和自己所標榜的倫理道德規範完全適得其反。正如〈盜跖〉所言：「堯殺長子，舜流母弟，疏戚有倫乎？湯放桀，武王殺紂，貴賤有義乎？王季為適，周公殺兄，長幼有序乎？」但是這些統治者要求別人遵守

---

[29] 見其所著，《鄉愿與大盜》，載於《李大釗文集》，共上下冊，（北京：人民出版社，1984年10月），冊上，頁619。

[30] 參閱吳怡順著，《莊子道化的人生哲學》，（臺北市：臺灣學生書局，2005年11月），頁258。

仁義、忠信，只不過是打著道德的旗幟，使人當仁不讓地爲其效命而已。實質上，就是仁義、忠信殺人。「比干剖心，子胥抉眼，忠之禍也；直躬證父，尾生溺死，信之患也；鮑子立乾，申子不自理，廉之害也；孔子不見母，匡子不見父，義之失也。此上世之所傳，下世之所語，以爲士者正其言，必其行，故服其殃，離其患也。」（〈盜跖〉）言仁義，行仁義者反遭災殃，蒙受禍患。概而言之，價值原則和社會規範及其衡量標準，不僅存在被盜用的風險，而且已經發生過盜者高高在上，而賢能者如龍逢、比干、萇弘、子胥則被殘害的嚴重事件──「竊鉤者誅，竊國者爲諸侯」，確實是對正義的嘲諷和踐踏──其名義卻常常是「正義」！可見，「經」與「權」都有被扭曲、被濫用、乃至被盜用的風險。故而，「正當性」與「適宜性」往往難以兩全其美。因此，莊子才把「聖人」孔子稱爲「巧僞人」，說這種人「作言造語，妄稱文武，冠枝木之冠，帶死牛之脅，多辭繆說，不耕而食，不織而衣，搖脣鼓舌，擅生是非，以迷天下之主，使天下學士不反其本，妄作孝弟而徼倖於封侯富貴者也。子之罪大極重。」（同上）這些沉痛的事實，使莊子從一開始，就燃起了對儒家挑戰的情緒。故禮制文化的失眞，以致扭曲人性，是莊子所最關注的時代課題之一。

其實，儒家提倡的仁義思想除了自身的演變之外，加上政客的冒用和濫行，已經不再具有先前拯救社會與人心的積極精神，這在當時要算是一個無可挽回的政治悲劇了。以孔子爲代表的儒家，從西周宗法結構的社會之中，看到了這種血緣親疏關係，單靠外在禮樂來維繫是無濟於事的。通過進一步探索，他們歸結出發自內心的「仁與義」，即道德自覺的仁德之常，才可重新挽救四分五裂的西周文化政治制度。孔子曾云：「克己復禮爲仁。一日克己復禮，天下歸仁焉。」（〈顏淵〉）他盼望天下所有人都能熱愛和嚮往仁德之政，人若不具有仁心，就不能眞正把握禮樂的眞義。孔子雖然主張「仁」，但是這種內在於人心的道德自覺若缺乏必要的政治限制，則往往易於淪爲說教的形式，被認爲是迂腐之論，所以那些儒者空有一腔平治天下，捨我其誰的熱情，對世局人心依然無補於事，是以莊子

語帶批評地感歎云：「仁則仁矣，恐不免其身；若心勞形以危其真。嗚呼，遠哉其分於道也。」（〈漁父〉）孔子的「克己」，只是壓抑自己的心志，結果巧詐虛偽層見疊出「以危其真」；仁反而使人形神受累，實在是離大道十萬八千里。

由此可見，當時的仁義道德已完全背離其原有的價值，而淪為人爭奪利益的「兇器」，也容易被有心人所利用[31]。君主推行仁義，並非為了愛民，治天下，而是害民，亂天下。仁義原來只是王道祕術的工具[32]，只是偷天換日的幌子。在這樣的情況之下，士人若仍以仁義勸導君主，則無疑授予君主假仁義以濟私的「兇器」，反而助長其暴行，並且把順從仁義道德的百姓推至虎口。如此一來，人又如何能保存形軀的完整？莊子對在位者利用仁義的原因，及其欺騙、耍弄和擺佈人民惡行的揭露和描繪，確實是入木三分的。

進一步而言，世人所謂仁義道德的標準，並沒有確切不移、放諸四海皆準的定論，它常因為時空的變易而推移和修正[33]，是以莊子云：「夫水行莫如用舟，而陸行莫如用車。以舟之可行於水也而求推之於陸，則沒世不行尋常。古今非水陸與？周魯非舟車與？今蘄行周於魯，是猶推舟於陸也，勞而无功，身必有殃。彼未知夫无方之傳，應物而不窮者也。且子獨不見夫桔槔者乎？引之則俯，舍之則仰。彼，人之所引，非引人也。故俯仰而不得罪於人。故夫三皇五帝之禮義法度，不矜於同而矜於治。故譬三皇五帝之禮義法度，其猶柤梨橘柚邪！其味相反而皆可於口。故禮義法度者，應時而變者也。今取猨狙而衣以周公之服，彼必齕齧挽裂，盡去而後慊。觀古今之異，猶猨狙之異乎周公也，故西施病心而矉其里，其里之醜人見之而美之，歸亦捧心而矉其里。其里之富人見之，堅閉門而不出，貧人見之，挈妻子而去走。彼知矉美而不知矉之所以美。惜乎，而夫子其

31 〈人間世〉云：「且若亦知乎德之所蕩而知之所為出乎哉？德蕩乎名，知出乎爭。名也者，相軋也；知也者，爭之器也。二者兇器，非所以盡行也。」

32 參閱劉小楓著，《拯救與逍遙》，（上海：華東師範大學出版社，2007年4月），頁182。

33 馮友蘭云：「道德制度皆日在變改之中。蓋因道德制度，未必即真是人道之當然；且人之環境常變，故即客觀的人道之當然亦常變。」《人生哲學》，頁251。

窮哉！」（〈天運〉）此論雖然有過於偏激之處。但儒家誤以為仁義道德是既定的規範，不研求時空的異同，進而強欲人類應當徹底遵行，如此就像以為船可行於水上，便推到陸地上來行走，更像森林裡的猿猴穿上周公的禮服顯得愚昧無知，因為實際上是行不通的。而且歷史不斷在發展，社會不斷在變化，仁義道德確實如一套習俗，如餐桌禮儀那樣被輕易地被換掉[34]。

若僵化而不知改變，禍患必然無窮，故〈天道〉云：「天尊，地卑，神明之位也；春夏先，秋冬後，四時之序也。萬物化作，萌區有狀；盛衰之殺，變化之流也。夫天地至神，而有尊卑先後之序，而況人道乎！」天高地卑，本來就是自然的位置，四時的先後，也本來就是自然的順序，萬物化育生長，萌生之初便存在差異而各有各的形狀，因而有由盛而衰的次第，這是事物變化的法則。天與地是最為神聖而又玄妙的，尚且存在尊卑、先後的發展和變化，又何況是人之理呢！他明確地點出事物發展和變化的普遍性，是以〈天道〉開宗明義即云：「天道運而无所積，故萬物成；帝道運而无所積，故天下歸。」自然規律的運行是不會歇止和停滯的，故萬物才生成；帝王統治的規律也從不曾停歇和懈怠，故天下百姓才歸心。仁義道德也應隨時發展和變化，以因應不同時代的洪流和趨勢，才不會徒具虛文，淪為歷史陳跡。可見莊子之說，誠非無的放矢。

莊子以極大的勇氣，指出儒家理想的虛幻及在現實生活之中的荒謬。總之，人本來想通過仁義道德的社會價值規範來實現人的價值，結果這些外在形式反過來成為限制人、束縛人的力量[35]，甚至成為傷天害理的工具，這豈不是人生的一大諷刺和吊詭！既然仁義道德的實行，包含了人犧牲於物，即人自我異化的畸形現象，個體的形與神實難以自此現象之中超

---

34 阿倫特著，陳聯營譯，《責任與判斷》（Responsibility and Judgment），（上海：上海人民出版社，2011年7月），頁40。

35 牟宗三云：「道家之言『道』，其歷史文化的背景亦是在周文罷弊，而且開始亦含有憤世嫉俗的意味。周文成為虛文，因而只是外在的形式主義。人束縛於形式的桎梏中而不能自適其性，乃是大痛苦，故道家於人生的幸福上，首先要從外在的形式中解脫。他們看文禮只是些外在形式，足以束縛人者。」《政道與治道》，（臺北市：臺灣學生書局，1996年4月），頁32-33。

脫出來。

　　莊子一再強調，個體自然的存在與精神自由的價值，遠比儒家耳提面命的仁義禮樂更有價值。因為這些德目是人為的，充滿了繁瑣多餘的雕飾及虛偽欺詐，妨礙了人自然本性的發揮。〈駢拇〉即云：「彼正正者，不失其性命之情。故合者不為駢，而枝者不為跂；長者不為有餘，短者不為不足。是故鳧脛雖短，續之則憂；鶴脛雖長，斷之則悲。故性長非所斷，性短非所續，无所去憂也。意仁義其非人情乎！彼仁人何其多憂也？」仁義只不過是人清靜的心多長出來的「駢拇」、「枝指」而已。雖然並非像毒瘤惡瘡那般致命，然而畢竟是天生就不該有的累贅，只會帶給人生莫大的困擾和負累。他進而指出：「吾所謂臧者，非仁義之謂也，臧於其德而已矣；吾所謂臧者，非所謂仁義之謂也，任其性命之情而已矣。」（〈駢拇〉）人生的真正完善，繫於自得、率性任情，絕非在於仁義。對於仁義的提倡，一旦沒有真誠的性情作為基底，就會淪為貪婪者以一人的意志與獨斷的權力來統治天下的工具，與大多數人民的意志相違[36]。堯知道仁義的利天下，卻不知道仁義的賊天下。換言之，堯舜所體現的帝道雖然可以在一定程度上治天下、利天下，但是並不能導致天下永久太平，賊天下的根苗即潛伏著在天下井然之序中，它被壓抑著，因而只能以潛伏方式存在著，不過終有一天，它會成長、壯大，最終導致天下大亂[37]。

　　莊子曾在〈刻意〉中評論幾種不同的人品云：「刻意尚行，離世異俗，高論怨誹，為亢而已矣；此山谷之士，非世之人，枯槁赴淵者之所好也。語仁義忠信，恭儉推讓，為修而已矣；此平世之士，教誨之人，遊居學者所好也。語大功，立大名，禮君臣，正上下，為治而已矣；此朝廷

────────────

36 哈貝馬斯等著，章國鋒譯，《作為未來的過去：與哲學大師哈伯瑪斯對話》（Vergangenheit Als Zukunft），頁125-126云：「只有當整體和同一性通過反民主、不公正的程式，依靠權力和暴力手段建立起來時，它才是虛假的、壓抑個性的。而當同一性和整體以主體間自由認同的方式，通過民主和合理的程式建立起來時，它便是對壓制和統治的否定，便是真實的，因為，它排除任何強權與暴力的使用，維護了個體的自由權利，體現了大多數人的意志。」杭州：浙江人民出版社，2001年12月。
37 參閱陳贇著，《莊子哲學的精神》，頁183。

之士，尊主強國之人，致功并兼者之所好也。就藪澤，處閒曠，釣魚閒處，无爲而已矣；此江海之士，避世之人，閒暇者之所好也。吹呴呼吸，吐故納新，熊經鳥申，爲壽而已矣；此道引之士，養性之人，彭祖壽考者之所好也。」這五種不同類形的人，可說概括了人世間所有的品流。第一種是「山谷之士」，他們在內心嚴厲地要求自己，在行爲上力求高尚，超脫世俗，與眾不同，熱衷於高談闊論，對時勢不滿而批判，以表現自己的清高。這些都是隱居山谷之士、只會非議社會的人，以及弄得自己身體枯槁，甚至投水自盡的人所喜好的。第二種是「平世之士」，他們大多好言「仁義忠信」，表現一副「恭儉推讓」的樣子，目的是爲了修身。這些都是平定社會之士、以教育者自居的人，以及有時到處遊說、有時定居講學的人所喜好的。第三種是「朝廷之士」，他們談論大功勞，建立大名聲，使君臣以禮相待，維護上下等級的關係，只是講求平天下而已。這些都是做官的人、推崇君主及維護君權的人、致力於兼併別國領土的人所喜好的。第四種是「江海之士」，他們隱逸於山澤、生活在曠野、荒涼的地方，整日釣魚閒居。這些都是隱居在江海的人、避離世事、閒暇幽隱的人所喜好的。第五種是「道引之士」，他們練習呼吸，吐出體內混濁的空氣，吸進新鮮的空氣，他們還鍛鍊身體的動作，像熊一樣懸吊在上，像鳥一樣伸展身體，旨在長壽。這些都是導通氣血及柔和肢體的人、保養身體的人、爲了像彭祖一樣長壽的人所喜好的。

這五種不同類形的人，可說概括了人世間的品流。他們所追求的分別是「高」、「修」、「治」、「閒」、「壽」。這些追求自各有其優點，但是有心且刻意去追求，反而有礙於保存生命的價值。因爲他們無法忘懷「仁義忠信，恭儉推讓」、修養自己的品德、養生延壽，甚至忘不了「功」、「名」和平治天下，這如同作繭自縛，自設框限，讓自己陷入困境而不自由，有關這些人的作爲，莊子是不把他們放在眼內的[38]。從他有意將「聖人」和這些人區隔出來，並加以推許而言，其用心是有目共睹的。

---

38 參閱諸橋轍次著，李君奭譯，《莊子平話》，頁133云：「刻意篇將世間的人分爲五種，……可以拿它作爲明瞭莊子所討厭的人是什麼樣子的參考。」臺北市：專心企業公司，1972年10月。

莊子曾懇切地說：「若夫不刻意而高，无仁義而修，无功名而治，无江海而閒，不道引而壽，无不忘也，无不有也，澹然无極而眾美從之。此天地之道，聖人之德也。」「聖人」不必砥礪心志而能「高」，不必宣講仁義而能「修」，不必建功立命而能「治」，不必置身在江海而能「閒」，不必練習道引而能「壽」，他們不必從事其他人品所做的那些事情，卻能同樣獲得所冀望的效果。他們無所不忘，不待物而物自歸，精神開闊而「不主故常」（〈天運〉），故能掙脫世俗相對價值的枷鎖；他們總是如此閒適，恬淡無極而眾美會聚。概括而言，忘卻「刻意」、「仁義」、「功名」、「江海」、「道引」，反而能順利地得到「高」、「修」、「治」、「閒」、「壽」，這才是真正符合「天地之道，聖人之德」。尤其是「聖人」「无仁義而修」，與上述那些「平世之士」、「遊居學者」以「語仁義忠信，恭儉推讓」來修己者實不可同日而語。「聖人」可以不講仁義的事來修己，可見修己不必依賴仁義的事。如此一來，仁義的事便變得如同虛設了[39]。

　　莊子甚至直接地批評仁義等德行，〈天道〉云：「形德仁義，神之末也，非至人孰能定之！夫至人有世，不亦大乎！而不足以為之累。天下奮棅而不與之偕，審乎无假而不與利遷，極物之真，能守其本，故外天地，遺萬物，而神未嘗有所困也。通乎道，合乎德，退仁義，賓禮樂，至人之心有所定矣。」他強調「形德仁義」乃精神的「末跡」，不值得重視，為了正本清源，必須加以擯棄。但是如何擯棄呢？〈大宗師〉有清楚的說明：「顏回曰：『回益矣。』仲尼曰：『何謂也？』曰：『回忘仁義矣。』曰：『可矣，猶未也。』他日，復見，曰：『回益矣。』曰：『何謂也？』曰：『回忘禮樂矣。』曰：『可矣，猶未也。』他日，復見，曰：『回益矣。』曰：『何謂也？』曰：『回坐忘矣。』仲尼蹴然曰：『何謂坐忘？』顏回曰：『墮肢體，黜聰明，離形去知，同於大通，此謂坐忘。』仲尼曰：『同則无好也，化則无常也。』」

[39] 參閱吳汝鈞著，〈莊子對仁義德性的看法〉，載於《中國文化月刊》，1996年5月，第199期，頁11-12。

仁義禮樂爲儒家的核心價值及處世之方，莊子藉此對話談忘仁義禮樂，其根本意旨，在於化解儒家的偏執及缺乏對融合外物的彈性。儒家和墨家之間的是非之辯，前者就是持仁義禮樂的論點爲是，而非墨家之是。不過此種是非的爭論，只是雙方「心知」的執著，彼此無法交融互通，必須透過「坐忘」加以化解。故「坐忘」是打消自我對仁義禮樂的執著，或不將之滯留於心，使個體的精神更遼闊、自由。推而言之，「忘仁義」，指破除內在於人的道德規範，消解人因被它緊勒而自我摧殘的內在機制；「忘禮樂」，則指拋棄因被強制而自我奴役的外在因素。從「忘仁義」到「忘禮樂」，是人精神自由化過程的因果序列。人只有率先突破自己設置的內部障礙，才能在自由的自覺意識之中，推垮一切做作和人爲的外部障礙。「墮肢體，黜聰明，離形去知」，指衝破內在與外在的約束，轉向精神自在、自得的方式[40]。〈齊物論〉所言「隱機而坐，仰天而噓，苔焉似喪其耦」，就是「坐縑縑縑忘」的形象表現[41]。仁義禮樂之所以要忘，在於它們原本出於人的自然本性，是聽其自然的事，毌須一再刻意地講求仁義禮樂及其設施的制度。但是這些制度乃外在的規範，一切完全繫於自我，故需再進一步「墮肢體，黜聰明，離形去知」，表示在仁義禮樂主張之中所牽涉的是非、物我、得失等對待的執著，皆須一掃而空，乃至形軀、「心知」本身的偏執，亦須一併根除殆盡，也就是破除自我對這些外在規範的執著及主觀判斷[42]，如此才能「同於大通」[43]。故所謂「離

---

[40] 王博著，《莊子哲學》，頁99云：「這寓言的核心，顯然是個『忘』字，從『忘仁義』到『忘禮樂』，再到『坐忘』，層層遞進，步步深入。如果說忘仁義或者忘禮樂，都還是對某種具體東西的遺忘的話，那麼所謂的坐忘，要忘掉的則是自己——忘掉自己的肢體，忘掉自己的聰明，達到形若木，心若死灰的狀態。這正是坐忘高於仁義之忘或者禮樂之忘的原因。忘的目，或者說其意義何在呢？簡單地說，就是擺脫那些強加於人身上的限制，返回真正的狀態，以遊於造化之途。有仁義，那麼仁義就成為藩籬；有禮樂，那麼禮樂就成為桎梏。沒有了仁義禮樂，你還可能有自我。所以，你還要忘掉自己，將桎梏連根去除。這個時候，仁義禮樂消失了，自我消失了，一切的條框框一切的限制都不復存在，於是可以至於『同於大通』的境界。」

[41] 參閱曹礎基著，《莊子淺注》，頁110。

[42] 徐復觀著，《中國藝術精神》，頁72-73云：「莊子的『墮肢體』、『離形』，實指的是擺脫由生理而來的欲望。『黜聰明』、『去知』，實指的是擺脫普通所謂的知識活動。莊子的『離形』，並不是根本否定欲望，而是不讓欲望得到知識的推波助瀾，以致溢出於各自性分之外。……在坐忘的境界中，以『忘知』最為樞要。忘知，是忘掉分解性的，概念性的知識活動。」

[43] 〈秋水〉也描述這種「同於大通」的境界：「且彼方跐黃泉而登大皇，无南无北，奭然四解，淪於

形」，並不是拋棄遠離形體，而是人在理解形軀我與眞實自我之相異之處，徹底超越形軀的綑縛，返回內在的天眞本德。故他主張「形有所忘」（〈德充符〉）、「不位乎其形」（〈秋水〉），就能臻至「有人之形，无人之情。有人之形，故群於人，无人之情，故是非不得於身」（〈德充符〉），即「不爲形所拘限（位），不使形取得了生活上的主導權。再進而以自己的德，養自己的形，使形與德合而爲一，以使其能『盡其所受於天』」[44]。

　　莊子所強調「去知」的「知」，是指「心知」的固執而非眞知。眞知是指人達到了一種與外在事物相融相通、隨順變化的境界。故莊子的「去知」，實指擺脫所謂的知識活動，是指人在與物相接時，不讓心對物作知識的活動；不讓由知識活動而來的是非判斷煩心擾神。馮友蘭云：「因爲要忘分別，所以要去知，去知是道家用以達到最高境界的方法。此所謂知，是指普遍所謂知識的知，這種知的主要工作，是對於事物作分別。知某物是某種物，即是對於某物作分別，有分別即非渾然。所謂渾然，就是無分別的意思。去知就是要忘去分別。一切分別盡忘，則所餘只是渾然的一。《老子》說：『爲學日益，爲道日損。』爲學要增加知識，所以日益；爲道要減少知識，所以日損。」[45]故去知的目的在於透顯眞實自我，因爲所有的認知活動皆不能使人接觸到眞我，反而是自身層層封限的壓迫或桎梏。去掉「成心」之知，就能「大通」，也就是消解個體一切的執著，及知解的障礙，呈現出虛靜的心，身知俱泯、物我兩忘，精神達到與「道」冥合而通達無礙的境界。

　　據上論析，「離形」和「去知」是達到「坐忘」的兩道工夫，是層層剝落心上的黏滯，亦即老子所云：「爲道日損」的工夫。在這兩道工夫之後，便可與天地萬物合而爲一，恢復原始渾沌，進而「同於大通」，這也

　　不測：无東无西，始於玄冥，反於大通。」所謂「大通」，則無所不運行，無所不通達成。在此境地中，整個宇宙自身的神妙作用得以無遮蔽、無滯無礙地發用出來。

[44] 徐復觀著，《中國人性論史‧先秦篇》，頁379。

[45] 見其所著，《中國哲學之精神》，（北京：中國青年出版社，2005年5月），頁61。

如同「无己」（〈逍遙遊〉）的境界，這是一個內外結合、逐步解脫限制的修養過程：首先是棄「仁義」，其次是「禮樂」，最後是棄生理欲望和心知的定限，達到與「道」同一的自由境界。換言之，「坐忘」乃爲了統一心靈因去而不返，出而不入所造成的對立與矛盾。進而統合內外之境，求生命的大統一[46]。

在這個循序漸進地走向自由的精神旅程之中，透過「忘」來否定經驗個體、消除因主客體分隔而帶來的束縛、揚棄仁義禮樂所塑造出來的社會人格，進而使個體的精神得到獨立和突顯，使本眞的「我」得以重新顯現。所以莊子云：「雖忘乎故吾，吾有不忘者存。」（〈田子方〉）這個「忘」一切之後的「不忘者」，這個「自適」的「適者」，其實是重新塑造的一個自由的自我。主體在解構那些煩擾自我之物，如外在目的和價值、各種強制和利害關係時，不以外在的目的爲目的時，人才是自由的、自適的，才能重新發現和重構自我，使人重新始展開一個嶄新的人生，進入「與物爲春」（〈德充符〉）、「遊心於物之初」（〈田子方〉），達到絕對的自由[47]。

無論如何，能「忘己之人，是之謂入於天」（〈天地〉），「入於天」，即是指物我兼忘，物我齊一，天人合一，它意味時空、主客界限的打破，也就是融跡於自然，亦即生命的超昇。在這種境界之中，人、我、物、宇宙四者渾然融爲一體。這樣精神便不受任何束縛，而可以在宇宙之間自由自在地任意飛翔。此爲一種徹底的逍遙和無限的自由，一種神與物遊的境界[48]。如此一來，仁義禮樂這些道德規範對人的形與神，皆無法產生負面的作用。可見莊子雖然講究忘仁義的超越態度，但是這並不等於他沒有價值判斷，他只是反對被框限的道德判斷而已。實質的仁義禮樂，必

---

[46] 參閱葉海煙著，《莊子的生命哲學》，頁214。

[47] 錢穆著，《莊老通辨》，頁279云：「蓋莊生之論人生修養，有一忘字訣。忘之爲用，其要在使人能減輕外重。使外物加於我之重量，能減至於近無之境。斯其內心自可得自由之伸舒矣。故曰：外重則內拙，反言之，即外輕則內巧也。外輕故不肯以物爲事，內巧故物莫之能傷矣。」

[48] 黑格爾云：「心靈不能在客觀存在的有限性及其附帶的局限性和外在的必然性之中直接觀照和欣賞它的真正的自由，而這種自由的需要就必然要在另一個較高的領域才能實現。藝術的現實的理想。」見其所著，朱光潛譯，《美學》，卷1，頁195。

須透過「忘」才能體現。

　　根據以上的論述，莊子顯然不是否定仁義禮樂的本身[49]，而是超越地指出，人應如何對待這些已被工具化、功利化的偽道德，亦即外在的肢體不爲禮樂所束縛，內在的靈明也不爲仁義所框限，讓精神能悠然自得，而能達到與物「同」、隨物「化」的境界。故他才說：「同則无好也，化則无常也。」成玄英疏云：「既同於大道，則无是非好惡；冥於變化，故不執滯守常也。」如此一來，仁義禮樂對精神帶來的束縛和窒礙，自能消解於無形之中。可見莊子反仁義道德，在於透過其虛無智慧的開發，給予儒家人倫理序的存活空間，化解仁義道德的負面效應，而保存人倫理序的正面功能[50]。故莊子對儒家的批判，目的是通過自我的回歸，找到仁義道德產生的實質內因，重新恢復不事雕琢的原貌，反璞歸眞，實現人的眞摯本性以及人之爲人的存在本質，他反而是道德的創造者[51]。

　　其實，孔子亦曾云：「禮云禮云，玉帛云乎哉？樂云樂云，鐘鼓云乎哉？」（〈陽貨〉）又云：「人而不仁，如禮何？人而不仁，如樂何？」（〈八佾〉）其意是指，所謂禮樂徒具外在的形式，而內在的「仁」才是眞正的人性核心和文化的根源。禮樂追根究源發自人心的內在情感，對孔子而言，其眞正的意涵就是正人心、塑造完美的人性心理，所以失去

---

49 楊慎云：「莊子憤世嫉邪之論也。謂其非堯舜、罪湯武、毀孔子，不知莊子矣！莊子未嘗非堯舜也，非彼假堯舜之道而流為之噲者也；未嘗罪湯武也，罪彼假湯武之道而流為白公者也；未嘗毀孔子也，毀彼假孔子之道而流為子夏氏之賤儒、子張氏之賤儒也。故有絕聖棄智之論也。」見其所著，《升庵外集》，（臺北市：臺灣學生書局，1971年5月），卷46，〈莊子憤世〉，頁7下。徐復觀著，《中國人性論史·先秦篇》，頁399-400云：「坐忘……的精神生活，並不是反仁義禮樂的生活，而是超世俗之所謂仁義禮樂，即所謂『大仁』『大義』的生活。齊物論『大道不稱，大辯不言，大仁不仁，大廉不嗛，大勇不忮』的話，即是這種意思。」

50 參閱王邦雄著，《21世紀的儒道》，頁215。

51 尼采著，劉崎譯，《上帝之死：反基督》，頁71-72云：「一種美德必定是我們自己創造出來的，是我們最需要的自我表現和自衛；任何其他種類的美德只是一種危險。凡不是我們生命條件的東西，都有害生命：僅僅由於一種尊重『美德』概念的情感所促成的美德，像康德所具有的，那是有害的，……自保和成長的基本法則所需要的卻與此相反——每個人創造他自己的美德、他自己的範疇命令。……沒有東西比『非個人的』義務以及為抽象概念而犧牲，更深刻的更內在的毀壞我們。」格奧爾格·勃蘭兌斯（Georg Morris Cohen Brandes）著，張道真等譯，共6冊，第2分冊，《十九紀文學主流：德國的浪漫派》，頁33云：「他願意，就可以選擇美德，他是美德的創造者，而不是它的造物。」北京：人民文學出版社，2018年2月。

「仁」這個內在核心價值，禮樂就不成其為禮樂，只不過是一個虛有其名的外在形式而已。

　　孟子強調仁義、人倫有序的理想社會，因此，他指點江山、文字慷慨激昂，鋪陳國家興亡的藍圖，積極投身於拯救時溺中，力圖創建一個以「義」為內容的安康樂利的社會。莊子則詬病這種政治發展、社會進步，在他看來，所謂「文明」是一種疾病，治療的唯一藥方就是拋棄它、重回純然無為的自然狀態，人生中能夠實現的只能是自由自在的精神逍遙。因此，孟子積極入世，以為實現儒家社會和政治理想最佳的狀態是：「義以為質」；莊子所致力追求的社會和政治理想最高的境界則是：「返璞歸真」，實質上，兩者是可以互補的[52]。此外，莊子認為，天道是超越的，因此也是超越善惡判斷的，所以有「齊物」的思想。孟子則試圖證明仁、義、禮、智這些超越狹隘利益的道德範疇是內在於人的。莊子曾用很多寓言來諷刺人自以為是的價值體系，例如：「民溼寢則腰疾偏死，鰌然乎哉？木處則惴慄恂懼，猨猴然乎哉？三者孰知正處？民食芻豢，麋鹿食薦，蝍蛆甘帶，鴟鴉耆鼠，四者孰知正味？猨猵狙以為雌，麋與鹿交，鰌與魚遊。毛嬙麗姬，人之所美也；魚見之深入，鳥見之高飛，麋鹿見之決驟。四者孰知天下之正色哉？自我觀之，仁義之端，是非之塗，樊然殽亂，吾惡能知其辯！」（〈齊物論〉）人連何謂「正處」、「正味」、「正色」都無法分辨清楚，則「仁義之端，是非之塗，樊然殽亂」就更不用說了。何況人的道德標準是有偏見的[53]，一切高下、是非、美醜、善惡之辨都來自人的「成心」，故莊子云：「夫隨其成心而師之，誰獨且无師乎？奚必知代而心自取者有之？愚者與有焉。未成乎心而有是非，是今日適越而昔至也。」（同上）

---

[52] 李振綱著，《中國古代哲學史論》，頁57云：「中國人一旦懂得在儒、道之間尋求互補，在倫理責任與適性逍遙之間跳來跳去，他們便成為面對命運捉弄而無畏無怨的精神貴族。」北京：中國社會科學出版社，2004年6月。

[53] 尼采著，謝地坤等譯，《善惡之彼岸》，頁160云：「道德偏見的力量深深地侵入到最具精神的世界，侵入到表面上最冷淡和最無前提的世界，而且很明顯地是帶著損害、阻礙、迷惑和歪曲的方式運作著。」桂林：灕江出版社，2000年1月。

他由是認為，儒家所推崇的道德楷模伯夷、叔齊為了追求虛名而犧牲自己的生命，這種行為就像江湖大盜因為貪圖財貨而喪命一般愚蠢，而且人很難判斷孰是孰非[54]。孟子對社會倫理的強調，在莊子看來，恰恰是違背自然本性的，他用「小惑易方，大惑易性」（〈駢拇〉）來批評儒家對仁義的追求。有鑑於此，儒家除了要解決人自身存在的價值問題外，還要說明人的實然存在和儒家所宣揚的善的規定之間的必然聯繫，將人性與善性自然地關聯在一起，即道德的發生是自然而然、本然，內在的。所以儒家的內在超越，不僅指超越的天道是內在的，同時也指具有超越性的社會道德也是內在的。

莊子則追求純粹的自然性，堅決地排斥人性中不自然的成分：「牛馬四足，是謂天；落馬首，穿牛鼻，是謂人。」（〈秋水〉）天就是事物的天性、本然；人就是後天的作為。道德的內在性在於純粹天然的東西。人固然有天然的一面，但是以人為標準的價值判斷則有損人的天真，故莊子云：「无以人滅天，无以故滅命，无以得殉名。謹守而勿失，是謂反其真。」（同上）他主張以天道觀照萬物，以此破除由人之「成心」而強加於萬物之上的種種成見，從而讓萬物之情自然地呈現出來。莊子的世界是一個原初的、沒有被任何「人意」所汙染的世界，萬物皆能自由發展、揮灑，展現其最本真的一面，臻於「至德之世」。莊子云：「至德之世，不尚賢，不使能；上如標枝，民如野鹿；端正而不知以為義，相愛而不知以為仁，實而不知以為忠，當而不知以為信，蠢動而相使，不以為賜。是故行而无跡，事而无傳。」（〈天地〉）在此世中，人的道德行為是自然而然的，一旦放在社會價值評估體系下就偏離了內在性而導致道德的外在化，進而傷害道德的真性。莊子的道德源於自然，道德評價的根本標準也是自然。

莊子認為，人的主觀標準是有侷限的，將自以為是的道德標準施加於對象是狹隘的。即主張道德標準的設立，應從行為主體或評判者為中心轉

---

54 〈駢拇〉云：「伯夷死名於首陽之下，盜蹠死利於東陵之上，二人者，所死不同，其於殘生傷性均也。奚必伯夷之是而盜蹠之非乎！」

向以行爲對象爲中心。這種道德評價超越道德主體的標準、道德評價者的標準，甚至超越道德對象的標準，因爲道德對象的標準也是相對的，其合理性只相對於自身的存在而存在，亦即所謂「各適其性」。「性」是唯一的標準，它的共通性是「道」，「道」雖然不意味普遍或共同的標準，卻是根本的標準，也就是說，具體事物本身就是標準，也就是純粹「自然」的標準[55]。若孟子堅持人性本善，以個性適應社會的要求，認爲生命的價值就是無私地奉獻社會，人能像折枝般發揮自己的良知、良能，這是人存在的最終人性史的依據；則莊子堅信社會必須盡可能爲個體提供自由與發展的條件。個人能否獲得自由與幸福，是否有充分的權力表明自己的意願而不受到暴虐和刁難，是這個社會存在的最後道德史依據！無論如何，過度規範性的道德標準，雖然在某意義上是爲了社群的維繫，爲了使得個體生命在面對存在的痛苦下而得以維持，但是這樣的價值觀只能侷限在傾向於生活的人群，而不該普及至所有的人群，以致個體生命原有的能創性被壓抑到一種弱化的服從。就像洛羅・梅所云：「這個烏托邦式的目標會使我們面臨卸除自我肯定以及存在力量的風險。萬一這個目標達成了，我們養育的將會是一群馴良、軟弱的閹人，並可能會迸發暴力，而使現有的文明倒退。」[56] 故莊子的非議道德並非試圖建構另一種新的道德價值觀來左右人性的發展，反而是提出了依於自己的本眞，以作爲個體道德價值設定的標準。就像尼采所言：「兄弟們，用你們的道德之權力忠實於大地罷！讓你們的給與之愛與你們的知識爲大地之意義服務罷！我請求你們，我祈禱你們。別讓你們的道德飛離了大地的一切，而把翅膀拍著永恆之壁罷！唉，飛去而迷路的道德眞多呢？像我一樣地把迷路的道德帶回大地上來罷，——是的，帶給身體與生命：使它給大地以意義，一個人類的意義罷！」[57]

---

[55] 參閱曹曉虎著，〈自然與人性：孟子和莊子道德發生學之異同〉，載於《南京師大學報（社會科學版）》，2017年11月，第6期，頁21-22。

[56] 羅洛・梅著，朱侃如譯，《權力與無知：探索暴力的來源》，頁29。

[57] 尼采著，雷菘生譯，《查拉圖斯特拉如是說》，頁112-113。

第七章

孟莊生命價值哲學的反省

第一節　孟子生命價值哲學的反省

　　孟莊的生命價值哲學同中有異，異中有同，兩者對生命價值皆有深刻的反省，爲人類的生命開闢了兩條重要的價值取向。孔子的「義命分立」爲知識分子找到了一條出路[1]，孟子則深化了這條路徑，孔孟功績斐然的努力使儒家精神在整個中國思想文化中占據了突出而重要的地位。然而遺憾的是，在「內聖外王」觀念的巨大影響下，孟子的人生哲學以實際政治爲首務，這就使其「義」跟「命」的分立不夠徹底，因而他的思想與行爲之間，某些思想與另一些思想之間有時產生矛盾。相較於孔子，孟子思想中的矛盾往往更多，更明顯。如孟子提出：「今之事君者，皆曰：『我能爲君辟土地、充府庫。』今之所謂良臣，古之所謂民賊也。君不鄉道，不志於仁，而求富之，是富桀也！『我能爲君約與國，戰必克。』今之所謂良臣，古之所謂民賊也。君不鄉道，不志於仁，而求爲之強戰，是輔桀也！由今之道，無變今之俗，雖與之天下，不能一朝居也。」（〈告子下〉）能否「一朝居」是本段論述的立足點，而這立腳點足證孟子對「道義」實用性的特別關注。事實上，孟子所竭力反對的觀念在當時恰恰足以成事，它們比他的主張更實用，因爲他批判所形成的行動過於理想化，只是立基於最高的價值標準或更嚴格的規範而已，故內在批判所憑藉的並非理性，有可能變成一種道德使命的呼喚，而不全然是理性的歸趨，其客觀

---

[1] 在「義命分立」觀念的基礎之上，即使社會環境多麼殘酷、惡劣，知識分子不得不面對禮崩樂壞，強受管制與排斥的「命」之限制，但是他們仍然可在「義」的方面戮力以赴，發揮人的主觀能動性，孔子思想的感染力與指點意義便發揮出歷久不衰的魅力和價值，他云：「仁遠乎哉？我欲仁，斯仁至矣！」（〈述而〉）「爲仁由己，而由人乎哉？」（〈顏淵〉）又云：「人能弘道，非道弘人」（〈衛靈公〉），這些都是要求人盡可能多做自己應當做的事情，也是道德本身的要求，是對社會現實的超越，是突破「命定」的自由。

性和普遍性當然也就不無疑問了[2]。

由於一方面注重道義和思想的實用性，一方面則注重其理想性而引發的問題在孟子思想中屢見不鮮，如他提出：「王如施仁政於民，省刑罰，薄稅斂；深耕易耨；壯者以暇日修其孝悌忠信，入以事其父兄，出以事其長上；可使制梃以撻秦楚之堅甲利兵矣。」（〈梁惠王上〉）但是「施仁政於民」，「可使制梃以撻秦楚之堅甲利兵」，顯然與歷史事實不符，這皆因孟子太過強調人生中道義的實用性的必然結果，如此一來，必然只會囿於一隅而削弱對政治詮釋的周延性和全面性。孟子提出「得道者多助，失道者寡助。寡助之至，親戚畔之；多助之至，天下順之。以天下之所順，攻親戚之所畔；故君子有不戰，戰必勝矣」（〈公孫丑下〉），「諸侯有行文王之政者，七年之內，必爲政於天下矣」（〈離婁上〉），「不仁而得國者，有之矣；不仁而得天下者，未之有也」。（〈盡心下〉）「人皆有不忍人之心。先王有不忍人之心，斯有不忍人之政矣。以不忍人之心，行不忍人之政，治天下可運之掌上。……苟能充之，足以保四海；苟不充之，不足以事父母。」（〈公孫丑上〉）這些論述對人性中的幽微深邃處的探索雖然極精闢，然而結論還是與歷史事實並不完全吻合。因爲孟子將實際運用政治與尋常的人生混爲一談。在人際的關係中，道義的擴充往往能使人際關係更加融洽，在實際政治的運行中卻不必然，甚或不大可能產生「治天下可運之掌上」的結果，在他身處的時代已不大可能，其後的時代亦然；「仁人無敵於天下；以至仁伐至不仁，而何其血之流杵也！」（〈盡心下〉）顯然是無視歷史事實的「迂遠」之論[3]。孟子之論雖令人振奮鼓舞，但令人哀痛無奈，這或許不是一個純理論的問題吧！

孟子一方面把作爲道德理念的「仁」看得太過實在，一方面則將之看得太過理想，如「仁則榮，不仁則辱。今惡辱而居不仁，是猶惡濕而居下

---

2 理性與價值作爲兩種判斷形式或視野，理性與價值之間存在著互斥互盲的關係。理性判斷是針對實然的事實世界，價值判斷則基於應然的理想世界。由「是」無法推出「應當」，反之亦然。理性是「知道」（know）的問題，而價值則是「相信」（believe）的問題，兩者完全屬於不同的領域。

3 司馬遷即評斷孟子之說云：「道既通，游事齊宣王，宣王不能用。適梁，梁惠王不果所言，則見以爲迂遠而闊於事情。」（《史記·孟子荀卿列傳》）

也。如惡之，莫如貴德而尊士，賢者在位，能者在職，國家閒暇。及是時明其政刑，雖大國必畏之矣。」（〈公孫丑上〉）「仁則榮，不仁則辱」和「雖大國必畏之」等也顯然與事實相違背，「則無敵於天下」（同上）更太理想化了！孟子認為當尋常百姓全都過著正常的生活之後，「然而不王者，未之有也」（同上）。他這系列政治主張和理想都是良好政治不可或缺的重要內容，都切中了實際政治的要害問題，但面對戰國中後期的政治現實，其最終結論則顯得非常不切當，也使得孟子對實際政治基本走向的預測距離事實遙遠，面對秦王朝的最終統一天下，他的理論顯然是失敗了[4]。

　　孟子對自己在實際政治操作方面的能力也自視甚高和樂觀，反映了他對道德與政治、思想家和政治家分野的模糊，進而反映了其「義」與「命」分立得不夠徹底。若不甘心於僅用理論來批判現實，僅通過精神的改善等來安頓自我，而仍然存有挺身投入實際政治操作的理想，那麼積極入仕便是知識分子的必然選擇。孟子提出「古之人未嘗不欲仕也，又惡不由其道；不由其道而往者，與鑽穴隙之類也」（〈滕文公下〉），但只要仍傾向於「仕」，那怕是「仕」有其「道」，也必須向統治者所確定的、被社會所普遍認同的價值目標和規範準則愈靠愈近，「義」與「命」就無法徹底分立，對知識分子而言，一系列問題和矛盾就無法避免。孟子所云：「士之失位也，猶諸侯之失國家也。……士之仕也，猶農夫之耕也。」（同上）對知識分子來說是一種普遍事實，若他們只是接受這一現實而非積極地超越這一現實，進而實現自己的人生理想，那麼必然過於看重入仕，彰顯人生的實義和挺立自我均因而大打折扣。

　　無可諱言，自古以來，修身正命、事君榮親、兼善天下似乎就是傳統知識分子一生所躬行踐履的理想和懷抱，而這種儒家所揭櫫對人倫、社會的終極關懷，似乎也因歷代統治者的提倡而在悠遠的歷史中產生無遠弗

4　辛旗著，〈談中華文化對西方的啟迪〉，頁30云：「儒家……企圖以道德理想轉化現實政治和社會。這股勢力，影響力遍及社會各階層，但常失敗。」載於《中國文化月刊》，1993年11月，第169期，頁30。

屆的影響，儼然成爲烙印在傳統知識分子心志上的宿命印記[5]。誠如《禮記·儒行》所言：「儒有席上之珍以待聘，夙夜強學以待問，懷忠信以待舉，力行以待取。」這種意欲「化民成俗」（《禮記·學記》）、「修己以安百姓」（〈憲問〉），對蒼生社稷有種不容自己的關懷之情的意識根源，如余英時以爲，「中國知識分子剛剛出現在歷史舞臺上的時候，孔子便已努力給它貫注一種理想主義的精神，要求它的每一個分子——士——都能超越他自己個體的和群體的利害得失，而發展對整個社會的深厚關懷。這是一種近乎宗教信仰的精神」[6]。不過，孕育此一內在精神的滿足畢竟只是自求圓善的修養，當其落實爲人文世界的完成，卻有待於外的現實，所以內在理想與外在現實遂不必然劃上等號，兩者相一致之時亦有相背反之時。特別是在詭譎多變的政治局勢中，理想的實現故能一展經世濟民的抱負，但若時勢違礙，則只能徒呼奈何，在理想、精神的失落中，或悲憤抗衡，或拂袖而去，或冷漠疏離，從而緣生了「隱」的問題[7]。熱滾滾的道德理想遇上冷冰冰的歷史現實，兩者若有折衷點，則此點是理想的或現實的？

　　就上述的問題而言，道德法則的合理性基礎是什麼？個體的德性是否定能造就道德化的倫理社會？這兩個難題的存在就形成現代西方學者所指出的個體道德與社會倫理的悖論——「道德的人與不道德的社會」。也正因爲如此，現代西方倫理對「道德權利」、「道德回報」、「社會正義」等問題給予了更多的關注。誠然，道德是出於義務的和信念的行爲，因而

孟子與莊子的生命價值哲學

5　學術為天下公器，它既出於理想，也出於對人類的關懷，但所有學術都事關人類的共同利益。這也就是歷史研究與未來之間聯繫的大綱。只有這樣，人才能有熱情、意志和精神去持續不斷地從事這類艱苦的研究。康德云：「真正的熱情總是朝著理想的東西以及真正純粹道德的東西前進的。」見其所著，何兆武譯，《永久和平》，頁76。人文和社會科學的研究通常被認為缺乏普遍性，其實，這種普遍性是確實存在的，它的基礎就是真正的人類關懷。缺乏這種關懷，人文和社會科學的研究不僅難以達到真正的深刻，人也無法由此而達到對自身的更加深入和全面的認識。一種文明，無論在某些領域和方面多麼發達，若缺乏人類的關懷，它就完全可能在創造出其他各種偉大成就的同時，反過來加害於自身。

6　見其所著，《中國知識階層史論——古代篇》，（臺北市：聯經出版事業公司，1997年4月），頁39-40。

7　參閱黃偉倫著，〈六朝隱逸文化的新轉向——一個「隱逸自覺論」的提出〉，頁3。

在利益衝突的背景下或多或少地以自我犧牲爲前提，「崇高的無私即便帶來終極的回報，它也要求作出直接的犧牲」[8]。但是若由此把道德行爲的本性看作是自我犧牲，在現實的政治生活中，很可能在培育「道德的人」的同時造就「不道德的社會」。「當這種超越社會酬報的最純潔崇高的道德理想運用到更複雜、更間接的人類集體關係上去時，其社會有效性就會逐漸減弱。要使一個群體對另一個群體充分保持一貫無私的態度，並賦予它非常有效的拯救能力，這不僅是不可想像的，而且對於任何一個參與競爭的群體來說，想像它會讚賞這種態度並能取得道德功效也是不可能的」[9]。

「愛」及「正義」，在哲學家倫理範疇與制度範疇的雙重語境中展現出不同意義。約瑟夫·弗萊徹雖然云：「愛同正義是一回事，因爲正義就是被分配了的愛。」[10]。但是「愛」難以直接成爲社會的制度原則，它必須經由正義感從多層次，灌注到制度層面[11]。尤其值得注意的是，仁義這些「價值系統不會自動地實現，而要通過有關的控制來維繫。在這方面要依靠制度化、社會化和社會控制一連串的全部機制」，「價值通過合法與社會系統結構連繫的主要參照基點是制度化」[12]。而且科學合理的制度相對於個體而言，也是一種重要的外部環境。約翰·羅爾斯指出：「離開制度的公正性來談個人道德的修養和完善，甚至對個人提出嚴格的道德要求，那麼，即使本人眞誠相信和努力奉行這些要求，充其量也只是充當一個牧師的角色而已。」[13]優良的制度可以使壞人變好，劣質的制度可以使好人變壞。惟有在一個健全而合理的社會之中，每個人才能平等而自由地

8　萊茵霍爾德·尼布林著，蔣慶等譯，《道德的人與不道德的社會》，頁209。
9　同上。
10　見其所著，程立顯譯，《境遇倫理學》，頁80。
11　正義感是一種情感能力，需要內化至道德主體內部，並且形成相應的道德態度。約翰·羅爾斯即提出：「正義感即是理解、運用和踐行代表社會公平合作專案之特徵的公共正義觀念的能力。」見其所著，萬俊人譯，《政治自由主義》（Political Liberalism），（南京：譯林出版社，2000年1月），頁19。
12　塔爾科特·帕森斯著，梁向陽譯，《現代社會的結構與過程》，頁141、144。
13　約翰·羅爾斯，何懷宏等譯，《正義論》，頁22。

形成自己的判斷，並根據自己的能力和判斷去實現個人的「良善生活」。故「將純粹無私的道德學說運用來處理群體關係的任何努力都以失敗告終」[14]，這正好說明孟子之說的內在困難，及難以符合歷史的趨向與和現實社會的需求[15]，也突顯他生命哲學理想與現實之間的價值難以找出一個平衡點！

其實，完美至善的理想同樣可以帶來生靈塗炭、血流成河的歷史慘劇[16]。卡爾‧波普爾（Karl Popper）即對政治上的至善主義加以批評云：「即使懷抱著建立人間天堂的最美好的願望，但它只是成功地製造了人間地獄——人以其自身的力量為自己的同胞們準備的地獄。」[17]對個體來說，每個人都可以設計和建構對自己而言理想的生活目標和最佳的生活方式，但是對社會整體來說，這樣的生活目標和生活方式卻是有待商榷的。人的生活方式的多元化及多樣化瓦解了理性主義認為可以找到「人應當如何生活」答案的重要假設和政治構想。而一旦根據某種「至善至美」的理念來設計一個「理想國」，並將其通過政治手段施加於由眾多不同個體組成的社會時，則是一個冒險而危險的行為，它將使生活變得難以忍受，甚至毀掉生活[18]。在此過程中，我們將面對種種的不確定性、偶然性、多樣性和挑戰性，這裡會有歡樂與痛苦、希望與失望、接納與放棄，不過這就是真實的人生、本原的生活。歸根結底，生活的每一個方面都需要每個個體單獨去感受、體驗和對抗[19]。

[14] 萊茵霍爾德‧尼布林著，蔣慶等譯，《道德的人與不道德的社會》，頁210。

[15] 參閱樊和平著，〈善惡因果律與倫理合理性〉，載於《上海社會科學院學術季刊》，1999年，第3期，頁90。

[16] 拉康指出，「至善」其實也就是傳統形而上學所講的「實在」，它無法觸及，但又具有無比的吸引力，因為善的領域正是圍繞著這個完全不能觸及而又具有吸引力的中心組織起來的，問題在於，要將實在作為「空」來認識理解，並通過欲望和時間的辯證法來思考實在。參閱納塔莉‧沙鷗著，鄭天喆等譯，《欲望倫理學：拉康思想引論》，頁9。如此一來，「至善」也易於產生不少負面效應。

[17] 見其所著，陸衡等譯，《開放社會及其敵人》（The Open Society and its Enemies），共2卷，（北京：中國社會科學出版社，1999年8月），卷1，頁315。

[18] 參閱李澤厚等著，〈「情本體」是一種世界性視角〉，載於《讀書》，2011年，第1期，頁53-54。

[19] 參閱萬斌等著，〈懷疑主義哲學的政治意蘊〉，載於《浙江大學學報（人文社會科學版）》，2014年5月，卷44，第3期，頁183。

孟子與莊子的生命價值哲學

無論如何，仁義是樸實又深刻的道德選擇，它不僅具有道德優勢同時又兼備生存優勢。孟子相信「仁者無敵」（〈梁惠王上〉）並非無稽之談。這種道德策略不僅是倫理學的成功，而且是存在論的成功；不僅是對生活問題的一個道德解決，而且是對生活問題的一個存在論解決。若說人權概念因保衛了個人利益和權利而無比重要，那麼仁義概念則因保證了幸福而同樣無比重要。人權和仁義互相配合，無論缺少人權還是缺少仁義，都同樣會造成人的存在悲劇[20]。因此，儒家不是在有限的現世人生之外構建無限的本體，而是在有限的現世人生之內構建無限的本體。儒家人生價值觀的淵源是所謂「三不朽」。由此引出「內聖外王」兩條人生基本路線，並以「內聖」為本，而以「外王」為末。然而不論「三不朽」，還是「內聖外王」，都是以歷史理性為根據。「孔顏樂處」以及孟子所謂「大丈夫」是儒家的理想人格典範。這一人生理想境界反映了儒家的積極有為的樂觀人生觀，自聖說卻把超越的指向寄託在個體之自我完成之上，但是它同樣不能擺脫自我失敗之上。因為，無論人的精神需要何等崇高，距離物欲和私情何等遙遠，它終究是我的一種需要。故而斷言道德乃是某種需要的實現即是斷言道德本為功利。可是若自我犧牲的終極目的乃是自我滿足，則此種犧牲已喪失了其本原性，喪失了其道德的絕對性[21]。

　　作為良知或良心的是非之心，成為心靈整體自我反思、自我評判、自我立法的能力，個體的道德主體意識和能力由此而來。這種是非之心以公正不偏為質，意味著對道德情感偏見性與自私性的修正與提升，使其趨於普遍性和公正性，以確保每一個人的權益都獲得公正對待，這是是非之心乃至於整個四端之心的基本精神和訴求，由此體現出儒家情感哲學的深刻一面，使其具有成為一種公正而普遍的道德可能性[22]。

---

[20] 米爾恩提出一種「最低限度標準」的人權觀，「最低限度」標準，「在消極的方面，要求人不能被僅僅當作手段；在積極的方面，則要求全人類在一切交往中始終遵循共同道德原則」。見其所著，夏勇等譯，《人的權利與人的多樣性：人權哲學》，頁153。

[21] 參閱馬丁‧布伯著，陳維剛譯，《我與你》，中譯者序，頁12。

[22] 參閱趙廣明著，〈情感的道德意義與孟子「四端」說重釋〉，載於《齊魯學刊》，2017年，第5期，頁87。約翰‧麥克西‧贊恩（John Maxcy Zane）著，劉昕等譯，《法律的故事》（The Story of

道德準則「不能由理性得來」，「道德準則刺激情感，產生或制止行為。理性自身在這一點上是完全無力的，因此道德規則並不是我們理性的結論」[23]。「道德上的善惡區別並不是理性的產物。理性是完全不活動的，永不能成為像良心或道德感那樣，一個活動原則的源泉」[24]。孟子對於人的理解總是偏向於道德性。他所謂「不忍人之心」（〈公孫丑上〉）、「人皆可以為堯舜」（〈告子下〉），強調的都是人的道德性。「修身」首先就是「正心、誠意、致知、格物」，通過這個過程，把潛在的道德性實現出來，最終目標即是「成聖成賢」。現代意義上的個體及其自由和權利反而需要被抑制。在這種情況下，孟子所賦予個體的只一種道德性而非權利性，況且過於強調道德性，反而減損了個體的自由。

正是在道德的這個基本點上，孟子也為自己設定了難以跨越的障礙，使其最終不能自洽。儒家雖然有「泛愛眾而親仁」（〈學而〉）、「仁者愛人」（〈離婁下〉）的普世博愛情懷，但是其始基牢牢焊接在親情之愛中而不能自拔[25]。親親敬長是人的常情，也算是一種「普世情懷」，不過問題是道德需要公正普遍性的基礎，才會有道德與社會公正可言，才具有「擴而充之」、「達之天下」的資格與能力，否則視私性的孝悌親情「為仁之本」，進而推恩於天下，天下也就只能被異化為一己之私。正是基於對人類自然情感的偏私性、侷限性所予人的充分警惕，假如一個民族對道德情感普遍性沒有一種公正的追求，則注定了其自私、狹隘、愚昧、奴性的永恆命運[26]。因為它所設定的目標是既膚淺而狹隘的，不能釋放出人類最高和最廣泛的創造能量，而缺乏這種能量，人類就將陷入渺小和曇花

Law），頁411云：「每一個普通人，雖然不是什麼宗教論者，但都無意識地以這種長期以來繼承下來的道義法則約束自己的行為。理想、對美好事物的信任、充實生活的樂趣、希望、溫柔、慈愛、自我克制以及一切『好』的東西仍然是驅使人在內心做到公正守法的最有力的、最本能的感情因素。」南京：江蘇人民出版社，1998年1月。

[23] 休謨著，關文運譯，《人性論》，冊下，頁497。

[24] 同上，頁498-499。

[25] 萊茵霍爾德·尼布林指出：「由於愛很難適用於複雜的社會，就不能要求愛在社會的範圍內比正義的理性原則更有價值。」見其所著，蔣慶等譯，《道德的人與不道德的社會》，頁46。

[26] 羅洛·梅著，龔卓軍等譯，《自由與命運》，頁7。

一現的境地，很難真正行之久遠。此目標從短期來看，將不利於社會的發展，從長期來看，則把人類推向自我毀滅的深淵！

有關義與命的問題，人固然應行義盡道，因爲這是應然範圍中之事，屬人能自覺主宰的領域。而道之將廢是外在的命限，這是沒有疑問的。然而，道之不行不僅涉及實然的領域，同時涉及應然的領域，人在命限中仍然可以選擇一個更恰當的態度，他可以選擇承受道之不行而知之畏之，亦可以怨天尤人，前者是道之不行時應有的態度，後者則是不應有的態度。故一切客觀外在的境遇不僅是命，亦同時是義的所在。在這義與命相通的理解下，孔子的「知命」則更可承受這限制而作出恰當的回應和選擇。人在行義盡道時，亦可見天命的所在。義的所在不純是我所自定，而亦要在一定的外在境遇中決定。這些不同的外在境遇，即是天對人的命令呼召，要人以合宜的態度回應。質言之，人不同的遭遇即是上天給人不同的考驗，人若能恰當地回應這些境遇帶來的考驗，則能回應上天的命令。而義是人所當爲，但是人在不同境遇中當有不同的義。故每一義皆在特定境遇中相應地界定，這些境遇即是天所啟示的命。由此觀之，義之所在，亦是命之所在。人的一切遭遇與道德實踐，一方面全幅是命，另一方面亦全幅是義，故義與命兩者通而爲一。

義命分立說重視對於自主和不自主領域的區分，這種區分下的命純粹是形而下和外在於人者，命只是不礙人盡義者。這種對命的解讀會出現一定的理論限制，一方面不能對孔孟思想中「天」的觀念提供善解，另一方面亦未能處理道德兩難的處境。而義命不二說則重視義與命兩個領域的貫通相融，命對於人盡義有著積極的意義（即命中見義）。這種解讀正可包含義命分立的基本精神，同時可彌補該說的困難。而在文本解讀上，義命不二說對心性和天道的關係可以提供一恰當圓融的理解。

孟子的思想所以不可能被任何宗教所折服，就在於其強調在世問題必須在世解決才完美。他所追求的是世界的存在完滿性：在一個世界中必須能夠解決這個世界的問題。他所以寄希望於人際關係，就在於人際關係是在現世內部去解決幸福問題的唯一方法。這是一種現實理想主義，莊子所

見亦然：若現實主義是好的，除非它同時是理想主義；若理想主義是可能的，除非它同時是現實主義。提出一個問題要比解決一個問題容易得多。二十一世紀是一個未來的世界，儒家文化究竟能給我們帶來什麼，也許只有後人最有資格回答。

　　無論如何，孟子的生命價值哲學的傳統雖然可以轉化及提高，但是不可斷裂，否則必使價值系統失根。著名漢學家班傑明‧史華茲（Benjamin Isadore Schwartz）從文化的發生學揭示傳統文化的價值，以傳統文化觀念幫助人更加了解過去和現在各種不同的、多元的人類經驗。人之所以要對其豐富各異的集體經驗有透徹的了解和欣賞，並不在於這些從原始到文明的不同文化可以解決所有人類生存的困惑，而是因爲它們全部一直竭力解決這些困惑，這就使我們能接觸到這種持續進行中的交流互動，從而把我們從目前單向度、偏頗和貧乏的全球主義意識形態中解放出來[27]。

　　傳統與現代的關係始終是一個近似「二律背反」的難題，黑格爾「停滯的帝國」之論影響深遠，面對現代所遭遇的種種危機，孟子傳統生命價值哲學的現代命運究竟如何？戛然斷裂抑或頑強延續？此種延續是苟延殘喘還是涅槃重生？激進主義與進步主義的歷史目的論正確與否？這些疑問貫穿人類文明發展的始末，不僅是其核心的探究議題，而且對其發展趨勢產生不可估量的影響。其實，傳統的中國社會，由於有傳統倫理的價值和限制，使得傳統社會能夠成爲一個較具自治功能的有序社會，從而避免了社會上的無序與亂相。但隨著社會化大量生產和市場經濟的來臨，傳統相對封閉有序的道德社會逐漸瓦解，人從傳統中解放出來，徹底鬆散爲無依無靠、無組織的原子式個體。傳統的時空秩序與整體意識被打破，人不自主地陷入對新時空的震驚、迷惘交錯之中。同時，自我意識也出現了危機。馬克思描述這種變化云：「一切固定的僵化的關係以及與之相適應的素被尊崇的觀念和見解都被消除了，一切新形成的關係等不到固定下來就陳舊了。一切等級的和固定的東西都煙消雲散了，一切神聖的東西都被褻

----

27 見其所著，林立偉譯，〈全球主義意識形態和比較文化研究〉（The Ideology of Globalism and the Study of Comparative Culture），載於《二十一世紀》，1999年，第51期，2月號，頁20。

潰了。人們終於不得不用冷靜的眼光來看他們的生活地位、他們的相互關係。」[28] 隨著宗教的去魅，理性地位的突顯，人在世俗世界中難以立刻尋覓到傳統社會曾有的人生歸屬感，及對生命價值的超越性嚮往，只好像無家可歸的流浪漢躑躅街頭，不知歸向！儘管現在亦有工廠與社區，但工廠乃基於職業上之聯繫，社區只是人的寄居之所，兩者皆由過客組成，完全沒有道德價值功能。傳統與現代沒有連續性，而連續性必須「源於一種歸屬感和自覺培養並世代相傳的行為標準」[29]。如此一來，原本有序地鑲嵌於仁義道德中各個人現在卻徹底庸俗化、成為沒有特殊資質的個人的集合體。庸俗豈是一種惡！故奧德嘉·加塞特強調：我們這個時代的典型特徵就是，平庸的心智儘管知道自己是平庸的，卻理直氣壯地要求平庸的權利，並把它強加於自己觸角所及的一切地方。……大眾把一切與眾不同的、優秀的、個人的、合格的以及菁華的事物打翻在地，踩在腳下；任何一個與其他人不相像的人，沒有像其他人一樣考慮問題的人，都面臨著被淘汰出局的危險[30]。在一個由孤獨人群所構成的世界裡，世人尋求個體的差異，各種價值不斷地被轉化為可計算的經濟價值。在極端情況下，廉恥和良知奈何不了最恐怖的暴行[31]。傳統的仁義道德是人得以走出封閉自我的一個重要途徑，傳統就是價值的延伸，是意義創造以致綿延無窮的時間之流。所有的人都是被其文化的傳統所支持的，如此每一個人才擁有一個意義的視域。所有的傳統都需要創造性的詮釋，需要隨著時代不斷重建[32]，但是其詮釋和重建令人不知延伸什麼價值？無窮的時間之流在現代人手中斷裂消逝，使人不期然地心寒意冷！

---

[28] 見其所著，中共中央馬克思恩格斯列寧斯達林著作編譯局編譯，《馬克思恩格斯選集》，卷1，頁275。

[29] 克里斯多夫·拉希（Christopher Lasch）著，李丹莉等譯，《精英的反叛》（The Revolt of the Elites and the Betrayal of Democracy），（北京：中信出版社，2010年1月），頁30。

[30] 參閱其所著，劉訓練等譯，《大眾的反叛》，頁10。

[31] 參閱丹尼爾·貝爾著，張國清譯，《意識形態的終結：五十年代政治觀念衰微之考察》（The End of Ideology：On the Exhaustion of Political Ideas in the Fifties），（南京：江蘇人民出版社，2001年9月），頁4-5。

[32] 參閱沈清松著，《中國人的價值觀——人文學觀點》，（臺北市：桂冠出版社，1993年6月），頁6。

第二節 莊子生命價值哲學的反省

莊子的思想即一種不爲事所困，不爲物所役的狀態。其目的在於擺脫身心的罣礙，「無己」地自足，而遊於大道之中的「至足」境界，其實質是經體「道」而得「道」之後自由的境地。這種自由源於心靈的觀照，並非現實之中個人的自由，而是一種純粹精神之上的抽象自由，是一種理想之中的主觀與客觀無任何對立、矛盾的自由自在的存在，也是一切感性存在皆昇華爲「道通爲一」（〈齊物論〉）的理性觀念。但事實上，個體作爲現實之中的具體存在，自由也總是具體的、現實的，超越的精神自由無法代替現實生活之中各種內在和外在的自由。捆縛個體的因素，無論來自自然界或人類社會，亦不論源於形體或精神，其最終根源還是在現實社會之中。若僅著眼於思想，而不藉由認識世界、改造現實的途徑，想實現所謂的自由，則不可能是「無待」或絕對的，而只能是有一定條件和前提的[33]。「無待」而絕對的自由在現實世界之中，只成爲一個概念性的存在，在觀念世界裡表現出來的空中樓閣，絕對的自由只能在精神領域和思維創造之中才能實現[34]。因而只憑向內心尋求「心齋」、「坐忘」、「喪我」、「見獨」等工夫，以獲得純粹個人的精神自由，這是難以企及的。

不可否認，莊子的思想具有非現實的一面。他認爲人的異化是由於「樸心」變爲「機心」，但沒有更深入地探討這變化背後的歷史和現實因素，對異化一概否定，顯然對人的欲望缺乏辯證式分析。他把現實狀態概括爲「渾沌之死」的異化狀態，而把理想的生存狀態描述爲「至德之世」，由異化狀態向審美生存狀態轉變的過程，就是不斷「捨棄」私欲的過程。莊子沒有意識到，欲望既將人類推進了災難和痛苦的深淵，同時是社會發展的原動力。莊子對物質相當忽視，對目的和欲望過度反對，必然使其自由境界實現的途徑向內心追求，過度在「有」之中找尋「無形」、「無欲」，以致忽視「有」的客觀存在，便把「無」推向極端。「無」與

---

[33] 參閱徐克謙著，《莊子哲學新探——道‧言‧自由與美》，頁167-168。
[34] 參閱塗光社著，《莊子範疇心解》，頁28。

「有」也是辯證的，「無」的作用確實是常人容易忽視的，它對人生的作用是巨大的，但他在讚賞以「無」為歇宿之地時，卻忘記了其「無」正是以「有」為支撐的，沒有「有」，也無所謂「無」。抽掉了生存的現實基礎，它便成為水中之月。由於向內心追求，他反異化的思想，便由對仁義道德的社會倫理和現實的批判，轉向自我的批判；社會群體的問題，轉變為對個體自我的拯救；把人的本質看成是抽象的、不變的。莊子生存自由的思想之中，理想的成分多於現實的內容，其自由的主旨在於精神的自由，重視個體的自由，忽視個體與群體自由的關係[35]。

細究之下，莊子所提出的「無待」包含兩種性質不同的自由：一種是主觀精神的絕對自由，一種是客觀行動的絕對自由。要達到後者，就要擺脫客觀條件的種種限制，亦即擺脫對客觀的依賴。在此意義之上，「無待」在一定程度上體現了從大自然之中獲取更多自由的本質意義。但「無待」所包含主觀精神的絕對自由不是通過克服困難等實踐活動而獲取，而是通過脫離現實，迴避矛盾，也就是通過從物我對立中的自我解脫來實現。這種在精神之上的所謂悠然自適，無牽無掛的逍遙境界，與人類創造所追求的自由，在性質上是救經引足的。由此可見莊子思想的矛盾：他一方面強烈地嚮往自由，極力想超脫客觀條件對生命主體的束縛和限制；另一方面又無法克服矛盾，也無法征服大自然去獲得這種自由。他只好採取忘掉現實的方法來取消此矛盾，故此矛盾始終無法得到實質和正面的回應或解決。其實，人人都希望過有意義且幸福的生活，但這種生活有時在現實之中根本是無法實現的癡心妄想，幸而人有時能主動自覺地深入反省，以引領自己到更廣袤的世界之中追尋，因此他將全部理想都寄託在追求自由生活方式之上，期能獲得內心的充實和快樂。但是這種自由導致精神世界與現實生活有所衝突，他既無力排解這種衝突，只能追求精神的平靜，逐步逐步地尋求合理的生存方式和生命尊嚴，最後也只能麻木地逃回自己的靈魂深處[36]。這種思想大多是他不滿現實，可惜又無力改變，只好採取

---

35 參閱時曉麗著，《莊子審美生存思想研究》，頁22、202-203。

36 包兆會著，《莊子生存論美學研究》，頁35云：「如果一個人感到世界的荒誕，而自身又找不到新

一種情非得已的心態度日。

伊格爾頓以為：「絕對的自由不可能有任何確定性的內容，如果它有，它就會受其限制，那麼這種自由就不是絕對的了。」[37] 只要行動由需要、利益和欲望驅動，就不存在真正的自由，因為它還依賴於外在的束縛，而絕對意味著「免受任何事物影響」。一旦如此，絕對的自由就淪為虛空，成為「只是一個純粹的形式化概念」，不再對行動發揮任何指導作用。自由最終變得自我窒息，「成了自己的囚徒」[38]。在伊格爾頓看來，自由始終是在受制約的關係中產生的，始終與必然性相合相生、互相倚伏。由於絕對自由拋卻內在的約束，因而它將成為「毀滅的狂怒」，成為一種「不包含任何積極因素的否定、不包含任何實質性內容的否定」[39]，最終將自己送入否定性的黑洞，墮向毀滅之途。正由於絕對自由滋生了邪惡。伊格爾頓援引黑格爾的觀點指出，邪惡繁榮於那種更加自由的個體。人以追求自由為名，試圖掙脫內在、外在的種種束縛，必然難以控制地走向反面，滋養和釋放出邪惡。在現代社會，自由不過是被客體化的欲望而已，故「一切都是邪惡的，存在是邪惡，並且注定是邪惡」[40]。哈耶克云：「如果欲對自由進行明確且嚴格的討論，那麼對自由的定義就毋須取決於是否每個人都視這種自由為一善物。一些人很可能不會視我們所關注的自由，也不認為他們從此一自由中獲致了巨大的裨益，甚至還會為了獲取其他的利益而隨時放棄此種自由；有些人可能更極端，甚至認為按照自己的計畫和決策行事的必要性，與其說是一種利益，毋寧說是一種負擔。

的信仰和價值時，他就有可能在『方可方不可，方不可方可』這樣兩可的心態下走向逍遙和沉淪。前者表現為莊子的逍遙遊，後者表現為莊子的混世之遊，尤其後者由於跟遊世中的保身結合，莊子由認識論所開闢出來的遊的內涵將因遊世中的主體屈服於壞環境甚至泯滅自我而發生變化，也就是說，莊子從認識論中所析出的遊所強調的精神自由和主體性將隨著遊世主體的不同生存環境而發生變化，其所界定的遊的感情色彩也將變化。這種變化在《莊子》那裡有個蛻變的過程，即遊的主體性不斷喪失、遊所包含的自由精神不斷弱化、遊所蘊藏的感情趨向於無和麻木的過程。」江蘇：南京大學出版社，2004年4月。

[37] 見其所著，龍昕等譯，《恐怖與自由》，頁236。
[38] 同上，頁237。
[39] 同上，頁234。
[40] 見其所著，方傑等譯，《甜蜜的暴力——悲劇的觀念》，頁230。

但是自由可能是可欲的，儘管並不是所有的人都會利用它。」「我們可能是自由的，但同時也有可能是悲苦的。自由並不意味著一切善物，甚或亦不意味著一切弊端或惡行之不存在。的確，所謂自由，亦可以意指有饑餓的自由，有犯重大錯誤的自由，或有冒生命危險的自由。」[41] 呂迪格爾·薩弗朗斯基（Rudiger Safranski）云：「為了理解惡，人們無須煩勞魔鬼。惡屬於人類自由的戲劇。它是自由的代價。」[42]

　　莊子所體會到人生的兩難，更多時候是來自社會生存處境，若社會生存處境發生改變，比如當社會對人的存在樣態持多元、寬容，不再以有用和無用來要求和強制人遵守某一端，當社會制度得以改善，君與臣、個體與國家不再陷入緊張關係和非此即彼時，則莊子所面對的人生兩難困境會有所削弱或減輕。有關這些方面，莊子沒有進一步探討通過社會制度的改變以便讓百姓在選擇某一端時有免於恐懼的自由[43]。概言之，莊子涉及的是人的精神自由，卻很少涉及影響人精神自由的外在環境政治自由。在伯林看來，真正的自由不是通過自我克制、向內收縮、在自我的精神世界中獲得寧靜和自由，而應在經驗領域憑藉其實踐力量，通過排除現實的障礙和壓制而獲得的自由——尤其指政治自由[44]。

　　無論如何，莊子所言精神的絕對自由與現實的相對自由之間的落實與聯繫，雖然導致失衡或產生裂痕而引發後人的非議，但是他以熱誠、真摯的心，不遺餘力地解決和解釋這兩者的實質問題，其成效到底如何，他的一生就是完整的具體表現和最傳神的詮釋，他已用其思想和現實的生活呈

---

[41] 見其所著，鄧正來譯，《自由秩序原理》，頁12-13。

[42] 見其所著，衛茂平譯，《惡：或者自由的戲劇》（Das Böse oder Das Drama der Freiheit），（昆明：雲南人民出版社，2001年9月），頁1。

[43] 參閱包兆會著，〈莊子面對人生兩難的思考及歷代回應〉，載於《南京大學學報：（哲學·人文科學·社會科學）》，2014年，第1期，頁138。

[44] 伯木還指出：「我發現自己身處一個我的意志遇到阻礙的世界中。那些執著於人『消極』自由概念的人也許能得到原諒，如果他們覺得自我克制並不是唯一的克服障礙之法；同樣可能的方法是通過排除障礙來克服障礙：自然物體用自然的辦法，人的阻力則用強力或說服的辦法，就像我誘使某人為我讓座，或者征服威脅我國利益的國家一樣。這些行動也許並不公正，它們也許含有暴力、殘酷、對別人的奴役，但不可否認的是，這個行動者卻能最名副其實地增加他自己的自由。」見其所著，胡傳勝譯，《自由論》，頁210-211。

現此問題的難解和無解。其實，哲學的意義不是爲了改變世界，而是反思世界，對眞、善、美的認識、審視、探索和尋覓，純粹是一種精神自我反思的過程，指向個體的自我修養，目的在於規範個體的自由發展。我們雖然無論在生活的形式，還是生活的內涵這兩方面都沒有能力改變這個世界，可是完全有能力去保存「自我」這個世界。我們可以不認同他人的世界，卻可以嘗試容忍他人的世界，對其存在加以認同。

莊子深明語言的特質，在於其意義的未定性[45]，但他一直以之來說明事理的確定性，這也許是人在使用文字、語言和符號時的宿命。也由於此宿命，人才了解語言的世界與現實世界所構築纏結難分的複雜關係，當人對這兩者愈了解，生命才愈得到安頓。總之，《莊子》的矛盾，集中而具體地顯示了一個事實：在「人類精神的反思」[46]過程之中，有關觀念與現實、本體與現象、天與人等終極理解和矛盾，至今仍只能「知其不可奈何而安之若命」（〈德充符〉），不過可奈何者，就是這終極理解和矛盾的發展是動態的而非靜態的。總有一天，在科技和智慧有更進一步的發展之下，人可得到較滿意的答案。也許到時候，莊子的問題其實已不是問題了！

其實，人身處在一定的社會生活之中，無論以何種方式生存，都免不了要吃、喝、穿、住、行以及男女之事；要生活，就必須具有生活的知識和技能，也必須跟他人來往接觸、參與社會活動，並要遵循一定的社會規範和行爲準則等。況且現今社會工商業的發展之所以能一日千里、訊息之所以能日新月異地傳遞，人類生存狀況和環境之所以能不斷地改善和進步，皆離不開現代科技之功。何況現今社會的人口爆炸、環境惡化、資源缺乏、耕地減少、物種滅絕等諸多全球化問題，都必須仰賴科學、技術發展之力，才能一舉奏效地改善。尤其是人存在的本質和需求也已與原始人類判若雲泥，要完全回到「純樸」、「自然」的「逍遙」、「無爲」社會

---

[45] 〈齊物論〉云：「言者有言，其所言者特未定也。」

[46] 馮友蘭認為，「哲學是人類精神的反思，所謂反思就是人類精神反過來以自己為對象而思之。」見其所著，《中國哲學史新編》，冊1，頁9。

無異於水中撈月，這也是人理性所無法完全認同的[47]。故佛洛姆亦言：「人類發展爲人類之前所擁有的那種和諧已一去不返，一失永失，現在它惟有以發展理性，找尋新和諧的方式——人所締造的和諧，而非自然的和諧——前進。」[48] 李澤厚亦云：「歷史並不隨這種理論而轉移。從整體來說，歷史並不回到過去，物質文明不是消滅而是愈來愈發達，技術對生活的干預和在生活中的地位也如此。儘管這種進步的確付出了沉重的代價，但歷史本來就是在這種文明與道德、進步與剝削、物質與精神、歡樂與痛苦的二律背反和嚴重衝突中進行，具有悲劇的矛盾性；這是發展的現實和不可阻擋的必然。」[49]

莊子生命價值哲學是生命與心靈的對話，他所渴求和嚮往的人生最高境界是人類永恆的理想，使人得以超越現實，掙脫種種束縛，與生生不息的世界合爲一體，使短暫的人生擁有崇高、莊嚴的意義和永恆的價值，從而獲得理想的人生。作爲時代的產物，莊子這種浪漫的、詩意的、神祕的、孤獨體驗[50]的內心世界的宣洩，從而折射出「道」不行則隱，寧靜致遠，隨順萬物的生命價值哲學，在今天科學精神和經濟掛帥的世界文化之下，雖然似乎很難得到客觀理性認識的承認，及不可避免地包含一些消極的因素，但是在任何嚴酷而險惡的社會環境之內，若設身處地爲莊子思量，則一個孤獨、弱小的個體，除此之外，又能有何作爲[51]？在這種背景之下，或者說，在這樣一種生活當中，恐怕誰都回天乏術，而且不知不覺

---

[47] 參閱李德才著，〈論莊子非現實主義的人生觀〉，載於《安徽教育學院學報》，1996年，第2期，頁11。

[48] 見其所著，孟祥森譯，《愛的藝術》（The Art of Loving），（臺北市：志文出版社，2016年4月），頁21。

[49] 見其所著，《中國古代思想史論》，頁180。

[50] 所謂「孤獨體驗」，就是「一種深刻而強烈的智慧內省，是個體生命與廣泛聯繫的外部世界暫時中斷聯繫而潛心考慮生命個體、生命意義問題時，所意識到地與他人無法重合的個別感、特殊感，是人的自我意識深化的一種心理反應。」見童慶炳主編，《現代心理美學》，（北京：中國社會科學出版社，1993年2月），頁113。

[51] 在現實的帷幕被揭開，日常慣有的模式或事物意義剝落時，所產生的某種「四無依傍」的存在處境，人於此感受到深深的孤獨、無情和虛無感。參閱歐文·亞隆（Irvin D. Yalom）著，易之新譯，共上下冊，《存在心理治療：自由、孤獨、無意義》（Existential Psychotherapy），（臺北市：張老師文化公司，2004年2月），冊下，頁490。

地變成了悲劇之中的犧牲者，或鬧劇中插科打諢的丑角。自古至今，中國歷史上有多少慷慨悲歌之士，他們胸懷熱血，或冒死直諫，或揭竿起義，欲推翻暴政，解萬民於「倒懸」之中。可是，觀其最後的下場，或是慘遭殺戮，或是失意頹唐，或是憂傷終老，又何曾有人實現過這悲天憫人的宏願？社會依舊黑暗、暴政依舊橫行、萬民依舊傷痛、奸邪依舊熾盛。確實，莊子渴望走出混濁的文明，返歸清明的原始，很難說有什麼現實性，但是這意味莊子的天真可笑呢？還是意味人類萬劫不復的悲劇宿命呢？道德理想始終真的是高不可登[52]！

　　無論如何，設想處於專制無道之世中的知識分子，他們既背負文化傳統「憂患意識」的情結，又受到強大的壓制和不公平的待遇，內心的痛苦和無奈皆沉重無比，此時此刻有何出口可以抒發？無情而殘酷的現實，自然驅使他們不得不走向認同莊子的道路。一個有思想、有抱負情懷的文化人，除了為了免於刑戮，「苟全性命於亂世」之外，他們還必然要探索一條個人安身立命之道，取法莊子，當然是最佳的選擇，亦即認同於「天」，追求一種「入於寥天一」（〈大宗師〉）的精神自由，冀盼「脩德就閒；千歲厭世，去而上僊；乘彼白雲，至於帝鄉；三患莫至，身常无殃；則何辱之有」（〈天地〉），以獲得精神上的滿足，達到形與神的和諧。另一方面，他們不願意加入無道君主的行列，而成為壓迫、剝奪百姓的工具或幫兇。可惜在當時的歷史條件之下，他們也不可能設想出更進步和見效的制度取代君主專制，也不大可能開闢出一條與儒家截然不同的、更具積極意義的、切實可行的救世良方。他們只能背負生活的重擔、羈絆，以及遭受政治的壓力，亦得依循認同人的路徑，被迫接受命運的支配，「安時而處順」（〈養生主〉）、「不譴是非，以與世俗處」（〈天下〉）。除此之外，就只能身心交瘁、憂鬱惆悵，乃至心死身亡了，他們還能有什麼更好的選擇呢？

　　或許人類歷史的進步，本身就是一種「二律背反」。人類不得不進

52 參閱李衛著，〈體認天道——莊子的認識論〉，收錄於陳寧寧等著，《莊子十日談》，頁88。

步，但是每一個進步，又往往伴隨一些原始美好東西的喪失。一方面，人類竭力地追求突飛猛進，積極進取、拚命競爭，為自己因努力而成功感到驚喜、亢奮、喝彩；另一方面，又時常若有所思地、惆悵地頻頻回首，惋惜那已失去的樸素而自然的狀況，及個人純真的原始本性，甚至幻想昨日再來、舊夢重溫、復歸自然。可是文明的演進，就從來沒有消除世間的苦難和人心的焦慮。一部人類發展史，可以說是一部追求幸福的歷史，也可以說是一部力求擺脫痛苦的歷史。把這兩個方面結合為一，才能展示人類完整的精神生活。故僅僅從精神自由與現實自由、進步與倒退、積極與消極、主觀與客觀，復古與文明的對立關係來評斷莊子人生哲學的價值，似乎過於簡單，也無法得事理之實，更說明不了他的哲學為何迄今仍具有歷久不衰的獨特魅力，也無法解釋他的著作，時至今日還受到廣大讀者的青睞[53]。總之，他向世界撒播的「思想種子」，並非是為了突顯某種結論，而是為了要後人自我反省，這是一種激勵他人對自身的獨立思考；目的是為了帶來思想者間的對話[54]。從這方面而言，他的生命價值哲學反而是現實的、自由的、積極的、客觀的、文明的。

莊子以人的整體生命作為起點，以思考人應如何度過一段快樂而自得的人生旅程。他的思想超越了任何知識體系和意識形態的限制，站在天道的境域和人生的高度反思人生。他以自己那雙惶恐、真摯、敏銳的眼睛深情地凝視這個世界，看到了常規世界背後那個被扭曲的世界──那是真正的現實世界。他用其獨特的語言描述了這個隱匿的世界，從而為人類提供了一個時代真實的靈魂。他的思考絕不媚於世俗而具有終極的意義，因此那些從現世的科技文明狹隘的立場出發的批評者，在片面中檢視莊子思想的同時，無可避免地會誤認為他的言論只不過是沒落奴隸主階級的世界觀，或是隱者在亂世中鎮日幻想出來的一套消極的處世夢囈。其所言不僅

---

53 參閱徐克謙著，〈梭羅與莊子的比較〉，載於《文化月刊》，1993年11月，第169期，頁23。
54 參閱阿倫特著，王凌雲譯，《黑暗時代的人們》（Men in Dark Times），（南京：江蘇教育出版社，2006年7月），頁6-7。

是倒退的歷史思想，並否定文明的社會[55]，甚至批評莊子的人生觀是「最庸俗、最低級的思想」[56]，也是一個「出世主義」[57]。他們的批評，自然缺乏與他對話的基礎及格調，更沒有無端地攻擊他的權利和理由[58]。對莊子的曲解或誤讀，不只是單純的學術問題，更多的是對一種理想的人生態度和生存方式的貶低和否定，反映出人對自己的地位、處境的認識程度[59]。劉熙載說莊子：「看似胡說亂說，骨裡卻盡有分數。彼固自謂倡狂妄行而蹈乎大方也。學者何不從蹈大方處求之？」[60]這對如何平正地批評莊子，確爲精闢之見。維特根斯坦說：「一個時代誤解另一個時代。一個小小的時代以它自己的那種令人厭惡的方式誤解其他一切時代。」[61]後人對莊子哲學的誤解，都是源自於對其生活形式和時代背景的不了解。馬克斯·韋伯云：「人類命運的道路，確實會使一個概覽其某一片斷的人不能不驚訝無比，但他最好將他那些個人的微不足道的意見隱藏不露，就像一個人在目睹汪洋大海或崇山峻嶺時所做的那樣。」[62]莊子生命價值哲學又豈止大海或崇山峻嶺！無論如何，藉由剖析這些對莊子正、負面的評價，可深入思考我們今天的時代及人生問題。莊子思想中所蘊涵的深刻智慧，

---

[55] 胡適著，《中國古代哲學史大綱》，頁301云：「這種思想、見地固是『高超』，其實可使社會國家世界的制度習慣思想永遠沒有進步，永遠沒有革新改良的希望，莊子是知道進化的道理，但他不幸把進化看作天道的自然，以為人力無助進化的效能，因此他雖說天道進化，卻實在是守舊黨的祖師。他的學說實在是社會進步和學術進步的大阻力。」

[56] 馮達文著，〈論莊子哲學的邏輯思維過程──兼與嚴北溟和張松如趙明等同志商榷〉，載於《中山大學學報（哲學社會科學版）》，1982年，第3期，頁26。

[57] 胡適著，《中國古代哲學史大綱》，頁299云：「莊子的哲學，總而言之，只是一個出世主義。」

[58] 陳徽著，《致命與逍遙──莊子思想研究》，頁56云：「欲達逍遙則需積極地應事答物，而非逃避。就此而言，若謂莊子反歷史、斥文明，則不免有偏。」張采民著，《莊子研究》，孫以昭等著，《莊子散論》，頁66-67云：「『素樸而民性得矣』的社會，固然多少有點倒退論，但是這也不能脫離當時的歷史背景來分析，這其間蘊含著對『殊死者相枕也，桁楊者相推也，刑戮者相望也』、『竊國者為諸侯』極其動亂的戰國之世的憤懣與否定以及對於純樸安謐的『理想』社會的憧憬與追尋，給人們以一定的誘發與啟示，也是可以理解而無可厚非的。」

[59] 參閱時曉麗著，《莊子審美生存思想研究》，頁1、23。

[60] 見其所著，《藝概》，（上海：上海古籍出版社，1978年12月），〈文概〉，頁7。

[61] 見其所著，塗紀亮譯，《維特根斯坦全集》（The Collected Works of Ludwig Wittgenstein），（石家莊：河北教育出版社，2003年1月），卷11，頁117。

[62] 馬克斯·韋伯著，于曉等譯，《新教倫理與資本主義精神》（Die protestantische Ethik und der Geist des Kapit），（北京：生活·讀書·新知三聯書店，1987年12月），頁18。

必須在一個更爲寬廣精神文化的背景之中，才能得到真正具有現代性和建設性的理解。

　　無論如何，莊子畢竟沒有完全退隱山林，更沒有從現實社會之中匿影藏形，因爲他內心尚有牽腸掛肚之事。〈天運〉云：「以敬孝易，以愛孝難；以愛孝易，以忘親難；忘親易，使親忘我難；使親忘我易，兼忘天下難；兼忘天下易，使天下兼忘我難。」王先謙即指出，莊子「意猶存乎救世」，在於：「古之作者，豈必依林草、群鳥魚哉？余觀莊生甘曳尾之辱，卻爲犧之聘，可謂塵埃富貴者也。然而貸粟有請，內交於監河；繫履而行，通謁於梁魏；說劍趙王之殿，意猶存乎救世。……是故君德天殺，輕用民死，刺暴主也；俗好道諛，嚴於親尊於君，憤濁世也。」[63] 不論王氏所說的「意猶存乎救世」或「憤濁世」，應都是中國傳統知識分子的憂世之心和救世之情在莊子身上的體現。他「蒿目而憂世之患」（〈駢拇〉），執著於其「獨志」（〈天地〉），但是在他靈魂最底層之處，依舊「深深地透露出對人生、生命、感性的眷戀和愛護」[64]，及真心關注世人短暫的生命是否能具有崇高遠大的意義和永恆的價值[65]。他的言論之中所流露的悲觀語調，是他看透了人心及對世局衰頹的感歎和無奈，故對莊子只作表面化的理解，或簡單地以「偏激」、「悲觀厭世」、「憤世嫉俗」、「利己主義」等負面語言來評斷他的一生是欠公允的，因爲這些都不是莊子思想的本質[66]。故吾人應分析這些負面言語產生的原因，並認識

---

[63] 見其所著，《莊子集解》，〈莊子集解序〉，頁7。

[64] 李澤厚著，《中國古代思想史論》，頁179。

[65] 姚曼波著，《莊子探奧》，頁238云：「莊子創立的『心齋』、『坐忘』、『朝徹』、『見獨』的理論，不僅為人類精神的『反異化』開通了一道獨特的幽徑，而且啟迪人類從幾千年來所創造的文明重負中擺脫出來，獨立、自主地以全新的自我精神發現新的真、新的美、新的善。『和以天倪，因以曼衍』，應和著客觀天道變化而變化，以自我精神的無限，應隨著宇宙變化的無限，創造著人類精神文明的無限，實現人類最高意義上的精神自我。莊子為人類打開了通往無限的大門。這是莊子對於人類具有永恆意義的貢獻。」

[66] 張恆壽著，〈論《莊子・天下篇》的作者和時代〉，頁217云：「莊子的中心問題，……是怎樣使短暫的生命具有高遠意義和永恆價值（言論中流露出來的悲觀語調，是他尋求真理而不能得到時的感嘆；對事物採取旁觀態度，是他對卑瑣生活的冷嘲熱諷，而不是莊子思想的內在本質）。對於這種思想，我們不應用利己主義、悲觀厭世等詞加以貶斥。」收錄於張豐乾編，《莊子・天下篇注疏四種》，北京：華夏出版社，2009年4月。

其在特定歷史階段所具有的理論意義。

其實，莊子在此透露了一個作爲「人」的訊息：人想要生存就必須具有生存的意識；在有了生存的意識之後，就要能使生命有其最高的價值，接著要有如何能實現生命價值的意識；在達成目的之後，就要有希望全天下的人都能實現生命價值的願景，因爲在實現之後，人人皆能快樂逍遙，自能確保個人的幸福。換言之，個人生存的幸福，完全仰賴全體人類的幸福[67]，這才是莊子心目中人生存最基本的意識，而這種意識是中西哲學家的共識。

康德云：「人及──總而言之──每個有理性者均作爲目的自身、不僅作爲供某個意志隨意使用的工具而存在；而在其一切行爲（無論它們係針對自己，還是針對其他有理性者）中，他必須始終同時被視爲目的。」[68]這種認爲「世界上只有人才是唯一的目的，其他一切外物都只不過是工具和手段」的說法，莊子早就提出了。在他看來，個人生存的意義與目的，顯然不是任何外在於人的東西。個體並非被別人任意指使或利用的工具，甚至不是自己情慾或意志的工具。它本身即具有獨立的價值與意義，存在本身即是存在的價值。人自身的存在與發展，就是人生的最高目的，也就是人生的最終意義。在中國歷史上，莊子最早發現及確立了上述作爲人真正存在的價值及意義。因爲個體意識的含混不清、個性欠獨立自主，正是中國人的一大特徵，也是其本性難移的陋習。他力求突顯個體

---

[67] 陳徽著，《致命與逍遙──莊子思想研究》，頁182-183云：「逍遙固是云生命的自在，但自在或逍遙並非是在自我幽閉中實現的，而是關乎天下之化，深切於萬物性命之正。對於王者來說，天下若不治，生民困乏，何談其逍遙？對於天下生民而言，若生道阻邊，又何論其自在？……故〈應帝王〉曰：『明王之治：功蓋天下而似不自己，化貸萬物而民弗恃；有莫舉名，使物自喜；立乎不測，而遊於無有者也。』王者倘能『功蓋天下』、『化貸萬物』而又『立乎不測（言其化之神）』、『遊於無有者』，非逍遙而何？生民倘能『各正性命』而又無所恃（『民弗恃』、『有莫舉名』）、若己自為（『物自喜』），亦非逍遙而何？」

[68] 見其所著，李明輝譯，《道德底形上學之基礎》，頁51-52。所有人也都應當一視同仁地被視作平等的主體，「不論他是誰，不論他的特點和興趣如何，都應受到平等對待的權利的實現是靠這樣的事實，這就是沒有人能夠借助於與其他人不同來保證自己得到更好的處境」。見羅斯科‧龐德（Roscoe Pound）著，陳林林譯，《法律與道德》（Law and Morals），（北京：中國政法大學出版社，2003年10月），頁140。

的獨立性和自主性，從人的本質之中提高人尊貴的地位，這是一項十分難得而可貴的偉大「工程」。薩特曾云：「人們在前期人身上發現的恰恰是……促使人們禁止自己利用人作為達到一個目的的東西或者工具的原則。我們正是在這一點上堅持一種道德。」[69] 莊子的說法，也正是「在這一點上堅持一種道德」。

懷海德（Alfred North Whitehead）說：「玄想的理性是在其要素上不為方法所妨礙的，它的職能乃在深入於有限理由之外的一般理由之中，乃在理解調整事物性質中的一切方法只能由超越一切方法去把握，這種無限的理想是永不為人類的有限智力所達到的。」[70] 莊子的思想就是無法用一般方法確切掌握，也非一般理由所能說清楚的，他以超越一切原則的方法去表達「永不為人類的有限智力所達到」的「無限的理想」。因此《莊子》全書以反向思考、充滿矛盾的理論、顛覆人想法的思維模式來表達「無限的理想」。若從這個角度來觀察，則可以同情的了解來體認《莊子》的「瘋言瘋語」、「無根無據」、「奇詭怪異」的風格，也就毋須責以不相干、無關痛癢、無關莊生宏旨的無謂批評。儘管莊子仍無法透過語言把「無限的理想」述說清楚，但他已提出一個不是方法的『方法』來接近「無限的理想」，故他的問題意識是清楚的。他的矛盾是否為矛盾？問題是否為問題？這就須探本溯源，才能對莊子之言有較客觀的論斷，或相應的回應。無論如何，他艱深的風格源自其「無限的理想」，這思想仍在繼續被後人了解、詮釋的過程之中。

因此以拒斥人的社會性、歷史性存在為哲思前提，也就是不論消極遺世，還是嘲諷現實，想確切地了解中國各朝代士大夫或知識分子的心態，莊子及其思想是必須正視的研究對象。任何人對他的愛憎，都無法變更此

---

69 姚曼波著，《莊子探奧》，頁234云：「莊子的『精神本體論』，突出了精神的核心價值，強調個體生命自我精神的獨立性，使人成為自我的主人，維護具有個體精神特色的生活，並最大限度地發揮生命精神內涵的無窮潛能。把生存的目的，從『僅僅是作為工具服務於沒有靈魂的文化過程』，引向關注自己精神生活的意義與價值。這對於挽救逐物不返而精神瀕臨式微的人類，也許是一粒有效的『救心丸』。」

70 見其所著，周煦良等譯，《存在主義是一種人道主義》，頁49。

一客觀事實。這種重要性，更主要的是體現在中國傳統文化與哲學發展歷程之上。因為莊子及其思想以其綿延不已的活力，始終在中國社會的每一個時代之中影響著人類，所不同的只是影響的大小而已[71]。

職是之故，莊子消極避世的言論和態度，不應簡單地理解是他身處亂世危局時的全身之道，而且是險惡的環境及艱困的現實生活在他精神上留下的烙印，還蘊涵著他對文明和社會本質更深層次的思索和批判[72]。在他看來，社會黑暗，並非在特定歷史時代偶然出現的情況，而是以人道有為作基礎的人類文明史的必然結果。只要是世上還存在著義利、真假、善惡、美醜的對立和衝突，社會就避免不了發生各自角力不斷的紛爭。精神追求轉化為物欲追求；良知轉化為具體；真理轉化為謬誤；善轉化為惡；美轉化為醜；太平盛世轉化為亂世，甚至滅亡[73]，兩極之間相依而存，循環往復，無窮無盡。真正的歷史，就是在自然與人文、道德與自由、形上與形下、工具與目的相互衝突之中舉步維艱地前行。歷史就是人類對於此世界進行自我的詮釋，也是人類其他人文思維方式的母體。人類的歷史即是其自我表述、自我扮演、自我顯現與自我認識的過程[74]。但在建構其「意義世界豐」時，人一旦陷入其間，若盼望真、善、美，及永恆的樂土和自由、幸福的降臨，豈非白費心思？

在中國傳統社會中，道家之所以能與占有領導地位的儒家互補，毋寧說是儒家積極入世強烈的社會責任感，與莊子的個體精神的逍遙自由可以互補；積極入世而又能精神逍遙自由，這就使社會持續發展有了一定的張力。自從有了儒家的仁義禮樂之後，它們往往把人的情感活動限制在固定

---

[71] 懷海德所言出自其所著，《理性的職能》（The Function of Reason），Taipei：Rainbow-Bridge Book Co.,1967.p.65。譯文引用謝幼偉著，《懷海德的哲學》，（新北市：先知出版社，1974年），頁194。

[72] 參閱朱又祿著，〈清談‧思辨‧隱逸〉，收錄於陳寧寧等著，《莊子十日談》，頁239。

[73] 陳徽著，《致命與逍遙——莊子思想研究》，頁119云：「若以隱逸棄世解莊子，所解必也流於褊狹，規模不張。」

[74] 瑪律庫塞同樣認為：在對客觀必然性的追求中，「良心被具體化，被事物的普遍必然性所剝奪。在這種普遍的必然性中，負罪感已無地盤」。見其所著，左曉斯等譯，《單面人》（One Dimensional Man—Studies in the Ideology of Advanced Industrail Society），（長沙：湖南人民出版社，1988年5月），頁68。

的模式之內，人經常不得不遵守某種規範來傷害自己，有的養成某些人的虛偽品行，甚至為此喪失生命。莊子敏銳地觀察到仁義禮樂潛伏極大的消極性，因而對儒家標榜的「堯舜聖世」予以根本的否定。〈庚桑楚〉指出：「大亂之本，必生於堯舜之間，其末存乎千世之後。千世之後，其必有人與人相食者也。」歷史證明，他的預言不幸而言中。莊子提出回歸自然的方案雖然寸步難行，然而從整個人類歷史大背景之上加以考察，則發現它仍然具有積極的意義。由於儒家一直是以正統觀念維護現存的秩序，故需要另一種學說與之互補，而莊子的哲學則扮演了這個角色。事實上，它委實起了不可或缺的糾偏補弊的作用[75]。時曉麗云：「如果把莊子思想從儒家思想的『肋骨』論中擺脫出來，我們就會發現，隱士風骨是莊子批判與超越思想的基礎。莊子與孔子隱士思想的出發點和歸宿點都不相同。在孔子，隱士是道不行的退路和避難所在；在莊子，則是道行的出發點；莊子與孔子的『達』和『窮』的概念完全不同，孔子所謂的『達』，主要指仕途，在莊子看來，恰恰是『窮』，他們的價值取向是相反的。從這個意義上說，莊子何曾出過世？他只是不願出仕。莊子是中國第一個真正重視人、把人當作人、以人自身作為價值尺度的思想家。由於中國人習慣於從『立功』、『立言』、『立德』的儒家思想出發去評價莊子，所謂建功立業為入世，而把真正重視、呵護生命者視為『出世』，可見，這個『世』，是不完整的。它只是『政治』或『官場』的代名詞，在這種『官本位』思想的覆蓋下，莊子自由人格的思想蒙上了千年的歷史之塵。只有那些歷史上的許多文人政治失意後，卻因此而看透了其中的真諦，捨棄了身外之物，找到了生命的真諦，成就了他們的審美人生。站在儒家的立場上看，這是不得志，是不『達』，是『失』，而站在人生的層面上看，則是轉變了生存的方式，實現了審美生存。莊的審美生存思想是人類生存的理想方式，與儒家的道德生存思想可以互為補充，但絕不是對儒家思想

---

[75] 「人的自我認識」，是哲學的最高目標，「它已被證明是阿基米德點，是一切思潮的牢固而不可動搖的中心」。見卡西爾著，甘陽譯，《人論》，頁1。赫舍爾著，隗仁蓮譯，《人是誰》，頁6云：「自我認識是我們存在的一部分。」又頁7云：「認識自己和成為自我是分不開的。」

的單向補充。」[76] 究本探源，凡是儒家所言不合自然的，莊子便加以揚棄。他也非全然反對仁義和禮樂本身，他否定的只是儒墨徒具虛文的「仁義道德」。這些揚棄，實有其積極的層面，有學者即指出：「（莊子）退仁義也不是沒有正義感，不是主張弱肉強食，而是對具體的社會建制的正當性的質疑。同時指出人的福祉的獲得並不停於倫理的層次，還有更高的空間可展望。」[77]

　　而在人生方面，莊子提出了一種與儒家大不相同的人生境界和態度。儒家重義輕利，莊子則義利皆忘，這對那些汲汲名利，常常被名繮利索纏繞的人，不失為一種解脫繮索的良方。他的思想可以幫助人從名利場域中掙脫出來，以寧靜的心態和淡泊的心志去看待名利的問題。莊子所回歸的真淳，是一種直契人的存在結構所重建的「士的自覺」，他以固窮而不仕的生活讓士人以「反璞歸真」為最高的價值。這是他接續孔子目睹洙泗間禮樂弦歌斷絕了，中國整個社會世風日下，道德沉淪敗壞，於是勤勉一生，期能修補重建這個已破裂的社會，使之返回淳真。經由他深刻的思辨抉擇，作為亂世知識分子，只好扮演若隱若現的角色。他為士的價值走向開啟了一條始料未及的詭譎動線。總之，莊子異於儒家，他的處世態度，有時表現為超然物外的超世傾向，有時又表現為順乎世俗的順世情緒。他的超世情緒，又有一種把人引向未來和高遠的動力，其順世精神，又有一種心靈慰藉的作用。這種超世情緒及順世精神從總體之上體現了那些處於逆境，或備受現實沉重壓抑者的人生態度。有關這方面，正是儒家所鞭長莫及的。

　　若說一種文化發展的活力，是以它定形時期思想的多樣性和適應性為前提，則先秦時期的道家和儒家所創立的相反而相成的人生哲學和處世之道，不單構成了一個五光十色的人間世，並且為其後中國文化的發展和自

---

76 劉笑敢著，《莊子哲學及其演變（修訂版）》，頁231云：「秦漢以後，儒家與法家合流，形成了以儒家思想為主的專制主義的正統的思想體系，正統思想要求人們恪守三綱五常，戰戰兢兢，如履薄冰，慎獨修身，這對人的思想是一種僵硬的束縛，在漫長的封建社會中能夠與這種僵化的思想相抗衡、能夠為僵死的思想界帶來一點生動氣息的便是道家思想，尤其是莊子哲學。」

77 見其所著，《莊子審美生存思想研究》，頁58-59。

我調控能力的發揮，奠定了深厚的精神基礎[78]。其實，有關調控或節制物欲方面，儒、道兩家雖然沒有異議，但是追求倫理、功業、義務的立場則互異。從儒家來看，在一個現實社會之中，倫理與功業兩者的追求都是不可或缺的。因爲人天生是群體動物，必須仰賴社會的組織才能正常地生存、發展，故致力於這兩者就是關心人的共同福祉。同時，倫理之情，如親親、敬長等皆是人天性的表現。可是倫理與功業無可避免地會給個人帶來負擔、壓力和牽累。以忠、孝爲例，孝可說是天倫，忠卻不是。當儒家倫理把孝推向忠時，仁義就成爲一張密不透風的羅網，成爲統治者馴服和蒙騙被治者有利的祕密武器。特別在倫理、義務與功業要求作爲一種普遍價值而與特定的社會體制相結合時，人就注定是網中之物了。莊子對這方面瞭若指掌，他所言的「不如相忘於江湖」（〈大宗師〉），便能使有意或無意地身陷在仁義帶來的負擔和牽累的人有機會從羅網之中縱身而出。

　　在莊子以前，儒家把人生的最終目的與人格境界定爲「立德」、「立功」、「立言」，這予人莫大的精神壓力。莊子則提出「至人无己，神人无功，聖人无名」（〈逍遙遊〉），把聖人的典籍蔑稱爲「糟魄」[79]（〈天道〉）。他站在「道」的高度之上，顛覆了世人傳統的道德觀念，主張「道通爲一」（〈齊物論〉）。從「通」的角度去看，「德」、「功」、「言」都顯得不值一哂，甚至是傷生害性的。他的思想使人蔑視功名、齊生死、淡得失，否定一切現實世界的價值規範，從根本上解除人精神的羈絆，使個體精神得到寬廣遼闊的翱翔。這一方面啟迪人反思和批判現存一切文化，並使人從束縛中解脫；另一方面，又使人「在形式上的否定」之中，達到對人生終極意義的「本質的肯定」——發現眞正的精神自我[80]。無論如何，人若有心行仁義，仁義當然有可能成爲害人損己的權

---

[78] 陳少明著，《〈齊物論〉及其影響》，頁252。

[79] 參閱陳紹燕著，《莊子的智慧》，（石家莊：河北人民出版社，1997年12月），〈前言〉，頁5-6。
　〈天道〉云：「桓公讀書於堂上，輪扁斲輪於堂下，釋椎鑿而上，問桓公曰：『敢問公之所讀者何言邪？』公曰：『聖人之言也。』曰：『聖人在乎？』公曰：『已死矣。』曰：『然則君之所讀者，古人之糟魄已夫！』」

[80] 參閱姚曼波著，《莊子探奧》，頁243-248。

術，但是若能以無心、無欲、自然的心，妙用仁義於無形之中，則才會有「眞仁」、「眞義」出現。這正是莊子對儒家最重要的補充說明。

然而，就更深的一個層次而言，吾人必須進一步探討，莊子生命價值哲學究竟爲人類提出什麼永恆的訊息？這是值得深思玩味的課題。有關他生命價值哲學的宗旨，當然離不開「逍遙」這個主體，並且到處可見此意識的展現。至於人能否保存生命的價值，那是另一個層面的複雜問題。而他在相關問題之中所呈現的不足或缺失，正可以說明他個人在大環境當中的侷限。但是歷來的研究者，常在這些問題上打轉，進而批評莊子，不願給予正面的評價，這實在有欠公允。隨著時代的演變，科技與文明日益發達，人類理應更加豁達、幸福；生活之中的各種束縛亦應日益消減。然而，只要稍加省思，則不難發現，事與願違，人類依然身處於一個充斥著各種枷鎖、罣礙及負累的環境中，無法充分「逍遙」，故追求生命的價值，乃莊子爲人類所提出的永恆問題[81]。不僅如此，科技愈發進步，人類的生活似乎更加多彩多姿，但精神境界隨著時代的演變而愈趨沉淪。他把人生意義與人生價值建立在自己內在精神的超越之上，更彰顯出其思想在現代社會所特具的意義。它始終能穿透時代的迷障，在過去、現在，乃至於未來，繼續影響世人存在的價值。他「這種對自我設置的和各種束縛的擺脫，把每日生活中的各種短期行爲變成生活的藝術。而每個人生活態度的這種轉變，又爲戰勝或克服社會的根本病苦提供了基礎」[82]。無論如何，沒有人願意生活在形與神俱受壓迫、折磨、束縛之中。莊子生命價值哲學當代詮釋和批判所呈現出來觀點的多樣化，正可顯示它們層次豐富多元的特點。

---

[81] 永恆問題值得追問，雖然不可窮盡，也不存在終極答案，但可使追問者獲得一種尊嚴：因它是一個不斷更新的對話。參閱喬治・斯坦納（George Steiner）著，李河等譯，《海德格爾》（Martin Heidegger），（北京：中國社會科學出版社，1989年8月），頁3。

[82] 弗雷德里克・斯特倫著，金澤等譯，《人與神——宗教的理解》，頁155。

第三節　孟子與莊子生命價值哲學的互補

　　自然與人為永遠存在巨大差異。但是這並非說兩者無交叉共存的情形。道德主義是一種主張，自然主義也是一種主張，這裡面不存在科學性的問題。自然主義是一種態度，或一種方法，主張人不能超越自然。它不需要科學基礎，就像藝術一樣，因而沒有對與錯之分，只有價值選擇之分。這個觀點同樣也適用於道德主義。人願意選取什麼，自有選取的道理。同樣地，人在堅持自然主義或道德主義時，又試圖從對方吸收某些東西，這也是一種態度或方法，而且不一定就放棄了原初的立場。如道德主義追求自然性，目的是力圖說明社會活動與秩序中貫徹的道德理性乃是本來如此的，自然發生的，因而富有歷史的必然性。我們是否同意這種觀點雖然是一回事，但是必須承認這乃一種自我圓熟的方法與態度。儘管儒道從來就不同，然而「不同」之間的爭論從來就是學術欣欣向榮的前提，各自堅守其道，卻互以對方為發展的思想資源。李澤厚即認為，「老莊作為儒家的補充和對立面，相反相成地在塑造中國人的世界觀、人生觀、文化心理結構和藝術理想、審美興趣上，與儒家一道，起了決定性的作用」。莊子「避棄現實」，「卻並不否定生命」的態度，「使他的泛神論的哲學思想和對待人生的審美態度充滿了感情的光輝，恰恰可以補充、加深儒家而與儒家一致。所以說，老莊道家是孔學儒家的對立的補充者」[83]。

　　從道家哲學對於儒者人生的心靈來看，無論得志之際還是失意之時，傳統儒者追慕而且能夠踐履的只是「心隱」而不是「身隱」，亦即在君子或聖賢人格之外眷戀著隱士形人格的飄逸。儒者之所以情深於道家，目的依然是為了更好地敞開儒學自身，也是為了更好地敞開個體自身，因為他必須生活在社會關係這個舞臺上，同時他們得在自己的位置上，並且是這個舞臺的局外人和審視者[84]。

---

[83] 見其所著，《美的歷程》，（北京：文物出版社，1981年3月），頁53-54。

[84] 不僅個體是實在，社會也是實在。「只要我們認識到在個體之上還有社會，而且社會不是理性創造出來的唯名論存在，而是作用力的體系，那麼我們就有可能通過一種新的方式來解釋人類」。見涂爾幹著，渠東等譯，《宗教生活的基本形式》（Les formes elementaires de la vie religieuse），（上

沒有衝突，就體會不到獨立的重要；沒有妥協，就洞察不出堅持的價值。人際美與孤獨美的雙重協奏，是儒道哲學在人生實踐中敞開「互動性」時最生動的表現形式。「如果說儒家講的是『自然的人化』，那麼莊子講的便是『人的自然化』：前者講人的自然性必須符合和滲透社會性才成為人；後者講人必須捨棄其社會性，使其自然性不受汙染，並擴而與宇宙同構才能是真正的人。」[85] 來源於儒家哲學之中的「人際美」，對應人的角色性存在，旨在實現情感交融、求證人格尊嚴、成就外王的目的，從而抵達「自然的人化」之境；來源於道家哲學之中的「孤獨美」，對應人的本相性存在，旨在獲得人生如夢的情感體驗、達致死亡哲學的理性覺悟、踐履文化創造的終極解脫，從而抵達「人的自然化」之境。人際美「以美存善」，孤獨美「以美啟真」。正是這兩首和諧的樂曲，達成了儒道互補對於傳統知識分子在苦難人生中的審美實現。故儒家與道家的「互動性」得以在傳統讀書人和士大夫的人生實踐中不斷重奏，既是基於異質成分而互補，也是基於同質成分而互補。以物欲為恥，宣導不以物累形，注重內省，強調在不可捉摸的複雜命運之前按照審美的規律來建築並豐富人自身，一如既往地顛簸在內在超越的道路上，這都是儒道兩家共有的思想觀念。跟異質成分一樣，這些同質成分也蘊涵於哲學家的哲學文本中，折射於知識分子的人生實踐之內，以知識形態建造了儒道互補的結構，以實踐需求完成了儒道互補的審美功能。總之，道家呼喚了儒者，儒者啟動了道家，儒道互補這一內在超越性的精神生存模式有著堅實的心理基礎，成為千古絕唱。

　　具體來說，儒家為士人，君子設計了一條進取的人生道路，崇尚弘毅，注重有為和力行，這無疑是一種正向的人生態度。然而社會是複雜多變的，人生也必須適應這樣的社會現實。儒家在指導人爭先向上的同時，沒有為人留下足夠而必要的旋轉餘地，只提供了爭先向上的動力，沒能提

　　海：上海人民出版社，1999年11月），頁584。社會不僅超越個體的存在，又依存於個體中存在，這就是孟子整個社會學思想的結論。
[85] 李澤厚著，《美學三書》，（合肥：安徽文藝出版社，1999年1月），頁292。

供與之相配套的緩衝裝置。因而從總體上來看，儒家的人生剛性有餘而柔性不足。道家則提供了另外一種人生見解，提倡順其自然、柔弱、無爲、知足、謙下，崇尚「不爭」之德，它相信柔弱勝剛強。道家對人生的這種價值判斷，可說是對人生進行了持久的觀察，並對儒家的人生觀進行了深刻的反思之後的結果。因爲尚剛強者未必了解柔弱的妙用，而尚柔弱者必是建立在對於剛強的充分認識之上的，有見於剛強的不足，故能反其道而用之。道家的人生見解可謂匠心獨具，爲人生提供了另一種靈活的指導：一方面，它使士人、君子的生命更具有韌性，善於自我調適、化解煩惱、緩解精神壓力，在順境中預先準備好退路，增強了適應社會的能力。另一方面，它也不失爲一種獲勝的手段，人通常只知從正面爭強爭勝，道家則提供了從反面入手的競爭方式，往往可獲得奇效，其哲學中諸如自然、柔弱、無爲、知足、居下、處順、靜觀、素樸、不爭等觀念都體現了高度的人生智慧。它善於站在大道的立場上，以超越的態度觀察人生與社會，主張人不應被世俗的價值和規則所拘鎖，應該保持自己獨立自主的意志和自由思想的能力，往往反能夠我行我素，始終保持內心的超脫、自在與寧靜，並提出不落俗套的見解。

　　道家在傳統和世俗面前保持了獨立的意志和清醒的頭腦，其社會批判精神便表現了對個體獨立性的張揚。道家對個體生命的處境予以更多、更深切的關注，其追求個體精神的自由自在、自適自得的卓異主張給人一種清新的感受，自古以來，逐漸成爲歷代社會占有主導地位的價值觀念，投身社會事業、名垂青史成爲知識分子理想的人生模式和主要的精神依託。道家的這些觀念，恰好可以補儒家之偏蔽，對儒家式的人生實踐起到了重要的補充、調適作用 [86]。康德曾言：「人具有一種要使自己社會化的傾向；因爲他要在這樣的一種狀態裡才會感到自己不止於是人而已，也就是說才感到他的自然稟賦得到了發展。然而他也具有一種強大的、要求自己單獨化（孤立化）的傾向；因爲他同時也發覺自己有著非社會的本性，想

---

[86] 參閱白奚著，〈孔老異路與儒道互補〉，載於《南京大學學報（哲學・人文科學・社會科學版）》，2000年，第5期，頁97。

要一味按照自己的意思來擺佈一切。」[87] 就此而論，人的「社會化」與「單獨化」傾向均爲人的自然稟賦，人具備表達這種自然稟賦的能力，而這種表達作爲一種經驗事實，實際上便將物件化爲兩種不同的生活態度與方式，前者是人作爲社會化的主體而表達其社會性的價值，人因此感到自己並不僅僅是一個單獨的自然人而已；後者則是人作爲自然的存在而表達其自然的生命價值，人因此擺脫其社會身分而回歸單獨的自然人本身。這兩種看似對立的狀態，原本統一於人性本身，因此也統一於個體本身的生活世界，而其實質，則共爲主體表達其存在價值的不同境域。「單獨化」是「社會化」的撤離，在這種狀態之中，心靈可以憑藉內省的反思而將自身如實地完全開放出來，在心靈的自我觀照之中體悟宇宙生命與自我生命的圓融無間，從而使生命原本所固有的侷限性的突破及其價值的提升成爲可能。人的「社會化」與「單獨化」的傾向，在作爲一種被實現了的狀態之下，它們就成爲主體性的自我表達及其生命價值實現的不同樣式[88]。

　　莊子審美思想有一個顯著的特點，他以出世、消極爲切入點，並且悲觀地剖析社會、人生，進而推向極致，但是最終的結果仍具有積極意義。悲觀是認爲苦難、痛苦是無法克服超越的觀念，而莊子在認識到人生的荒誕後，提出如何在虛無和荒誕中尋找出路，如何加以超越，從而比簡單的樂觀主義更具有深一層次的意義，即積極悲觀主義的意義。莊子審美思想最大的特徵是一種個人主義哲學，一種以個體存在爲主題的哲學，他關心的是作爲個體的「人」，而不是像儒家哲學關注的是社會關係中的「人」，莊子發現生命的滿足永遠是相對的，而只有精神從物質層面的滿足中超拔出來，才能獲得絕對的自由，達到「無所待」的逍遙遊境界。這種對個體生命的關注以及追求個體自由的文化特徵，對以儒家爲主導思想的社會倫理注入強大的批判力量，它始終不斷地起到分化與消解倫理道德所產生的對個人活動，尤其是精神活動的約束力。他講求個人心靈超拔與

---

87 見其所著，何兆武譯，《歷史理性批判文集》，頁6-7。
88 參閱董平著，〈儒道互補原論〉，載於《浙江大學學報：人文社會科學版》，2007年9月，第37卷，第5期，頁69。

愉悅的文化，以精神生命超越人生困境的基本方向，故人的本性、靈性則得到了最大限度的伸展。莊子在於對人生困境的矛盾化解中獲得主體精神的眞正自由，這才是其眞正文化內涵與本質。

只有當感性的意志受不了人間的虛僞，以及當自我的欲望突破了無私的公心時，儒家的理想主義者才會去反省意識結構中的實然問題，會對自我存在的構造產生了向外的應然疑惑；又或者在生命的歷程中經歷了生死的交關之時，感知到孱弱的自我其實無法在現世中肯認這個生命終極的存在意象，那麼他不問生前死後之事則已，一旦詢問，並且不再是訴諸道德判準就願意停止探詢之時，爲滿足這種心理疑惑的需求，便需純以理智的活動來進行，這就必然要追問宇宙論的問題。從宇宙論的進路再次探詢「眞理」，將自我生命存在置放在更大的世界觀下重新定位生命的意義，從而重新評定生活的價值，並且重新決定角色的扮演，以及思維的邏輯，這才是儒學向道家作心靈接泊的可能進程，也是一個儒者對老莊的認知活動得以打開的心靈空間[89]。

總之，儒道兩家對待人生，可謂仁者見仁，智者見智。儒道兩家的互補，是人文主義和自然主義的互補，各有特色，和而不同。在儒道互補的人生模式中，中國知識分子在順境中多以儒家爲指導：建功立業、銳意進取、成己成物、立人達人；在困境和逆境中則多以道家爲調適：淡泊名利、潔身自好、超然通達、安時處順。儒道互補構成了一種完整的、藝術的人生觀，使得中國的知識分子剛柔相濟、能屈能伸、出處有道、進退自如，不走極端，心態上和行爲上都具有良好的分寸感和平衡感。自古及今，中國人基本上都是在這兩種不同的文化傳統中選擇自己的人生道路，從而具體地運用在人生的每個問題上，他們都習慣或是以儒家的方式來處理，或是以道家的方式來應對，可謂逃儒則歸道，逃道則歸儒，出老莊則入孔孟，出孔孟則入老莊。從中，我們可演繹一種人生態度：在處事爲人方面，方法要如儒家，心態要如道家，同理，事前應如儒家，事後應如道

---

89 參閱杜保瑞著，〈從孟子盡心之本體功夫說儒佛會通的方法論探究〉，收錄於《第一次儒佛會通學術研討會論文集》，（新北市：華梵大學哲學系，1997年12月），頁60。

家！孟莊之所以能在個體的生活實踐當中呈現互補性，正在於他們從不同的維度揭示了人生命價值兩種可能的表現方式和實現方式，從而為生命存在本身的統一與完善及其價值世界的終極實現開闢了現實途徑。儒道兩家思想的這種互動互補的內在機制，使得中國傳統思想文化呈現出豐富、生動並趨於完善的面貌。離開了儒道互補，就難以把握和理解中國傳統思想文化的深層結構和特質。

第八章
孟莊生命價值哲學的時代意義

第一節　孟子生命價值哲學的時代意義

　　人類的歷史，是追求自我解放的歷史，也是每個人超越有限的生命之河匯成的滾滾洪流。在不斷的追求中，人不斷地變換價值觀念，以促進人的發展。人不能從自身發現自己，只能從所創造的物質和精神財富中考察。在歷代不平凡的人創造的物質世界前，人不由得驚嘆其在主宰世界面前的力量，而從歷代的文化財產中卻能窺見人精神流動的軌跡。從孟莊的生命價值哲學對人的深遠影響來考察，可明顯地看見人為完善自己所走過的歷程，也是人為了確立自身而進行艱苦努力及令人充滿希望的結果。

　　從西方現代性的歷史過程看，「人」不過是借助於理性視野實現的自我審視的結果。休謨說：「關於人的科學是其他科學的唯一牢固的基礎，而我們對這個科學本身所能給予的唯一牢固的基礎，又必須建立在經驗和觀察之上。」[1]他認為，在人性論問題上，「我們不能超越經驗，這一點仍然是確定的；凡自命為發現人性終極的原始性質的任何假設，一下子就應該被認為狂妄和虛幻，予以摒棄」[2]。休謨的這一經驗論立場，導致了其性惡論的預設，這兩者之間的確有某種內在聯繫。他同時指出：「我們承認人們有某種程度的自私；因為我們知道，自私是和人性不可分離的，並且是我們的組織和結構中所固有的。」[3]為何經驗論視野所能發現的只能是人的自私，而且把自私歸結為人性的規定呢？因為若把人僅僅當作一個經驗事實來探究，則只能捕捉到人的生物學性質。把這種性質作為人性論的答案，就不可避免地得出人性是自私的結論。生物學只能解釋人作為肉體存在的屬性，而無法解釋人對於肉體的超越，這就把人降低到了動物

1　見其所著，關文運譯，《人性論》，冊上，〈引論〉，頁8。
2　同上，頁9。
3　同上，冊下，頁625。

層次，從而抹殺了人的崇高和尊嚴。休謨顯然未能超出現代性所賦予他的想像力，當他把自私同人的本性內在地貫通起來時，人就在學理層面上被貶低爲動物了。這就爲人在事實上向動物的沉淪提供了一種辯護。休謨所代表的經驗論立場從兩個維度上腐蝕了人之所以爲人的根基：一方面它把人還原爲以肉體存在爲基礎的自私性質；另一方面經驗論所由以發生的原初基地即感性雜多所蘊涵的多元性，解構人對於永恆之物的敬畏。道德人格的顛覆、道德優先性地位的隕落，使人之所以成其爲人的終極根據被徹底地拔除了[4]。

孟子的生命價值哲學體現了一種人的概念。他承認並正視人類的生命是短暫的、貧乏的、自私的：人類的存在必然會經驗從生到死的過程，而在這過程中，他們有各式各樣物質的需要及其他諸多形式的倚賴，因此隨時都備受各式各樣缺乏的威脅。但是當孟子勾劃出這些人類存在所必然會經驗到的遭遇，突顯了人脆弱的同時，發現了人類有一些可以注入生命過程的獨特能力，藉此可以創造出振衣千仞的可能生活方式，使他們與其他生物的生老病死有天壤之別。正因爲人脆弱的一方面，反使這種可能的生活方式彌足珍貴。人存在，必然遭遇與其獨有的能力，及構成其人性的東西相左，於是人類既是貧乏的，也是尊貴的。參照這種觀點，我們不必也不能將人性與動物性對立起來，而僅僅側重任何一面的觀點都有所偏頗。觀察人類發展的歷史，固然能夠發現人類有目的性的活動及企劃，超出了自然界機械的運作模式，並業已開創出不同面貌而只屬於人類群體的生活方式。這是人類獨特的能力發揮的成果；但是在經驗上，人作爲自然界的存有，不能否認有生物的諸種限制，而且他們實現其活動及企劃往往需要各種形式的支援。道德與理想生活的追求、滋養，必得於人類的界限內進行。至少在中國傳統思想的脈絡裡，孟子對人性問題的關注和討論最爲突顯。若不再將關注點放在人性善惡的問題上，我們將可以看到：關於人性的討論最終指向的是對符合人的本質的生活道路的思考和探索。誠實地站

4 　參閱何中華著，〈現代性與「人之死」〉，頁18。

在人的立場上，而不是超越人的立場去想像更好或更壞的生活可能，恐怕正是他的真意所在[5]。現代文明再高的成就，也無法取代親人、朋友間的溫暖情意。充滿仁心恩慈才是人生意義的核心。儒家思想之所以能在過去數千年之中為人所接受，成為所有人的核心價值，正在於它指點出人性的根本需要。文明儘管快速演變，然而若不能掌握人生的核心價值，生命終究不免空虛失落[6]。人是世界上最不容易滿足的動物，而儒家所重者，正在於如何認識並滿足人性中最核心而深邃的需求。在價值多元化的今天，我們正遭遇著信仰危機和道德淪喪的嚴峻形勢。在中國社會面向現代化而經歷前所未有的歷史轉形之際，我們原有的信仰與道德標準正在失去作為社會穩定和安全的作用，留下來的便只剩一個無禮義、無道德的世界。在這個世界裡，關於什麼是對、錯、什麼是善、惡，什麼是道德、不道德，已經沒有一個基本的底線標準，人再也用不著考慮這些問題。真理是相對的，美德是相對的，於是只有欲望──自我的欲望是絕對的。社會的公德無一例外地每下愈況，面對重建信仰與道德體系的內外緊迫要求，我們應當看到道德修養在道德建設中的重要性。一種道德標準能否真正在社會上施行，關鍵在於它是否能內化為社會成員自主自覺的道德修養。換言之，道德作為調控社會秩序的一種機制，在社會中得以表現的關鍵在於它為人們所自覺地認識，並能將其轉變成一種實踐的道德能力。在此語境下審視孟子的道德修養理論便會發現，他修養思想中所表現出的各個方面的價

5　參閱著楊立華著，〈價值與秩序：從孟子出發的思考〉，載於《江蘇社會科學》，2015年，第6期，頁1。

6　在崇高的人文精神追求蛻變為生存的本能期待時，帶給人的只是無盡的焦慮和孤獨。人文信仰系統的混亂和不確定，使人無法對外物做出明確而積極的反應，而僅表現出盲目的拒斥、無端的否定傾向，虛無主義成了他們人格系統中的深層意蘊。基於「自由」的價值取向，他們順理成章地打破陳規戒律，尋覓新奇、張揚自我，按照自我的個性信馬由韁，「任由變幻無常的想像盡情馳騁」。參閱愛德華・塞爾（Edward Cell）編著，衣俊卿譯，《宗教與當代西方文化》（Religion and Contemporary Western Culture：Selected Readings），（臺北市：桂冠圖書公司，1995年4月），頁4。經歷科學革命和啟蒙運動的洗禮，過去被認為骯髒、卑鄙的自然欲望獲得了新社會的合法性價值和正當性外衣。在盡情享受豐盛、多元的物質後，不可避免地要面對心靈空虛和精神無奈的尷尬。盧梭著，何兆武譯，《論科學與藝術》（Discourse on the Sciences and Arts），頁11云：「我們的靈魂正是隨著我們的科學和我們的藝術之臻於完美而越發腐敗的，……隨著科學與藝術的光芒在我們的地平線上升起，德行也就消逝了。」北京：商務印書館，2007年10月。

值，都集中說明如何使個體在實踐中自覺主動將道德認識轉變爲調控行爲的一種恆常的道德意識。故孟子的道德修養理論對於當前我們社會的信仰、道德標準的建設以及道德意識的培養和養成方面有重要的啟示意義。施特勞斯指出：「人的內心中存在著某種並不完全接受他的社會奴役的東西，因此，我們就能夠（也是被迫著）去尋找某種標準，來據以評判我們自己的和其他社會的理想。」「如果我們沒有某種標準來據以在真實的需求和虛幻的需求之間做出區分，並分辨出各種真實需求的高下之別，這個問題就無法以理性的方式得到解決。」[7]

不斷提高自律的覺悟和提升道德行爲能力人作爲認識和實踐的主體，其本質特徵就在於發揮主觀能動性，孟子的思想道德的修養主要靠內修，這就要求我們在不斷加強自我修爲的基礎上，努力提高自律的覺悟及理性活動，以提升道德行爲能力，讓自己真正成爲一個道德上完善的人[8]。在孟子道德修養理論的薰陶下，我們依據一定的道德原則，將「善」的理念細化爲我們的行爲準則，在工作、學習和生活中，學會抵制各種不道德事物的侵擾，並且能夠正確地對待身邊的不良誘惑。當我們在道德價值的實踐中面臨道德上的衝突時，要學會做出正確的價值判斷，調節價值衝突。但是如何做出正確的價值權衡與價值抉擇，實在是實踐的一個難題。這一抉擇的困難，在於在現實社會中，如何在道德與自利中做出權衡和做出必要的取捨，而這種權衡和取捨恰是體現修養者價值觀和境界的關鍵。因此我們要善用孟子的智慧，在兩難的道德處境中做出靈活的判斷，從而實現道德價值的最大化。

尤其重要的是，現代化的進程並不只是一套正面價值的勝利實現，同時伴隨巨大的負面價值。而最大的困惑更在於：至少在西方，這些正面價值與負面價值有極爲深刻的內在關聯的。簡單點說，自由、民主、法制這

7　見其所著，彭剛譯，《自然權利與歷史》，頁3。

8　理性活動僅是一個必然基礎，是人之所以爲人的功能，少了理性肯定不行，但若最終想要使理性活動有助於人類善的實現，還必須加進德性環節，只有體現德性的理性活動才是善。參閱余紀元著，《亞里斯多德倫理學》，（北京：中國人民大學出版社，2011年5月），頁56。

些基本的正面價值實際上都只是在商品化社會中才順利地建立起來的，但是商品化社會由於瓦解了傳統社會而必然造成「神聖感的消失」，從而導致一般人及知識分子人的無根感、無意義感，尤其商品化社會幾乎無可避免的「商品拜物教」和「物化」現象及其意識與「大眾文化」的氾濫，更使知識分子強烈地感到在現代社會中精神生活的沉淪、價值基礎的崩潰。故韋伯明言：「我們這個時代，因為它獨有的理性化和理智化，最主要的是因為世界已被除魅，它的命運便是，那些終極的、最高貴的價值，已從公共生活中銷聲匿跡。」[9]

　　人類在現代社會中所面臨的最根本二難困境正在於此。在這樣的情況下，一切賴以安身立命的思想資源，那些可以而且必須直接與一個個體的生活方式貫通起來的信仰、思想、藝術，皆被體制與市場一掃而光。傳統價值規範亦被無序化和特殊化，核心價值體系愈來愈難以達成共識，為了物欲而日益扁平的精神，人愈來愈追求感官刺激，終於在道德底線毀壞、拜金主義大行其道、顛倒歷史、嘲弄崇高、在胡編亂造中達到了嘩眾取寵的效果。魯道夫・奧伊肯明確地批判這種偏離歷史正軌的文化現象，他認為，若生活「只是對外部刺激的反應」，「僅僅是對不斷變化的環境的適應」[10]，則「不僅宗教在劫難逃，一切道德和正義也同樣要毀滅」，而且人就「不能接受內在的友誼，不能接受互愛和尊重，無法抵制自然本能的命令，人們的行動受一種主導思想即自我保存的影響，這一動機使他們捲入越來越冷酷無情的競爭，無法以任何方式導致心靈的幸福」[11]。因為「生活並非僅是空閒的遊戲；它要求辛苦、勞作，克己、犧牲。這種辛苦，這種勞作，是否值得？整體的利益是否補償局部的危險和損失？它能否肯定地向我們證明生活值得一過？這不只是個純粹思辨的問題；因為倘若沒有對某種崇高理想的理念為我們的一切活動注入熱情和歡樂，我們便

9　見其所著，馮克利譯，《學術與政治：韋伯的兩篇演說》，頁48。
10　見其所著，萬以譯，《生活的意義與價值》，頁21。
11　同上，頁23。

不可能獲得生活的最大成功」[12]。人類文明的發展離不開文化這個歷史紐帶，而文化的精髓——崇高理想的理念——卻被這些除了給人一時的刺激便再也留不下痕跡的東西所抽空殆盡。這種現象不禁讓人不寒而慄！每一個嚴肅地生活的人都不可避免地淪入焦慮與分裂之中，以致於在根本意義上的崇高信仰不再成爲可能。尼采向現代人宣佈，他們是虛無主義深淵的自由落體[13]。而對那些從事政治哲學、美化哲學研究的人來說，只不過是多了一塊「食之無味，棄之可惜」的雞肋而已。

此外，生命欲望的自由膨脹，亦即個性自由的伸張；人卻對使之生活得以安閒舒適的造福者絲毫不存感激之情。這兩種特性正是我們在被寵壞了的孩子身上所見到的心理症狀，事實上，把這些心理狀態作爲考察當代大眾靈魂的一串鑰匙是極爲恰當的。無論是在理想上還是在實踐上，面目煥然一新的平民大眾都受惠於慷慨寬宏的古老傳統，但是他們被周遭的世界寵壞了。所謂寵壞，是指世界對他反覆無常的要求沒有一點限制，儘量予以滿足，並給他留下這樣的印象：他可以任意而爲、無拘無束、不知道義務爲何物[14]。

可想而知，這代人從無聊、齷齪、下流，走向人道、悲憫和愛的路上的距離有多麼遙遠；這代人在認識悲情、正視悲情與認識、正視之後在努力挽救時顯得多麼無能爲力。一個悲情時代的悲情特徵在於這個時代的人認識到悲情並著力去追究、思考、挽救、清算悲情，而所謂的「後悲情時代」，則是一個對悲情的發生已經麻木不仁，對罪惡的發生寧願袖手旁觀，對仇恨的意識已見怪不怪的時代。「後悲情時代」是悲情時代中的麻痺，而且悲情不再被認爲是悲情——於是喜劇便出現了，而這恰恰是雙重悲情。化工業以機械複製和大量生產完全豐富了文化市場，滿足了大眾文

---

12 同上，頁1。

13 「虛無主義者與其說願望虛無不如說斷絕一切願望」。「虛無主義」是：「沒有什麼東西是真的，一切都是允許的。由於所有的抱負和理想都證明是無意義的，所以人們不可能獻身一種事業：他們對未來無所欲求」。見列奧‧施特勞斯等主編，李天然等譯，《政治哲學史》（History of Political Philosophy），共2冊，（石家莊：河北人民出版社，1999年11月），冊下，頁969。

14 參閱奧德嘉‧加塞特著，劉訓練等譯，《大眾的反叛》，頁52。

化消費的需要，同時造成主體的缺席，也就是，自我的失落和意義的虛無成爲難以逆反的事實。主體的缺席表現了文化被整合入技術與經濟一體化系統之後，商業追求壓制人文關懷、技術原則摧毀獨創精神的文化危機。隨著商業化和技術對社會人性觀念的削弱，奠基於人性觀念的道德的自律性和個人精神的提高就雙雙喪失了力量而被取消[15]。貝爾納・斯蒂格勒（Bernard Stiegler）揭示了存在於當前科學技術中的個一悖論，他指出：「技術既是人類自身的力量也是人類自我毀滅的力量。」[16]「在我們這個時代，每一種事物好像都包含有自己的反面，……技術的勝利，似乎是以道德的敗壞爲代價換來的」[17]。奧特弗利德・赫費（Otfried Hoffe）也認爲：「科研越現代化，就越深入地進到物質的基石之中，越深入地滲透到生命的基因中，就越嚴重地出現道德的可錯性。」[18]可知若理性只關心手段而非目的，則會導致價值變爲權力[19]，其結果反而使理性萎縮成「工具理性」，造成技術凌駕目的。至於整個社會中若認爲價值或最終目的實際上不能適用於理性的討論，則理性社會終將虛無飄渺。故孟子企圖以「義」與權力結合，令人意識到人權在社會關係，賦予了尊嚴這個規範性實質[20]。「義」可當作一種力量表現在個人心靈及客觀世界中，此包含價值關聯及社會實踐的意義。

---

15 大衛・波普諾（David Popenoe）著，李強等譯，《社會學》（Sociology），頁622云：「由技術導致社會變遷往往具有非計畫的、似乎是必然的性質。一旦發明了一項新技術，一般來說，人們就不會顧其在道德和社會方面的重大潛在影響而去利用它。」北京：中國人民大學出版社，1999年8月。

16 見其所著，裴程譯，《技術與時間：愛比米修斯的過失》（La technique et le temps.Tome 1：La faute d'Epiméthée），（南京：譯林出版社，2000年1月），頁100。

17 馬克思著，中共中央馬克思恩格斯列寧斯達林著作編譯局編譯，《馬克思恩格斯選集》，卷1，頁775。

18 見其所著，鄧安慶等譯，《作爲現代化之代價的道德：應用倫理學前沿問題研究》（Moral als Preis der Moderne：ein Versuch über Wissenschaft, Technik und Umwelt），（上海：上海譯文出版社，2005年1月），頁81。

19 哈貝馬斯著，曹衛東等譯，《現代性的哲學話語》（Der Philosophische Diskurs Der Moderne），頁65云：「理性不是別的，就是權力，是十分隱蔽的權力意志。」南京：譯林出版社，2005年2月。

20 哈貝馬斯著，伍慧萍等譯，《歐盟的危機：關於歐洲憲法的思考》（Zur Verfassung Europas：Ein Essay），頁3云：「人權從一開始就被隱性地賦予了某種東西，它在一定意義上就表達了具有同等的人的尊嚴這個規範性實質，而變化了的歷史情況只是將這種東西作爲話題提了出來，令人意識到它的存在。」上海：上海人民出版社，2013年1月。

無論如何，理解和把握孟子的思想，不僅可以彰顯我國傳統文化的博大精深，而且對於提升人生境界有著重要的理論價值和現代啟示。特別是在構建和諧社會的時代背景下，我們對如何重構新的倫理道德體系有著諸多的困惑[21]，孟子的道德修養理論則蘊涵著顯良知、倡世風、立楷模的社會倫理氛圍，它以社會個體的修養爲起點，鼓勵個體培育健康的價值追求、並積極參與道德生活，在社會普遍的道德要求中，營造、創建一個安全、和諧、繁榮，普遍地有利於生存並在時空中延伸和擴展的眞正屬於人自己的美好世界。故我們完全可以在新的千年之旅中，汲取和借鑑孟子道德修養理論中的精華，構建獨具特色的新倫理道德體系[22]。孟子作爲儒家的「亞聖」，對歷代知識分子的人格影響是巨大的。以他爲代表的這類儒家學者是融道德信仰和理性思考爲一體的知識分子，正如杜維明所云：「儒家學者在公眾形象和自我定位上兼教士功能和哲學家作用，迫使我們認爲他們不僅是文人，而且還是知識分子，儒家知識分子是行動主義者，講求實效的考慮使他要正視現實政治（realpolitik）的世界，並且從內部開始改變它。他相信，通過自我努力人類本性可得以完善，固有的美德存在於人類社會之中，天人有可能合一，使他能夠對握有權力、擁有影響的人保持批評態度。」[23]余英時也有類似的看法，認爲軸心時代的中國知識分子「有重『理性』的一面，但並非『靜觀默想』的哲學家；他也負有宗教性的使命感，但又與承『上帝』旨意以救世的教主不同。就兼具兩重性格而言，中國的『士』毋寧更近於西方現代的『知識分子』」[24]。西方學者對知識分子雖然沒有一個統一的定義，但是他們都肯定知識分子應該有

334

---

[21] 從現實來看，市場經濟、全球化和各種現代社會理論激烈較量和複雜對賭的結果，社會生活和社會存在的本體——「和諧」屬性最終勝出，但是「內部統一性，整個人類生活的基本和諧與一致儘管是社會存在的基礎，是真正的現實，卻不能在外獲得體現或者只能在社會生活的經驗真實中獲得完全不同的表現，這正是人類存在的真正悲劇所在，正是人類存在的經驗現實及人類存在的本體論本質根本牴觸所在」。見C・謝・弗蘭克著，王永譯，《社會的精神基礎》，頁61。

[22] 參閱顧文兵著，〈孟子道德修養理論的價值意蘊〉，載於《江漢學術》，2015年4月，卷34，第2期，頁88-89。

[23] 見其所著，《道・學・政——論儒家知識分子》，頁11。

[24] 見其所著，《士與中國文化》，（上海：上海人民出版社，2003年1月），〈引言〉，頁6。

一個共同的性格，即以批評社會政治爲職志。劉易斯‧科塞說：「知識分子會嚴屬地批評他們的社會，這是因爲他們強烈地獻身於它的主要理想。他們會根據這種社會理想批判社會現實。他們可能根據從社會宣稱它要奉行的價值中得出的『應然』去攻擊『實然』。」[25] 孟子就是這種知識分子。

若僅就個人的性格而言，與孔子的中庸及圓融相比，孟軻恰好是陽剛到了霸氣十足。他顯然沒有孔子那種周詳及練達，但始終一派眞理在手、理直氣壯、絕不妥協的鬥志昂揚。後儒的死諫傳統，恐怕就是源自他的這種氣度。孟子每每面對君主，言談之間，總有一種背水一戰的慷慨和悲壯。聯繫到他所處的乃是戰亂頻仍的時代，聯繫到當時的每個諸侯都一心想吞併他國以求天下的急功近利、沒人會把孟子的仁政主張當作一回事的歷史語境，他這種不肯妥協的直言不諱，不乏一股凜然的正氣，正是現代人所欠缺的。

就人類社會進程與儒家文化的價值關係來看，兩者表現爲不同時態和不同性質。在後現代社會，現代文化價值體系不僅已經確立，不懼怕非現代文化的挑戰和衝擊，而且由於現代文化的爛熟，以倫理爲本位的儒家文化相反能給「物化」社會中的人以精神慰藉和心理調整。因此，儒家文化在後現代社會時代具有非本質的適應性。在前現代社會，儒家文化維繫社會倫理秩序，通過加強王權而強化人治國家的地位，並協同中央集權，完成了維護和延續社會的長治久安。它具有本質的適應性。而只有在現代化轉形社會，儒家文化則具有本質的不適應性。因爲一個國家、一種文化由傳統走向現代，實質上就是一個破舊立新的過程，它所面臨的最大課題是如何克服固有文化的弱點，而最大限度地接受外來優點的現代文化問題。保護固有是一種本能，一種歷史的既定和承傳，不用刻意呼籲便已經堅不可摧。因爲傳統的最大機能是保守固有而排拆外來，並扼殺自己內部異己因素。我們要保護傳統，但是傳統是否能夠保護我們？在當下現代轉形過程中，加大反傳統的力度，是加速和加深社會、文化轉形的最佳方式。

---

[25] 見其所著，郭方等譯，《理念人：一項社會學的考察》，頁392。

歷史和世界留給我們的機會不多了。新的世紀應該成爲一個新的起點。道德理想不能實現固然是悲劇，不過道德理想本身所存在的遺憾及長期被曲解，與道德理想的信奉者本身所具有的弱點所鑄成的悲劇諷刺意味，才更令人感到悲哀。

　　儒家文化雖然也有天人合一之說，也強調養氣觀心，然而始終堅持用倫理道德的信念來建立人格理想，追求大同世界。它提倡惜生，也鼓勵捨生取義，犧牲形體小我，以保證精神自我的完整，雖然痛苦，卻成爲對人的個體性的至上肯定，因而具有永恆的悲劇意義。儒家文化的這種強烈的現世性，使其只能成爲社會的道德行爲的規範，而不是一種宗教。孟子的道德哲學對於二十一世紀的人而言，依然是有效的，雖然當時和現代社會文化環境不同，但孟子的「眞理」與「智慧」超越時代的差距並不會失效[26]。他關於平定天下舍我其誰而「五百年必有王者興」（〈公孫丑下〉）的言說，則是他對眞正自覺行動的個體的歷史定位。《孟子》不單提出了許多普遍而經久的哲學議題，更重要的是，它闡述了他的眞正抱負不在於這些哲學議題和解決方案流傳後世，而是他那個歷史個體本身作爲眞實個體自身的實現活動。他關切的已不在於討論不義地對待別人和被人不義的對待兩者誰更可恥，而在致力於擁有一個不再發生類似行爲的世界。

　　《孟子》這樣的經典，並不是博物館裡躺在手術檯上的木乃伊，等待後代讀者操著其時代所給予他們的手術刀加以解剖。事實上，經典中所潛藏的各種思想或概念，也會在時代背景的刺激之下被顯題化，而從經典遙遠但深邃的世界裡，對後代讀者發出有力的呼喚，撞擊後代讀者的心靈，刺激後代讀者重新思考經典中的問題的新涵義。後代讀者出新解於陳編，從經典中所創造的嶄新涵義，也對於他們所處的時代造成衝擊。孟子這部經典所扮演的角色，可以充分說明：經典絕不是等待解剖的僵屍，它也有某種程度的主體性，可以因應後代讀者的問題[27]。經典絕沒有時間的問題。

　　在經緯萬端的未來社會中，孟子的生命價值哲學思當然不應成爲世人

26　參閱蔡信安著，〈論孟子的道德抉擇〉，載於《哲學論評》，1987年1月，第10期，頁174。
27　參閱黃俊傑著，《中國孟學詮釋史論》，頁165。

唯一的道德觀念或標準，其他各家傳統學說的優良成分，西方倫理思想中的重要學理，以及其他許多與倫理思想都可以相輔相成的各種學科，都可加以揀擇淬取，而共同成為未來人類足以適應新世紀，和改變社會體制及特徵的嶄新道德觀念、倫理價值[28]，只是，孟子生命價值哲學中所蘊涵的精華成分，仍然是我們二十一世紀的倫理道德思想中的主導力量。生命的價值在任何時代都不是一個選擇的問題。人不曾設計過這種價值，也沒有人能力設計出來。事實上，人經由了解、探討而接受的生命價值，乃是文化演進的結果。

第二節　莊子生命價值哲學的時代意義

　　莊子活在生命賤如草芥的年代之中，然而並沒有像其他先秦諸子一樣在政治方面尋求對治的良方，他所關注的焦點，反而是如何在亂世中安頓生命，在精神之中尋找家園。莊子在他那些千古難得一見的哲文之中，更加強烈地表達偶然存活的個體在生活的進程之中，就像一片顫然隨風飛颺的葉子，不能決定自己飄落何處的感受。他厭倦了社會的喧囂和紛擾，期待在「无何有之鄉」（〈逍遙遊〉）中獲得心靈的寧靜、自足和情感的安慰。但是此洞天福地只在似真若幻的心靈深處，當他回到俗世生活時，此夢境即雲消霧散，他只有失望、苦惱地在兩者之間躑躅不前。這讓人看到源於人自身的欠缺與美好的願望之間的南轅北轍，故失望只是清醒地體認自己身陷的處境。事實上，即使在個人情感這塊最為私有的領域之中，人的願望自由也是有限的。軟弱無力的個體生命與社會的對抗，必然成為犧牲品。面對生存的艱難和疑惑，莊子用詩的言語編織屬於自己生命的經緯，關注個體生命在生存過程之中的種種悖論，撫慰生命的累累創傷，不輕視每一顆處於生命掙扎之中破碎的心靈，以憂時傷世的情懷體諒人性的

28　丹尼爾·貝爾著，高銛等譯，《後工業社會的來臨：對社會預測的一項探索》（The Coming of Post-industrial Society：A Venture in Social Forecasting），頁530云：「改變的不可避免的前奏，因為意識──也即價值和道德觀念──的改變乃是促使人們改變他們的社會體制和特徵的驅動力。」北京：商務印書館，1984年8月。

脆弱和無奈。

　　因此，莊子真誠地剖開自己的內心世界，勇於探視生命價值的問題。他無法忍受扭曲的生存狀態，熱切地渴望能從麻木的人群和巧偽趨利的存活法則之中脫身而出，找尋理想人生最終的歸宿。莊子的「真人」和「真知」，便是以詩人[29]「詩意」的方式[30]對待現實世界。而偉大的詩人無疑又是極富理想性的，他們所說的比誰都更有說服力[31]，而且像「神的昭語」[32]。當理想的實現受到阻礙而難以達成時，他們往往表現超越種種困境的強烈願望。他的文章、語詞[33]，便是以詩的方式跳脫出人生的種種困境，以詩建立真理[34]。若不踏進莊子的詩情意境，我們就無法體會他的哲思及心意對現今時代的靈魂深處，喚起多少令人興歎的感憤深沉之情[35]。同時，亦可從中體會中國文化終究能回答「現代意義」的問題，及其對現

---

[29] 張默生原著，張翰勳校補，《莊子新釋》，頁17云：「莊子是中國的一位『哲學』的詩人。」莊子不僅是一位哲學的詩人，而且是一位偉大的詩人。故萊因哈德・梅依（Reinhard May）云：「古典道家中的大師都是思想家兼詩人，而莊子是他們中最偉大的。」見其所著，張誌強譯，《海德格爾與東亞思想》（Heidegger's Hidden Sources：East-Asian Influences on his Work），（北京：中國社會科學出版社，2003年11月），頁104。

[30] 海德格爾云：「詩意並非作為異想天開的無目的的想像、單純概念與幻想的飛翔去進入非現實的領域。詩作為澄明的投射，在敞開性中所相互重疊和在形態的間隙中所預先投下的，正是敞開。詩意讓敞開發生，並且以這種方式，即現在敞開在存在物中間才使存在物發光和鳴響。」見其所著，彭富春譯，《詩・語言・思》（Poetry, Language, Thought），（北京：文化藝術出版社，1991年9月），頁68。

[31] 詹明信著，唐小兵譯，《後現代主義與文化理論》，頁189云：「偉大的詩人就是能夠比其他人說得更好的人，『最好的詞彙的最好排列』就是詩。」

[32] 柏拉圖曾對詩人作如下的描寫：「神對於詩人們就像對占卜家和預言家一樣，奪去他們的平常理智，用他們做代言人，正因為要使聽眾知道，詩人並非藉自己的力量在無知無覺中說出那些珍貴的辭句，而是有神憑附著來向人說話。……神好像用這個實例來告訴我們，讓我們不用懷疑，這類優美的詩歌本質不是人的而是神的，不是人的製作而是神的詔語；詩人只是神的代言人，由神憑附著。」見其所著，朱光潛譯／導讀，《柏拉圖文藝對話錄》，頁50-51。

[33] 海德格爾著，薛華譯，《謝林論人類自由的本質》（Schelling：Vom Wesen der menschlichen Freiheit），頁41云：「本質性的詞語不是人為地想出的符號與標誌，不是僅僅為了識別貼在事物上面。本質性語詞是行動，寧可說是在一些瞬間發生的事件，在這些瞬間一種巨大的明亮的閃電穿過寰宇。」北京：中國法制出版社，2009年8月。

[34] 海德格爾云：「藝術的本性是詩，詩的本性卻是真理的建立。」見其所著，彭富春，《詩・語言・思》，頁70。

[35] 參閱吳光明著，《莊子》，（臺北市：東大圖書公司，1988年2月），頁37。

代人類確有存在的價值[36]。

　　若簡要地概括莊子生命價值哲學，即精神的超越，則這種超越無疑具有對個體，乃至對人類生存的深切同情和關注。首先，就個體精神的超越而言，它一方面可以減緩或消除人與自然、人與社會、人與人，及人自身靈與欲之間的嚴重割裂和緊張的對峙關係；另一方面，亦可以減緩或消除由於人類文明的過度膨脹所造成對大自然的損傷和破壞。此也即他強調的「天與人不相勝」（〈大宗師〉），及「无以人滅天，无以故滅命，无以得殉名」（〈秋水〉）的古代社會天與人和諧共處的思想。他主張上述的「三无」，必須「謹守而勿失，是謂反其眞」（同上），「反其眞」即可理解爲「采眞之遊」（〈天運〉）、「遊心於无窮」（〈則陽〉）、「遊心於德之和」（〈德充符〉）等主體生命的放鬆和精神自由的獲得。其中，「无以人滅天」，體現人與自然的和諧；「无以故滅命」，體現人與社會的和諧；「无以得殉名」，則體現自身靈與欲的和諧。由此可窺見莊子精神超越所蘊涵的和諧理念[37]。

　　有關和諧的理念，〈天道〉中明晰地表述：「夫明白於天地之德者，此之謂大本大宗，與天和者也；所以均調天下，與人和者也。與人和者，謂之人樂；與天和者，謂之天樂。」《周易・繫辭下傳》云：「天地之大德曰生。」其義與〈繫辭〉是相同的。〈達生〉云：「天地者，萬物之父母也。」這是說，天地的根本屬性是「生」，此爲人與天地保持和諧的最根本原理，以這個原理來調和天下，便可達到社會之中人與人的和諧。人與社會及人與人之間保持和諧，就是「人樂」；人與天地保持和諧，就是「天樂」。「故知天樂者，无天怨，无人非，无物累，无鬼責」（〈天道〉），所謂的「天樂」，就是人生的幸福，人與天地的和諧，可帶給人

36　參閱杜正勝著，〈古代研究的現代意義〉，載於《當代》，1994年1月，第93期，頁106。

37　「和諧」的理念是現代社會的文化價值理念，體現並實際代表人類文明的當代的水準和發展的方向。這理念是對當今人類社會所需要和鍥而不捨地追求的共生、寬容、對話、公正等理念的高度濃縮和體現，並以各種成效卓著的實踐方式實現對「現代性」及其社會觀念的內在超越和辯證的揚棄。

生無限的快樂[38]。可見莊子肯定人與自然之間的關係是無法分離的。他的人生哲學所包含的「天樂」、「人樂」，就是對大自然、社會和人生的深切關懷，它既是一種外在個體生存的方式，又是一種內在的精神境界[39]，也就是生命價值的保存。不管怎樣，當人類清晰而深切地意識到，個體的幸福離不開群體的協助，故必須及時回饋給群體，並且與之保持和諧的狀態。同時，必須及時回饋給生養覆載人類的自然，也必須與之保持和諧的狀態，這時，人類才能真正體會到「天樂」及「人樂」。

毋庸贅言，十八世紀使「科學」享有極大的榮耀，也同時使人享有極大的便利，不過令人感到遺憾的是，在科學的薰染、陶冶及掛帥之下，現代人並沒有「天樂」，而是另一種被奴役的形式和框架。大自然在科學家的心目之中，只是一個可任意控制、擺佈和宰割的「沉默羔羊」；人類世界整體就是科技應用之上的儲備材料，科學萬能，總有一天可把大自然所有奧祕解開，讓它臣服在科學的技能之中。由於對人類知識或科學估價過高的心知定限，使他們難以對大自然產生敬畏和謙卑之情。現代人所面臨的生態危機就是因這種空洞的理性造成的[40]。而一些所謂的「人類中心主義」（Anthropocentrism）者更自以為人類是宇宙的中心或終極目的，

---

[38] 湯川秀樹（Hideki Yukawa）認為莊子已說明了「脫離了自然的人不可能是幸福的」。見其所著，周林東譯，《創造力與自覺——一個物理學家對於東西方的考察》（Creativity and self-consciousness），（上海：復旦大學出版社，1987年2月），頁60。

[39] 鄧聯合著，《〈逍遙遊〉釋論——莊子的哲學精神及其多元流變》，李中華的〈序〉，頁5。

[40] 關於科學對人生意義的遮蔽，胡塞爾也曾指出：「現代人讓自己的整個世界觀受實證科學支配，並迷惑於實證科學所造就的『繁榮』。……現代人漫不經心地抹去了那些對於真正的人來說至關重要的問題。只見事實的科學造就了只見事實的人。……在人生的根本問題上，實證科學對我們什麼也沒有說。實證科學正是在原則上排斥了一個在我們的不幸的時代中，人面對命運攸關的根本變革所必須立即作出回答的問題：探問整個人生有無意義。」見其所著，張慶熊譯，《歐洲科學的危機和超驗現象學》（The Crisis of European Sciences and Transcendental Phenomenology），（上海：上海譯文出版社，1988年10月），頁5-6。又頁5云：「理性一再成為胡鬧，欣慰一再變成煩惱。」這就是所謂的現代性危機。現代性造就了基於理性獨斷性而確立起來的科學主義信念。「唯科學主義運動的參加者是這樣一群人，他們相信科學是求得真理和有效地控制自然界以及個人及其所在社會中問題的一種正確途徑，即使這些人可能並不懂科學。」見約瑟夫‧本‧大衛（Joseph Ben-David）著，趙佳苓譯，《科學家在社會中的角色》（The Scientist's Role in Society），（成都：四川人民出版社，1988年5月），頁151。科學視野的獨斷化，是理性精神宰製格局的一個必然的後果，並成為現代社會的一個普遍的文化事實。人對於理性的盲目崇拜和迷信構成其心理學基礎，它最深刻的表現，乃是人的自我把握方式本身的科學化。

把宇宙中的一切事物都依人類的價值來構想，亦即一切事物皆以人類的福祉和快樂爲出發點[41]。實際上，「並非只是我們將價值賦予了自然，自然也給了我們價值」[42]。羅爾斯頓三世（Holmes Rolston, Ⅲ）認爲，了解大自然，應當聯繫其創造性來理解它內在的價值。他說：「自然系統的創造性是價值之母，大自然的所有創造物，就它們是自然創造性的實現而言，都是有價值的。」[43] 人雖然是自然進化的最高層次，但並不意味只有人才擁有價值；人是自然的一部分，是先有自然，然後有人類。自然創造了人類而不是人類創造了自然，所以與其說是人有價值，還不如說人的價值是自然價值的表現，沒有自然價值，就不會有人類的價值，至於自然是否具有主體性。歐文・拉茲洛（Ervin Laszlo）認爲：「主體性普遍存在於具有有機組織複雜性的那部分自然。主體性是系統以感覺形式記錄外部和內部作用於它的存在狀態的那些力的能力，人類沒有理由認爲自己的主體性是全世界唯一的主體性。」[44] 人類自以爲已進入「知識社會」的時代。但我們還必須學會不僅同人和平相處，而且同自然界，尤其是同那些創造自然界、創造人類的至高力量和平相處；我們肯定不是偶然問世的，也肯定不是自我創造出來的[45]。杜夫海納云：「物向能夠靜觀自己的人

41　「人類中心主義」者認爲，「自然界本身沒有價值，只是作爲一種資源，由人們在科學技術的幫助下用來滿足自己的欲望。價值只在觀察者的眼裡存在，並由評價者根據自己的意願進行分配。」羅爾斯頓三世著，劉耳等譯，《哲學走向荒野》（Philosophy Gone Wild），（長春：吉林人民出版社，2001年1月），〈序〉，頁8-9。他進而提出「自然的內在價值」（Intrinsic Value of the Nature）這個理論，認爲「自然的內在價值是指某些自然情景中所固有的價值，不需要以人類作爲參照」。同上，頁189。他把自然看作有自然價值而非僅有一些自然事實的領域，不是干涉它，而是讓它以自己的方式運行。它要求我們走進荒野自然，聆聽之，沉思之。「一個人如果沒學會尊重我們稱之爲『野』的事物的完整性與價值的話，那他就沒有完全了解道德的全部含義」。同上，頁69。

42　庫爾特・拜爾茨（Kurt Bayertz）著，馬懷琪譯，《基因倫理學》（Gene Ethics），頁165云：「自然界是按某種目的而安排的。……人只是這個自然界的一部分，因而自然界的一切存在物是與人一樣也都充滿價值，它們都必須受到人類的尊重。」北京：華夏出版社，2000年11月。

43　見其所著，楊通進譯，《環境倫理學》（Environmental Ethics），（北京：中國社會科學出版社，2000年10月），頁270。

44　見其所著，閔家胤譯，《用系統的觀點看世界》（The Systems View of the World），（北京：中國社會科學出版社，1985年12月），頁82。

45　恩斯特・弗里德里希・舒馬赫（Ernst Friedrich Schumacher）著，虞鴻鈞等譯，《小的是美好的：一本把人當回事的經濟學著作》（Small is Beautiful：Economics as if People Mattered），（北京：商務印書館，1984年5月），頁7。

呈現出一幅親切的面容，從這個面容中人可以認出自己，而自己並不形成這個面容的存在。」[46]「貶低自然的價值而擡高人類的價值無異於用假幣做生意」[47]。尤有甚者，「當一項新技術破壞了人們大量需要的和不可再生、人類的和非人類的資源時，那麼所謂進步實際就是一項拙劣的交易。」[48]因此，在人把自然和世界當作自己控制和改造的物件時，他實際就如柯瓦雷所說：「在世界中失去了他的位置，或者更確切地說，人類失去了他生活於其中，並以之爲思考物件的世界。」[49]

「你搖動一下花朵，也會打擾了星星」[50]。自然生態系統的根本特徵是有機整體性，它首先是一個由生物及其環境組成的相互關聯、相互依存的有機整體。「大自然的各個不同部分就如同一個生物機體內部一樣是如此緊密地相互依賴、如此嚴密地編織成一張唯一的存在之網，以致沒有哪個部分能夠被單獨抽出來而不改變其自身特徵和整體特徵」[51]。「當我們想單獨地弄清楚任何事物時，我們就會發現它是與宇宙中別的每一個事物都有牽連的」。職是之故，我們要珍視大自然的每個部分，其實，珍視大自然整體的每個部分，也就是珍視人整體的每個部分，否則就如恩格斯指出：「我們不要過分陶醉於我們對自然的勝利。對於每一次這樣的勝利，自然界都報復了我們。每一次勝利，在第一步都確實取得了我們預期的結果，但在第二步和第三步卻有了完全不同的、出乎預料的影響，常常把第一個結果又取消了。」[52]尤其重要的是，「認爲技術能最後解決一切問題

[46] 見其所著，韓樹站譯，《審美經驗現象學》（Phénoménologie de l›expérience esthétique），（北京：文化藝術出版社，1992年5月），頁590。

[47] 羅爾斯頓三世著，劉耳等譯，《哲學走向荒野》，頁175、197。

[48] 格林伍德（N.J .Greenwood）等著，劉之光等譯，《人類環境和自然系統》（Human Environments and Natural Systems），（北京：化學工業出版社，1987年7月），頁490。

[49] 亞歷山大·柯瓦雷（Alexandre Koyré）著，鄔波濤等譯，《從封閉世界到無限宇宙》（From The Closed World To The Infinite Universe），（北京：北京大學出版社，2003年6月），頁1。

[50] 加勒特·哈丁（Garrett Hardin）著，戴星翼等譯，《生活在極限之內：生態學、經濟學和人口禁忌》（Living within Limits：Ecology,Economics,and PopulationTaboos），（上海：上海譯文出版社，2001年9月），頁314。

[51] 唐納德·沃斯特（Donald Worster）著，候文蕙譯，《自然的經濟體系：生態思想史》（Nature's Economy：A History of Ecological Ideas），（北京：商務印書館，1999年12月），頁370。

[52] 見其所著，中共中央馬克思恩格斯列寧斯達林著作編譯局編譯，《馬克思恩格斯選集》，卷3，頁517。

這一信念，能使我們的注意力偏離最根本的問題——一個有限系統中的增長問題——並阻礙我們採取有效行動來解決它」[53]。

然而，他們仍覺得已自顧不暇，那裡有餘力顧及僅供人類所役使的大自然？此種心知的定限只固守人類這個中心，只拘圍於人自身的私利，而不深究天、地、人的關係，因而罔顧三者之間的和諧及社會公益，更沒有長遠的目光有效地實現全人類整體和永恆的利益，這是人類在尚未全盤認識和充分把握自然或生態規律情況之下盲目活動的結果。人類在自釀苦酒時，是否能再次品嚐了祖先敬畏自然的道理？劉士林便直截了當地指出：「現代科學直接改變了人類精神系統的內在配製，使一直依附於神學、宗教、倫理等古典人文知識體系的自然科學、實證科學等獲得了獨立的學科形態並逐漸取得霸權話語。特別是在十九世紀以來，以黑格爾冷冰冰的理性哲學為始基與母體，以思辨見長、富於價值關切的古典人文學科迅速地『走向科學』，一種可怕的理性獨斷論思潮在現代世界迅速泛濫。在歷史哲學的維度上，由孔德奠基的實證主義哲學就把科學看作是人類文明的最高階段；在人生哲學的維度上，杜威的經驗主義則努力把它普及到現代人的日常生活中；在文化哲學的維度上，卡西爾宣稱『正是科學給予我們一個永恆世界的信念』，凡此種種，直接衝擊及解構了農業文明及其千百年來形成的文化傳統、精神生態及生活方式。但是另一方面，現代理性這種極端而片面的發展並沒有真正解決現代人的價值與意義問題。正如維根斯坦所說：『我們覺得即使一切可能的科學問題都能解答，我們的生命問題還是仍然沒有觸及到。』因為，『在科學的名義下，知識不再負載倫理和審美的作用，也開始失去了與價值的聯繫』。而幾乎所有被我們以『現代性』概括的現代世界與人生問題，都是以這個片面的理性框架為發生基礎並不斷擴展其範圍的。」[54] 為了有效地克服人類理性的過度自滿，便必須

---

[53] 唐奈勒·梅多斯（Donella H. Meadows）等著，趙旭等譯，《超越極限：正視全球性崩潰，展望可持續的未來》（Beyond the Limits：Confronting Global Collapse and Envisioning a Sustainable Future），（上海：上海譯文出版社，2001年9月），頁116。

[54] 見其所著，〈都市化進程與現代科學的人文價值生產〉，載於《浙江學刊》，2007年，第3期，頁87。

拋棄認爲我是純理性的、獨立的自我這一觀念。這種觀念僅是一種不必要的幻想。

事實上，人永遠是處在語境中的。人是什麼，也許只是這個世界的一個功能而已。這種看法有助於把我們與世界溶爲一爐。總之，「人類圖景」還是「自然圖景」，必須向某種「社會的、道德的意義開放」[55]。海德格爾指出，詩啟示人生存的根本處境，爲人的歷史性生成提供根據，人在詩意地棲居中守護存在的根基，「『詩意地棲居』意味：置身於諸神的當前之中，受到物之本質切近的震顫，此在在其根基上詩意地存在——這同時表示：此在作爲被創建（被建基）的此在，絕不是勞績 而是一直捐贈」[56]。「詩意地棲居」可以說是他爲人類設想的新型生存方式和理想境界，它在詩意理想層面上，主張將生命存在提升至空靈澄明的新境界，實現本真存在的澄明狀態，在現實建構層面上，「棲居的基本特徵乃是保護」[57]。這種棲居不僅是保護人類賴以生存的世界整體，更是尊重所有存在者的自由自在體現人與自然和諧共生的生態思想[58]。換言之，海德格爾以「詩意地棲居」表明一種無功利、無拘無束的生活狀，以及對自由嚮往的內在意識，指人對生活理解或掌握後，保持內心的安詳、和諧，對詩意生活的憧憬與追求。但是「詩意地棲居」，並非指在大地上浪漫地逍遙，而是要重建人與自然和平、穩定的關係，像真正的詩人那樣敬畏自然，守護自然，順應自然，感恩自然，與自然和睦相處，比鄰而居。這樣的態度和情感對人類來說實在是久違而陌生了。弗雷德里克·費雷（Frederick Ferré）云：「生態意識的基本價值觀允許人類和非人類的各種正當的利益在一個動力平衡的系統中相互作用。世界的形象既不是一個有待挖掘的資源庫，也不是一個避之不及的荒原，而是一個有待照料、關心、收穫和

55 參閱沃爾夫·勒佩尼斯（Wolf Lepenies）著，李焰明譯，《何謂歐洲知識分子：歐洲歷史中的知識分子和精神政治》（Qu'est-ce qu'un intellectuel européen ? Les intellectuels et la politique de l'esprit dans l'histoire européenne），（桂林：廣西師範大學出版社，2011年6月），頁166。
56 海德格爾著，孫周興譯，《海德格爾選集》，卷上，頁319。
57 同上，卷下，頁1193。
58 李培超著，《環境倫理》，（北京：作家出版社，1998年2月），頁29。

愛護的大花園。」[59] 不過，對這個寸草不生的大自然花園的修理，科學技術同樣不能缺席。借用查爾斯·斯諾（Charles Percy Snow）所云：「我們無法退入一個根本不存在的沒有技術的伊甸園。我們不能檢視自己，從任何個人救世原理中得到安慰，並依託於我們善良天性支持我們自己。誰要是這麼做，就會從他自身所發現的最壞意義上的浪漫主義幻想那裡受到折磨：他未曾運用理性去探究非理性的東西。」[60] 但是迪爾凱姆認為，科學能把世界照亮，卻仍使人的心靈處於黑暗之中；心靈只能靠自己產生光明。在科學的眼裡，不存在善與惡。科學可以清楚地告訴我們原因怎產生結果，而不能告訴我們應該追求什麼樣的目的。如果不是要知道事物是什麼，而是要知道它怎樣才合人意，那就得依靠感情、本能、生命力等這些叫什麼都可以的無意識的東西的暗示[61]。是以哈貝馬斯以下所言，實值得現代人三思：「我們不把自然當作可以用技術來支配的物件，而是把它作為能夠（同我們）相互作用的一方。我們不把自然當作開採物件，而試圖把它看作（生存）夥伴。在主體通性（Intersubjektivitet）尚不完善的情況下，我們可以要求動物、植物，甚至石頭具有主觀性，並且可以同自然界進行交往，在交往中斷的情況下，不能對它進行單純的改造。一種獨特的吸引力可以說至少包含著這樣一種觀念：在人們的相互交往尚未擺脫統治之前，自然界的那種仍被束縛著的主觀性就不會得到解放。只有當人們能夠自由地進行交往，並且每個人都能在別人身上來認識自己的時候，人類方能把自然界當作另外一個主體來認識，而不像唯心主義所想的那樣，把自然界當作人類自身之外的一種他物，而是把自己作為這個主體

59　見其所著，馬季方譯，〈宗教世界的形成與後現代科學〉（Religious World Modeling and Postmodern Science），收錄於大衛·雷·格里芬（David Ray Griffin）編，《後現代科學：科學魅力的再現》（The Reenchantment of Science：Postmodern Proposals），（北京：中央編譯出版社，2004年1月），頁121。

60　見其所著，紀樹立譯，《兩種文化》（The Two Cultures），（北京：生活·讀書·新知三聯書店，1994年3月），頁4-5。

61　參閱其所著，狄玉明譯，《社會學方法的準則》（Les règles de la méthode sociologique），（北京：商務印書館，1995年12月），頁66。

的他物來認識。」[62]威廉・萊斯（William Leiss）云：「控制自然的觀念必須以這樣一種方式重新解釋，即它的主旨在於倫理的或道德的發展，而不是科學和技術的革新。從這個角度看，控制自然中的進步將同時是解放自然中的進步。後者和前者一樣，是人類思想的一個合理的觀念、概念、成就；因此，從控制到解放的翻轉或轉化關涉到對人性的逐步自我理解和自我訓導。……控制自然的任務應當理解爲把人的欲望的非理性和破壞性的方面置於控制之下。這種努力的成功將是自然的解放——即人性的解放。」[63]。

　　莊子言：「天地有大美而不言。」（〈知北遊〉）只有在消除人對大自然的漠視及自利，而以相容並蓄、民胞物與的胸懷看待大自然，著眼天、地、人三者相輔相成的關係，才能感受天地的「大美」。也就是說，依循自我虛無化的體驗而回返於雄渾的本體[64]所呈現的便是天地的「大美」。人不「美」，如何感受天地的「大美」[65]？同樣，大自然不美，人如何變美？其實，人的本性與天地或自然是相通的，故人欲使自己的本性得以實現，皆應該以天地之美爲榜樣，從中汲取經驗與教益[66]。綜上所述，從生命的本體來說，物與我、人與環境本來是相互依存的，因此「生態」和「心態」是一體的兩面，若硬將兩者劃分爲主、從的關係，則必然導致其中一方採取積極的手段。也許從進化論的角度來看，生物容或有高等及低等之分，但是從生命終極的本質意義和目的來講，任何一個自然物的存在都有其不可被他物取代的無上價值。「人不是存在的主人，人是存

---

[62] 見其所著，郭官義等譯，《作為「意識形態」的技術與科學》，頁45。

[63] 見其所著，嶽長齡等譯，《自然的控制》（The Domination of Nature），（重慶：重慶出版社，1993年5月），頁168。

[64] 參閱賴賢宗著，《意境美學與詮釋學》，（北京：北京大學出版社，2008年10月），頁80。

[65] 蕭振邦云：「『美』在《莊子》仍然是一種帶有評價意味的實存描述詞，也正因為如此，它才能轉用到人身上，而有可能把人的修養實踐與道的任運自在結合起來。另一方面，這一種道之任運的默觀、對照與人之修養工夫的體現結合，也正說明瞭何以體現道可以稱之為『美』的真正理由！」見其所著，〈道家美學思想基型——《莊子》的美學觀〉，載於《鵝湖學誌》，1998年6月，第20期，頁41。

[66] 參閱金春峰著，《哲學：理性與信仰》，（臺北市：東大圖書公司，1997年5月），頁66。

在的看護者」[67]。看護生態，也就是維護、調整、建立這樣的心態。單就此點而言，莊子生命價值的哲學對這兩者的實現，應能起一定的啟示作用及參考價值。

當代人文主義思潮的主題之一，就是批判失去了價值導引的「工具理性」過度的膨脹。人文精神的戕害，不僅來自「神性」對「人性」的吞噬，也來自「物性」對「人性」的宰制，或來自工具理性對人性的扼殺。特別是資產階級文明的特徵，乃以人對自然和對人「雙重統治」的形態出現，而對人的統治，乃以對自然的統治為基礎，這兩種統治，皆以科學技術作為手段或媒介。人被一隻看不見而又實實在在的手控制，成為一種沒有自我的工具。「自從禁欲主義試圖重造塵世並在俗世中實現它的種種理想以來，物質財富獲得了一種歷史上任何階段都未曾有過的、愈來愈大且最終變得不可抗拒的統治人類生活的力量。……沒有人知道未來誰將生活在這個牢籠之中，或者，在這場巨大發展告終時，是否會出現面目一新的先知，或者是否會出現舊觀念，舊理想的復興，如若兩者皆非，是否會出現病態的、以自我陶醉為粉飾的機械僵屍。因為就這種文化的最後發展階段而言，確實可以這樣說：專門家沒有靈魂，縱欲者沒有肝腸，這種一切皆無情趣的現象，意味著文明已經達到了一種前所未有的水準」[68]。

若從這個面向來看，莊子的生命價值哲學可為當代重建人文精神提供一項極重要的資源。但是他對文化的批判，並不是一種「反文化」、「反歷史」的偏頗，以及避世絕俗和復古倒退的舉動，而是一種「超文化」和人類發展為最高價值的追求[69]，是「知」文明，「守」素樸。他所正視的問題是，科技文明的發展如何能及早走上自然之道？當「技術主義」和「功利主義」的趨勢愈銳不可擋時，特別是當物質富饒和精神貧乏、科技掛帥和心靈墮落之間愈產生尖銳對立時，莊子依然詢問同一個問題，還對

67　海德格爾著，孫周興選編，《海德格爾選集》，卷上，頁385。贊同
68　同上，頁176。
69　王利鎖著，《智通莊子》，頁135云：「《莊子》的批判是為了超越，而濃烈的復古意識則是為超越尋求質實可感的歸宿的一種方式。」

它們批判、克服及超拔，這不僅代表一種人文精神的守護和終極關懷，也為現代科技如何朝著符合人文精神要求的合理方向發展，留下了十分珍貴的智慧[70]。

　　既然人不能和外部世界達成和解，只好為了理想和信仰而出走，這種人生態度看似消極，但是莊子的人生選擇的價值只有兩個：其一是批判性的。為了突顯個人的獨立和自主，他反對人被物役。現實生活中有很多東西阻礙人的自由，如仁義道德、世俗價值、政教禮法等，它們的存在目的，雖然同樣是為了實現人的自由，可是一旦超出界限，目的與手段相背離時，就必須對其存在的合理性作深刻的反省。在現代社會之中，物質文明愈來愈發達，技術對人的生活和精神的威脅也愈來愈明顯和嚴重，與此同時造成了物對人的統治，人被異化為單向度的「人」。難怪尼采大加批評云：「技術只能在物件領域中確證有關『真』的知識，無法進入人的信仰世界，機械的世界本質上是一個無意義的世界。」[71] 莊子當然高舉理想的旗幟，其根本意義就在於批判現實對人的箝制。其二是建構性的。其實，鮮活的生命同樣是對生存可能性的創造，是消除自我遮蔽，走向個體通達的原初回歸。人的生存不應被經驗所束縛，還應有一種破除界限的建構力量。顯然，莊子這種建構功能被人一再忽略，若我們以此建構力量站在更寬廣的本體世界上，被遮蔽的價值真源就會顯現出來[72]。莊子哲學以人為主體開展其思想，它是在價值角度上的主體，故不會導致主體有高傲自大、目空一切的霸權心態，而「價值主體」的挺立，為深刻地理解人與世界的存在，提供了更寬廣的視域。

---

[70] 丁原明云：「道家從追求對象世界之真，而落實於追求物性之真和人性之真，這無疑潛含著求真與求善、自然與人文的統一。特別是它們所主張的少私寡欲、常德知足、寵辱不驚、上德若谷等自然道德，不僅同仁義等文明規範在當時所有的道德異化保持了隔離，而且也為科學昌明的今天怎樣去緩解知識與道德、自然與人文的緊張作了啟導。」見其所著，〈道家的科學精神與人文精神〉，載於《文史哲》，2002年，第1期，頁59。

[71] 尼采著，周國平譯，《悲劇的誕生》，頁256。

[72] 參閱敦鵬著，〈生命的自覺與心靈的關切──讀《生命的哲學──莊子文本的另一種解讀》〉，載於《燕山大學學報（哲學社會科學版）》，2011年3月，卷12，第1期，頁47。

當人面對今日科技所帶來生存另一種危機及個人縮限[73]的情況之下，人如何在世界價值以及自然價值方面，不再受困於「人類中心主義」，遠離偏狹的視野及心胸，莊子生命價值的哲學，可以為當今的人類帶來嶄新的啟迪，使人類邁向理想的世界。然而，由於莊子的思想過於玄奧、複雜，故其思想雖然對人的自由、平等，以及對科學、政治、社會等都或多或少產生啟蒙的作用。可惜歷來對其人、其思想的評斷及態度前後反差極大，這意味著啟蒙雖然有某些共同的傾向，然而不是一個完整的思想系統，即不是從一個前提推演出來的諸觀念的集合。這些可以稱作啟蒙的觀念，必須在廣泛的社會生活實踐中協調才能產生作用，而非按理性序列可自動實施。因此，每種價值的作用都有自己的限制，其本身是需要被反思的。莊子的哲學可以被曲解，卻不會被消解。人很難把它歸結為現代的什麼「主義」，九十年代以後，它又逐漸作為正面形象出現在學術或相關文化讀物之中，就是其思想永垂不朽的證明。莊子的哲學一直作為文明的批判者的角色而存在，其避世逍遙的主張，也許對人類社會生活沒有普遍的吸引力，但是它提出的問題，特別是對理性作用的質疑，對啟蒙的推動者來說，也是重要的思想考課題[74]。

其次，莊子對人類文明教化的本質──人道有為的批判，可說是前無古人，後無來者。他對後人提出的兩大問題：人真的是世界的中心嗎？人主觀的實踐真的能使人最終獲得自由嗎？有關這兩個問題，至今仍是曠野呼喚，無人應之。但莊子看到了人類存在史的兩種基本模式，即「自然史」的存在和「文明史」的存在，而生活在他的時代，直至今天的人類，

73　郭實渝指出，科技縮小了一個人的世界，將對自我的了解縮小成一點，自生命大組合抽離出來。寇伯（Cooper）認為，有了科技，人類不再依靠自己，喪失了個人的尊嚴及自我的全面整體性。傳統上任何科技的發明，都使人獲得某種行動或活動之上的方便，或快速達到目的，而一旦有了新技術，過去的生活方式或想法就被遺忘了。傳統的智慧與了解被犧牲了。科技對過去是不關心的，對傳統思想是不信任的。科技剝削人的記憶，將人裝置成一個兒童的國度。過去的傳統在新科技時代充其量只是電腦資料庫之中的數據（data），讓人存取而已，已不屬於人類生活中的一部分了。參閱其所著，〈現代科技在教學上之應用與生態教育理念之推動產生的兩難〉，載於《歐美研究》，2000年6月，卷30，第2期，頁135。

74　參閱陳少明著，〈啟蒙視野中的莊子〉，載於《中山大學學報（社會科學版）》，2016年，第2期，頁134。

都處在「文明史」的進程之中。也許他對人存在不同的方式所作的選擇有個人主觀的偏好，也或許，他過多地注意了人的「自然史」生存方式的優點，又過多地注意了人文生存方式的缺點。可是他要求人對文明進步、科學主義的信仰加以批判，走出對自然原始生活方式的膚淺偏見，重新嚴肅地審視人類所處的文化歷史，及所走的現代化的道路，重新選擇人類今後所應該走的社會和人生的道路，卻是極深刻和十分值得深切反省的[75]。故莊子生命價值的哲學對於現代世界還是一帖妙劑，它曉諭世人，知識與技術雖然重要，但智慧與精神生活是文明的基礎，若基礎薄弱，上層建築愈雄偉、壯觀，倒塌下來的禍害就愈難以估計了。舒馬赫明確地提出「中間技術論」，要求限制技術的無限膨脹。中間技術是「符合智慧」的技術：「毒化環境或腐蝕社會機構與人類本身的科學或技術『解決方案』，不論構思多麼聰穎，表面多麼吸引人，都沒有多大益處。機器不斷大型化，需要集中的經濟力量也不斷增加，這不代表進步：它們是對智慧的否定。智慧要求科學技術朝著有組織、溫和、優美的新方向前進」[76]。莊子生命價值哲學仍為人生命的尊嚴、價值和意義覓得了一條精神的出路——讓生命突破現實的重重封鎖，並得以滋潤及綻放光澤。他在對精神的解放之中，實現了對生命的救贖，這對於現代社會同樣具有深遠的意義。在現代化的進程之中，物質文明和精神文明進步的同時，也衍生了拜金主義、功利主義、個人主義諸如此類的現象，造成許多社會問題[77]。尤有甚者，在理性主義至上的世界，人以為技術世界所帶來的一切成果與文明就是人類理想的家園，是人類的安居之所。人沒有想到的是，技術不僅支配人，也支配世界。世界在人的技術化活動中被切割成了碎片。世界不再是一個整體，不再是由語言、理性、思想描述的世界，而是一個由機器的轟鳴聲與各種生產能力的吆喝聲，以及懷著各種野心的狂奔者等相互交織的世界。

---

[75] 參閱李衛著，〈體認天道——莊子的認識論〉，頁77。

[76] 參閱舒馬赫著，虞鴻鈞等譯，《小的是美好的：把人當回事的經濟學著作》，頁17。

[77] 史蒂文·盧克斯著，閻克文譯，《個人主義》，頁8云：「個人主義的原則把個人從社會中剝離出來，使他成為周圍事物和他自己的唯一評判者，賦予他不斷膨脹的權利，而沒有向他指出他的責任，使他沉湎於自身的力量，對整個國家宣佈自由放任。」

然而技術世界的成果都是物質的，人的生存要有物質基礎，然而人不只是一個物質的人，人還有情緒、情感、思想、想像，更有美的需要。「技術世界遭遇的困境不僅應該理解爲無家可歸，而且必須首先理解爲這無家可歸的遺忘」[78]。人的焦慮、無聊、羞恥、盲信與不信、絕望與拒絕都是虛無主義的體現，而無家可歸則是一切虛無主義的最終歸宿。不僅如此，人與萬物也成了技術的手段，因爲人自身也技術化了。但技術時代的個人乃原子式的個人，既忘卻了自我生成的歷史，也失去了指向未來的生活動力，也就是失去了價值發源地和思想庇護所。現代人感受到前所未有「無安全感和不確定性」，正揭示人文信仰系統的紊亂和失衡，心中存在的無意義感、多餘感和厭煩等「世紀末心態」[79]。莊子的批判，恰好爲此世界守持本眞、安然自適、保持心靈的安寧與清淨提供了方向。他的「隨順委蛇」、「順人而不失己」（〈外物〉），要求人遵循自然、無爲的生活原則，超越眼前狹隘的功利，在精神世界建立強大的心理防線，不爲利益、得失所動；他的超拔、逍遙，幫助人以淡泊、豁達的態度拓展胸懷，開啟澄明的心靈，在自然的清澈、寧謐的環境之中通向心靈的自由[80]。總之，莊子清醒地意識到，在現實社會的物質生活和不健全的政治領域之中，人是無法完全擺脫內外各種束縛的，因爲「時代的艱苦使人對於日常生活中平凡的瑣屑興趣予以太大的重視，現實上很高的利益和爲了這些利益所作的鬥爭，曾經大大地占據了精神上一切的能力和力量以及外在的手段，因而使得人沒有自由的心情去理會那較高的內心生活和較純潔的精神

78 彭富春著，《無之無化——論海德格爾思想道路的核心問題》，（上海：上海三聯書店，2000年8月），頁15。

79 「現代主義思想的標誌性特徵是一種信念，認爲人的存在是偶然的——沒有根基、沒有目標、沒有方向、沒有必然性，人類本來很有可能從未出現在這顆行星上。這種可能性掏空了我們的現實存在，投射出恆常的失落和死亡的陰影。即使是狂喜的時刻，我們也頹喪地知道腳下的根基宛如沼澤——我們的身分與行爲缺乏牢固的基礎。這可能讓我們的美好時光變得更加珍貴，也可能讓它們變得毫無價值。」見其所著，朱新偉譯，《人生的意義》，頁13。

80 時曉麗著，《莊子審美生存思想研究》，頁211云：「莊子的審美生存思想對於現代社會存在著的道德失範、拜金主義、享樂主義、官僚主義、專製作風、貪汙受賄、奢侈腐化等問題的批判，對於人們維護獨立的人格和尊嚴，擺脫工具理性的束縛，對於現代人生存的日漸『平庸化』、『功能化』、『世俗化』的批判，仍然有其巨大的現實意義。」

活動，以致較多優秀的人才都爲這種艱苦環境所束縛，並且部分地被犧牲在裡面。因爲世界精神太忙碌於現實，所以它不能轉向內心，回復到自身。」[81] 所以莊子反思探索生命的道路，轉向精神的領域[82]，認爲只有如此，人類才能完全自主，才能回到清靜的家園，才能反璞還淳。

而人類存在的最大悖論，就是不得不親嘗自己一手釀製出來的苦酒，不管是有意還是無意的，他都無法從其生活完全割捨這杯苦酒：作爲詩人，卻懷疑文字和語言；作爲文化人，卻滿腔與文化和知識絕裂的情懷；不屑世俗，卻寧可作一隻在泥淖之中拖尾爬行的烏龜；遠離塵世，卻遲疑不歸隱山林；逍遙快活的樂土，卻成爲無法棲身的人間煉獄；心欲純樸自然，卻又念念不忘濟世之願。有關這些悖論，佛家的體用說，區分彼岸與此岸，以「悟」作爲超越的橋，以出家或修行作爲區分之法。禪宗則以「即心爲佛」式的「悟」消解要求，卻把超越的迫切性無限延遲了。而莊子主張「兩行」，對人生各種困難的事必須「無情」到「不以好惡內傷其身」（〈人間世〉）。這些方式都是區別思辯哲學與實踐哲學，前者是精神的、個體的、自省的、不重功名富貴的，可以「物而不物，……出入六合，遊乎九州，獨往獨來，是謂獨有。」（〈在宥〉）但是要保有這種自由，就不能用來「實踐」[83]。若用來指導「實踐」，就可能被這些悖論纏絞在一起，最後愈纏愈緊，若急迫地想解開，則除了死亡這種毀滅性的方法之外，別無他法。莊子對死亡的詠嘆，也許這是其中一個原因吧！

人的一生是這樣度過的：「大塊載我以形，勞我以生，佚我以老，息我以死。」（〈大宗師〉）無數的苦難是人面臨的巨大挑戰，他們試圖以各種方式加以回應。故人間有多少種苦難，就有多少種關於苦難的思考，也才能發現生命的價值和目的[84]。莊子筆下所呈現的世界雖然如夢似魘、

---

81 黑格爾著，賀麟等譯，《哲學史講演錄》（Lectures on the History of Philosophy），共4卷，（北京：商務印書館，1997年2月），卷1，頁1。

82 梁啓超著，《先秦政治思想史》，頁108云：「道家最大特色，在撇卻卑下的物質文化，去追尋高尚的精神文化，在教人離開外生活以完成其內生活。」臺北市：臺灣中華書局，1973年11月。

83 參閱趙毅衡著，〈死亡詩學——試論顧城〉，載於《當代》，1994年1月，第93期，頁93。

84 維克多‧弗蘭克著，趙可式等譯，《活出意義來——從集中營說到存在主義》，頁139-140云：「人

沉悶、令人窒息、荒謬不合情理，他寫出人類生存的乏味，個體在群體中孤立無助的境遇。但是他踽踽獨行於人生旅程，在孤寂與焦慮的重壓下，急切地尋求生命的價值。故他對人生的思考和探索，對人生的苦難，充滿了理智、堅毅、達觀、超脫的精神。他對現代人如何以更開闊、通達的心態面對人生、面對現實、面對苦難，以及如何擺脫人生的困境，提升人生的境界，都具有很強的借鑑意義[85]

由以上所述，他的齊物論並非否定真理的標準，而是要求人的世界觀的轉變，放棄任何自我中心的態度，平等地看待萬有的自然性與自足性，把是非轉化成有無問題。然而，無論是齊「物論」還是「齊物」論，其實都是人對事物態度轉變的產物。而這種對事物態度的轉變，從根本上講，是人對自身態度的轉變。它必須把人看作萬物的一員，而非它的異類，更不是高高在上的高貴的存在物。這就是齊物我，或者齊天人的精神。可是單純的理智或知識的分析，並不能完全解決問題，知識也有其盲點。不管我們是否接受莊子這種觀點，都必須承認，它是人類思想史上少數對人生作過有深度反思的思想之一。莊子的齊物觀宣導生命觀、自然觀和價值觀的統一，具有生成和催化當代世界自然生態、社會生態和政治生態的和諧因數的功效[86]。

無論如何，莊子這種消解世人「心知」定限及追求「無適之適」的生命情態，實際上是給予生命一種純粹藝術或精神的認知與關懷，這種以藝術精神來懷抱、理解生命的方式，足以紓解現代人價值失落的心以及陷入

有尋求意義的意志，對個人而言，這個意義具有獨特性，唯有經過個人自己的努力與成就才能得到滿足。個人必須要能發現及接受其生命過程中的苦難，才能發現生命真正的意義及目的。」

[85] 劉笑敢著，《莊子哲學及其演變（修訂版）》，頁194-195云：「莊子在不幸現實的地基上幻化出了樂觀主義的奇境。他積極地追求與道為一的體驗，熱切地嚮往著與宇宙同其遼遠宏闊的境界，他看透了生死的區別，忘卻了榮辱得失，主張超然自榮，悠閒放達，這些樂觀主義的雲霞給人以一種新奇、靜謐、怡悅、曠達的美感，使人忘卻現實中的矛盾鬥爭，得到精神上的快樂和享受。這是莊子哲學能夠產生極大影響，贏得較多讚賞的重要原因之一。」

[86] 「生態的破壞、戰爭的威脅、社會秩序的急劇轉變、人們思想和意識上的不安，在在都顯示知識增長並非一個可以無限膨脹的氣球。」見華勒斯坦（Immanuel Wallerstein）等著，劉健芝等編譯，《學科・知識・權力》（Disciplines, Knowledge, Power），（北京：生活・讀書・新知三聯書店，1999年3月），頁1。

迷惘之中的困境，並可解除現今物質豐裕，而人文精神、文化及文明衰弱的大時代危機。想像相對於現實，既是否定的，也是超越的。莊子的想像，雖然不一定使你在現實中能昂首闊步，但是至少會減緩世人精神的沉淪與低落。薩特用現象學的語言說：「想像並不是意識的一種偶然性的和附帶具有的能力，它是意識的整體，因爲它使意識的自由得到了實現；意識在世界中的每一種具體的和現實的境況則是孕育著想像的，在這個意義上，它也就總是表現爲要從現實的東西中得到超脫。……所以，所在每時每刻也總是具有著造就出非現實的東西的具體的可能性。而這些也就是多樣的動因，這些動因在每時每刻都決定著意識是否要僅僅得到現實或者說它是否要去從事想像。非現實的東西是在世界之外由停留在世界之中的意識創造出來的；而且，人之所以能夠從事想像，也正因爲它是超驗性自由的。」[87] 對他而言，人類經驗之中任何特殊的經歷，都存在令人陶醉的無限性和想像性[88]。莊子思想的本身，就像秋夜迎面而來的一陣清涼微風，輕輕地安撫人浮躁不安的精神，同時拂開其迷惘的雙眸，讓人不經意地去感知和發現自己的生命，原來是爲了承載且詮釋人生意義而存在的[89]。

究其實，莊子的人生哲學包含許多嚴肅的內容和議題，他基於對商周之際政治文化變遷的理性思索，勇於揭示君主專制統治及倫理教化的弊病，包含一定的民主精華。同時，莊子的憤世傾向也意味著戰國時代士人個體自由意識的覺醒，也表示他在不肯軟化的冷漠孤獨之中，堅守最原初

---

[87] 見其所著，褚塑維譯，《想像心理學》（The Psychology of Imagination），（北京：光明日報出版社，1988年5月），頁281。

[88] 參閱安樂哲（Roger T. Ames）等著，何金俐譯，《道不遠人——比較哲學視域中的《老子》》（Daodejing, "Making This Life Significant" A Philosophical Translation），（北京：學苑出版社，2004年10月），頁23。

[89] 保羅・里克爾（Paul Ricoeur）說：「所有詮釋學的目的，都是要征服存在於經典所屬的過去文化時代與詮釋者本身之間的疏遠和距離。藉由克服這距離，使自己與經典的時代合一，詮釋者才能夠使其意義為自己所有：他使陌生成為熟悉，也就是說，他使它屬於他自己。這正是他透過理解他者而得到他所追求之自我理解的成長。因此，每一詮釋學，無論外顯地或隱含地，都是經由理解他者而有的自我理解。」他的這種說法為詮釋活動提供了合理的解說，的確，若說我們閱讀經典的目的在於完成「透過理解他者而得到他所追求之自我理解的成長」，那麼這將是一條永遠敞開的路，它通往遠方，卻永遠不會有一個完成的終點。參閱其所著，林宏濤譯，《詮釋的衝突》（The Conflict of Interpretations），（臺北市：桂冠圖書公司，1995年5月），頁14-15。

對生命的認真和執著[90]。他的哲學曾激勵數不勝數的後人大膽地衝破專制的藩籬，擺脫宗法道德觀念的羈絆，並重新檢視個體的存在價值。由此可見，莊子的確是新時代的先聲和超時代的覺醒者，也成為中國傳統思想中最具活力及生命力的精神資源。他抓住了生命這個人人都關心的主題、人性中最本質的東西，因為他看到了人性中最美麗的善和最醜陋的惡。所以無論歷史如何更迭，無論世事怎樣轉變，人的本性都很難改變，正因如此，他的思想和話語便具有了穿越時空的力量，可以輕鬆地闖入人的世界，叩擊人正在沉睡的心靈[91]。

莊子以其敏銳的洞察力，從人類生存的根源之處揭示這個矛盾，故具有永恆的意義和價值。是以他生命價值的哲學之所以能在任何時代都產生莫大的影響，就在於它不僅源自於對特定社會生存環境的焦慮，以及目睹時局傷心而油然生起的憂患意識，更根源於對人作為社會與文化的存在這種具有「一般」、「普遍」意義的焦慮與反省。人惟有進入社會被文化薰染，才得以與動物拉開距離，成為萬物之靈。可是人一旦進入社會，勢必一定要接受對待關係的約束而改變自己，人被文化洗禮後，即意味著必須受到人為的修飾，並被「異化」。這都會使人失去原有自然或本然的性情，喪失本真與自由，此是人類與生俱來的矛盾、困頓與迷思。莊子所表達的、影響後世的，也許就是人類這種矛盾、困頓與迷思的關注及消解吧[92]！就此而言，莊子的生命價值哲學具有強大的精神感召力，至今仍然可為個人精神生活的昇華，提供源源不絕的思想泉源，以致於歷代分別屬於不同的陣營，具有不同目標的思想派別，及中國現代思潮中的新哲學體系，都受到它的沾溉，並保留莊子思想的痕跡，或者自認為與其有些許不

---

90 王利鎖著，《智通莊子》，頁52云：「莊子對現實的冷漠正是他對現實徹底否定的必然結果。然而，這只是感情發展的一個方面；另外一個方面，就是對理想的執著、熱烈的追求與嚮往。對黑暗現實愈是冷漠，對光明理想就愈是執著，這可以說是莊子及其後學的一個普遍心理特徵。」

91 參閱張小木編著，《莊子解說》，（北京：華夏出版社，2008年2月），〈前言〉，頁1。

92 參閱馮達文等主編，《新編中國哲學史》，共上下冊，（北京：人民出版社，2010年8月），冊上，頁127。

謀而合之處[93]。

在莊子看來，從根本意義而論，人類用長久以來即擁有的「有為」方式，以組織社會生活的努力顯然是失敗的，唯一自救之路，就是回歸自然。他生命價值的哲學，就在於運用最高的智慧去穿越文化陋習所構成的障礙，清除文明社會賴以建構的文化思維模式和經驗習慣，從而讓生命個體在自然之中復歸於本體，獲得存在的真實意義。可見其意義不僅在於讓人形成一種理智、平靜的自然主義人生態度與生存理想，而更在於讓人使自己的生命存在，確立一個形而上學的根基，並在主觀精神之上，體驗生命與宇宙自然無限本體的內在和諧，也就是達到泯滅萬物、齊是非、生死的「天人合一」境界。這樣的哲學內涵，就是將有限與無限，個體與全體融合在一起。從個體生命經驗來言，就是突破自己的有限形體的侷限，讓生命在自然之中，體驗形而上本體「道」永恆超越與和諧的意義[94]。

雅斯貝爾斯曾把人類自有文字記載以來的五六千年歷史分為四個階段。他把第三個階段西元前八百至二百年之間的精神發展名為「軸心時代」[95]，「許多輝煌大事都在這段時間中產生。在中國出現了孔子、老子，一切中國哲學的各種流派於是興起，然後是墨子、莊子以及其他不

---

[93] 崔大華著，〈莊子思想的現代思潮〉，頁337-338云：「中國現代思潮中的新哲學體系，只要涉入中國傳統思想，在它的體系中就不能不留下莊子思想的痕跡。……莊子思想以它深邃而眾多的概念、命題、觀念在中國傳統思想的演變、發展中，確實地成為一種最活躍的觀念的或理論的因素，在不同理論思潮中和在不同的理論層次上皆發生了不同程度的影響，是中國哲學中的一個重要的觀念淵源，即使在當代，我們在實現理解、吸收世界最新的思想和智慧，以創造自己國家的現代文化的歷史任務時，莊子思想內蘊著的並且在歷史上已經不只一次表現出來的那種對異己思想或異質文化具有容攝、消化能力的寬廣的觀念背景、觀念系統，仍然是有積極的、實際的意義的。正是這些使我們感到，對莊子思想及其影響所作的這種漫長的歷史考察是值得的，因為通過這種考察，在理解和熟悉莊子思想的基礎上，能夠比較深入地理解和熟悉中國傳統思想；而只有真正地理解和熟悉中國傳統的思想和文化，才能卓有成效地創造出中國新的、現代的思想和文化。」收錄於冉雲飛選編，《偉大傳統——莊子二十講》。

[94] 參閱鬱建興等著，〈論莊子的人生哲學〉，載於《浙江大學學報·社科版》，1994年，第4期，頁7。

[95] 「軸心時代」的中國，大體在春秋戰國時期，表現為政治社會上的政局動盪，與文化思想上的禮崩樂壞。在人類歷史上，大凡社會轉形，矛盾加劇，必然激發人新的創造力與想像力，催生新的文化體系與人格精神。這一時代，正如孟子說的，「聖王不作，諸侯放恣，處士橫議」，儒道墨等百家蜂起，紛紛建立自己的思想體系。儒家的剛健有為人格，道家的適己、無為的人格，也各有其代表性之典型人物。孟莊正是在這樣的時代提出自的人格理想並加以身體力行的人。

勝枚舉的諸子百家。」「這個時代，產生了那些我們至今仍然在其範圍之內去進行思想的『範疇』（categories），同時也創立了那些我們至今仍然賴以生活的世界性宗教」，「直到今天，人性仍然以這些基礎爲寄託。」[96] 他還提出：「直至今日，人類一直靠軸心期所產生、思考和創造的一切而生存。每一次新的飛躍都回顧這一時期，並被它重燃火焰。自那以後，情況就是這樣。軸心期潛力的蘇醒和對軸心期潛力的回憶，或曰復興，總是提供了精神動力。對這一開端的複歸是中國、印度和西方不斷發生的事情。」「直至今日，我們的全部思考和創造，皆不過是向軸心時期的某種『複歸』而已」，「軸心要位於對於人性的形成最卓有成效的歷史之點。自它以後，歷史產生了人類所能達到的一切」[97]，並開創了人類精神生活的新紀元。

總而言之，現代物質文明的發展與日俱增，人的精神構圖更是複雜。時代演變的文明只是粗暴而庸俗地供給世人生存的需求，一味力求精巧、豐饒、便捷，人的舌尖因此獲得無上的享受，感官獲得直接興奮的刺激和快感的程度，成爲對人性終結的辯護[98]。在此同時，訝異於自己輝煌成就的人類，內心又不免對遠古潛存的「人惹天怒」感到恐懼而飽受煎熬，精神每時每刻都緊繃著；人的意識也分分秒秒地感知到燦爛的繁花盛景，只不過是稍縱即逝的灰飛煙滅，瞬間敗壞衰落的前兆。在此雙重的糾結之下，人的主體異化與精神焦慮當然日趨嚴重，人的欲望像脫韁的野馬般一發難以收拾。當人在欲望的驅使之下疲於奔命，在迷失的路途之上離人性自然愈來愈遠。但在此同時，欲望有條件地被壓抑，更使人的精神幾乎陷入錯亂之中；世紀更迭和千年交替的雙重變奏，既給人類帶來莫大的激

96　見其所著，周行之譯，《智慧之路》，頁116-118。

97　參閱雅斯貝爾斯著，魏楚雄等譯，《歷史的起源和目標》（The Origin and Goal of History），（北京：華夏出版社，1989年6月），頁14-16。

98　劉小楓著，《現代性社會理論緒論》，頁307云：「隱藏在一切藝術享受和感性創造背後的基本力量是快感官能，感性個體靠這種力量實現真正的自我，獲得人生的最高的、唯一的幸福。傳統神義論對生命意義以及幸福和善意問題的解答已被宣告無效，享受感性快感的程度，成為對人生的終極辯護。」上海：上海三聯書店，1998年1月。

勵，也帶給人類種種的悲劇，社會的轉形並非如人期望的那樣成爲「理想國」[99]，而今天的改古制，無一例外都是改得更加方便一點，改得對人有利一點。這實質上是宗教世俗化——背後是生命世俗化，也就是生活的去聖化——的表現。在這一過程中，神聖的意味逐漸被削弱，人賴以與神聖交流的因素在逐漸削弱中。在難以抗拒的物質誘惑面前，精神生活頓時失去以往神聖和崇高的地位，甚至淪爲調侃的對象和口號。現代的人就處在傳統農業社會轉形成現代工商業社會[100]、經濟現代化所帶來的各種變遷、資本主義生產消費模式所引發既有價值系統的鬆動，使人如處身於泥濘汙水中，正如馬克思所說：「資本來到世間，從頭到腳，每個毛孔都滴著血和骯髒的東西。」[101]在商品化社會與文化工業化這股失衡和變調的洪流之中，對於已淹沒在其中的現代人而言，他們到底需要什麼樣的精神來守護人生命的價值？此答案已成爲現代文明人亟需解決的課題。

只要人活在今天，仍在其心靈深處苦苦尋覓生存的終極意義，仍在鬱鬱寡歡於人之生及死的悲劇性宿命時，莊子的思想就絕非曠野中的碎石，而是現今實際人生的活水源頭，其中包含了具有持久生命力的真理因素，他對人內心世界的思索、批評和指引，其意義和價值是眾所周知的。他思想的超拔，不僅可從中找到某些人類早已失去很久的寶貴東西，同時有助於淨化人的靈魂，也啟迪人尋找內心深處的安寧和精神家園的皈依。他的思想，不單已對古代社會文人的文化心態產生深遠的影響，而且對形神失衡，及屢遭壓抑、扭曲和貶損的現代人，仍不失爲活水源頭。

一般人雖然也許沒法臻於莊子所謂的高超絕妙的精神境界，但是至少

---

[99] 佛洛伊德著，楊韶鋼譯，《一個幻覺的未來》，頁88云：「生活是難以忍受的，這對每個人來說，也和對整個人類來說，都是完全一樣的。人類建成的這種文明給人類帶來了一定數量的貧困，在其他方面又使人遭受到一定程度的痛苦，這一方面是由於文明社會的禁律，另一方面又由於文明社會的不完善。」

[100] 一切人都要依賴交換而生活，或者說，在一定程度上，一切人都成爲商人，而社會本身，嚴格地說，也成爲商業社會。參閱保羅・海恩（Paul Heyne）等著，史晨主譯，《經濟學的思維方式：經濟學導論》（The Economic Way of Thinking），（北京：世界圖書出版公司，2012年10月），頁7。

[101] 見其所著，中共中央馬克思恩格斯列寧斯達林著作編譯局編譯，《馬克思恩格斯選集》，卷2，頁266。

可在奔波勞累之餘，別再一味盲目地往前奔逐而靜下心來，體會回歸田園或鄉土的感覺[102]，同時把捆索心靈的雜念沉澱下來，擷拾過往純眞的歲月，重返大自然的懷抱。另外在人失敗時，莊子指示世人需有接受失敗的涵養，從而爲下一次的成功鋪路。他曉諭的至理，可使人對未來仍有遐想和希望，同時保持一分平和與泰然的心境，樂觀且勇敢地面對人生。莊子留給後世的不僅是一堆待解的符號及只供想像力馳騁的寓言故事，我們應在他賦予生命的大愛之中，冷靜思索生命的向度，並採集、反思莊子用以批判世俗的智慧，勇敢地面對可能一再發生災難的世界。在顚簸的人生中，我們若能對莊子哲學做深層的省思，或可發現許多問題的癥結[103]，這就是莊子生命價値哲學的魅力與價値所在。

職是之故，我們絕不能坐視莊子的思想而不顧，更不應把其思想當作原封不動的歷史文物，因爲它是歷史的一部分，不可能被徹底割裂，而且它總是面臨被修正的挑戰，並形成新的傳統，而傳統既具有對過去歷史繼承的一面，又具有對未來開放的一面[104]。尤其重要的是，他的思想早已滲入所有人的血脈之中，如今我們站在與他相同的土地上思考、生活，所以才倚賴他的思想，使我們在歷史洪流的翻騰之中，確立自己思考的坐標和人生的方向。總之，探討現代人生活中最深刻問題的根源，乃在於面對大勢所趨的社會力量時，個人還想保留生存的自主權、精神自由及個體性，故其思想應具有「現代性體驗」。但是在體驗的過程中，因現代性本身的問題而自難以適應，甚至會產生反「現代性體驗」的效果，這正是現今偉大的哲學家、社會學家、宗教學家、科學家等專家學者建構其思想體

359

---

102 盧梭著，何兆武譯，《論科學與藝術》，頁26-27云：「我們對風尚加以思考時，就不能不高興地追懷太古時代純樸的景象。那是一幅全然出於自然之手的美麗景色，我們不斷地向它回顧，並且離開了它我們就不能不感到遺憾。」

103 參閱葉海煙著，《莊子的生命哲學》，頁3。

104 阿倫特著，傑羅姆・科恩（Jerome Kohn）編，張琳譯，《政治的應許》（The Promise of Politics），頁61云：「傳統的主要功能就是通過把一切問題導向預先確定的範疇而予以回答。」上海：上海人民出版社，2016年6月。阿倫特又云：「沒有傳統，在時間長河中就沒有什麼人為的連續性，對人來說既沒有過去，也沒有將來，只有世界的永恆流轉和生命的生物迴圈。」見其所著，王寅麗等譯，《過去與未來之間》（Between Past and Futuer），（南京：譯林出版社，2011年10月），頁3。

系的主要問題意識。

其實，邁向莊子思想的道路有諸多方向，這些方向我們今天可以找到，未來也還會有更新、更多的發現。因此他本人體現生命價值的哲學所經歷的道路，將不僅僅是一串串的歷史陳跡而已。當人類探尋他為何、如何走向這條道路，並深入揣摩及回顧其心路歷程時，將發現我們在走向莊子道路的同時，也選擇了自己的道路。也就是說，我們在他哲學之中所發現和印證的，恰巧是我們自己本身。同時，當人類了解其思想的深刻內涵時，即可跳脫自我，重新認識人生的意義和價值。由此可見莊子的思想不是一種理論，也不是一種用來學習的知識，而是一種人類精神自由飛翔的實踐。故就人類的生活形式而言，莊子的思想實占有至關重要的地位，因為精神能自由地飛翔，就是一種脫俗的生活形式！

第九章
結論

　　莊子的思想玄奧、博大而精深[1]，故他對於所謂的本體、宇宙、知識、人生、價值、歷史、政治、語言、藝術等問題提出不少眞知灼見，並且創立了許多豐富的命題和範疇，令人嘆爲觀止。但是這些卓越的見解最終被歸屬於自我生命關切爲主題的人生哲學的視域中，才能獲得正確的理解。質言之，吾人可以用「生命價值」來統攝莊子哲學中所謂的本體論、宇宙論、知識論、價值論、歷史觀、政治觀、藝術觀等諸多內容[2]。

　　莊子生命價值的哲學是面對人生困境中痛苦的抉擇，他的順世與超越，都包含深深的悲愴與蒼涼，及其對人世極深刻和透闢的智慧。成玄英評莊子即云：「歎蒼生之業薄，傷道德之陵夷，乃慷慨發憤，爰著斯論。其言大而博，其旨深而遠。」[3]程千帆言莊子：「說理之文參以抒情之體，雖故爲謬悠，實深於哀樂，其內心之矛盾，大類屈原。」[4]由此可見，愈矛盾的生命愈顯深刻，人生的境界則愈豐滿濃鬱，在悲壯生活的衝突裡展露出人生與世界的深度[5]。莊子如此難解的矛盾，歸根結蒂是現實矛盾的反映，其中蘊涵他的悲劇精神和劇烈的痛苦感受，而這種歷史上典型的矛盾，更是人類的宿命。其思想對社會現實的深刻批判，表現了他憤世的傾向，及對社會莫大的關切。劉笑敢即言：「對現實生活的極端消極，對精神自由的積極追求，這是莊子生活態度中不同的兩個側面。『消

1　莊子的生命價值哲學，如黑格爾稱讚亞里斯多德一樣「深入到了現實宇宙的整個範圍和各個方面」，「沒有人像他那樣淵博而富有思辨」。見其所著，賀麟等譯，《哲學史講演錄》，頁269。姚曼波著，《莊子探奧》，頁223云：「莊子說：『至道若是，大言亦然。周、遍、咸三者，異名同實，其指一也。』（〈知北遊〉）莊子『周』、『遍』、『咸』的至道，與他『周』、『遍』、『咸』的『大言』，反映出他的學說和思維的特質。」
2　參閱鄧聯合著，《〈逍遙遊〉釋論──莊子的哲學精神及其多元流變》，頁14。
3　郭慶藩編輯，《莊子集釋》，〈莊子序〉，頁6。
4　見其所著，〈先唐文學源流論略之二〉，載於《武漢師範學院學報（哲學社會科學版）》，1981年，第2期，頁22。
5　參閱宗白華著，《藝境》，（北京：北京大學出版社，1987年6月），頁75。

極』是對現實的冷漠之情，『積極』是超脫現實的熱切希望。積極與消極的對立是理想與現實的對立，是思想與現實的脫節。積極追求超現實的純粹精神的自由，一方面反映了莊子對現實生活失去了信心，另一方面也反映了他不甘心沉湎淪喪，保留著對人生的某種追求。」[6] 其實，莊子外顯的狂放不羈，任情率眞，正是對人生的認眞和熱衷。愈是認眞和熱心的人，往往愈是與世俗格格不入[7]。

莊子躬逢亂世，無疑是不幸的，這一方面既是指他生活的貧窮潦倒，一方面也是指其處世的孤獨茫然。但是換個角度而言，他又是幸運的，因爲宗法社會生活、聖王政治的解體爲他提供了一個契機，使其不必再通過那些外部的價值範疇來審視、規範自身，而是通過逼視其當下的境遇，領悟個體生存的本質，從而開拓出屬於自身的精神空間。身爲「道」的體認者，個體若將其生命意義的源頭和唯一的依歸，作爲心靈的最終安頓之所，那麼，個體自身的內在精神生活便不會再被擠壓、遮蔽[8]。職是之故，精神生活並不是一種自然延續的進化、可以遺傳的本能，也不是能從日常經驗的活動中獲得的東西，因爲它極其內在而深刻，我們必須自動自發地喚醒它。每個個體必須窮其畢生的努力，才能重新擁有精神生活，從而獲得一種精神個性。「精神的實現決不是我們的自然稟賦；我們必須去贏得它，而它允許被我們贏得」[9]。

莊子對自己人生的抉擇是清醒而自覺的，他決定不踏上政治之途，也毅然選擇與之相應的安貧樂道的生活方式[10]，可是從來不輕易接受個人一己的欲望、偏見、利益、或習性的東西，也不聽命於任何權威或傳統的宰割，而賦予嚴謹的反思、論證及對眞理的評估，發而爲思辯上的專業、誠

6　劉笑敢著，《莊子哲學及其演變（修訂版）》，頁193。

7　參閱王樹人等著，《感悟莊子：「象思維」視野下的《莊子》》，（南京：江蘇人民出版社，2006年12月），頁245。

8　參閱鄧聯合著，《〈逍遙遊〉釋論——莊子的哲學精神及其多元流變》，頁147。

9　魯道夫‧奧伊肯著，萬以譯，《生活的意義與價值》，頁97。

10　在〈讓王〉中，舜想把天下讓給善卷，善卷曰：「余立於宇宙之中，冬日衣皮毛，夏日衣葛絺；春耕種，形足以勞動；秋收斂，身足以休食；日出而作，日入而息，逍遙於天地之間而心意自得，吾何以天下爲哉！」這段話可說是莊子安貧樂道心境的寫照。

信、條理和一致[11]。他在轉自然天地爲世人精神解放的無窮領域時，發現了人生命的主宰，並使生命之流變成爲自覺自成的活動，確立了人性的尊嚴與崇高。莊子雖然窮得家徒四壁、鶉衣百結，卻「謀道不謀食」、「憂道不憂貧」（〈衛靈公〉），不追求聲色貨利，不謀求榮華富貴，反而致力追求有價值的目標。其「安貧樂道」與儒家的「不義而富且貴，於我如浮雲」（〈述而〉）的「孔顏樂處」，皆同樣成爲中國士人精神的支柱。當人即使受到誹謗也自得其樂，即使身陷逆境也感到幸福時，正是這種眞精神的體現和流露，也成爲社會世道人心一個重要的精神表徵。

　　遊於「无何有之鄉」（〈逍遙遊〉）的莊子表面「安時處順」、波瀾不驚，實則骨子裡卻是最眞摯多情的。在看似漠不關心的背後，卻濃情蜜意地懷抱對家國、人生的關切與眷顧；他以極富文學色彩的形象表達自己的愛恨交加，傾注心中澎湃的樂章。他期望世人，同時也希冀自己忘掉糾纏於心、宣洩於外的情，而體會忘情於外的生命的愉悅，然而這些終歸是一種理想。眼冷心熱的莊子既未逃入閉塞的一己當下安適之中，也沒有自我斷絕所有通往人間的道路，即使他心動神馳的超拔玄遠的精神領域，也並非全然的虛無幽冥，而是「深藏若虛」（《史記‧老子申韓列傳》）地滲透著對世俗社會的價值關切。他以貧困微賤之身輾轉於人世間，努力彰顯個體存在的根基和意義，實令人不可不敬之、歎之[12]。

　　社會要發展，世界要前進，人必然爲此付出代價，即使前方的道路充滿艱辛與困苦，但探索和尋找精神家園的步伐是永不止息的。莊子渴望「萬世之後而一遇大聖，知其解者，是旦暮遇之也」（〈齊物論〉），這也是全人類的渴望。他敢於拂逆歷史的潮流，對人類文明進行全面深刻的

---

[11] 參閱蔡耀明著，〈生命與生命哲學：界說與釐清〉，載於《國立臺灣大學哲學論評》，1990年，第35期，頁185。

[12] 處於像莊子這樣惡劣的環境，一般人會有三種不同的表現：消極墮落、平庸無能、人格昇華。以莊子一生的表現而言，足代表人格的昇華。叔本華說：「有三種類型的貴族：⑴出生和地位上的貴族。⑵財產上的貴族。⑶精神上的貴族。其中真正最高貴的是第三種，人們最終會認識到它榮居首位的資格。」見其所著，范進等譯，《勸戒與格言》，（Admonishment and maxim），（北京：西苑出版社，2003年6月），頁184。毫無疑問，莊子無疑屬於第三種。他高風亮節的精神貴族氣質和人格，不折不扣地表現在對抗時命、時代和環境之上。

反思，並能夠依照自己內心的思維模式，對宇宙萬物進行合理的解釋，以獲得精神上的自由，進而對每一個承受苦難的心靈，賦予最深切的同情理解，這也讓其思想成爲每一個無法擺脫現實桎梏者的精神寄託。他執著地爲苦難的人類尋找一片寧靜的精神棲息地和生存空間[13]，且積極地在困頓的現實世界中，持續不懈地捍衛人的精神尊嚴，這是人類文明發展史上最令人動容、也最令人感佩的篇章。他的哲學之所以一直在歷史上強烈地衝撞人類的心靈，並激發出如此深廣而持久的回響和波瀾，在於他敢以獨特的力量穿透黑暗現實的重重屏障，告訴生活在沮喪及絕望邊緣的人，或身處於苦難深淵而鎮日鎮夜爲悲痛所折磨的人，如何可以在內心深處，守護那最後不可剝奪的尊嚴[14]，這正是人類最渴望擁有的，也是人類精神最高貴的體現。故人不會從記憶之中把莊子的思想拋棄，它可能潛藏在個人的意識之內，或躲藏在靈魂某個陰暗的區塊，有一天它會被再發現、再被組織和再被理解，到時人將發現，它是如此的符合人生的現實、對人生的助力是如此地廣大！正如尼采所說：「在一個隱居者的著作中，人們總是可以聽到某種曠野的回聲，某種孤獨的竊竊私語和怯生生的警覺。他最激烈的言辭中，甚至在他的哭泣中，發出的是一種新的、較爲危險的沉默的隱藏之聲。他孤獨地日日夜夜、年復一年地坐在那裡，靈魂陷於常見的衝突和對話中，他已變成了洞熊，變成了尋寶者，和其洞中的一條龍。他的洞穴可能是個迷宮，也可能是個金礦。」[15] 莊子正是這樣一條孤獨、高傲、敏銳且喜歡在廣袤曠野中神遊的龍，而他的思想是吸引無數人去探索的一座迷宮、去挖掘的一座金礦，是我們用之不竭的寶貴財富。人可以不認同莊子的某些觀點，但是沒有人會不受其影響、不被其魅力所吸引，這大概

---

13 本雅明（Walter Benjamin）認爲，現在的時代是「一個大規模工業化的不適於人居住的令人眼花撩亂的時代。」見其所著，張旭東等譯，《發達資本主義時代的抒情詩人》（Charles Baudelaire, Ein Lyriker im Zeitalter des Hochkapitalismus），（北京：生活・讀書・新知三聯書店，1989年3月），頁127。

14 張釆民著，《莊子研究》，頁157云：「人生困境的最深底蘊正是一種作爲人的尊嚴感的喪失。莊子所極力維護的不正是一種作爲人的尊嚴感嗎？」

15 見其所著，楊恆達等譯，《尼采生存哲學》（Nietzsche's Philosophy of Existence），（北京：九州出版社，2003年7月），頁210。

也正是古今中外無數思想家十分關注莊子思想的原因之一[16]。

　　莊子生命價值哲學所錘鍊的精神純粹自由，已敲擊出人性音符所完成的祈盼。他強而有力的熱能，一直幅射到其後每一個人的身上，成就了一種獨特的人生模式和態度，而他對全人類的焦慮和憂患，超過二千多年的光景來到今世，卻依然保有其溫度。每一次閱讀《莊子》，每一次都有新的發現。它所要述說的東西永遠不會完結！就人的精神世界中全心全意地尋求從形下到形上生活意義的完整理解這方面而言，莊子在中國哲學史上無人能出其右，他的生命價值哲學實已超越了它賴以產生的時代。你可以肯定它，也可以否定它，但不應無視它；一如你可以愛莊子，也可以恨莊子，但不應不在乎莊子[17]。一部中國古代哲學史，若忽略了莊子，那絕對是不可原宥的殘缺。無論如何，其後每個研究莊子的人，他所關注的問題、生存的環境、人與人溝通的方式，跟莊子的時代皆迥然不同。故歷代的研究者均曾就前賢先哲對莊子的看法提出某些程度的修正，甚至加以重寫，不過這樣的改正，絕非在一頁完全空白的紙張上進行的。

　　莊子努力使心靈遠離世俗社會，遠離人世間的鉤心鬥角，遠離世間人情的繁瑣與虛偽，從而呈現出一種澄明、幽遠、虛靜的狀態。這些心靈修養的工夫具有明確的指向性，即從有到無、從實到虛，化有為無，化實為虛，它們就如一塊又一塊的磚石，莊子拿來在自己內心的周圍砌起了一道長城，它既縹緲又堅固，既古遠又實際，既開放又封閉，一直綿延而沒有盡頭。其實，莊子不只是為自己砌的，它在往後的每個中國人的心裡都或多或少地聳立著，倚賴它用以維護人類心靈的完整。他生命價值哲學影響了中國人在精神內涵方面的信仰，宋時陳亮曾說：「天下不可以無此人，亦不可以無此書。」此論甚為精確[18]。葉舒慶云：「長久以來，道家創始者老子和莊子的社會理想被視為某種反文化的虛構，或貶為反對進步，

---

[16] 參閱王素芬著，《順物自然——生態語境下的莊學研究》，頁297。

[17] 參閱孫以昭等著，《莊子散論》，頁40。

[18] 參閱張洪興著，〈論《莊子》「三言」之特徵〉，載於方勇主編，《諸子學刊》，（上海：上海古籍出版社，2007年12月），第1輯，頁145。

第九章　結論

365

逆歷史潮流而動的精神鴉片。毫無疑問，在一個把永恆的進步奉為不可質疑的普遍真理而信奉的時代；在『人定勝天』的自大狂陶醉和無限制地劫取、控制自然，使宇宙變為漫無邊際的狩獵曲的妄想支配下，老莊的清淨無為說自然顯得落後、保守、愚蠢，甚至反動。只有當永恆進步的信念發生動搖，增長的極限和生產發展的負面效應開始向人類敲響警鐘的時候，道家始祖的社會理想才有可能獲得全新的理解和評估。」[19]

當人建功立業、追名逐利的浪潮瘋狂熾熱到不可收拾時，或當生活的手段日益取代生活的目的時，也或許為了達成目的而誤用手段時，就免不了地停下腳步，思潮起伏地回過頭來尋找自己已失去的自然、素樸、純潔、安寧及和諧。這時候，莊子的哲學便順理成章地引起個人由衷的共鳴。或許人類在奮發進取、為成功競逐和奔波之餘，也需要莊子這類哲學家為他們疲憊的心靈提供一個寧靜、可供形及神盡情放鬆地憩息的家園。同時在工商業快速步調下的刻板生活，及在制約於有形消費性的世俗幸福之下不失去自己，活出有尊嚴的自己[20]，從而開闢出一片超越世俗幸福的精神新天地。這位哲學家的著作之所以成為經典[21]，其思想主題之所以具有如此的永恆魅力、歷久彌新和令人心醉神迷之處，或許就在這裡。

牟宗三云：「生命途徑的豁朗是在生命的清醒中。這需要我們隨時注意與警覺來重視生命的學問。如果我們的意識不向這裡貫注，則生命領域便愈荒涼闇淡，久之，便成漆黑一團了。」[22]對於人類生命的價值，莊子

---

[19] 見其所著，《莊子的文化解析》，（武漢：湖北人民出版社，1997年8月），頁608。

[20] 人不僅需要活著，而且應當有尊嚴地活著。思想的永恆魅力在於它所特有的反思能力賦予人類以揭示自我本性，從而把自己從自然界中真正提升出來的可能性。當人遠離思想，把自己置於肉體存在的層面上預設自我時，就不可避免地屈從生物學的邏輯，無法逃離沉淪的命運。我們時代的症候集中表現為人的自性迷失。對此，帕斯卡爾早就指出：「人類並不知道要把自己放在什麼位置上。他們顯然是走入了歧途，從自己真正的地位上跌下來而再也找不到它。他們到處滿懷不安地而又毫無結果地在深不可測的黑暗之中尋找它。」見其所著，何兆武譯，《思想錄》，頁186。

[21] 阿諾德（Matthew Arnold）認為：經典是「當前世界上所能了解的最優秀的知識和思想」、「使我們能做到盡最大的可能接近事物之堅實的可知的規律」、「使我們能達到比現在更全面的完美境界」。見其所著，韓敏中譯，《文化與無政府狀態》（Culture and Anarchy），（北京：生活·讀書·新知三聯書店，2002年1月），頁147。

[22] 見其所著，《生命的學問》，（臺北市：三民書局公司，1973年3月），頁33-34。

是最清醒的，他是「隨時注意與警覺」，為世人「荒涼闇淡」、「漆黑一團」的生命，開闢出一條空前絕後的「豁朗」之途。雖然鮮有人完全貫徹其思想，但假使吾人時時省思之，並且盡可能按照其思想行事，則毫無疑問的，人生將有另一番新氣象，社會也會變得更和諧、幸福[23]。

孟子對於「人是什麼」這個問題有相當不一樣的思考。《孟子》等儒家經典都是偉大心靈的紀錄，大家在閱讀時，常常會感到有一股壓力，一種自慚形穢的無限惶恐。回首自己的過往，盡是對於光陰的虛擲蹉跎，思之令人汗顏。孟子那樣高潔的人格與生命智慧，一旦衝擊你的心靈，就會產生沛然莫之能禦的力量，真不是驚心動魄足以形容的。他的言行舉止，就像一面鏡子。若你是巨人，則鏡子中亦照見一位巨人；若你是侏儒，則照見的亦只能是一個侏儒。若你由孟子的言行舉止中看不出什麼，此只證明你自己的無知。你應當先試著去想，在中國的歷史人物心目中的孟子是什麼，才能逐漸了解他[24]。在我們的閱讀經驗中，只有在細嚼儒家的經典時，才有這種驚天動地的震撼經驗，其中字字句句敲扣著、撞擊著、激盪著後人的心靈，令其低迴不已。

馮友蘭云：「在這種反思中，人可以對於自然、社會和個人的行事有一種理解。有一種理解就有一種看法。有一種看法就有一種態度。理解、看法和態度，總而言之，就是他本人的世界觀。人都是照著他的世界觀生活的。如果他有一個明確的世界觀而又對之深信不疑，他的精神世界就豐富了。他的行動就勇敢了。他就可以『心安理得』地生活下去。雖有困難，他也可以克服。雖有危險，他也無所畏懼。」[25]這段話正可用來描繪孟子和莊子。他們以「獨異於人」（《老子‧第20章》）的世界觀面對

---

[23] 參閱韓林合著，《虛己以遊世──《莊子》哲學研究》，頁313。

[24] 奧德嘉‧賈賽特著，劉大悲譯，《哲學與生活》（What is Philsophy），頁207云：「哲學史上最大的進步，就是我們誠心誠意地去承認我們並不了解遠古的思想家。一旦我們承認我們不了解他們，便會開始真正去了解他們，這就是說，便開始了解他們是用一種與我們不同的方式從事思想的，然後去尋找那種思想方式的主要公式。這不是他們的學說與我們不同的問題，而是他們心理態度有所不同的事實問題。」臺北市：志文出版社，1993年1月。

[25] 見其所著，《中國哲學史新編》，冊1，頁27。

自己躬逢的大時代，兩者的精神世界豐富，故可「心安理得」地過自己的生活，任何困難和危險，皆能一一化解。他們將如何化解、為何化解、化解的工夫和境界，一一透過其神來之筆，為全人類精神自由的開拓，留下珍貴無比的遺產。孟莊的生命價值哲學就像過去其他具有原創性的思想一樣，在經過重新詮釋之後，可以提供許多可貴的思想資源，幫助我們有勇氣面對現代社會的種種問題[26]。

一位破腦剜心、一位逍遙自得的作家及其作品，在對生命更深闊遠的認知中，會從所棲身的神木展翅，化作兩隻不斷超越平庸和限定的火鳳凰。這該是命運對某些被遴選的崇高作家的最高獎賞，亦是對荒謬存在的解咒。總之，偉大的哲學家孟子和莊子帶給當時的思想界新的契機，他們以其獨具魅力的文字風格，使人精神在淪喪時，重新綻放出繽紛的色彩。兩者就像一座里程碑，標誌著人類精神本體自主獨立所臻於的高度。他們把深刻的生命價值變為日常生活哲理，開創了人生的新題材；以剛直的個性，率真的品格，對人生進行了全面哲學性的思考，既有濟世的理想，又有人生抉擇的痛苦與矛盾，大大地衝擊了後代士人努力追求自身生命價值的意義，使廣為詠歎的生命主題演繹出無窮的新樂章。

在掌握了古代與跨文化的豐富資源的今天，尤須溯源而上，汲取中國傳統文化中的智慧，深入探究孟莊的生命價值哲學。人的追求是無窮盡的，自古至今，沒有任何一種永遠合理的制度和現實能適應人不斷完善自身的要求，故以生命的價值展現人生理想是人永恆的任務，在不完善的現實社會裡實現人的完善與自由[27]。有關這方面，孟莊已作出了艱辛的努力。人如何在人生中投射更高的理想，以追求完善社會，則是現代人所面臨的課題。兩者所提出的生命價值哲學，唯一可能的理由就是為富於戲劇

---

[26] 參閱李明輝著，《孟子重探》，（臺北市：聯經出版事業公司，2001年6月），〈序〉，頁2。

[27] 自由並非是在我們世界的客體之間所做的選擇，也不是指導我們生活的普遍原則的內在選擇，它更多是一種通過我們完善自我和完全實現自我的方向或目的而實現的一種自我肯定。這意味在不夠完善時的探尋和在達到完善時的一種歡欣。參閱喬治‧麥克林（George Francis McLean）著，幹春松等譯，《傳統與超越》（Tradition, harmony, and transcendence），（北京：華夏出版社，2000年1月），頁98-99。

性的主體內容提供一種象徵性的舞臺，這個舞臺就是一治一亂或者亦治亦亂的人間世。讓聖哲、隱士和政治家在這樣一個人間世裡展現各自的心志，並就政治生活和自然生活之間如何選擇的問題進行對話。換言之，孟子無疑是提倡參與政治與社會生活的，但是也爲拒絕過於熱衷政治社會生活預留空間。他說：「窮則獨善其身，達則兼善天下。」（〈盡心上〉）這爲傳統文人在面對政治感到無力時，在遭到罷黜，鬱鬱不得志時，返歸內心追求精神的超越提供了一大片思想空間。當然，孟子「獨善其身」的時候也並不意味著擁抱莊子之學，可是在歷史上，當知識分子對政治絕望，甚至走向山水田園時，莊子之學總是煥發出極強的魅力。因此，儒家的君子理想與莊子隱逸形的人格，共同構建了中國傳統文人的文化心理。

總之，人人皆具可成爲孟子的「大人」和莊子的「至人」，這兩者是否能眞實地呈現而作主，端賴各人「盡心」、「全性」、「保形」、「存神」的涵養工夫的深淺厚薄而定。從原則上講，人人都具有逃離「沉淪」而獲得「自由」的形上根基。但是逃離「沉淪」而爭取「自由」，則關涉人的實踐智慧，這便意味人的自我教化與救贖。生命本身只是一個過程，就是一個人赤裸地來到這個世界體驗生活的過程。人生如旅，行色匆匆，每個人經歷的都是有生必有死的一個旅程，唯一不同的是中間的旅程是否有意義，是否有價值。一個人的生命只有一次，任何蔑視個人生命的價值，自主和自由生存的權利，都是違背人性的，是絕對不可接受的。關於這一點，在日漸紛擾的世界中更加被我們所認同。我們要懂得，任何人都不可能生存在眞空之中，若沒有群體和人民的生存空間，則個人也就無法生存，也談不上個人生命的價值與價值的取向。雖然人的生存及生命價值問題本身不論如何還是不明確的，可是透過孟莊生命價值的哲學，我們有能力接近眞正有價值的生存方式。

閱讀孟莊的作品，總能令人從中體會一種悲涼的意味。在一定意義上，兩者用其一生演繹了其獨樹一幟的深厚人文思想。然而，吾人卻可從這種悲涼當中看到了一種美，一種只有傑出人物才可能具備的美。他們創造了一個世界，這個世界充滿了對人的大愛、崇高的情操、魅人的亮節，

這都是悲涼創造出來的，若沒有這種悲涼，他倆會窮盡人生所有的奧祕嗎？他們會說出比整個時代都要深刻的思想嗎？若沒有這種悲涼，我們能夠在溫暖的燈下飲用這個人用精神和思想釀造的玉液瓊漿嗎？若沒有這種悲涼，我們曾經體會的人生苦痛由何人說出？若沒有人說出，我們又如何忍受這種無處不在的痛楚？在這個意義上，孟莊就是盜竊天火給人類的普羅米修士[28]！「他們的烏托邦幻想不是提供行動的計畫，而是與當代現實的引力保持距離的批判的源泉」[29]。

唐君毅認為，道家對理想的追求，具有永恆的價值。他說：「若人類社會永有污濁，人亦永有此道家式之精神意識之生起。」「任何個人在見世俗之污濁時，皆可直接生起一『此求自拔於污濁，以自清，而向於高遠』之道家式意念或思想。」[30] 即使是孔、顏式的儒者，也同樣具有某種道家的精神。而道家在處理「理想」與「現實」的關係上，也與儒家有相似相通之處。對於「理想」的追求，取「當下即是，不待外求」的態度，為儒、道兩家所共契[31]。

國家、社會需要道德，個人需要自由，由是可見孟莊的異和同。兩者皆是推進國家和社會進步的主要菁英分子，他們對時代的感受、現象的觀察、事理的批判、生命價值的提升、人類的終極關懷，往往有最敏感、最銳利的表現，他們外在知識和內在反省所淬鍊出來對自我的肯定、對生命的熱愛、對人類的關懷、對文化的憂慮，自然是照耀各時代及溫暖社會的熱源。

其實，「如果我們沒有某種標準來據以在真實的需求和虛幻的需求之

---

[28] 馬克斯‧謝勒著，羅悌倫等譯，《資本主義的未來》（Die Zukunft des Kapitalismus），頁2云：「構成我們當今整個生活秩序之特色的全部力量，只能基於對一切精神之本質力量的極度反常之上，只能基於對一切富有意義的價值秩序的癲狂般的顛覆之上，而不能基於屬於『人的』正常『天性』的精神力量之上。」北京：生活‧讀書‧新知三聯書店，1997年4月。

[29] 馬丁‧傑伊（Martin Jay）著，單世聯譯，《法蘭克福學派史（1923-1950）》（The Dialectical Imagination：A History of the Frankfurt School and the Institute of Social Research, 1923-1950），（廣州：廣東人民出版社，1996年4月），頁317-318。

[30] 唐君毅著，《中國哲學原論‧原道篇》，卷1，頁261。

[31] 參閱李維武著，〈心通九境：唐君毅與道家哲學〉，頁14。

間做出區分，並分辨出各種眞實需求的高下之別，這個問題就無法以理性的方式得到解決。」[32] 人若失去這個標準，就意味墮入價值虛無主義，而莊嚴崇高的生命就失去了價值依據，由此陷入了一個人生的悖論中。孟莊不僅爲生命理想價值的實踐提供了一種合理的價值觀念，而且爲其實踐運行提供了標準及規範。就此而言，孟莊的生命價值哲學一直爲人所寄託，影響後來以至今後的思想文化走向。在人的自我實現中，兩者「更眞實地成了他自己，更完善地實現了他的潛能，更接近他的存在狀態，成了更完善的人」[33]。賓克萊云：「正當我們在關於核時代價值問題方面最需要某種基本一致的觀點時，我們卻發現，不僅在各個國家之間，而且還在西方世界的政治領袖、心理學家、哲學家和神學家中間都存在著重大的分歧，這個分歧不僅是用什麼樣最好的方法才能達到一個更人道的世界的一種技術上的爭論，而且更爲重要的是它關係到這樣一種人道世界可能爲之獻身的各種價值本身。」[34] 孟莊的生命哲學就是各種價值的本身。

---

[32] 列奧・施特勞斯著，彭剛譯，《自然權利與歷史》，頁3。
[33] 馬斯洛著，李文湉譯，《存在心理學探索》，頁88。
[34] 見其所著，馬元德等譯，《理想的衝突——西方社會中變化著的價值觀念》，頁6。

Note

Note

Note

Note

Note

家圖書館出版品預行編目資料

孟子與莊子的生命價值哲學／黎惟東著. --
初版. -- 臺北市：五南，2020.06
　面；　公分
ISBN 978-957-763-914-1 (平裝)

1.(周)孟軻　2.(周)莊周　3.學術思想
4.生命哲學

21.26　　　　　　　　　　109002634

1B1C 五南當代學術叢刊050

孟子與莊子的生命價值哲學

作　　　者 ― 黎惟東

發 行 人 ― 楊榮川

總 經 理 ― 楊士清

總 編 輯 ― 楊秀麗

副總編輯 ― 黃惠娟

責任編輯 ― 高雅婷

校　　　對 ― 蘇禹璇

封面設計 ― 王麗娟

出 版 者 ― 五南圖書出版股份有限公司

地　　　址：106台北市大安區和平東路二段339號4樓

電　　　話：(02)2705-5066　　傳　　真：(02)2706-6100

網　　　址：http://www.wunan.com.tw

電子郵件：wunan@wunan.com.tw

劃撥帳號：01068953

戶　　名：五南圖書出版股份有限公司

法律顧問　林勝安律師事務所　林勝安律師

出版日期　2020年6月初版一刷

定　　價　新臺幣570元

經典永恆・名著常在

五十週年的獻禮 —— 經典名著文庫

五南，五十年了，半個世紀，人生旅程的一大半，走過來了。

思索著，邁向百年的未來歷程，能為知識界、文化學術界作些什麼？

在速食文化的生態下，有什麼值得讓人雋永品味的？

歷代經典・當今名著，經過時間的洗禮，千錘百鍊，流傳至今，光芒耀人；

不僅使我們能領悟前人的智慧，同時也增深加廣我們思考的深度與視野。

我們決心投入巨資，有計畫的系統梳選，成立「經典名著文庫」，

希望收入古今中外思想性的、充滿睿智與獨見的經典、名著。

這是一項理想性的、永續性的巨大出版工程。

不在意讀者的眾寡，只考慮它的學術價值，力求完整展現先哲思想的軌跡；

為知識界開啟一片智慧之窗，營造一座百花綻放的世界文明公園，

任君遨遊、取菁吸蜜、嘉惠學子！